KB266772

현안
진단
2013

# 현안진단 2013

초판 1쇄 인쇄 | 2013년 2월 12일
초판 1쇄 발행 | 2013년 2월 19일

지은이 | 평화재단

펴낸이 | 김정숙
기획 | 박석동, 임원영, 임혜진
편집 | 김인경, 김희자, 노옥재, 박정태
디자인 | 남미영
마케팅 | 서동우, 이진희
미디어 | 김영롱, 박영준
관리 | 이지향, 장혜령

펴낸곳 | 정토출판
등록 | 1996년 5월 17일(제22-1008호)
주소 | 서울시 서초구 서초3동 1585-16
전화 | 02-587-8991
전송 | 02-6442-8993
이메일 | book@jungto.org

ISBN 978-89-85961-72-1  03340
ⓒ2013, 평화재단

현안
진단
2013

# 천안함에서 NLL까지

평재리

# 이분법을 넘어
# 새로운 비전과 전략으로

그동안 통일·외교·안보문제와 관련하여 대내외적으로 참으로 많은 사건들이 있었습니다.

2010년의 천안함 및 연평도 도발사건, 2011년의 중동 재스민 혁명, 일본 대지진, 북한 우라늄 농축설비 공개, 김정일 위원장 사망, 2012년의 북한 '광명성 3호' 발사와 당대표자회 개회 등이 그것입니다. '현안진단'은 이 같은 주요 계기마다 이를 어떻게 볼 것인가, 우리에게는 어떤 대안이 있는가를 빠짐없이 다루어 왔습니다.

'현안진단'은 2009년 5월 7일 제1호를 시작으로 발간된 평화재단 평화연구원의 뉴스레터 입니다. 같은 해 6월 23일 제3호까지 진행되다가 이후 평화연구원의 내부 조직정비 등으로 약 1년간의 공백 기간이 생기게 되었습니다. 그러나 연구원 내 뜻있는 전문가들이 그 중요성을 재인식하고, 많은 독자 분들이 격려를 보내줌으로써 2010년 7월 '현안진단' 제4호부터 속간이 이루어졌습니다.

'현안진단'은 전문가들이 월 2회 정도 모임을 갖고, 기간 중 주요 이슈 가운데 국민적 관심과 향후 영향력 등을 고려하여 주제를 선정한 후, 이에 대한 다양한 시각들을 내놓고 난상토론을 벌여 집약된 내용을 정리하는 과정을 거쳐 발간 배포하게 됩니다. 이렇게 하여 2013년 1월 현재 제66호까지 발간되었습니다.

평화재단이 '현안진단'을 발간함에 있어 가장 중요시하는 것은 신속성과 균형적 시각입니다. 우리 사회는 어떤 현안문제가 제기되면, 특히 통일·외교·안보문제에 있어서는 대부분 양분법적 논리가 선행됩니다. 이성적이고 합리적인 판단에 근거하여 사안을 분석하고 대처방안을 찾기보다는 자신이 발 딛고 서있는 입장과 지향하는 목적에 따라, 또는 감정에 의존하여 사안을 바라보고 대응하고자 하는 것입니다. 이로 인해 사안별로 일반 국민들의 의사가 양극단으로 갈라져 건전한 합의를 이루어내기가 여간 어렵지 않습니다.

'현안진단'은 사실관계에 대한 정확한 파악과 균형있는 진단, 대안 마련을 위한 접근을 통해, 특정 이념이나 정파에 치우치지 않고 오직 평화를 정착시키고 민족 공동체를 회복하는데 초점을 맞추어 정도를 걸어왔다고 자부합니다. 이렇게 함으로써 지금과 같은 세계 질서의 변환기에 우리 민족이 슬기롭게 대처하여 올바른 진로를 선택할 수 있도록 길잡이가 되고자 합니다.

평화재단은 한반도에 항구적인 평화를 정착시키고 통일로 나아가는 데 기여하는 것을 목표로 활동하고 있습니다. 이를 위해 그동안 평화와 통일문제와 관련한 정책을 개발하고 새로운 리더십을 발굴, 양성하는 한편, 평화네트워크를 구축해 운동의 에너지를 꾸준히 키워 왔습니다.

정책 연구분야에서는 '전문가모임'과 '전문가포럼'을 통해 중장기적 비전과 대안 제시를 위한 다양한 정책을 연구, 제안하고 대내외 정책 교류 사업을 전개해옴으로써 명실공이 주목받는 유수한 연구기관으로 성장해 왔습니다. 그러나 그때그때 일어나는 관련 사건들을 우리가 어떻게 해석하고 입장을 정리할 것인가 하는 당면 과제들에 대해서는 적시에 대응하지 못한 측면이 있었습니다.

이에 따라 평화연구원은 남북관계나 외교 및 안보와 관련된 주요 현안문제들에 대해 전문가들의 의견을 규합하여 신속하게 이를 진단, 분석하여 제공하기로 하고 '현안진단'을 운용한 것입니다.

이제 우리는 새로운 비전과 전략을 갖추어 국민적 통합을 이룩하고 평화, 민주, 복지의 통일한국을 구현해 나가는데 진력해야 할 때입니다. 이런 때일수록 국민들은 사안에 숨은 알맹이를 찾아내는 분별력과 식견을 갖추어 밀려오는 파고를 이겨낼 수 있도록 분명한 잣대를 제공받기를 원합니다. 앞으로도 '현안진단'은 그러한 역할을 자임하고 끊임없이 현안을 발굴하고 진단할 것이며, 평화와 통일을 지향하는 입장에서 방향을 제시하고자 합니다.

이번에 독자들의 성원을 받들어 제1호부터 60호까지의 내용을 한데 모아 책자로 출간하게 되었습니다. 평화재단의 일관성 있는 목소리가 나라의 정책에 반영되고 국민 통합의 씨앗이 되기를 여러분과 함께 기원합니다. 그동안 매호마다 애독해주신 독자들에게 감사드리며, 앞으로도 많은 질책과 조언이 있으시기를 바라마지 않습니다.

평화재단 평화연구원 원장
김형기

## 3장  벼랑 끝 반환점 돌아오기 <sub>2011년 1월~12월</sub>

## 4장  동북아시아 전환기의 외교 2012년 01월~10월

# 제 1 장

# 기로에 선 한국사회

2009.05.07 ▶ 2009.06.23

2008년 이명박 정부가 출범한 이후 '비핵·개방 3000' 등 남북관계의 모든 사안에 핵문제 해결을 연계하면서 남북 간에 냉랭한 관계가 지속되었다. 더구나 금강산 관광객 피격 사망 사건과 김정일 위원장 건강 이상에 따른 급변사태설 등의 악재로 북한 측이 '전쟁접경'을 운운할 정도로 남북관계가 악화되었다. 핵문제도 검증의정서를 둘러싸고 갈등이 재연되었으며, 마침내 2009년 4월과 5월에 걸쳐 북한이 장거리 로켓을 발사하고 핵실험을 강행함으로써 유엔안보리가 결의안 1874호를 채택했다. 한반도문제가 걷잡을 수 없이 국제화의 소용돌이에 휘말리면서 남북관계는 실종되고 말았다.

# 높아지는 한반도 군사적 긴장

## 북한 군 수뇌부 인사 이동의 배경

1

제17대 이명박 대통령 취임(2008년 2월 25일) 직후인 3월 28일 북한이 서해상에서 단거리 함대함 미사일을 3차례 발사, 북 해군사령부가 서해 북방한계선(NLL) 수역에서 남북 충돌을 경고

2

4월 3일, 남북장성급회담 북측 단장이 '긴장 조성 행위 중단'을 촉구한 남측의 전통문 수용을 거부하고 "군사적 대응 조치를 취할 것"이라고 경고

3

2008년 12월 17일, 북 국방위 정책실장 김영철 중장은 개성공단을 방문해 "12·1조치는 일시적이거나 잠정적이거나 상징적인 조치가 아니다"며 "현재 남북관계가 중대 기로에 서 있다"고 주장

4

2009년 1월 17일, 북 인민군 총참모부 대변인이 이명박 대통령을 거론하며 "혁명적 무장력은 그것을 짓부수기 위한 전면대결 태세에 진입하게 될 것이며 강력한 군사적 대응 조치가 뒤따를 것"이라고 발표

금년2009년 들어 한 반도 안보정세가 심상치 않게 돌아가고 있다. 북한 외무성은 지난 1월 13일, 핵보유국 간의 핵군축회담이나 미국의 핵위협 중단 및 핵우산 제거를 통해 한반도비핵화를 실현하자고 주장한 데 이어, 1월 17일 북한군 총참모부도 현재의 남북관계가 "전면적 대결국면에 진입" 했음을 선언했다. 그리고 1월 30일 조국평화통일위원회도 남북간의 모든 정치, 군사합의를 무효화하며, 특히 '남북기본합의서와 부속합의서' 에 규정한 서해 해상군사분계선에 관한 조항을 폐기한다고 밝혔다.

이제 북한의 움직임은 말의 수준을 넘어 실제적인 군사행동의 움직임까지 보이고 있다. 김정일 위원장은 금년 첫 현지시찰로 한국전쟁 때 서울에 첫입성한 '근위서울 류경수 제105전차사단' 을 방문했다. 또한 북한은 작년부터 서해연안의 해안포를 30% 정도 증강 배치해 왔으며, 예년처럼 한미 연합군의 키 리졸브 훈련에 대응해 서해연안에서 연안포 발사훈련을 했다. 함북 무수단리에서는 우주발사체라고 부르는 장거리 미사일 발사 채비를 서두르고 있다.

이러한 북측의 군사움직임에 대해 우리 측도 강력히 맞대응할 것임을 경고하고 있다. 김태영 합참의장은 북한의 도발 시 '응징'과 '즉각 대응' 의사를 밝혔고, 이상희 국방부장관은 북한의 장거리 미사일 발사시 요격 태세를 갖추고 있으며 NLL에서 단거리 미사일이나 해안포로 우리 함정을 공격해 올 경우 '발사지점 타격' 을 경고했다. 류명환 외교통상부 장관도 북한의 장거리 미사일 발사가 유엔안보리 결의 1718호 위반이라면서 국제사회의 제재를 경고했다.

만약 북한군이 군사적으로 도발하고 우리 국군이 이에 대응해 북한군의 발사지점에 대해 타격을 가할 경우 북한이 또다시 반격을 가할 가능성이 높다. 이렇게 됐을 때 남북한 군대 간에 무력보복의 악순환에 빠지고 자칫 국지전으로 돌입할 위험성도 완전히 배제할 수 없다. 이처럼 현재의 국면은 일촉즉발의 군사적 충돌의 위험성이 점점 높아지고 있는 것이다.

## 북한이 긴장을 조성하는 이유는

그렇다면 이처럼 북한이 한반도에서 군사적 긴장을 고조시키는 이유가 무엇인가. 북한의 긴장조성의 배경과 관련해 남한 정부에 대한 목표, 미국 정부를 향한 메시지, 북한 국내 문제에 대한 대응의 세 측면으로 나누어 볼 수 있다.

첫째, 남측의 대북정책을 변경시키고자 한반도의 군사적 긴장을 고조시킨다는 측면이다. 북측은 우리 측이 6·15공동선언과 10·4정상선언에 대해 존중의 뜻을 표하면서도 이행에 대해 확약을 하지 않는 데 대해 강한 불만을 표시해 왔다. 현재 남북관계 긴장의 책임을 북한에 넘기기도 힘든 상황이기 때문에 북한은, 이런 관계 경색의 장기화가 이명박 정부의 대북정책을 압박하기 위한 것이라 판단하고 있다는 분석이다.

둘째, 오바마 미 행정부의 대외정책에서 북한문제가 뒤로 밀리는 것을 막기 위한 미국 관심끌기 측면이다. 미국이 금융위기의 극복, 이라크 및 아프간 사태 대처, 이란 핵문제 등에 우선순위를 두고 북한문제를 뒤로 미룰 경우 북·미관계 정상화 협상도 그만큼 늦어질 수밖에 없기 때문에 한반도 긴장을 고조시킴으로써 미국이 조속히 북·미 직접대화의 자리에 앉도록 만들려 한다는 것이다.

셋째, 북한 내부 국내문제에 대한 대응 측면은 다시 둘로 나누어 볼 수 있다.

우선, 김정일 국방위원장의 건강이상과 그에 따른 후계작업의 절박성 때문에 외부긴장이 필요하다는 것이다. 북한은 2012년까지 '강성대국의 대문을 활짝 여는 것'을 목표로 삼고 있기 때문에 김정일 위원장의 건강을 생각할 때 그 때까지는 후계작업을 완성시켜 놓으려고 한다는 것이다.

다음은, 김정일 건강이상이나 후계문제가 아니라 북한체제 내부의 이완 측면이다. 지난 10년 동안 지속되어온 경제난과 물적, 인적인 남북교류협력의 결과로 북한 내부에 상당부분 시장경제화가 진행되었고 그에 따라 체제동요가 심각한 데 따른 것이다. 북한당국이 농민시장을 단속하려 해도 주민들뿐 아니라 지방 당 관리들조차 반발할 정도이기 때문에 특단의 조치를 통해 내부를 다잡지 않으면 안 된다고 판단해 군사적 긴장을 일으키려 한다는 것이다.

북한이 긴장을 고조시키는 주된 이유를 어떻게 보느냐에 따라 한반도 긴장사태가 어떻게 전개될 것인지를 예측해 볼 수 있다. 만약 북한이 단지 한국의 대북정책을 변경하는 데에 목표를 두고 있다면, 최대한 '말의 위협'에 치중하되 군사도발을 일으키더라도 한국경제에 타격을 입히는 수준에서 최소한에 그칠 것이라는 예측이 가능하다.

북한의 긴장조성 이유가 미국의 관심 끌기라면 새로 임명된 보즈워스 북한특사가 베이징에서 북한대표를 만나거나 평양을 방문하여 북·미 직접대화를 한다면 쉽게 풀릴 문제이다. 북한이 일단 군사도발을 감행하고 나면 오히려 협상카드가 소진되어 버리기 때문이다.

만약 북한의 긴장조성 목표가 후계구도 굳히기에 있다면, 군사도발을 했다가 우리 군의 반격으로 큰 피해를 입을 경우 오히려 김정일 위원장의 권위와 군부의 위상이 흔들릴 가능성이 있어, 지극히 제한된 수준에서 군사도발이 국한될 것이라고 본다.

하지만 북한의 최근 움직임이 체제 내부의 동요를 단속하는 데 있는 것이라면 상황은 예상보다 격렬하게 전개될 것으로 전망해 볼 수 있다. 예상보다 큰 규모로 남북한 군사충돌을 일으켜 한편으로는 한국경제에 타격을 주고, 다른 한편으로는 체제단속을 한층 강화한다는 것이다.

## 최근 북한군 수뇌부 인사의 배경은

최근 북한군 수뇌부의 인사배경은 북한의 긴장조성 행위와 밀접한 관계가 있을 것이라는 추측을 해 볼 수 있다. 북한은 지난 2월 11일 김영춘 인민무력부장 임명과 리영호 북한 군 총참모장 임명, 김일철 차수의 인민무력부 제1부부장 임명, 며칠 뒤인 2월 20일에는 오극렬 당 작전부장을 국방위원회 부위원장으로 임명했다.

이와 관련하여서는 견해차이가 존재한다. 한편으로는 최근 군 수뇌부의 인사를 김정일 위원장의 후계작업과 연관시키고 있다. 이는 김정일의 건강이상으로 이른바 '간병인 권력' 이 떠올랐다는 분석에 기초한다. '간병인 권력' 의 핵심이 장성택이라고 보고, 이번에 자리이동한 김영춘, 리영호 등을 모두 장성택계로 본다. 아울러 오극렬 신임 국방위 부위원장도 장성택의 친형인 장성우와 동갑이라는 점을 근거로 내세운다.

이는 장성택이 기존에 장남 김정남을 지지하던 입장을 버리고, 김 위원장의 의중을 읽어 삼남인 김정은을 지지하기로 했다는 일부 국내언론의 분석과도 맥을 같이한다. 다른 국내언론은 김정은이 3월 8일 실시되는 최고인민회의 대의원에 입후보했다고 보도하기도 했다. 이것은 향후 후계구도에서 장성택이 후견인의 역할을 맡게 되었고 그 결과 군 수뇌부에 자기 사람들로 채웠다는 주장인 것이다.

다른 한편으로는 최근 북한군 수뇌부 인사는 후계구도보다는 김정일 3기 체제 출범과 관련된 인적 쇄신차원이라는 견해이다. 수령을 완전무결한 인격체로 추앙하는 북한체제의 특성상, 후계자가 어느 순간 '낙점' 에 의해 급속히 부상하는 일은 일어나기 힘들다는 것이다. 더욱이 후계 문제를 위기상황을 타개하기 위한 방편으로 서둘러 마무리지으려 할 가능성은 낮다는 것이다. 또한 장성택의 위상과 역할이 국내에서 과대평가되고 있다는 것이다. 장성택이 맡고 있는 노동당 행정부장은 평양 건설이 주임무이며, 그가 잘 나갔던 조직부부장 시절에도 한 번도 인사문제를 다루는 위치에 있지 않았다는 평가이다. 또한 김영춘, 리영호를 장성택계로 분류하는 것은 아무런 근거가 없으며, 오진우와 장성우도 동갑이 아니라는 반론이다.

새로이 임명된 군수뇌부의 프로필을 살펴보면, 우선 신임 국방위원회 부위원장에 임명된 오극렬[1931년생] 전 노동당 작전부장은 1989년부터 20년 동안이나 노동당 작전부장을 지낸 김정일 위원장의 최측근인사이다. 또한 노동당 작전부는 대남 특수작전을 주임무로 하지만, 북한군 내부의 어떠한 군부 쿠데타도 진압할 능력을 갖추고 있는 군사력을 보유하고 있는 김정일의 별동대이다.

인민무력부장에 임명된 김영춘[1936년생] 전 국방위원회 부위원장은 김정일의 최측근 인사로 오극렬과 옛소련 푸룬제 군사학교 후배로서 막역한 사이이다. 김영춘은 12년 동안 북한군 총참모장에 있으면서 국방위원으로도 활동했으며, 2007년 4월에 총참모장직은 김격식 대장에게 넘겨주었다가 이번에 다시 실무부서의 책임자로 복귀한 것이다.

김영춘이 인민무력부장에 임명되면서 전임 인민무력부장이던 김일철 차수[1933년생]가 인민무력부 제1부부장으로 '강등' 되었다. 엄밀히 말해 그가 강등되었다기보다는 군부

실세가 인민무력부장으로 오면서 북한군부가 기존의 인민무력부-총참모부-총정치국 3두 체제에서 인민무력부를 중심으로 하는 지휘체계로 바뀐 데 따른 것이다.

이번 군수뇌부 인사에서 주목받는 인물이 바로 리영호 신임 북한군 총참모장이다. 김격식 전임 참모장<sup>1940년생</sup>이 1년 10개월 만에 전격 경질되고 평양방어사령관이던 리영호 대장이 총참모장에 임명되었다. 리영호는 옛 동북항일연군 참모장 출신인 최용건계 인물로서, 야전 경험이 풍부하며 군사전략에 능하다고 알려졌다. 그는 최용건계라는 이유로 능력에 비해 부각되지 못했다가 평양방어사령관을 맡으면서 평양 대공방어망 구축에 공을 세워 이번에 총참모장으로 전격 발탁된 것이다.

전반적으로 볼 때, 이번 북한군 수뇌부 인사는 오는 김정일 제3기 체제의 출범을 맞아 당, 정에 이은 인적 쇄신 차원에서 단행되었고, 야전부대 출신들로 인민무력부 중심체계가 꾸려졌다는 것이 특징이다.

## 과연 북한이 군사도발을 감행할까

최근 북한은 올해 신년공동사설에서 천리마 대진군과 자력갱생을 유난히 내세우며 '김정일 국방위원장의 사상과 의도, 명령지시에 따라 전군이 하나와 같이 움직이는 혁명적 영군체제와 군풍을 세우자'고 강조하고 있다.

북한이 천리마 대진군을 내세우는 이유는 새로운 동원체

제로 주민들의 체제동요를 막고 한국의 지원에 기대던 기존의 노선을 포기하고 자력갱생으로 경제를 회생시켜 보겠다는 의지로 보인다. 또한 4년밖에 안남은 2012년 강성대국의 대문을 열기 위해서 이전 천리마운동 당시 제1차 경제개발 5개년 계획을 1년 앞당겨 조기 목표를 달성했던 사회적 동력을 끌어내고자 하는 것으로 보인다.

하지만 현 북한의 경제사정이나 외환사정, 기술수준으로 볼 때 자력갱생으로 경제를 재건하는 것은 사실상 불가능하다. 그렇기 때문에 앞으로 북한이 중국, 러시아에 대한 의존도를 더욱 높이고 미국, 일본 등과의 관계개선을 통해 경제협력을 추진할 것으로 전망된다.

그러나 북한이 국제협력을 강화하는 방향으로 나가는 것과는 달리, 남북경협은 더욱 위축될 가능성이 높다. 심지어 북한이 개성공단도 완전히 폐쇄할 가능성을 배제할 수 없다. 이번 군 수뇌부 인사에서 개성공단의 추진에 적극 협력했던 김격식 북한군 총참모장이 2년도 못돼서 경질된 것은 개성공단의 미래와 관련하여 좋지 않은 신호이다.

그렇다면 최근 북한이 조성하고 있는 한반도 긴장사태는 어떻게 될 것인가. 먼저, 북한이 인공위성 광명성 2호 발사라고 주장하는 장거리 미사일의 발사 가능성은 있는가. 있다면 언제쯤일까.

북한은 지난 1998년 8월 31일 광명성 1호 인공위성을 쏘아올렸으며 궤도에 안착하여 교신에 성공했다고 발표했다. 하지만 당시 북한은 미사일에 탄두 대신에 단파무전기를 설치한 물체를 탑재하여 발사한 것으로 드러났다. 북한은 '강성대국의 건설'을 내건 김정일 제1기 정권의 공식 출범을 전 세계에 알린다는 목적으로 벌인 이벤트였다.

오는 4월 초순, 북한은 김정일 제3기 출범을 앞두고 있다. 그렇기 때문에 이번에도 북한이 인공위성의 명목으로 대포동 2호를 쏘아올릴 가능성이 매우 높다. 시기적으로는 제3기 정권의 출범을 앞둔 3월말이나 4월초가 될 가능성이 있다. 이번에 북한이 쏘아올릴 대포동 2호<sup>광명성 2호</sup>는 성공할 가능성이 과거보다 높다고 평가된다. 오랫동안 북한과 이란 간에 미사일 공동 연구개발을 진행해 왔는데, 작년 8월 17일과 금년 2월 2일 두 차례나 이란은 인공위성을 궤도에 안착시키는 데 성공을 거두었기 때문이다.

우주개발분야의 성과를 앞세운 체제 결속의 의미와 함께 대미 협상에서 미사일 문제를 추가해서 협상을 자신에게 유리하게 끌고 가려는 의도도 담겨 있다. 그밖에 남북간 체제 경쟁의 의미도 있다. 한국도 올 가을쯤 나로우주센터에서 독자 개발한 우주발사체를 쏘아올릴 계획이기 때문이다.

다음으로 북한이 서해상에서 NLL의 무력화를 위해 군사도발을 일으킬 것인가. 현재 북한측이 NLL과 관련된 남북합의를 무효화하면서 자신들이 일방적으로 선포한 해상군사경계선을 고집하고 있고, 장거리 미사일과 달리 NLL부근에서의 군사도발이 대남용이라는 점에서 위험성이 큰 것이 사실이다. NLL이남은 유엔사가 아닌 한국 합참이 관할하고 있어 남북간 군사충돌이 일어나더라도 유엔군이나 미군이 개입할 가능성이 낮다. 한국전쟁 이후 대규모 교전이 일어난 두 곳이 모두 NLL 부근이었던 것도 이 때문이다.

북한은 우리 측의 해상전력이 기동력이나 화력에서 월등히 뛰어나다는 것을 알고 있기 때문에 과거와 같은 방식으로 도발을 되풀이할 가능성은 거의 없다. 북한은 지리적 이점을 활용해 북측이 해안포나 단거리 미사일, 방사포 등을 사용해 우리 함정을 공격할 가능성이 높다. 그럴 경우 굳이 꽃게철인 6월일 필요도 없다. 지난번 두 차례와 달리 서해함대사령부가 아니라 황해도 배천에 있는 북한군 4군단이 군사공격을 담당하게 될 것이다.

## 바람직한 우리 정부의 대응은

현재 우리 정부의 기본입장은 최근 남북관계의 경색이 북한 내부사정에 기인하기 때문에 우리가 아무리 대화를 제의해도 북측이 응하지 않는 것이며, 따라서 북측이 내부상황을 수습할 때까지 우리는 기다리는 수밖에 없다는 것이다. 이것은 이른바 '기다림의 전략'이라고 평가할 수 있을 것이다. 그러면서도 북한이 북·미 직접대화를 통해 통미봉남 전술을 구사하지 못하도록 한·미 관계를 돈독히 한다는 것이다.

하지만 북한이 군사적 긴장을 고조시키는 이유는 미국과의 직접대화 측면도 있으나 북한체제의 내부 결속에도 방점이 찍혀 있다. 그렇기 때문에 북한은 어떤 형태로든 대남 군사도발을 감행할 가능성이 높은 것이다. 북한은 장기적으로는 북·미 관계의 정상화가 북한의 내부 위기를 극복하는 데 도움이 될 수 있기 때문에, 북·미 관계를 파탄내지 않으면서 우리 정부에 타격을 줄 수 있는 제한적인 군사도발을 고려하고 있을 것으로 보인다.

그렇다면 최근 북한의 군사적 도발 움직임에 대해 바람직한 우리 정부의 대응은 어떻게 해야 할 것인가.

현재와 같이 북한의 무력시위 가능성이 높아지는 상황에서 기다림 전략은 북한의 작전이 마음대로 발휘되도록 허용하는 결과를 낳고, 한반도 긴장을 한층 강화시키는 방향으로 상황을 몰아가게 될 것이다. 특히 서해 북방한계선에서의 군사 분쟁과 같은 사태는 일단 분쟁이 벌어진 후에는 아무도 예측할 수 없는 군사적 대치 혹은 전투로 이어질 가능성이 있고, 이렇게 실질적인 남북한 무력 대립이 발생할 경우에는 미국 역시 대화를 위한 직접 행동에 나설 수 없게 된다.

지금은 우리 정부의 적극적 행동이 필요한 때다. 한반도의 위기상황을 과소평가해서는 안된다. 단기적으로는 북한이 무력시위를 일으킬 기회를 주지 않기 위한 전략을, 중장기적으로는 보다 적극적으로 북한과의 소통을 위한 계획을 마련해야 한다.

지금까지 우리 정부가 취해 온 조치들은 모두 북한의 군사 움직임에 대한 사후대응책으로서 타당한 측면이 있다. 북측이 대남 군사도발을 예고하는 상황에서 우리 정부가 북측에게 강력한 대응을 경고하는 것은 불가피한 조치로 볼 수 있다. 실제로 북측이 군사도발을 감행할 경우에도 적절한 군사적 대응이 필요하다.

　하지만 이것은 어디까지나 대응조치일 뿐 예방조치가 아니다. 예방책으로서는 북한의 군사적 도발을 막기 위해 우선 6·15공동선언과 10·4정상선언 등 남북정상 간의 합의를 존중한다는 의사를 밝혀 북측에게 군사도발의 빌미를 주지 않는 것이 필요하다. 일단 군사적 충돌의 고비를 넘긴 뒤에 최고지도부의 의지를 대변할 수 있는 고위급 특사의 교환 등을 통해 남북관계의 화해를 모색해야 해야 할 것이다.

〈제1호〉 2009.05.07

# 기로에 선 한국 사회,
## 어디로 가야 하나

### 노무현 전 대통령 서거 정국을 맞이하여

2009년 5월 노무현 전 대통령(대한민국 제16대 대통령)이 서거하였다. 제17대 이명박 정부가 들어서면서 노무현 전 대통령에 대한 비리 의혹 수사를 진행하고 있던 중이었다. 수사기간 동안 노 전 대통령측과 검찰은 수사방식 등을 놓고 갈등을 빚었다. 노 전 대통령의 서거를 계기로, 관련 검찰 수사는 종결되었고, 법조계에서는 해당 검찰 수사에 대해 혐의 입증 자체가 쉽지 않은 사건이었다는 의견이 적지 않게 흘러나왔다.

2009년 현재, 한국 사회는 안팎으로 위기 상황에 맞닥뜨렸다. 세계사적 좌표 속에서 한국의 위상을 찾지 못한 채, 민족사의 향방에 대한 방향 감각을 상실했다. 지금 우리는 미래를 향해 한 걸음 앞으로 나아갈 수 있느냐, 그렇잖으면 퇴행의 나락 속에 빠지고 마느냐 하는 엄중한 기로에 섰다. 노무현 전 대통령의 서거를 둘러싼 '노무현 신드롬'은 우리 사회의 균열 지점을 재확인하고 확대·심화시키는 계기가 되었다. 여기에다 북한의 핵실험과 국제사회의 제재 국면은 한반도의 평화와 안정을 위협하고 있다.

## 우리는 지금 어디에 서 있는가 - 한 민족, 두 국가 : 한 국가, 두 국민

분단과 분열은 우리 시대의 자화상이다. '한 민족, 두 국가'는 64년째 지속되고 있는 민족 분단이며, '한 국가, 두 국민'은 30년 가까이 겪고 있는 국가 분열 상태를 말한다. 남북한 분단 상황에도 불구하고 '한 국가, 두 국민'의 분열 상태가 구조화되어 사회 통합을 가로막고 있다. 이념과 지역에 따른 분열은 수차례의 대선을 계기로 부각되는 정치적 국면마다 극심한 대립과 갈등 양상으로 분출되고 또다시 재구조화되는 악순환을 거듭했다. 노무현 전 대통령의 서거를 계기로 우리 사회의 균열은 이처럼 서로 다른 가치와 정치적 지향성을 가진 '한 국가 내의 두 국민'의 존재 양태로 드러났다. 이러한 상황은 극복되어야 한다. 분열 속에서 미래를 찾을 수 없기 때문이다. 이제 국민 통합, 사회 통합의 규범과 논리를 제시해야 할 때이다.

## 구기득권 세력<sup>보수우파</sup>과 신기득권 세력<sup>진보좌파</sup>의 대립 구도

근대화를 성취한 보수 세력과 민주화를 이끈 진보 세력은 한국 사회를 끌어가는 주역으로 우리 현대사에서 커다란 족적을 남겼다. 한국 현대사 후반기에 진보좌파는 1980년대 이래 30년 동안 역사 해석과 도덕적 가치의 우위를 확보한 가운데, 20년 동안 이데올로기 담론을 장악하면서 문화권력을 향유했다. 그리고 최근 10년 동안 정치권력의 장악을 통해 한국 사회의 사회 문화 구조와 정치적 지형을 크게 바꾸어 놓았다. 그러나 자본주의적 시장경제체제 속에서 계급 관계의 전도顚倒는 근본적으로 불가능했으며, 그에 따라 보수우파의 강고한 물질적 토대와 경제적 기반을 잠식하고 훼손시키는 데까지는 나아가지 못했다.

보수우파의 구舊기득권 세력은 재벌, 조·중·동, 대형교회, 사학재단, 법조계, 제도권 학계·문화예술계 등을 포섭하고 있다. 진보좌파의 신新기득권 세력은 대기업 노조, 공공부문 노조, 전교조, 대학·언론·문화예술계의 진보적 지식인 그룹, 시민 단체 등을 망라할 수 있다. 진보좌파는 20여 년 동안 이데올로기 담론 장악과 대중적 지지 기반을 통한 조직화 과정을 거쳐 10년 동안 국가와 밀착관계를 유지하면서 정치적으로 성장해왔다. 2007년 12월 대선을 전환점으로 보수우파가 정권을 탈환함으로써 보수우파의 대반격의 국면을 맞이했다.

보수우파는 정치적 회복을 배경으로 탈이념의 세계사적 추세에 부응해 한국 사회의 이념적 및 사회문화적 가치 체계가 '역전=정상화' 되고 정치적 사회문화적 지배 기반이 자연스럽게 안착될 수 있을 것으로 기대했다. 그러나 2008년의 '촛불' 은 보수의 우려와 반감을 자극했다. '촛불' 은 진보세력의 정치적 결집과 재기의 '횃불' 로 인식되었으며, 아직 자리 잡지도 못한 보수세력정권의 기반을 흔드는 심각한 도전으로 여겼을 수 있다. 이에 진보좌파의 배제·약화를 추진하는 가운데, 진보세력의 결집을 우려하면서 정치적 기반의 재구축을 바람직하지 못한 것으로 바라보았다. 대부분의 사람들은 이러한 '기획' 위에서 진보세력의 구심점으로 노무현 전 대통령에게 정치적 타격의 초점을 맞춘 것으로 이해하고 있다.


## 보수정권과 국민의 눈높이

노무현 전 대통령에 대한 추모 열기는 대중적 매력을 지닌 '인간 노무현' 에 대한 자연스런 추모의 감정이자, 보수정부에 대한 거부와 지지의 철회이며 한국의 보수에 대한 실망과 분노의 표출로 볼 수 있다. 우리 국민은 노무현 전 대통령이 갖지 못한 부분을 채워줄 것이라는 바람과 요구 속에서 CEO 출신 대통령 후보를 전폭적으로 지지하고 선택했다. 또한 우리 국민들은 진보세력의 지나친 이념 지향적 세계관과 미숙한 국정 운영 방식에 지치고 염증을 느낀 나머지 보수우파 세력의 사회 관리 능력과 국정 운영의 경륜에 사뭇 기대를 걸었다.

그러나 보수우파 세력과 보수정권에 대한 기대가 실망과 냉소로 바뀌는 데는 많은 시간이 필요 없었다. 한국의 보수는 당장 역사의 시계 바늘을 거꾸로 돌리려는 행태를 보였다. 한국의 보수는 20~30여 년 동안의 민주화 과정을 통한 한국 사회의 가치와 이념적 지형의 변화 구조를 읽지 못했다. 우리 국민의 보수의 선택은 '조건부 지지'였다는 사실을 충분히 인식하지 못했으며, 국민의 높아진 정치사회적 '눈높이'를 알아채지도 못했다. 노무현의 도덕성은 기본이다. 한국의 정치사회가 지금도 만족할 만한 수준의 도덕적 기준에 부합하는 것은 아니지만, 정권의 도덕성 자체는 이제 한국 민주주의가 양보할 수 없는 조그만 성과라 할 수 있다. 그러나 많은 사람들은 보수정권은 노무현의 도덕성은커녕 국정 운영과 사회 관리 방식조차 구태에서 조금도 벗어나지 못했다고 여긴다. 이러한 정치사회적 배경 위에 노무현 전 대통령의 서거는 현 정부와 보수우파 세력의 정치사회적 정통성에 대한 회의와 거부의 몸짓으로 표출되었다.

## 자연인 노무현, 대통령 노무현

노무현 전 대통령은 죽음으로써 다시 소생했다. 그는 이

제 우리 사회에서 '미완의 개혁' 아이콘으로 부활했다. 그러나 자연인으로서의 인간 노무현과, 대통령 노무현은 다르다. 이제 우리는 '대통령 노무현'을 말해야 한다. 5년의 임기 중 대통령 노무현의 정책에 대한 차분한 평가가 필요하다. 그는 권위의 해체, 우상파괴를 추구했다. "바보 정치인으로 정치하면 나라가 잘될 거라고 생각합니다. 사람 사는 세상을 꿈 꾸었습니다"라고 말했다. 바보는 '우직함', '가식 없는 소탈함', '정략적이지 않는 정치'라는 의미를 함축한다. 노무현은 철권 통치자로 군림했던 장군에게 명패를 던졌고, 재벌 총수에게 호통 쳤고, 지역정치의 맹주를 함부로 따라가지 않았다. 그를 바라보는 국민은 너무도 통쾌했다. 그가 권력과 자본의 상징적 강자에게 거침없이 대듦으로써 대중의 억하심정과 꽉 막힌 체증을 시원하게 뚫어주었다. 대중은 환호했고, 마니아들은 열광했다. 한마디로 그의 언행 하나하나는 국민 대중과 사회적 약자에게 눈물겨운 카타르시스로 와 닿았다. 그래서 "당신이 있어서 우리는 행복했습니다"라는 말도 나왔던 것이다.

그러나 국민은 바보가 아니다. 노무현의 정치가 정치인으로서의 노무현 식에 그친 것을 보았다. 카타르시스 해소, 바로 그 지점에만 맴돌았을 뿐이었다. 대통령 노무현은 권위주위 청산, 남북 화해·협력, 지역감정 해소, 빈부 격차 해소 등의 역사적·정치적 과제를 성과가 나도록 해결했어야 했다. 대통령 노무현은 그의 꿈과 열정을 대중적=국민적 '집합의지 elan'로 승화시켜 국가적 과제를 국민과 함께 하나씩 풀어나갔어야 했다. 서민층의 신뢰를 얻고 기득권층을 설득하면서 국민합의를 토대로 정책을 추진해야 한다. 모든 정책의 좌초를 반대세력의 거부 탓으로만 돌리는 것은 무책임한 발상이다.

다시 '정치적 선善'이란 무엇인가를 묻지 않을 수 없다. 정치적 선은 정치적 의도의 아름다움과는 무관하게 정치적 목표 달성에 있으며, 국가 과제의 성공적인 수행에 있는 것이다. 이처럼 정치적 선은 정치적 업적과 정치적 책임의 문제이지, 정치적 선의善意와는 결코 상관이 없다. 이는 정치인에게 특히, 대통령을 지낸 정치인을 평가하는 기본적인 잣대가 되어야 한다. 그리고 정치적 덕목德目으로 매우 중요한 '정치적 신려political prudence'는 정치인 노무현과는 거리가 멀었다.

## 인터넷 민주주의와 여론의 '봉기'

한국의 정당정치는 형해화形骸化되었다. 정치적 아젠다는 정당 구도 밖에서 제기되고 있는 상황이며 노동·교육 등 정치·사회적 이슈와 여론을 수렴하고 해소·해결하는 정당의 고유 기능은 상실된 상태다. 또한 정치 시장의 저열한 메커니즘은 정당정치에 기반한 국민적 대표 체계의 불합리성과 함께 위기 상황을 초래하고 있다. 지역과 이념의 근친 구조 속에서 새로운 정치 세력의 정치 시장에의 진출은 원천 봉쇄된 실정이다. 노무현 전 대통령은 이념과 지역 구도를 해소할 수 있는 보다 '좋은 기회'를 가졌으나 지역 구도의 강고

한 벽을 넘지 못했다.

최근 한국 정치사회의 여론의 '봉기'는 인터넷 민주주의의 산물이다. 한국 민주주의 변화는 제도권 정당 중심 민주주의에서 가두 민주주의<sup>시민 민주주의</sup>로, 그리고 인터넷 민주주의로 변화되어왔다. 인터넷 공간에서 주요한 정치사회적 의제와 현안이 다루어지고 정제되지 않은 언어와 선동적이고 무책임한 언술과 주장들이 제도권 정치사회를 무력화시키고 있다. 따라서 현재의 정당 체제가 시민사회의 다양하고 변화의 템포가 매우 빠른 요구들을 수렴하고 거르는 기능을 충분히 수행할 수 있는 제도적 틀로서의 한계가 크다는 점에 주목할 필요가 있다. 공론 형성의 장은 변화했지만, 건강하고 합리적인 공론 창출은 쉽지 않다.

노무현 전 대통령의 서거로 여당은 정신적 패닉 상태에 빠졌다. 서로 네 탓을 하며 예상되는 후폭풍 앞에서 개개인은 살길만 궁리하고 있다. 야당은 그들이 '배신한' 노무현 전 대통령의 상주로 자처하면서 반사이익을 노리는 기회주의적 행태를 보여주고 있다. 그럼에도 '비겁한 정당'과 '야비한 정당'의 동거 체제는 상당 기간 지속될 수밖에 없다. 여기에 한국 정치의 지겨움, 질곡이 있다.

'스마트 몹<sup>smart mob</sup>'은 정치사회적 아젠다를 설정하고 토론을 통해 스스로 해결의 대안을 모색하는 한편, 당장 행동에 옮기는 대중이다. 촛불시위에서 보듯이, 스마트 몹은 '집단지성'의 형태로 나타날 수도 있으나, 무책임과 익명성의 뒤편에서 책임 있는 제도권 정치를 희화화시키고 무력화하는 게릴라 형태로 나타날 수도 있다. 제도권 정치 특히, 한국의 보수정치 세력은 이러한 인터넷 민주주의의 속성을 이해하지 못한 가운데 대중과의 소통 방식과 소통 체계를 마련하지 못하고 있다.

## 새로운 모색 : 다시 출발선상에 서서

두 가지 노선이 가능하다. 하나는 대타협이다. 다른 하나는 제3의 대안 세력 창출을 기대할 수 있다. 좌파는 '사회'에 착안하고, 우파는 '국가'를 중시한다. 사회를 중시하는 노선은 민주주의, 사회적 형평, 노동·복지 분야에서의 약자 배려 등의 가치를 부각시킨다. 국가를 중시할 경우 국가 발전 전략과 국가 비전을 제시해야 한다. 보수우파 정권이 제시할 수 있는 타협의 지점은 '동반 성장' 노선에 있다. 부강하고 잘사는 선진 조국 건설도 의미가 있지만, "우리 함께 가자!"는 메시지가 더욱 중요하다. 지금 우리 국민들은 바로 이 메시지를 고대하고 있다.

제3의 대안 세력 창출! 이념과 지역 구도의 장벽을 허물고 21세기 통일과 미래를 향해 민족사회를 이끌어 갈 새로운 정치세력의 형성이 절실하다. 이 과업이야말로 지금 우리에게 남겨진 역사적 소명이다.

〈제2호〉 2009.06.11

# 한미 정상회담 이후 한반도 정세 전망

## 북한의 새로운 핵전략

2009년 들어 북한의 촉발에 의해 한반도의 군사적 긴장이 한층 고조되었다. 1월에 오바마 정부가 탄생하고 미 행정부가 채 대북정책을 가다듬기 전에 북한은 강공책을 지속적으로 들고 나왔다. 미국은 북한의 이러한 강공책에 대해 대화를 통해 사태 악화를 사전 예방하지 못하고 사후수습 식의 맞대응만을 계속하였다. 이런 상황 속에서 6월 16일 워싱턴에서는 이명박 대통령과 오바마 미 대통령 간의 한미 정상회담이 개최되었다.

한반도의 군사적 긴장 상황이 악순환을 계속하며 고조되고 있다. 금년<sup>2009년</sup> 초부터 북한군 총참모부가 대변인 성명을 통해 남북한 전면대결 태세 진입 및 서해 해상군사분계선 고수를 선언하고, 조국평화통일위원회가 남북 간 정치군사적 합의의 무효화와 서해 해상군사분계선 관련 조항의 폐기를 선언하며 군사적 긴장의 불을 지폈다.

직접적인 남북 간 군사 충돌을 일어나지 않았지만, 북한은 인공위성을 발사한다며 지난 4월 5일 장거리 로켓을 쏘아 올렸다. 하지만 국제사회는 북한의 행동이 지난 2006년의 유엔 안보리 결의 1718호 위반이라고 규정하는 의장성명을 채택하고 대북제재를 부활시켰다. 하지만 북한은 이에 즉각 반발하며 의장성명의 철회와 사죄를 요구하고 나섰다. 자신들의 요구가 받아들여지지 않을 경우 2차 핵실험을 비롯해 대륙간탄도미사일<sup>ICBM</sup> 발사, 우라늄 농축 작업 개시 등 보복 조치를 취하겠다고 위협했다.

실제로 5월 25일에 북한이 2차 핵실험을 단행하자, 유엔 안보리도 이에 맞서 6월 12일 전체회의에서 대북 무기금수, 금융제재, 화물 검색 조치 등 추가 제재를 담은 안보리 결의 1874호를 채택했다. 그러자 북한 외무성이 이에 반발해 우라늄 농축 작업 착수, 새로 추출한 플루토늄의 전량 무기화, 봉쇄시 군사적 대응 등 3개 대응 조치를 선언했다.

이처럼 북한에 의해 촉발된 한반도의 군사적 긴장이 이제 한반도를 넘어 국제적인 이슈로까지 비화되었다. 공언한 대로 행동해 온 북한의 패턴으로 볼 때, 앞으로 북한은 사용후 연료봉의 재처리 작업에 들어가 추가로 무기급 플루토늄을 생산하고 새롭게 우라늄 농축 작업에 들어가며 동창리에서 든 무수단리에서든 추가로 ICBM을 발사할 가능성이 있다. 무엇보다 우리가 우려할 사항은 북한군 참모부의 전면 대결 태세 선언에 따른 서해 해상 NLL 부근에서의 군사적 충돌 위험성이다.

그렇다면 북한은 무슨 이유로 오바마 행정부가 대북정책을 가다듬기도 전에 강공책으로 나오는 것일까. 미국은 어째서 북한의 강공책에 대해 대화를 통해 사태 악화를 사전 예방하지 못하고 사후약방문 식의 맞대응만 해오는 것일까. 이와 같이 한반도 군사적 긴장이 높아지고 있는데 한국 정부는 무엇을 하고 있었나. 지난 6월 16일 한미 정상회담에서는 이러한 군사적 긴장의 해소에 답을 내놓았는가.

## 2012년을 목표로 서두르는 북한

북한의 핵개발이 핵무기 국가의 지위를 노린 보유용인지, 아니면 경제 보상과 안전 보장을 노린 협상용인지 하는 논란은 아무런 의미가 없다. 핵무기 없이도 경제회생과 체제안전을 이룰 수 있다는 확신이 들면 핵무기를 포기할 것이고, 아무리 경제 보상과 안전 보장을 약속한다고 해도 체제불안을 벗어나지 못하면 핵무기 국가의 지위를 얻으려 할 것이기 때문이다.

그렇다고 해도 금년 들어 북한이 보여주는 과거의 행태와 사뭇 다른 점들이 있다. 2005년 4차 6자회담<sub>한반도 비핵화를 실현하기 위해 한국·북한·미국·중국·러시아·일본 등 6개국이 참가하는 다자회담</sub>의 '9·19 공동성명' 이래 북한은 한반도 비핵화라는 공약을 거부한 적이 없었다. 하지만 올해 들어 북한은 6자회담을 거부하고 공공연히 핵무기 보유국의 지위를 과시하고 있다. 지난 1월과 2월에 방북한 미국의 전직 관료 및 북한 전문가들에게 김계관 외무성 부상은 북한을 'NPT<sub>핵확산금지조약</sub> 밖의' 핵무기 보유국으로 인정해달라고 요구하기도 했다.

방북했던 미국 측 인사들과 북한 당국의 공식적인 언명들을 종합해 볼 때 북측의 전략을 다음과 같이 정리할 수 있다. 먼저, 북한의 목표는 2012년까지 '사실상<sub>de facto</sub> 핵무기 보유국' 의 지위를 확보하는 것이다. 다음, 이러한 목표를 관철하기 위해 기존의 '9·19공동성명' 에서 밝힌 한반도 비핵화 3단계를 4단계로 연장하고자 한다. 이미 종료된 '2·13합의' 가 제1단계, 마무리 단계에서 중단된 '10·3합의' 이행이 제2단계, 그리고 핵 폐기 단계를 둘로 나누어 '핵시설의 해체 및 검증' 이 제3단계, '핵무기의 포기' 가 제4단계이다.

그런데 단지 비핵화의 단계가 세분화된 데 그치는 것이 아니라, 5개국이 취해야 할 상응 조치에 대한 북측의 요구 수준이 한층 더 높아졌다는 점에 주목할 필요가 있다. 제 3단계인 '핵시설의 해체 및 검증' 의 대가로 북한은 경수로 2기의 완성은 물론 완공 전까지 매년 중유 제공을 요구하고 있다. 그리고 북한 핵 프로그램에 대한 검증 실시의 대가로서 주한미

군의 전술핵무기 철수를 확인하기 위한 주한미군 기지나 한
국군 기지에 대한 핵사찰을 요구하고 있다.

가장 난감한 것은 제4단계이다. 북한은 자신들의 핵무기
를 포기하는 대가로 대북 적대시 정책의 종료, 한국에 대한
핵우산 제거, 한미동맹의 종료를 요구한 것이다. '9·19공동
성명'에서 북·미관계 정상화, 한반도 평화체제 구축 등이
핵무기 포기의 대가였던 것에 비하면 북측의 요구 목록이 한
층 까다로워진 것이다.

결국 이것은 북한이 비핵화 3단계까지는 그럭저럭 이행하
면서 핵 비확산에는 협조할 수 있지만, 북한의 핵무기 포기를
의미하는 비핵화에는 미국 측이 받아들이기 어려운 까다로
운 조건을 붙여 과도기적으로나마 '사실상' 핵무기 보유국
의 지위를 인정받고자 한 것으로 평가된다. 물론 완전한 비
핵화가 달성될 때까지는 북한의 핵 전력화가 가속될 것이다.

그렇다면 북한이 이와 같이 전략을 선회하게 된 배경은 무
엇인가. 북한은 6자회담 9·19공동성명에 따른 '안보-경제
교환 모델'이 북한체제의 동요만 심화시켰을 뿐 북한 경제
의 회생이나 안전 보장의 증진에 그다지 도움이 되지 못했다
고 판단하는 것 같다. '9·19공동성명' 그 자체는 북한의 안
전 보장에 관한 구체적인 내용이 담겨 있지만, 이를 구체화
하는 '2·13합의'와 '10·3합의'를 통해서 북한이 얻는 것이
고작 중유 100만 톤에 불과한 반면, 북한이 내놓게 된 것은
핵시설의 불능화로서 체제안전의 일부분을 포기했다는 판
단이다.

더 나아가 북한은 부시 행정부가 자신들의 핵 신고서 제출 및 냉각탑 폭파에 대한 대가로서 약속한 테러지원국 해제가 제때에 이행되지 않았으며 일본은 6자회담과 관계도 없는 일본인 납치의혹을 제기하며 아예 중유 제공에도 참가하지 않는 등 미·일의 관심이 북한체제 흔들기에만 있을 뿐 자신들의 약속을 이행하는 데는 무관심하다고 생각하는 것 같다. 한국에서 이명박 정부가 등장함으로써 '안보-경제 교환 모델'이 계속 작동될 수 있을지 그 실효성에 대해 의문을 갖게 된 것이 가장 큰 원인이 되었다.

결국 북한은 금융위기 극복과 이라크 철군 및 아프간 재배치, 이란 핵문제라는 산적한 과제들을 안고 있는 오바마 행정부의 출범을 자신들의 새로운 전략을 관철시킬 수 있는 기회로 삼고자 한 것으로 보인다. 북한은 단지 미국의 관심을 끌기 위한 것이 아니라 자신들의 목표를 관철시키기 위해 강수強手를 두고 있는 것이다.

북한은 방북한 미국 측 인사들에게 자신들의 목표를 분명히 전달했으며, 미국이 쉽사리 자신들의 제안을 받아들일 수 없다고 보고 2차 핵실험, ICBM대륙간탄도미사일 시험 발사, 우라늄 농축 프로그램 착수 등 후속 조치들을 마련해 놓았던 것이다. 그리고 국제사회의 대북제재가 한층 강화될 것에 대비해 신년공동사설에서 혁명적 군중노선에 입각한 천리마 운동을 재천명했으며 오는 10월 10일 조선노동당 창건일까지 150일 전투를 시작했다.

북한으로서는 유엔 안보리가 추가적인 대북제재에 들어

간다고 해도 1차 핵실험 때의 대북제재 수준을 뛰어넘는 더 큰 제재가 나올 것이 없다고 판단했으며, 설령 제재 수위가 높아져도 자력갱생노선에 입각한 혁명적 군중노선으로 버티겠다는 의도였던 것 같다. 이와 같은 새로운 핵전략 목표와 의도가 북한의 전략을 선회하게 만든 이유인 것으로 보인다.

## 우선순위 고민에 빠진 미국

세계적인 금융 위기와 국내 산업의 구조 조정, 이라크 주둔 비용의 절감, 국제 공조 하의 아프간 전쟁 수행, 이란의 핵 개발 저지를 위한 노력 등이 새로 출범한 오바마 행정부의 정책 우선순위였다. 그런 점에서 그럭저럭 관리되고 있던 북핵문제는 긴급한 미국 대외정책의 우선순위에는 들지 못했던 것이다.

미국의 대외정책에서 북핵문제가 뒤로 밀린 것은 다른 현안들에 밀렸기 때문만이 아니라, 대북라인의 인선이 지체되면서 대북정책의 검토가 지연된 데도 커다란 이유가 있다. 이런 가운데 북한이 오바마 행정부 출범 초기부터 높은 수준의 요구를 제시하면서 강수를 두는 바람에 미국 정부로서도 매뉴얼을 넘어서서 어떻게 근본적으로 대처해야 할지 해답을 찾지 못한 것 같다.

미국의 대북정책이 아직 확정되지 못한 데에는 무엇보다 미 대선 당시 오바마 진영의 한반도정책을 담당했던 인물들과 출범 직후 미국의 외교안보 라인에 들어선 인물들이 서로 다르다는 데서 원인의 하나를 찾아볼 수 있다. 대선 당시에 는 당시 상원 외교위원장이던 바이든 진영에서 한반도정책 을 담당했다. 이들은 오바마 집권 1년 이내에 북·미정상회 담을 제안하는 등 관계 개선을 통한 핵문제 해결에 매우 적 극적이었다. 하지만 탕평책 차원에서 마련된 오바마 행정부 의 외교안보수장인 국무장관에는 경선과정에서 경합을 벌 였던 힐러리 클린턴이 임명되었다.

힐러리 클린턴은 국무장관 인준청문회에서 2008년 4·8싱 가포르 합의를 뒤집고 플루토늄뿐만 아니라 농축우라늄, 핵 확산 문제를 같은 비중으로 다루겠다고 발언했다. 4·8북· 미합의에서는 플루토늄 문제만 6자회담에서 먼저 해결하 고, 나머지 문제들은 추후에 북·미간에 협의하기로 했기 때 문이다. 하지만 힐러리 국무장관의 주장은 3차 6자회담 때 까지 미국 측이 강력히 주장했다가 '9·19공동성명'의 채택 과정에서 삭제된 CVID완전하고 검증 가능하며 돌이킬 수 없는 핵 폐기를 의 미를 그대로 주장하고 있는 것이다. 힐러리 국무장관은 과거 클린턴 당시의 대북정책에 토대를 두고 있으나, 북한의 로켓 발사 및 2차 핵실험 등으로 기존 정책을 그대로 써먹을 수 없 게 되었다. 이처럼 오바마 정부의 출범 전후의 한반도 외교 안보 라인의 대북정책에는 온도 차이가 나는 것이다.

미국의 대북정책 검토가 지연된 또 다른 원인으로는 동아 태차관보 자리가 오랫동안 공석으로 있었다는 점이다. 부시 행정부 당시 동아태차관보가 6자회담 수석대표를 맡으면서 동아태지역 현안 해결에 소홀했다는 문제가 제기되면서, 오바마 행정부는 대북협상대표와 동아태차관보의 역할을 이원화하는 방안을 검토했다. 그리하여 2월 중순 대북정책 특별대표로 보즈워스 전임 주한미대사가 임명되었다. 보즈워스 특별대표는 비상근이기 때문에 평소에는 보스턴에 머물다가 회의 때만 워싱턴으로 온다. 그는 미 국무부 동아태국의 지원 없이는 아무 일도 할 수 없지만, 정작 동아태차관보로 내정된 커트 캠벨은 지난 6월 10일에야 상원 인준청문회를 가졌고 6월 16일 한미 정상회담 때까지 정식으로 임명되지 못하고 있다.

이처럼 대북정책의 인선이 늦어지고 그에 따라 대북정책 검토가 지연되는 가운데, 북한이 잇달아 강수를 두자 미 국무부가 제대로 된 대응책을 내놓지 못하고 있다. 북한의 로켓 발사와 2차 핵실험에 대해 기존 매뉴얼대로 유엔 안보리로 가져가 국제 공조 하에 제재 조치를 결의하는 형식적인 대응책밖에 내놓지 못했다. 그런 과정에서 미국의 중장기 대북정책에 따른 대응이 아니라 한일 연대에 의한 강경책에 끌려가는 모습까지 보였다.

북한의 로켓을 장거리 탄도미사일로 규정함으로써 적정 수준의 대응에 실패했으며 결과적으로 대북 강경론으로 귀결되었다. 3월, 5월에 보즈워스 특별대표가 방북을 희망했으나 그의 방북 목적이 '미사일' 발사의 억제와 6자회담 복귀에 있었을 뿐, 북측이 일찍이 미국에 제시했던 요구 사항에 대한 대답을 할 만큼 준비가 되어 있지 않았다. 그러한 형편을 잘 아는 북한으로서는 그의 방북을 받아줄 리 만무했다.

그렇다면 2차 핵실험까지 단행했고, 앞으로 대륙간탄도 미사일의 발사와 우라늄 농축의 착수까지 예고된 마당에 미국이 취할 수 있는 정책 방향은 무엇인가. 현재 미국에서는 새로운 대북정책과 관련해 군사제재론Military Option, 은근한 무시론Benign Neglect, 6자회담 복귀론Resumption, 전략적 관리론Strategic Management의 네 가지 방향에서 검토가 이루어지고 있다.

군사제재론은 윌리엄 페리 전 국방장관 등이 주장하고 있으나, 금융위기와 이라크, 아프간 문제에 발목이 잡힌 미국이 채택하기 어려운 대북정책 선택지이다. 미국 내에서 가장 만연하고 있는 것이 은근한 무시론이지만, 과거 부시 행정부 때 채택했다가 북한에게 플루토늄 추가 생산과 핵무기 제조의 시간만 주었다는 비판을 들었던 방법이어서 실효성이 있을지 의문이 제기되고 있다. 현재 미 국무부의 공식 입장은 부시 2기 행정부 때부터 추진해왔던 6자회담 복귀론이지만, 북한외무성이 이를 공식 거부하고 있어 이 방안 역시 실효성이 없다.

최근 미국의 새로운 대북정책으로 조심스럽게 떠오르고 있는 것이 바로 전략적 관리론이다. 이 방안은 한때 미국중앙정보국CIA의 한국지부장과 동북아담당 국가정보관을 역임했던 아서 브라운이 피력한 바 있으며, 동아태차관보로 내정된 커트 캠벨이 소장으로 있던 신미국안보센터CNAS의 보고서에서 이 같은 이름으로 제안되어 있다. 전략적 관리론

안에서도 북측의 요구를 수용하는 수밖에 없다는 협상우위론과 대북제재와 5자협의체 구성 등을 구사하는 압박우위론의 온도차가 있다. 하지만 북핵의 확산 방지와 북한체제의 조기 붕괴 방지를 위해 북·미 직접 협상이 불가피하다고 인식한다는 점에서는 공통점을 갖고 있다.

현재와 같은 미국의 6자회담 복귀론은 커트 캠벨 차관보가 본격적으로 대북정책을 검토하면서 자연스럽게 전략적 관리론으로 전환할 것으로 보인다. 하지만 협상우위론과 압박우위론 가운데 어느 쪽을 선택할지는 몇 가지 상황적 변수에 좌우될 것으로 보인다. 현재와 같이 북한의 핵실험과 같은 군사 도발이 계속될 경우 대북압박을 기조로 하면서 대화를 병행하는 압박우위론이 힘을 받을 수밖에 없을 것이다. 반면, 오는 일본총선에서 비자민非自民 연립정부가 등장할 경우 협상우위론이 힘을 얻게 될 것이다. 일본 민주당 정부가 들어선다고 곧바로 일본의 대북정책이 바뀌진 않겠지만, 지금까지 유지되어온 한일 간 대북공조가 약화되는 것이 불가피할 것으로 보이기 때문이다.


## 한미 정상회담 이후의 한반도 정세 전망

북한의 2차 핵실험 실시와 ICBM 발사 움직임 등 한반도 안보 정세가 어느 때보다 요동치고 있다. 그런 가운데 이명박 대통령과 오바마 미 대통령 간의 한미 정상회담이 지난 6월 16일 워싱턴에서 개최되었다. 이번 한미 정상회담에서는 지난 부시 미 대통령 재임기간에 약속했던 한미 전략공동비전을 담은 공동선언을 발표하고 북핵문제에 대한 한미 정상 간의 확고한 자세를 밝히는 데 주목적을 두었다. 그밖에도 한미FTA와 2012년 전시작전통제권<sup>전작권</sup> 전환문제, 아프간에서의 국제협력 방안 등에 관해서도 논의되었다.

"21세기 벽두에 나오는 한미동맹 비전이라면 당연히 소프트파워에 바탕을 둔 것이어야" 함에도 불구하고 미래지향적이라기보다는 과거회귀적이라는 김영희 중앙일보 대기자의 지적대로, 당면한 북핵 위협에 대해 공동 대처하는 데 우선순위를 두었다. 그 결과 한미동맹의 미래 비전을 보여주기보다는 핵우산을 포함한 확장억제력을 명문화했고, 북한의 핵과 미사일을 완전하게 돌이킬 수 없도록 폐기해야 한다는 데 집중한 측면이 있다.

오바마 대통령이 소프트파워<sup>soft power, 교육·학문·예술 등의 문화적 영향력</sup>를 기초로 하드파워<sup>hard power, 군사력·경제력 등의 경성권력</sup>를 결합하는 스마트파워<sup>smart power</sup>를 강조해 왔음에도 불구하고, 이번 한미동맹 공동비전에서 보여준 북한의 핵과 미사일에 대한 해법은 하드파워에 의한 해결에 치중된 것으로 보인다. 미국의 한반도정책 책임자인 동아태차관보가 부재한 상태에서 우리 정부의 입장이 반영된 것으로 보이지만, 앞으로 커트 캠벨 동아태차관보가 본격적으로 대북정책을 검토하고 추진할 경우 이러한 공동 비전이 껍데기만 남게 될 위험성도 배제할 수 없게 되는 문제점도 예상된다.

국내 전문가 중에 이번 한미동맹 공동 비전에서 "자유민주주의와 시장경제에 입각한 평화통일"을 명시한 점이 최대 성과라고 평가하는 이들도 있지만, 한국 주도의 흡수통일의 가능성을 열어놓아 북핵문제의 해결을 위해 절실히 요구되는 중국의 협조를 얻는 데 한계로 작용할 소지를 남겨놓았다. 무엇보다 이명박 대통령이 중국, 러시아를 포함하는 '5자협의'를 제안한 상태에서, 북한은 물론이고 중국을 자극할 수 있는 표현을 담은 것은 두고두고 부담으로 남게 될 가능성이 높다.

무엇보다 혼란을 가중시킨 것이 이명박 대통령이 제안했다는 '5자협의'이다. 조선일보 2009년 6월 17일자에서는 이 구상을 '5자간 협의를 먼저 진행한 뒤, 미국이 5자한·미·일·중·러를 대표해 북·미 협상을 전개한다'는 2단계론으로 풀이했다. 하지만 다음날 문태영 외교통상부 대변인은 "5자협의 후에 미국이 대표로 북한과 협상한다는 논의는 없었다"라며 이와 같은 보도를 부인했다. 어느 것이 진의인지 정확히 알 수 없지만, 6자회담 5개국의 공조를 유지하면서 북·미 직접협상을 인정하는 것이어서 중국, 러시아가 받아들일 가능성이 높다는 점에서 2단계론이 차라리 현실적이라고 볼 수 있다.

그렇지만 우리 정부의 '5자간 협의'를 설득하러 간 위성락 본부장의 방중 때 드러난 중국 정부의 조심스러운 태도를 보면 이마저도 쉽지 않아 보인다. 중국 정부로서도 북한을 의식하지 않을 수 없을 뿐 아니라, 6자회담 주도국으로서의 지위도 잃고 싶지 않을 것이기 때문이다. 다만 중국이나 러시아의 중재 노력에도 불구하고 북한이 끝까지 강경 태도를 굽히지 않고 군사적 모험주의를 계속할 경우, 중국이나 러시아가 5자간 협의에 참가하게 될 가능성도 완전히 배제할 수는 없을 것이다.

그렇다면 향후 북·미관계와 남북관계는 어떻게 전개될 것인가. 현재 미국 내의 논의로 볼 때 커트 켐벨 차관보가 정식으로 취임해 대북정책 검토를 마치게 되면 본격적으로 북·미 직접대화가 이루어질 것으로 보인다. 여기서 북한에 억류된 미국 국적 여기자들의 석방 문제가 대화의 중요한 계기로 작용할 것이다. 현재로서는 8월 말이나 9월 중에 본격적인 북·미대화가 시작될 것으로 보인다. 다만 북측이 요구해 온 고위급 직접대화는 어느 정도 대화 분위기가 무르익어야만 가능할 것으로 보인다.

북·미대화의 가능성이 비교적 높은 데 반해, 남북대화의 전망은 여전히 어둡다. 지금 6·15공동선언의 존중 및 이행과 같은 남북 간의 근본적인 문제 외에 북측에 억류된 현대아산 근로자 유씨 문제와 개성공단의 토지 사용료 및 임금 인상 문제가 복잡하게 얽혀 쉽게 남북관계 개선을 점치기 어렵다. 무엇보다 북측이 그동안의 불만을 군사 행동으로 표출할 경우 북·미관계의 진전과 무관하게 남북관계가 장기간 표류할 수밖에 없다.

김정일 국방위원장의 건강이상설과 2012년의 정권 승계를 고려하면 북한에 시간이 없기 때문에, 결국 시간은 우리 편이라고 보는 견해가 우리 정부 안에 팽배해있다. 하지만 우리가 기다리는 동안 북한이 영변원자로나 새로운 우라늄

농축시설을 통해 핵분열 물질을 추가 생산하고 추가 핵실험
을 통해 핵탄두의 소형화 기술을 확보할 경우, 한반도 안보
상황은 지금보다 더욱 심각해질 수 있다. 이것은 시간이 우
리 편이 아닐 수 있다는 것을 의미한다. 지금 미국에서는 은
근한 무시론을 벗어나 전략적 관리론을 적극 검토하고 있
다. 이제 우리의 대북정책도 근본적인 검토에 들어가야 할
때가 왔다.

〈제3호〉 2009.06.23

# 제 2장

# 한국의 전략적 선택

2010.07 ▶ 2010.12

2009년 하반기부터 한반도 정세를 완화하기 위한 노력이 전개되었고, 남북관계에도 해빙 조짐이 보이는 듯했다. 북한은 현정은 현대아산 회장의 김정일 위원장 면담, 김대중 전 대통령 서거에 특사조문단 파견, 이산가족 상봉 재개 등 유화 국면을 조성코자 했으며, 새로 출범한 미국 오바마 정부에도 6자회담 지속 등 긍정적 신호를 보냈다. 이즈음 남북 간에는 비공개 막후 접촉이 진행된 바 있다. 그러나 2010년에 들어와 3월 26일 천안함이 침몰하자 우리 정부가 남북한 교역·교류 중단 등 '5·24조치'를 취하고 북한이 이에 맞서 남북관계 단절을 선언함으로써 남북은 일촉즉발의 군사적 대결 상태로 돌입했다. 더구나 11월에는 북한 측이 연평도를 포격하여 사태는 더욱 악화되었다.

# 천안함 사건 100일,
# 앞으로 어떻게 할 것인가

상생 · 공영의 남북관계를 말한다

2010년 3월 26일, 미군과 서해상에서 훈련중이던 초계함 천안함이 침몰하였다. 좌초설, 북한 어뢰설, 유실기뢰설, 미군 잠수함 충돌설 등, 침몰 원인을 둘러싸고 많은 논란이 있었지만, 정부는 5월 20일 북한 어뢰정이 발사한 어뢰에 의한 폭침으로 조사 결과를 발표하였다. 그러나 이러한 결과 발표 이후에도, 침몰원인을 둘러싼 여야의 정치적 공방은 계속되었고 각계에서 조사 결과에 대한 의문이 지속적으로 제기되면서, 이를 둘러싼 사회 내부의 갈등도 확산되는 양상을 보였다.

7월 3일은 '천안함'이 침몰한 지 100일째 되는 날이다. 지난 3월 26일 발생한 이 천안함 침몰 사건으로 46명의 무고한 대한민국 젊은이들이 목숨을 잃었다. 민·군합동조사단은 천안함의 침몰이 북한의 130톤 연어급 잠수정의 중어뢰 공격에 의한 것임을 지난 5월 20일 발표했다. 하지만 이러한 정부의 발표에도 불구하고, 침몰 원인을 둘러싼 정치적 공방은 치열해지고 우리 사회 내부의 갈등도 점차 확산되고 있다.

이 과정에서 남과 북의 교류 협력이 중단되었고, 북한은 남북 간 모든 통신을 단절한 채 서해상 우발적 충돌 방지를 위해 맺었던 쌍방 간 합의를 완전 무효화했다. 또한 북측은 '서울 불바다' 등을 운위하면서 남한에 군사적 타격을 가하겠다고 위협하고 있다. 이처럼 한반도의 긴장 상태는 그 어느 때보다 긴박하며, 이제는 국제사회에서 우려의 눈길을 보내고 있는 형편이다.

여기서 우리는 생각해보아야 한다. 천안함 사태에 함몰되어 국가 발전을 위한 중요한 아젠다agenda를 상실하는 것은 과연 바람직한 일인가? 북한이 원하는 평화와 전쟁 중 하나를 선택할 수밖에 없는 상황으로 가는 것은 우리의 국가적 이익에 도움이 되는 것인가? 20세기 냉전의 산물인 이념의 망령에서 벗어나지 못하고, 또다시 찢어지고 갈라지는 것이 우리의 한계일 수밖에 없는가? 나라를 걱정하는 대부분의 국민은 이와 같은 착잡하고 안타까운 심정을 나누고 있다.

정부는 천안함 사건을 처리하는 과정에서 국가의 안보 및 위기관리와 평화 조성 능력에 대해 국민들이 느낀 불만과 불안감을 잘 받아들여야 한다. 지금처럼 정부가 국가위기관리에 실패하고 신뢰할 만한 평화 조성 능력을 보여주지 못한다면, 앞으로의 국정 운영이 순조롭지 못하게 될 위험성이 있다. 이명박 정부가 레임덕 없이 남은 임기 동안 국정 운영을 원활히 하고자 한다면, 이제라도 천안함 국면에서 하루 빨리 벗어나 악화된 남북관계를 정상화시켜야 한다.

이제 우리는 지속적인 국가 발전과 민족의 평화와 번영을 위해 천안함 침몰 사건을 반성적으로 성찰하고, 현 상황을 타개하기 위한 방도를 찾는데 지혜를 모아야 한다. 지금은 모두가 민족의 미래를 멀리 그리고 크게 내다보면서, 정략을 버리고 전략을 찾아야 할 때이다. 이를 위해 앞으로 전개될 천안함 사태의 예상 시나리오를 점검해보고, 정부가 취해야 할 자세와 대안에 대해 고민해보도록 하자.

## 천안함 사태, 연착륙할 것인가 경착륙할 것인가

국내외에서 어려움에 봉착한 천안함 사건은 앞으로 어떻게 전개될 것인가? 천안함 사건은 연착륙할 것인가, 아니면 경착륙할 것인가? 경착륙이 아닌 연착륙을 위해서는 어떻게 해야 할 것인가? 현재의 천안함 사건의 예상시나리오는 크게 북한의 사과와 책임자 처벌, 유엔 안보리 조치에 따른 종결, 유엔 안보리의 미흡한 조치와 6자회담으로의 국면 전환, 남북한 군사 충돌에 의한 새로운 국면으로의 전개, 이 네 가지로 전망해 볼 수 있다.

첫 번째 시나리오는 북한이 한국 정부의 조사 결과를 받아들여 공식사과하고 책임자를 처벌함으로써 천안함 국면을 종결시키는 것이다. 이 방식대로 천안함 문제가 종결된다면 한국 정부는 대북관계에서 우위를 점하고 남북대화를 재개할 명분을 가질 수 있다. 그리고 미국 등 6자회담 참가국들도 북한이 요구하는 유엔 안보리 제재 해제와 평화협정 논의의 보장 등 6자회담 재개 조건에 대한 부담을 덜게 될 것이다. 6자회담의 성격도 한반도 비핵화를 위한 논의로 선회할 수 있을 것이다.

두 번째 시나리오는 유엔 안보리에서 북한의 책임을 명시하고 북한을 규탄하는 내용의 의장성명을 채택하는 것이다. 비록 유엔 안보리에서 북한에 대한 구속력 있는 결의가 채택되지 않는다고 해도, 북한의 책임을 명시하고 규탄하는 의장성명을 명분으로 한·미·일·EU 등이 추가적인 양자제재를 가함으로써 북한에 대한 국제사회의 응징을 일단락하고 천안함 국면이 종결될 수 있을 것이다.

세 번째 시나리오는 천안함 사건에 대한 북한의 책임을 묻는 유엔 안보리 의장성명을 채택하는 데 실패하는 것이다. 이때 사실상 북한에 대한 추가적 양자제재는 추진력을 크게 잃게 되고, 이러한 상황에서 6자회담이 재개될 수밖에 없다. 의장국 중국의 적극적인 중재로 미국과 북한이 개별 접촉을 가진 뒤 6자회담으로의 복귀 수순을 밟게 되면, 천안함 국면은 한국의 의도와 상관없이 6자회담 국면으로 넘어가게 될 것이다.

　네 번째 시나리오는 북한을 규탄하는 내용의 유엔 안보리 의장성명 채택이 불발로 끝나고 국내에서는 천안함 침몰 원인을 둘러싼 진실 공방이 가열되는 것이다. 이러한 상황에서는 남북한 사이에 긴장이 고조되고 군사적 충돌이 발생해, 한반도 내에서 국지전이 벌어질 수 있다. 예를 들어, 한국군이 이미 설치한 11곳의 시설을 통해 대북 심리전을 위한 방송을 시작하면 북한군이 이에 조준사격을 가하는 것이다. 이렇게 된다면 결국 양자 간 보복 전투가 이어지면서 국지전으로까지 치닫는 최악의 경우가 발생할 수 있다.

　위의 네 가지 시나리오 가운데, 첫 번째가 가장 바람직한 경우이지만 최근 북한의 반응으로 볼 때 그들이 이를 받아들일 가능성은 거의 없다. 두 번째도 안보리 상임이사국인 중국과 러시아의 태도가 완강해 북한의 책임을 명시하고 규탄하는 의장성명을 채택하기가 쉽지 않을 전망이다. 이처럼 연착륙의 시나리오가 실현될 가능성이 높지 않은 가운데, 상대적으로 현실화될 가능성이 높은 것이 세 번째와 네 번째 시나리오이다.

　세 번째는 천안함 사건이 국제적으로는 유야무야되고 '선先 천안함 문제 해결'을 내건 이명박 정부의 위신과 국정 장악력이 크게 떨어지는 상황을 초래할 수 있다. 네 번째는 천안함 국면과 국내의 진실 공방을 불식시키겠지만, 남북관계와 한반도 안보 상황이 최악으로 치닫게 되어 '악재를 더 큰 악재로 덮어버리는' 경우일 수 있다. 따라서 이 두 가지는

이명박 정부가 결코 원하지 않는 경착륙 시나리오일 가능성
이 높다.

## 천안함 국면의 출구를 마련하기 위한 과제

천안함 사태의 해결 방안을 두고 주변국들 간에도 마치 과
거의 동맹국 간 대치 국면을 연상하게 할 정도의 입장 차이
가 벌어지고 있다. 동맹 간 대치라는 틀은 21세기적인 생존
과 번영을 구가해 나가는데 걸림돌이 될 뿐이다. 어떻게 보
면 이번 천안함 사건으로 인해 남북한만 패배자가 될 가능성
도 높아졌다. 남북한은 각자 자신에게 유리한 국제 환경을
조성하고 국제사회의 지지와 응원을 구하기 위해 불필요한
소모전을 펴왔다. 따라서 경색된 남북관계를 전환할 타이밍
을 놓치고, 이를 복원하기 위해 더 많은 시간을 필요로 하게
되었다. 남북관계가 더 이상 파국으로 치달을 경우 우리로
서는 G20정상회의의 성공적 개최를 장담할 수 없을 것이고,
현재 회복세에 들어선 경제에 타격을 줄 수도 있을 것이다.

우리가 선택해야 할 길은 오직 하나다. 이 천안함 국면을
파국으로 치닫게 하지 않고 슬기롭게 넘기며 상생·공영의
남북관계를 만들어 나가는 계기로 활용하는 것이다. 그렇다
면 천안함 국면을 파국으로 치닫게 하지 않고 연착륙시키기
위해 이명박 정부는 당장 무엇부터 해야 할 것인가? 또한 한
반도 안보 상황을 안정적으로 관리하면서 북핵문제를 효과

적으로 해결해 나가기 위해 남북관계를 어떻게 다루어 나가
야만 하는 것인가?

첫째, 지난 5월 24일 통일·외교·국방 3부 장관이 발표한
대북조치를 전면적으로 보류하고, 유엔 안보리의 처리 결과
에 따라 우선순위를 재조정하거나 속도 조절을 실시하는 것
이다. 국제사회에서 북한에 대한 책임을 묻는 명료한 판단
이 나올 때까지는 대북 해상 무력시위나 PSI대량살상무기 확산방지
구상 훈련 등을 실시하는 것은 대내외의 공감대를 얻을 수 없
을 뿐 아니라, 남북관계 회복 가능성을 원천적으로 차단하는
결과를 가져온다.

둘째, 천안함 사건의 책임 규명 작업과 함께 6자회담 재개
노력을 병행해 추진하는 것이다. 천안함 사건의 책임 규명
이 끝나지 않은 상태에서 남북관계의 정상화 노력을 병행하
기는 어렵겠지만, 한반도 비핵화를 위한 6자회담은 남북한
에 국한되지 않은 국제 현안이기 때문에 양자를 병행하는
것은 아무런 문제가 없다. 천안함 문제가 종결되지 않더라
도 6자회담의 틀 속에서 남북한 대표가 만난다면 6자회담이
남북관계 복원의 창구 역할을 할 수 있을 것이다. 국제사회
의 흐름에 등 떠밀려 6자회담으로 가는 초라한 한국의 모습
이 되지 않도록 해야 할 것이다.

셋째, 북한에 대한 인도적 지원을 조건 없이 재개함으로써
남북관계의 돌파구를 마련할 필요가 있다. 이명박 정부는
대북 인도적 지원의 세 가지 조건 가운데 하나로 '긴급한 인
도적 상황의 발생'을 제시한 적이 있다. 통일부의 5·20대북

조치에도 영유아에 대한 인도적 지원은 예외로 했다. 현재 북한은 예년과 같이 식량난에 시달리고 있고 아사자들이 발생했다는 소식도 들린다. 영유아에 대한 인도적 지원에서 출발해 포괄적인 대북 인도적 지원으로 확대해 나간다면 북한의 태도 변화를 이끄는 유리한 환경을 만들어주게 될 것이다.

넷째, 우리가 능동적으로 상황을 관리하고 북한에 다양한 선택지를 제공해 남북관계를 주도해 나가야 한다. 북한이 행동하면 이를 처리하기 위해 따라다니는 수세적 대응 방식은 이제 지양해야 한다. 우리가 도달해야 할 목적지까지는 북한을 움직여 함께 가야하며, 그러기 위해서는 우리가 먼저 움직일 수밖에 없다. '북한의 버릇을 고친다'는 명분으로 대북 전략의 탄력성마저 잃어서는 안 되는 것이다. 10·4선언에 근거한 총리회담이나 군사회담의 진행, 평화체제 전환에 대한 논의 등을 전략적 차원에서 고려할 필요가 있다. 과거 미얀마 랑군 아웅산 폭탄 테러 사건 후 우리가 먼저 경제 지원 제의와 북측 수재 지원 물자의 인수로 제2기 남북대화기를 열었던 사례 등을 참고하는 것이 중요하다.

다섯째, 이번 사태를 국가의 위기관리 능력을 재고하고 국민화합을 이루는 계기로 승화시켜야 한다. 우리 군이 국민의 신뢰를 얻을 수 있도록 국가안보 태세에 대한 전면적 재점검 및 시정을 단행하고 이 결과를 국민들에게 보고해야 한다. 또한 정부의 조사 결과에 대해 검증의 필요성을 제기했다고 해서 시민 단체나 네티즌들을 고소·고발한 일은 국민

화합의 차원에서 취하는 것이 바람직하다.

한국은 경제 발전에 이어 민주화에 성공을 한 세계에 유례를 찾기 어려운 모범 국가이다. 하지만 민주화 이후 국론이 분열되면서 역대 대통령들은 예외 없이 정권 말기에 레임덕 현상에 시달려야 했다. 그런 점에서 성공한 국가 지도자가 되기 위해서는 위기에 대처하는 능력을 보여주는 것도 중요하지만, 위기 발생을 사전에 예방하고 이를 관리하는 능력을 갖추는 것이 더욱 중요하다. 또한 불가피하게 위기가 발생했을 때는 사태를 악화시키기보다 평화를 만들어가는 능력을 보여줌으로써 국민들의 신뢰를 얻어야 한다. 이명박 정부가 천안함 사태를 남북관계 재조정의 기회로 삼음으로써 차후에 긍정적인 역사적 평가를 받을 수 있기를 기대한다.

〈제4호〉 2010.07.05

# '제2의 7·7선언'이 필요한 때다

## 천안함 사건을 넘어서

7·7선언은 1988년 7월 7일 노태우 전 대통령이 민족자존과 통일번영의 새 시대를 구현하자는 취지에서 발표한 특별선언을 말하며, 사회주의 국가들과의 관계 개선과 한반도 통일여건 조성이라는 두 가지 목표에 초점을 맞추고 있다. '민족자존과 통일번영을 위한 특별선언'으로도 불리는 7·7선언의 주요 내용에는, 남북 각계각층 인사의 상호 교류를 추진하고, 대북교역문호를 일방적으로 개방하며, 북한의 우리 우방과의 교역과 관계개선에 협조할 용의가 있다는 것 등이 있다. '7·7선언'은 이듬해 9월 11일, '한민족공동체 통일방안'을 통해 구체화된다.

1988년 7월 7일 노태우 대통령은 '민족자존과 통일번영을 위한 특별선언7·7특별선언'을 발표하여 남북관계사에 획기적인 이정표를 세웠다. 내외 정세의 변화에 부응해 한반도 평화와 통일의 기반을 구축하기 위해서는 북한을 고립시키기보다 국제사회의 책임 있는 성원으로 끌어들이고, 남북관계도 반목과 대립에서 벗어나게 하는 새로운 전기가 필요하다는 판단에 따른 것이다.

당시 국제 정세는 탈냉전의 기류가 형성되면서 소련을 비롯한 공산권이 내부 변화에 진통을 겪을 때였고, 마침 임박한 서울 올림픽은 모스크바와 LA올림픽이 반쪽 올림픽으로 치러진 이래 12년 만에 양 진영이 모두 참여해 동서 화해의 전기가 되는 축제로 치러질 예정이었다.

국내적으로는 1987년의 민주항쟁의 결과 첫 직선 대통령 정부가 출범하면서 민주적 정통성이 회복되고 사회 각계에 민주화의 바람이 거세게 불던 시기였다. 이로 인해 갇혀 있던 통일 논의가 활성화되고 통일 문제가 정치와 사회의 중요 이슈로 자리 잡기 시작했다. 이것이 통일 문제를 둘러싼 이념적 갈등이라는 역효과를 낳기도 했지만, 국민들은 남북 간의 체제 경쟁에서 압도적 우위를 확인하고 자신감에 차 있었다.

'7·7선언'은 이러한 상황적 배경 하에 남북 각계각층 인사의 상호 교류를 추진하고, 대북교역 문호를 일방적으로 개방하며, 북한의 우리 우방과의 교역과 관계 개선에 협조할 용의를 밝혔다.

이로써 우리의 북방정책이 탄력을 받아 한·소, 한·중수교 등 공산권과의 관계 개선이 실현되었으며 이제는 우리의 최대 교역 대상이 된 중국이라는 거대한 수출시장을 선점하는 기회를 만들었다.

남북관계 측면에서도 국제적 탈냉전 시대의 대북정책 비전과 방향이 제시됨으로써, 이후 남북관계를 발전시키기 위한 인프라를 선도적으로 구축하는 계기가 되었다.

국민적 합의를 토대로 우리의 공식 통일 방안인 민족공동체 방안이 마련되었으며, 남북 간의 교류와 협력을 뒷받침하는 법제도가 잇달아 정비되었다. 특히 북한을 민족 전체의 발전을 위한 동반자로 보는 인식의 대전환은 1991년 남북기본합의서의 탄생과 남북한 UN 동시 가입을 가능케 했다. 이후 네 번의 정부 교체가 있었지만 남북관계의 큰 흐름이 연속성을 유지하고 있는 것은 바로 이 '7·7선언'과 남북기본합의서라는 기둥이 세워졌기 때문이다.

당시 노태우 정부는 국제적 탈냉전의 흐름을 잘 읽고 발빠르게 대처하면서, 국익을 신장시키고 남북관계를 주도하는 기본 틀을 만든 현명한 정책 결단을 한 것으로 평가된다. '7·7선언' 당시 우리 정부의 정세 판단과 이에 대한 대응은 지금의 상황에도 시사하는 바가 크다.

현재 우리는 미·중 간의 관계 정립을 둘러싸고 국제 질서가 의미심장한 전환기를 겪고 있고, 남북관계가 천안함 사건 이후 예측이 어려울 정도로 유동적이며, 내부적으로도 6·2 지방자치체 선거 이후 사회적 갈등을 극복하고 국민적 통합을 이루는 것이 중요한 과제로 되고 있는 상황에 놓여 있다. 이러한 여건은 어떤 면에서 '7·7선언' 당시와 유사하다고 할 수 있다.

노태우 정부는 냉전 해체의 대전환기에서 수동적 위치에 머물지 않고 화해와 개방의 흐름을 민족사에 접목시키려는 진취적인 방향을 설정함으로써 우리가 남북관계를 주도해 나갈 수 있는 토대를 마련했다. 또한 통일 논의를 둘러싼 남남갈등이 점증하고 여소야대라는 정치 역학의 구도 속에 강력한 통합력을 발휘할 수 없었음에도 불구하고 진보와 보수를 편 가르지 않으면서 낮은 자세로 소통의 정치를 실천하고 국민여론을 수렴해나갔다. 이러한 노력이 남남갈등의 폭을 좁히고 민족공동체 통일 방안에 대한 여야 만장일치의 지지를 끌어낼 수 있었다.

이와 함께 북한에 대해 압박과 강경으로 밀어붙이지 않고 오히려 대북 심리전 방송을 전면 중단하는 조치를 취하고 우방과의 관계 개선을 돕고자 했다. 사실 '7·7선언' 당시에도 남북관계는 긴장 상태에 있었다. 반년 전에 발생한 KAL858기 사건에 대한 처리가 미진한 상황이었으며, 북한은 '7·7선언'을 분단고착화 선언이라며 즉각 거부했다.

KAL 858기 사건은 북한 공작원에 의한 폭탄 테러로 외국인 2명 등 민간인 115명이 사망한 사건이었다. 북한은 서울 올림픽을 앞두고 긴장과 불안을 조성해 대회를 방해할 목적이 있었던 것으로 알려졌다. 다행히 국제 협조로 범인이 체포되어 전모가 밝혀졌고, 북한은 국내외 공분의 대상이 되었다. 우리는 북한의 사과와 책임자 처벌을 요구하면서 상응한 보복을 경고하고, 안보리의 긴급소집도 요청했다. 대북 결의안은 채택되지 못했지만 미 국무부는 북한을 테러지원국 명단에 올렸다.

테러에 대한 북한의 사과와 책임자 처벌은 당연한 조치였고 북한이 이를 거부한다면 상응한 보복도 정당했다. 그러나 그것만으로는 부족했다. 대증적對症的 조치와는 별도로 '7·7선언' 같은 근본적 처방이 필요했던 것이다. 당시 정부가 내외 정세 변화를 활용할 기회를 미뤄두고 대북 응징만 집요하게 추구했다면 성과도 불확실했겠지만, 남북관계의 전기 마련은 고사하고 북방 진출이나 신규 시장 선점의 기회도 놓쳤을 것이다.

물론 그때 제대로 응징하지 못했기 때문에 천안함 사건이 발생했다는 주장도 있겠지만, 아무리 완벽해도 대증적 조치만으로는 유사 사건의 재발을 근본적으로 막지 못한다. 오히려 유사 사건의 재발은 근본적 처방이 꾸준하고 충분히 이어지지 못한 데 기인할 수 있다.

당면한 한국의 외교, 안보, 남북관계를 말할 때 우리는 여전히 천안함 사건부터 출발하게 된다. 천안함 사건을 없었던 것처럼 괄호 안에 묶어두고 외교·안보·통일 정책을 언급하기 어려운 현실이다. 그런데 이 사건의 대응 조치에만 집착하면 할수록 우리가 원하는 해답이 나오기 어렵다는데 문제가 있다. 대응 조치는 국제사회의 원군을 필요로 하고 남북관계의 국제적 성격을 강화시켜 결국 우리의 주도력을 잃어버리는 부메랑이 될 수 있기 때문이다.

여러 논란과 고민에도 불구하고 천안함 사건에서 찾아야 할 교훈과 과제로 최소한 두 가지는 분명해 보인다.

첫째, 북한으로부터의 안보 위협이 상존한다는 진부한 사실을 새삼 절감하는 것이며, 이로 인해 우리 정부와 군은 언제나 신뢰할 만한 위기관리 능력을 갖추고 있어야 한다는 점이다.

둘째, 이렇게 불안정한 휴전 상태를 이제는 종식시킬 때가 되었다는 각성이다. 지난 시기 남북관계에 많은 진전이 있었다고 하더라도 휴전 상태라는 불안정한 평화에 의지한 것이었으며, 언제까지 이렇게 불안정한 가짜 평화에 의존할 수는 없다는 것이다.

요약하면 국가 위기관리의 문제이며 한반도 미래 전략의 문제이다.

최근 남북관계 경색과 천안함 사건 여파로 우리와 중국 등 북방 국가와의 관계가 소원해졌다. 우리로부터의 경제 지원이 중단된 북한은 활로를 찾아 중국 경제에 대한 의존도를 높이고 있다. 북한과 중국, 러시아 간의 새로운 결집 움직임과 북한의 불안정성의 증대도 신경이 쓰인다. 서해 해상훈련을 둘러싸고 미·중 간에 알력현상도 노정되고 있다. 중국은 대만과 경제통합을 추진하면서 양안 兩岸 간의 관계를 새로운 차원으로 가져가고 있다.

그 와중에 우리는 한반도문제의 주도권을 잃었고 우리의 최대 수출시장인 중국을 놓고 벌이는 대만과의 경쟁에서 불리해지고 있다. 이러한 상황 전개는 민족의 미래에 대해 가졌던 '7·7선언' 당시의 자신감을 다시 불투명하게 만들고 있다.

노태우 정부가 당시 KAL858기 사건에도 불구하고 내외 정세 변화를 활용해 '과거의 적들'을 '친구'로 돌려세운 것처럼, 현 정부도 국가 발전과 민족의 미래를 위한 큰 그림을 놓치지 말고 기다림의 소극적 자세를 벗어나 자신감과 주도력을 국민에게 보여주길 바란다.

'7·7선언' 당시와 마찬가지로 우리는 금년 11월 매우 비중있고 중대한 국제 행사를 앞두고 있다. 당시 서울 올림픽이 탈냉전 시대의 서막을 축하하는 세계적 축제가 되었듯이, 금년 G20행사는 한반도와 세계의 평화와 번영을 위한 새로운 시대의 개막을 알리는 축제로 만들 수 없을까? '제2의 7·7선언'이 필요한 때다.

〈제5호〉 2010.07.12

# 평화를 위한
# 발상의 전환

## 7·27휴전협정 57주년에 부쳐

1950년 6월 25일, 한반도 북위 38도선에서 전쟁이 일어났고 그 3년 후인 1953년 7월 27일에 판문점에서 휴전협정이 체결되었다. 한반도에서 전쟁은 끝난 것(終戰)이 아니라 정전(停戰), 즉 휴전상태로 남게 된 것이다. 2012년 현재 그 준수와 감시의 핵심기구인 군사정전위원회와 중립국감시위원회가 가동되지 않고 있으며, 변칙적으로 정전협정의 틀 안에서 유엔사와 북한군 간의 장성급회담이 필요에 따라 열리고 있을 뿐이다.

'6·25'는 아직 끝나지 않은 전쟁이다. 1953년 7월 27일 휴전협정이 조인된 이래 지금까지 한반도는 '평화도, 전쟁도 아닌' 상태를 지속해왔다. 휴전 상태를 종결짓고 평화의 시대로 나아가는 길은 아직도 요원하기만 하다.

천안함 침몰 사건은 남북 간 첨예한 대치 구도 속에서 갈등과 긴장이 반복되어온 구조적인 위기 상황의 필연적인 결과라고 하겠다. 휴전 상황은 주기적으로 총성이 울려 바짝 긴장이 고조된 뒤 다시 잠복되는 악순환 구조를 배태시켰다. 전쟁을 매듭짓지 못했기 때문에 불안하고 불안정한 긴장 상태를 벗어나지 못하고 있는 것이다. 평화를 사랑한다는 우리 민족이 이토록 평화를 외면하는 현실을 어떻게 설명할 수 있을까?

## 끝나지 않은 전쟁, '분단평화' 의 종언

냉전 체제의 종식과 함께 역설적으로 한반도의 '분단평화' 의 시대도 종언終焉을 고했다. 진영 간 체제보장의 냉전 시대가 종식되자, 북한이 체제보장을 위해 개혁·개방을 거부하고 핵 보유 전략을 택함으로써 비록 '차가운 평화冷平和, Cold Peace' 이기는 했지만 '분단평화' 의 시대가 막을 내린 것이다. 사회주의 체제가 붕괴한 이후 20여 년 동안 북한의 도발적인 생존 전략과 핵문제로 인해 한반도는 위기와 갈등이 끊임없이 반복되는 상황을 맞이하게 되었다.

북한의 개혁·개방 거부와 핵 보유 전략은 북한 경제의 피폐화와 회복 불능 상태를 초래했고, 그로 인한 북한체제 전망의 불투명성 자체가 한반도 위기의 주요 요인으로 작용하고 있다. 북한이 핵 포기를 결단하지 않고서 한반도에 '공고한 평화'를 구축한다는 것은 연목구어緣木求魚이다. 물론 북한이 쉽사리 핵을 포기할 수 있는 입장은 아니다. 그럼에도 불구하고 한반도의 평화와 안정을 위해서는 핵문제에 대한 북한의 전향적인 태도와 호응을 반드시 이끌어내야만 한다.

또한 천안함 사태와 같은 참극이 다시는 일어나지 않도록 해야 한다. 북한의 모험적 도발 유혹을 억제하기 위해서는 한미 동맹과 압도적인 전력 우위로 대북 압박 전략을 구사하는 방안도 의미가 있다. 그러나 그것은 근본적인 처방이 아니다. 평화는 현 정전 상태를 남북 사이의 공고한 평화 상태로 전환시키기 위한 우리의 노력 여하에 달려 있다.

우리 정부는 노태우 대통령의 '7·7 선언' 이후 여러 차례의 정부 교체에도 불구하고 '한반도의 평화 구축과 남북한 화해·협력'의 두 축을 중심으로 대북정책을 추진해왔으며, '선 평화, 후 통일'의 기조를 유지해왔다. 물론 그동안의 대북정책이 우리가 원하는 수준의 성과를 가져온 것은 아니다. 이는 일차적으로 북한의 내부 사정과 합의를 이행하지 않는 태도에 기인하지만, 남북관계에서 우리 정부의 전략적 인내의 부족과 정책적 일관성의 부재도 문제로 지적될 수 있다. 이제는 지금까지의 대북정책을 총 점검한 토대 위에서 휴전 상태를 종결짓고 한반도에 공고한 평화를 구축하기 위한 의지를 새롭게 다져야 할 때라고 생각된다. 우리가 진정으로 평화를 원한다면 전략도 정책의 우선순위도 그에 맞추어 집중하고 선택해야 한다.


## '협상을 위한 협상'도 평화의 한 과정

지난해 북한의 장거리 미사일 및 핵실험 그리고 올해 천안함 침몰 사태로 한반도 평화체제 구축을 위한 논의 분위기는 얼어붙고 말았다. 이런 상황에서 '정전협정을 평화협정으로 바꾸자'는 북한의 주장은 진정성이 없어 보인다. 그러나 그럼에도 불구하고 대화를 통한 평화적 해결 방식을 추구해야 하는 우리의 입장에서는 한반도 평화체제 구축과 6자회담 재개 문제에 감정적으로 대처해서는 안 된다.

지금까지 한반도 평화체제에 대해 우리는 '상향식 bottom up' 접근을 추구해왔다. 평화의 상향식 접근 방식은 쌍방 간 정치적·군사적 신뢰 구축과 합의의 실천을 통한 실질적 평화의 축적 과정을 중시한다. 이는 '남북기본합의서' 합의 사항에 잘 나타나 있다. '남북불가침' 조항에서 남북 간의 의견 대립과 분쟁 문제들을 대화와 협상을 통해 평화적으로 해결할 것을 규정했고, 단계적 군축 실현 문제, 검증 문제 등 군사적 신뢰 조성과 군축 실현의 협의·추진에도 합의했다. 이와 함께 남북경협과 인적·물적 교류 증대를 통해 한반도 평화 구축을 도모해왔다. 이처럼 우리는 상호 신뢰를 토대로 '작은 평화'의 성과를 하나씩 하나씩 축적하면서 '큰 평화'

로 나아가는 상향식 접근을 중시해왔다.

반면 북한은 '하향식top down' 접근을 주장해, 정치적 일괄 타결 방식을 강조해왔다. 북한은 체제보장을 위한 정치적 타결을 주장하면서, '작은 평화'는 무의미하며 평화협정부터 체결하자고 강력히 요구하고 있다. 북한은 북·미 간 핵군축 협상 주장을 통해 핵 보유국의 위상을 공식화하려는 의도를 드러내기까지 했다. 이는 '선 평화협정, 후 비핵화' 전략이라 할 수 있다.

평화체제는 안보 문제를 다루는 것도 중요하지만 근본적으로 긴장과 갈등 요인을 해소하는 평화 구축의 절차·규범·제도를 마련해 나가는 과정으로 볼 수 있다. 따라서 남북 간 평화체제에 대한 접근 방식의 근본적인 차이를 좁혀가면서 접점을 찾아나가지 않으면 안 된다. 무엇보다 휴전 상황에서 전쟁 대비도 아니고 적극적인 평화 추구 상태도 아닌 불명확한 현실 인식이 문제이다. 이제는 평화 문제에 대한 현실적 인식과 더불어 민족의 미래를 내다보는 명확한 전략적 목표를 수립해야 한다.

우선 한반도 평화에 대한 '눈높이를 낮춘' 접근 방식이 필요하다. 평화체제를 평화 구축의 길로 나아가는 하나의 '과정적 절차'로 이해하고, 평화체제 논의를 한반도 평화를 향한 긴 여정의 출발로 접근해야 할 것이다. 평화협정에 대한 논의를 시작한다고 해서 북한 핵문제가 지워지는 것도 아니고 알맹이가 채워지지 않은 채 단번에 협정문만 도출될 수도 없다. 그러나 휴전협정의 직접적 당사자 간에 평화체제를 논의하는 과정 자체가 한반도 평화를 위해 큰 의미를 가질 수 있다. 지금은 '협상을 위한 협상'은 하지 않겠다는 입장보다 어떠한 상황에서도 협상을 포기하지 않는 자세가 요구된다.

## 평화의 제도화를 위해 6자회담 적극 활용을

6자회담은 북한 비핵화를 평화적인 방법으로 달성하는 데 목표를 두고 있다. 이러한 6자회담은 동북아 지역의 안보 커뮤니티의 가능성을 열어주는 한편, 협력적 안보 커뮤니티의 약속은 북한에게 더 나은 미래 전망을 제공할 수 있다. 나아가 6자회담은 북한의 비핵화와 한반도 평화체제 수립을 지원하고 보장하는 제도적 틀의 역할을 할 수 있다. 우리는 6자회담을 궁극적으로 한민족의 의지와 합의에 의한 통일을 지지하고 존중하는 평화 협력의 메커니즘으로 발전시켜야 한다. 이런 점에서 우리가 6자회담을 적극적으로 활용하고 주도적인 역할을 맡아야 할 것이다.

미국도 조만간 북한 비핵화를 위해 6자회담 재개를 추진할 것이다. 최근 북한이 대미 유화적 태도를 보이는데도 미국이 강경한 언어를 구사하며 대북압박을 늦추지 않는 것은 앞으로 북·미 양자회담이나 6자회담에서 보다 유리한 협상 고지를 확보하려는 의도로 이해된다. 천안함 사태로 인한 한반도 주변국들의 이해타산이 거의 끝나가면서, 6자회담과 천안함 사태를 별개로 접근하려는 6자회담 참가국의 입장을 계속 외면하기는 어려울 것이다. 우리는 이러한 상황에 대비할 필요가 있다.

북한의 비핵화는 양보될 수 없는 원칙이다. 따라서 이 문제를 다루는 6자회담의 개최에 조건을 다는 것은 논리적으로 맞지 않다. 물론 북한이 비핵화 의지를 표명할 것을 요구할 수 있겠으나 비핵화 의지의 입증은 쉽지 않다. 6자회담은 북한 비핵화를 목표로 하는 다자간 협력체제로, 북한이 6자회담 재개를 수용한다면 그것은 비핵화 원칙을 받아들이는 입장으로 이해할 수 있다. 북한 비핵화는 끈질긴 협상과 인내를 요구하는 과제이며, 6자회담이 재개된다 해도 합의 도출에 대한 성급한 기대는 금물이다.

한편 유엔 안보리 의장성명은 한반도와 동북아의 평화와 안정 유지를 강조하면서, 분쟁회피를 위한 직접대화와 협상을 권장했다. 의장성명은 "한반도와 동북아 전체에서 평화와 안정을 유지하는 것이 중요함을 강조한다.[9항]" 고 하면서, "정전협정의 완전한 준수를 촉구하고, 분쟁을 회피하고 상황 악화를 방지하기 위한 목적으로 적절한 경로를 통해 직접대화와 협상을 가급적 조속히 재개하기 위해 평화적 수단으로 한반도의 현안들을 해결할 것을 권장한다.[10항]" 고 했다.

우리는 천안함 사태에 대해 국제사회와 행동을 같이 해야 한다. 또한 천안함 사태를 유엔 안보리에 공식 회부한 우리 정부는 유엔 안보리 의장성명의 권고 사항을 존중해야 할 의무가 있다. 따라서 '직접대화와 협상을 통한 평화적 해결'을 받아들이고 실천해야 한다. 우리가 유엔 안보리 조치를 존

중함으로써 유엔 안보리 결의에 의한 대북제재의 정당성을
강조할 수 있기 때문이다.

천안함 사태는 끝나지 않은 전쟁, 휴전 상태의 한계를 반
증한다. 북한은 이미 1990년대 초반 정전 상태의 무효화를
선언했다. 정전 상태의 무실화로 평화 상태가 도래한 것이
아니라, 오히려 법적으로는 전쟁 상태로 되돌아간 셈이다.
참된 평화 상태를 위해 남북 간 적대 관계를 실질적으로 종
결짓지 않으면 안 된다. 이제 대북정책의 목표는 '분단의 평
화적 관리'를 넘어, '분단 극복과 통일' 추구에 초점을 맞추
어야 한다. 우리의 궁극적 목표는 분단 지속의 평화가 아니
라 평화적 통일이기 때문이다.


## 발상의 전환으로 평화를!

천안함 사태로 야기된 남북관계의 경색 국면을 전환하기
위해서는 우선 더 이상 남북관계를 악화시키는 조치를 자제
해야 한다. 천안함 사건은 과거지향적인 책임 추궁에 집착
해서는 해결 방향이 잡히지 않는다. 평화체제 구축의 미래
지향적인 방향과 연계해 다룰 필요가 있다. 조건 없는 남북
정상회담을 적극 추진하는 것이 바람직하다. 남북정상회담
을 통해 한반도 평화와 남북관계에 대한 주도권을 쥐고 대북
정책의 목표를 추구해야 한다. 남북정상회담은 긴장 상태의
남북관계를 한 순간에 타개할 뿐만 아니라, 이명박 대통령의
'그랜드 바겐Grand Bargain, 일괄 타결 방식' 구상을 현실화할 수 있

게 해줄 것이다. 천안함의 비극을 57년 동안의 휴전 상태를
종결짓고 한반도에 새로운 평화시대를 여는 계기로 승화시
키는 것이 희생된 46명의 장병에 대한 진정한 추모이다. 한
반도 평화를 위한 발상의 전환이 기대된다.

〈제6호〉 2010.07.26

# 다시 새기는 진정한 8·15의 뜻

## 현안을 타개하는 정책의지의 실천

\광복절인 8월 15일은 남한과 북한 양쪽 모두가 주요 국가 기념일로 삼고 있다. 남북한 모두 8월 15일을 계기로 남북관계에 있어서의 비중 있는 메시지를 발표한 사례는 적지 않다. 1960년 8·15 북한 경축대회에서 김일성 주석은 '연방제통일론'을 주창하였고, 1970년 대한민국 8·15 경축사를 통해 박정희 대통령은 역대 정부가 취했던 '선(先)건설, 후(後) 통일' 노선을 처음으로 구체화 하였다. 한편, 이명박 대통령은 2010년 8·15 경축사에서 '남북이 함께 평화와 번영을 이루어 통일의 길로 나아가는 것은 한민족의 염원이며, 진정한 광복을 이루는 길' 임을 천명한 바 있다.

우리는 매년 8월 15일
을 기념하고 있다. 이날은 일본 제국주의의 식민 지배로부
터 벗어난 날이기도 하지만, 그 3년 후 대한민국 정부가 수립
된 날이기도 하다.


## 1945년 8·15와 1948년 8·15

이처럼 '두 개의 8·15'를 경축하게 된 것은 광복이 곧바로
온전한 민족국가의 수립으로 이어지지 못했기 때문이다. 해
방 직후 우리 민족이 단결하지 못하고 종전 처리 과정에 올
바로 대처하지 못함으로써 분단의 씨앗이 뿌려졌던 것이다.

8·15의 진정한 뜻을 완성하기 위해서는 분단된 민족이 하
나의 공동체 안에서 자유와 번영을 구가할 수 있도록 제도적
통일을 이루어야만 한다. 하지만 그에 앞서 6·25동족상잔을
법적으로 종식하고 다시는 전쟁이 되풀이되지 않도록 하는
안전장치를 만들어야 한다. 올해는 6·25가 발발한 지 60주
년이 되는 해이기도 하다. 하루속히 정전체제를 평화체제로
전환해 한반도에 공고한 평화를 구축하는 것이 통일로 가는
디딤돌이 된다.

그런데 최근 한반도 정세를 보면 오히려 평화와 통일의 길
에서 멀어지고 있는 건 아닌지 걱정된다. 통일에 대비하자
는 목소리는 높지만, 정작 통일의 전제가 되는 평화체제를
만들려는 노력은 보이지 않는다. 통일의 비전이 없는 평화
만으로는 분단 고착화로 이어질 우려가 있는 반면, 평화와

화해 협력을 위한 노력 없이 통일만 주장하는 것은 공염불이 되고 말 것이다. 그것이 우리가 통일과 평화를 함께 말해야 하는 이유이다.

## 1960년 8·15와 1970년 8·15

우리는 과거 남북한이 발표했던 두 개의 8·15 기념사를 되새겨 보고자 한다. 하나는 4·19혁명 직후인 '1960년의 8·15'이다. 4·19혁명으로 남한에 민주적 정부가 들어서자, 김일성은 '해방 15주년 경축대회'에서 최초로 연방제 통일 방안을 제시했다. 통일전선전술에 입각해 남한의 혼란을 부채질하려는 의도가 있었지만 어쨌든 '통일지상주의' 노선을 선택했음을 의미한다. 북한은 지금도 공식적으로는 이러한 입장을 견지하고 있다.

다른 하나는 국제적 냉전 기류의 퇴조와 닉슨 독트린이라는 미국의 대對한반도 정책 변화 속에서 맞은 '1970년의 8·15'이다. 당시 박정희 대통령은 8·15 경축사를 통해 남북한이 평화적으로 공존하며 통일의 기반을 조성하고 개발과 건설을 위한 선의의 경쟁에 나서자고 촉구했었다. 역대 정부가 취했던 '선先 건설, 후後 통일' 노선을 처음으로 구체화한 것이다.

그렇다면 남과 북의 '8·15선언'이 발표된 지 각각 40년과 50년이 흐른 2010년 8월 15일의 현 시점에서 두 노선을 어떻게 평가해 볼 수 있을까?

대한민국은 '선 건설, 후 통일' 의 입장에서 산업화와 함께 민주화도 성공적으로 이루어냈다. 이 과업들이 어느 정도 달성된 1987년, 가장 민주적 개헌으로 평가받는 9차개헌으로 헌법에 '평화통일조항' 을 신설했다. 현행 헌법 4조는 "대한민국은 통일을 지향하며, 자유민주주의적 기본 질서에 입각한 평화적 통일정책을 수립하고 추진한다." 고 규정하고 있다. 이 조항은 한국 사회의 산업화와 민주화가 가져온 중대한 성과이며 역사적이고 논리적인 필연이다. 이러한 헌법 정신에 기초해 제시한 1988년 '7·7선언' 은 분단의 현실과 북한의 실체를 인정하고 남북대화와 교류·협력을 시작하는 계기가 되었다.

그렇다면 '통일지상주의' 를 내세운 김일성 주석의 '8·15선언' 은 어디까지 왔는가? 북한의 연방제 주장은 70~80년대를 거치면서 점차 변질되어 왔다. 북한은 지금도 연방제 통일을 앞세우고는 있지만 실질적으로 제도 통일은 후대에 맡긴다는 명분하에 분단 고착화를 추구하고 있지 않은지 의문이 들 정도이다. 오늘날 북한은 산업화도 민주화도 이루지 못한 실패국가의 전형이 되었다. 자기 나름의 기준대로 핵무기를 보유한 강성대국이 됐다고 자부할지 모르지만, 오히려 민족을 더욱 위험에 빠트리고 평화통일의 길을 멀게 할 뿐이다.

40년, 50년 전에 남북의 최고 지도자가 밝혔던 두 개의 '8·15선언' 의 성패는 분명해졌다.

북한은 이제 더 이상 우리의 경쟁 상대가 아니다. 북한은 핵개발이나 긴장 고조 행위를 계속하기보다 인민 생활수준을 높이는 데 우선을 두는 정책으로 전환해야 한다. 그것만이 북한 경제를 회생시키는 방도이며 평화통일의 기초를 놓는 데 협력하는 길이다. 우리도 박정희 대통령이 40년 전에 약속한 '8·15'의 다짐을 적극 이행해야 한다. 헌법<sup>제69조</sup>은 대통령에게 '헌법을 준수하고 국가를 보위하며 조국의 평화적 통일과 국민의 자유와 복리의 증진 및 민족문화의 창달에 노력'하라는 의무를 부여하고 있지 않은가?

## 그리고 2010년 8·15

일제에게 나라를 빼앗긴 지 100년이 되며 6·25전쟁 발발 60주년이 되는 올해의 '8·15'가 우리에게 주는 메시지는 각별하다. 민족이 분열해 단합하지 못하면 주변국에 휘둘리어 그 정체성마저 잃게 된다는 경고와 진정한 광복을 이루기 위해서는 하루속히 화해와 평화의 길에 들어서라고 호소하고 있다.

이명박 대통령은 금년 '8·15경축사'에서 '남북이 함께 평화와 번영을 이루어 통일의 길로 나아가는 것은 한민족의 염원이며, 진정한 광복을 이루는 길'임을 천명했다. 민족사의 흐름과 요구에 정확히 부합하는 인식이다. 또한 20여 년 전, 9차개헌 때 국민적 합의와 염원으로 만든 평화통일 조항을 재확인한 것이다. 이는 현재 남북 간의 긴장이 고조되며 더욱 불안해진 한반도 정세에서 '평화통일'이라는 민족사의 정방향성을 잃지 않았다는 점에서 다행스러운 일이다. 그러나 현 시점에서 절실히 필요한 것은 이러한 당위적 반복이 아니라 실천적 방법론이라는 점에서는 아쉬움이 크다.

평화공동체와 경제공동체를 거쳐 민족공동체를 지향한다는 평화통일 과정은 20년 이상 역대 정부가 견지해 온 '민족공동체 통일 방안'을 과제 중심으로 다시 쓴 것이다. 이는 일면 타당해 보이지만 자칫 이를 단계화할 경우 첫 걸음도 떼기 어렵다는 점을 지적하지 않을 수 없다. 평화와 경제협력은 단계화 될 수 없고, 또 되어서도 안 된다. 양자는 서로 맞물려 동시적으로 추구되어야 할 과제이기 때문이다. 더구나 여기에는 평화공동체를 어떻게 달성할 것인가에 대한 언급이 없다. 다만 북한이 더 이상의 도발을 중단하고 대결 정책을 바꾸어야 하며, 비핵화를 이루어야 한다고만 강조하고 있다.

북한의 결단이 있을 때까지는 움직이지 않겠다는 자세와 태도에서는 평화공동체를 형성하려는 적극적 실천 의지를 볼 수가 없다.

한반도와 북한의 현실에서 비핵화 과정은 매우 복잡하며 오랜 시간이 소요되는 과정이 될 것이다. 원샷딜One-Shot Deal, 일괄타결로 단번에 해결될 문제가 아니다. 비핵화는 평화 구축의 핵심요소로 한반도 평화 구축 로드맵Road Map과 밀접히 관련된 문제이다. 6자회담의 '9·19 합의'가 좋은 예이다. 북한의 결단이 절실히 요청된다는 점은 새삼스러운 것은 아니다. 당면해서 필요한 것은 북한의 결단을 재삼 촉구하는 문제가 아니라, 공전하고 있는 6자회담을 복구하기 위해서 무엇을 할지에 대한 실천적 정책인 것이다.

한편, 남북 간 포괄적 교류 협력으로 경제공동체를 이룩해 나간다는 것도 '7·7선언'에서 제시하고 '6·15공동선언' 이후 실천해오던 정책을 반복한 것이다. 문제는 천안함 사건 이후 단절되고 경색된 남북관계를 어떻게 복원시키는가? 아니면 어떻게 새로운 단계로 도약시킬 것인가? 아니면 경축사 표현대로 새로운 패러다임을 어떻게 만들어갈 것인가? 하는 구체적 방법론이다. 당위의 반복이 아니라 현실을 냉정히 받아들이는 가운데 취할 실천적 현안 타개 방향이 요청되고 있다.

'분단의 평화적 관리'와 '평화통일의 실천적 추구'는 동전의 양면이다. 평화적 통일은 평화 구축의 기초 위에서만 가능하다. 이번 '8·15경축사'에 언급된 '통일의 길'이 50년 전 박정희 대통령의 '후 통일' 과제를 실천하는 의미라면, 평화와 화해를 위한 적극적 현안 타개 노력이 함께 했어야 한다. 또한 기왕 화두話頭로 제시된 '통일세' 문제도 학계의 전문적 검토를 거쳐, 무엇이 통일비용으로 예상되는지, 부담은 얼마나 되는지, 이를 절감하려면 어떤 노력을 사전에 해야 하는지, 보다 체계화해서 제시했어야 설득력이 있다.

북한이 움직일 때까지 기다리면서 우리는 통일비용으로 쓸 돈이나 쌓아두자는 것은 현실적이지도 바람직하지도 않다. 평화공동체를 이루는 실천적 노력을 뒷받침하는 재정적 준비의 표현이 통일세라면 그런대로 의미가 있겠지만, 현안

타개의 방도와 이에 기초한 장기적 비전이 결여된 통일세 논란은 무의미하다. 국민을 혼란시키고, 북한으로 하여금 남한의 의도를 오판하게 만들어 대남 적대적 자세를 강화하는 데 구실이 되어줄 뿐이다.

지금은 남북화해와 평화통일을 위한 현안 타개의 정책 의지와 실천이 절실히 요구되는 시점이다. 민족 내부의 불신과 적대, 그리고 단절과 분열은 아무래도 8·15의 진정한 뜻과는 거리가 멀다. 11월에는 대한민국의 국가 위상을 한 단계 높일 수 있는 G20서울정상회의가 열린다. 천안함 사건의 후유증으로 어수선한 한반도 정세 속에서 우리는 세계에 무엇을 보여주어야 하며 또 보여줄 수 있는가? 그것은 단지 발전된 경제 모습만이 아닐 것이다. 한반도의 긴장과 불안정을 평화적으로 관리하면서 평화통일을 추구하는 성숙된 능력을 보여줄 때 우리는 세계 평화와 인류의 공동 번영에 기여하는 명실상부한 선진국으로 진입할 수 있을 것이다.

〈제7호〉 2010.08.19

# 미·중의 새로운 대북관계 모색과 한국의 전략적 선택

## 열강들의 한반도 각축전을 되풀이할 것인가

김정일 국방위원장이 2010년 5월 중국을 방문한데 이어 석 달 만인 8월 26일 다시 중국을 전격 방문하였다. 5월에 있었던 북·중 정상회담에 이은 후속회담의 성격을 띠고 있는 것으로 예측돼었다. 남북한 긴장관계가 지속되고 미국의 대북 강경정책이 장기화 되면서, 북한이 오바마 행정부와 이명박 정부와의 관계개선에 대한 기대를 접고, 중국 일변도의 정책을 선택한 것이 아닌가하는 분석이 제기되었다.

　　　　　　　　　　　　　　　　　　김정일 국방위원장
이 중국을 전격 방문<sup>2010년 8월 26~30일</sup>하고 돌아왔다. 후진타
오<sup>胡錦濤</sup> 중국 국가주석도 창춘까지 가서 북·중정상회담을
가졌다. 이번 방중은 지난 5월초 베이징을 방문한지 석 달 만
에 이루어진 것이라는 점에서 매우 이례적인 일이었다. 특
히 방문 일정도 김일성 주석이 어린 시절 다니던 중학교 방
문과 항일 열사들이 묻혔다는 북산공원 참배에 이어 '창지
투 개발선도구'의 핵심 도시인 지린<sup>吉林</sup>, 창춘<sup>長春</sup>, 투먼<sup>圖們</sup>을
모두 돌아보는 긴 여행길이었다.

## 김정일 위원장의 전격 방중의 배경

　　김정일 위원장의 이번 방중 목적이 무엇인지는 시간이 지
나야 정확히 알 수 있겠지만, 지난 5월 5일에 있었던 북·중정
상회담에 이은 후속회담의 성격을 띠고 있는 점은 분명하
다. 지난 정상회담 당시 중국은 김정은 후계 체제 용인, 북한
체제 안정화 우선, 대규모 경협 등을 조건으로 북측에 북핵
문제의 진전, 개혁·개방의 두 가지 사안을 요구했던 것으로
알려져 있다. 당시엔 즉답을 할 수 없었던 김정일 위원장이
이번에 중국 측의 요구 사항에 대한 답변을 가져간 것으로
분석된다.

　　이번 김정일 위원장의 행로를 보면, 당초 5월 방중 때 귀로
에 들르려다 못 간 '창지투' 지역이 중심이 되고 있다. 이번
김정일 방중의 주요 목적 중 하나가 중국의 동북진흥계획에

편승해 북한의 새로운 개혁·개방 전략을 구상하기 위한 것으로 평가되는 것은 이 때문이다. 이와 함께 주목되는 것은 바로 중국의 또 다른 요구 사항, 즉 북핵문제에 대한 진전된 태도이다.

이와 관련해 김 위원장의 방중에 앞선 우다웨이 한반도 사무 특별대표의 방북 2010년 8월 16~18일 및 한국, 일본, 미국 순방도 눈여겨 볼 사안이다. 김정일 위원장의 방중이 북핵문제에 대한 사전 조율 뒤에 이루어진 것을 의미하기 때문이다. 우다웨이 중국 측 6자회담 수석대표는 북한 방문에 이어 한국 26~28일, 일본, 미국을 차례로 들렀다. 우다웨이는 북한을 방문하고 돌아와 양국은 6자회담 재개 필요성에 대해 완전한 의견 일치를 보았다고 발표했다.

우다웨이는 미국의 입장을 고려해 기존 3단계 구상, 즉 북·미 접촉→예비6자회담→본6자회담에서 1, 2단계를 통합한 2단계 구상을 제의했으나 북측이 기존의 3단계 구상을 고수한 것으로 알려졌다. 한·중 협의에서 한국 정부는 기존의 3단계 구상을 그대로 받아들일 수 없으며 이에 앞서 북한의 비핵화 의지를 확인할 수 있어야 한다는 입장을 밝혔다. 다만 한국 정부는 천안함 문제와 6자회담 문제를 '투 트랙'으로 병행할 수 있다는 자세 변화를 보였다.


## 미국의 '참신한 대안' 모색

북·중 간의 활발한 움직임과 더불어, 최근 미국의 움직임도 주목된다. 지난 8월초 힐러리 클린턴 미 국무장관의 지시로 미 국무부 정책실 앤마리 슬러터 실장의 주도 아래, 외부 전문가들이 참가한 대북정책 평가회의가 열려 이른바 '신선한 대안fresh options'을 모색했다고 한다. 이번 평가회의가 대북정책 라인인 스타인버그 부장관과 동아태국 커트 캠벨 동아태차관보, 보즈워스 대북정책 특별대표, 성 킴 6자회담 수석대표, 로버트 아인혼 북한·이란 제재조정관이 빠진 채 이루어졌다는 점은 특징적이다.

'신선한 대안'의 내용은 구체적으로 알려져 있지 않지만, 지미 카터 미국 전 대통령의 방북2010년 8월 25~27일도 그 가운데 하나로 이루어진 것이라는 해석이다. 또 다른 대안으로 9월 유엔 총회 때 미국 측은 북한 측과 공식 접촉을 가질 계획인 것으로 알려졌다. 하지만 카터 전 대통령의 평양 방문에서 기대했던 카터-김정일 면담이 이루어지지 못했기 때문에 '신선한 대안'은 출발선부터 어긋나는 형세이다.

북·중의 접근과 북한의 중국 의존도가 심화되면서 점차 미국의 대북 강경정책이 효과를 거두기 어렵게 되어가고 있다. 그동안 미국은 북한이 체제생존을 위해 북·미 관계정상화를 최대의 외교 목표로 삼고 있다고 판단하고, 이를 북핵 문제 해결의 지렛대로 활용해왔다. 하지만 작년 12월 강석주 북한 외무성 부부장이 북·미 수교보다 한반도 평화협정이 우선과제라고 밝힌 바 있고, 최근 북한의 행보를 보면 당분간 북·미관계 정상화보다 대對중국 관계를 통해 체제위기를 벗어나려는 것으로 풀이된다.

이처럼 북한의 대미 태도가 바뀌면서 미국이 중장기 대북정책에 대한 총괄적인 재검토에 들어간 것이다. 하지만 오는 11월 2일 미 중간선거를 앞둔 오바마 행정부가 미국 내 여론을 의식해 기존의 대북 강경기조를 바꾸기도 어렵다. 그렇기 때문에 미국의 새로운 대안 모색은 단기적인 효과를 노린 것이라기보다 미 중간선거 이후를 대비하는 성격이 짙다. 따라서 당분간 미국의 대북정책은 천안함 제재의 지속과 6자회담 재개의 모색이라는 '투 트랙'이 될 것으로 보인다.

## 멀어진 남북관계, 북미관계 개선 가능성

현재와 같은 남북한 긴장 관계 속에서 미·중 양국은 경쟁적으로 대북정책에 대한 재검토 작업을 진행하고 있다. 미국의 대북 강경책과 지금과 같은 한미 공조는 적어도 오는 11월 2일 미 중간선거와 11월 11~12일 G20 서울정상회의까지는 변화될 가능성이 높지 않다. 한국 정부도 기본적으로 오는 G20정상회의 때까지는 현 외교안보 라인을 유지하고 출구전략도 고려하지 않는다는 방침을 밝히고 있다.

우리 정부는 한미 공조를 토대로 '미국과 만나려면 한국을 경유하라'는 원칙적 입장을 견지했다. 북한이 체제위기를 벗어나기위해 미국과의 관계 개선에 목을 매고 있다고 판단했기 때문이다. 하지만 최근 북한의 행보를 보면, 오바마 행정부와 이명박 정부와의 관계 개선에 대한 기대를 접고, 핵무기 보유를 통한 최소한의 자위력 확보 위에 중국 일변도의 정책을 선택한 것처럼 보인다.

이러한 상황에서는 설사 남북대화가 재개되더라도 실질적인 남북관계의 개선은 기대하기 어렵다. 최근 한국 정부는 천안함 사건의 사과 대신에 핵시설 불능화 완료와 IAEA 사찰관의 복귀를 요구하는 것으로 남북대화의 전제 조건을 낮췄다. 하지만 현 한국 정부로부터는 아무것도 얻을 것이 없다고 판단한 북한이 6자회담의 대화 분위기 조성을 위해 마지못해 남북대화를 위한 접촉에 응하더라도 실질적인 관계 개선을 기대하지는 않고 있을 가능성이 매우 높다.

최근 두 차례 열린 북·중정상회담이 주목을 끄는 이유도 북한이 남북관계 및 북·미관계 개선에 대한 기대를 접고 북·중관계의 강화를 통해 대응하려는 것으로 분석되기 때문이다. 지난 8월 11일 프랑스 일간지 르몽드는 최근 고조되고 있는 남북한 긴장의 배경에는 미국과 중국의 경쟁이 자리 잡고 있다고 보도한 바 있다. 남북한의 적대관계는 서해와 남중국해의 패권을 둘러싸고 벌어지고 있는 미국 및 그 동맹인 한국, 일본의 3개 동맹국과 중국 간의 적대감을 배경으로 하고 있다는 것이다.


## 바람직한 한국의 전략적 선택

이처럼 한반도가 미·중 갈등의 무대가 되고 있는 상황은 마치 구한말에 한반도를 둘러싸고 열강들이 각축전을 벌였던 역사를 떠오르게 만든다. 그러나 지난 날 불행했던 역사를 오늘날에도 되풀이되게 할 수는 없다. 우리가 적극적으로 노력한다면, 동북아지역에서 벌어지고 있는 미국과 중국의 과열 경쟁을 푸는 열쇠를 제공할 수도 있을 것이다. 현재와 같은 동북아 정세에서 한국이 선택할 수 있는 전략적 선택으로 다음의 두 가지를 생각해 볼 수 있다,

첫 번째 선택은 한미 및 한·미·일 안보협력을 지렛대로 해 중국의 태도를 변화시키고 북한을 움직이는 노력을 강화하는 것이다. 중국에 대한 한국의 경제 의존도가 점점 더 높아지고 한반도문제에서 중국의 발언권 강화가 예상됨에도 불구하고, 현재에는 중국에 대한 한국의 외교 지렛대가 없는 실정이다. 따라서 미·중이 힘겨루기 하는 동안이라도 미래에 대비해 한국이 독자적인 대중국 외교 지렛대를 확보해나갈 필요가 있다.

대만의 마잉주馬英九 정권은 중국과 1년 이상 경제협력기본협정ECFA 협상을 하면서도 연초 67억 달러에 달하는 첨단 무기를 미국으로부터 도입하기로 결정했다. 과거 리광유李光耀 싱가포르 수상은 중국의 영향력 확대를 억제하기 위해 미 군함의 기항을 허용하기도 했다. 한국 정부가 천안함 사태를 계기로 중국 베이징을 사거리에 넣는 1,500km의 현무-3C 순항미사일을 배치한다고 발표하는 등 전략적 행동에 나선 것도 이러한 전략의 일환으로 해석된다.

이 같은 전략 옵션은 현재와 같은 미·중의 대립 및 갈등 국면이 지속될 것이라는 전제 아래 선택할 수 있는 한국의 선택이다. 하지만 미·중관계는 과거 미·소 간의 제로섬 Zero

Sum 관계와 달리 시장을 통한 상호의존성이 내재해있기 때문에 갈등이 있다 하더라도 단기간에 그치고 큰 틀에서 이해가 조정되어갈 가능성이 높다. 실제로 미국과 중국은 2009년부터 미·중전략 및 경제대화 US-China S&ED를 정례화하면서 양국의 이해를 조정해오고 있다.

두 번째 선택은 남북관계의 회복을 통해 한반도 및 동북아 현안에 대한 독자적인 발언권을 확보하는 것이다. 동북아 정세에서 '한·미·일 대對 북·중'의 냉전적 구도가 고착되면 한반도의 평화와 안정, 더 나아가 통일을 향한 길은 더욱 험난해질 것으로 예상된다. 따라서 한미동맹에 기초해 안보를 튼튼히 하면서도 미국이나 중국의 어느 한 편에 서기보다 국익을 중심으로 행동하고, 남북관계의 개선을 통해 북한을 변화시켜 한민족이 동북아질서 재편 과정에 능동적으로 대처하는 방안이다.

이러한 옵션은 김정일 위원장의 방중으로 고착화되는 북·중동맹의 벽을 뛰어넘을 수 있는 유일한 방안이다. 체제위기에 몰린 북한이 중국에 의존하면 할수록 북한에 대한 중국의 영향력은 절대화되고, 우리 주도의 통일은커녕 분단이 영구화될 위험마저 있기 때문이다. 경제적 의존이 경제적 종속으로 귀착되고 더 나아가 정치적 예속으로 간다는 것은 역사가 보여준 경험이다.

미국의 상대적 쇠락과 중국의 부상을 생각할 때 미·중 간의 갈등과 대립은 언제나 되풀이될 수 있고 이는 한반도의 평화와 안정, 나아가 통일 환경에 커다란 영향을 미치게 될 것이다. 결국 우리가 선택할 수 있는 가장 바람직한 전략은 한미전략동맹과 한중전략적 협력 관계를 잘 조화시키면서, 한반도 상황을 안정적으로 관리할 수 있는 우리 자신의 역량을 키우는 것이다.

이를 위해서는 남북관계의 개선이 필수적이다. 우리가 북한을 움직이는 지렛대를 갖고 있어야 미·중 간의 대립 구도 속에 함몰되어 양분법적 선택을 강요받는 일을 막을 수 있다. 그리고 우리가 한반도 미래에 대한 비전을 선도적으로 제시하고 실행해야 분단의 고착화를 막고 통일 환경을 능동적으로 조성할 수가 있다. 이것이 우리가 미·중간의 갈등과 대립에도 불구하고 남북관계의 개선을 통해 한반도의 평화와 통일을 주도적으로 만들어가야 하는 이유이다.

<제8호> 2010.09.01

# 최근 북한의 대남유화 움직임과
# 우리의 대응

## 승자의 자세를 보여라

북한은 지난 5월19일, 천안함 침몰사건을 "남북관계를 파탄시키기 위한 계획적이고 고의적인 도발" 이라고 주장하면서 한미 양국이 '전쟁의 도화선에 불을 단다면 무자비하고 단호한 징벌로 대답할 것' 이라고 밝혔다. 또한 6월 12일에는 '중대포고' 를 통해 서울을 불바다로까지 만들 수 있는 무자비한 군사적 타격을 경고했다. 다른 한편으로, 북한은 추석을 맞아 이산가족상봉 행사를 갖자고 9월 10일 제안해 왔으며, 9월 15에는 남북 군사 실무회담을 열자는 뜻을 남측에 전해 왔다.

이명박 정부는 최근 인도적 지원 결정이나 남북대화 수용, 『국방백서』의 '주적主敵' 불표기 등 변화의 조짐을 보이고는 있지만 대북정책과 관련해 그동안 정부가 제시한 원칙과 조건을 북한이 수용하고 태도를 바꿀 때까지 양보하지 않겠다는 입장을 견지해왔다. 미국의 오바마 정부도 이러한 이명박 정부의 입장을 뒷받침해왔다.

## 북한의 항복

드디어 북한이 태도를 바꾼 것인가? 최근에 북한은 추석에 즈음해 이산가족 상봉 행사를 하자고 먼저 제의해왔다. 그리고 남북 군사실무회담도 제의했다. 이례적인 일이다. 과거에는 우리가 하자고 매달리고 북한이 이에 선별적으로 응하던 사안이었다.

올 봄 돌발적인 천안함 사건으로 남북관계가 경색되기 직전까지도 북한은 먼저 남북정상회담을 하자고 손짓했다. 또 금강산 관광 재개를 위한 실무회담도 북한이 제풀에 먼저 제의했다. 이명박 정부의 강경 자세가 먹힌 것일까? 국제 제재와 수해로 인해 북한의 식량 사정과 경제가 빈사 상태에 빠지고 외부의 지원이 절실히 아쉬워진 만큼, 조금 더 기다리면 북한이 천안함 사건에 사과하고, 핵문제와 관련된 국제사회의 대북제재에도 항복할 것인가?

그러나 이같이 일견 그럴듯하고 후련한 전망은 근거가 빈약한 일방적 기대이다. 북한은 독재국가이며 인권보다 주권을 우선시하고 체제의 보위나 체면을 위해 주민들의 희생과 고통쯤은 얼마든지 감내하는 집단이라는 점을 고려하지 않았거나 애써 무시한 소치이다. 대북제재로 경제난을 가중시키면 북한 당국에게 압박이 가해지겠지만 고통의 대부분은 힘없는 북한 주민들에게 돌아가며, 북한 당국은 주민 고통의 원인을 자신들의 실책보다 외부 적대세력의 "대북적대정책"에 전가시켜 체제 단속의 구실만 강화시켜주고 있는 대북재제로 북한이 붕괴한다거나 손들고 나올 것이라는 기대는 이미 20여 년 이상 이루어지지 않았다.

조만간 북한이 손들고 나오지는 않는다 하더라도, 이명박 정부는 퍼주지도 않고 의연하게 기다리면서 북한이 제풀에 먼저 군사회담이나 이산가족상봉을 제의하도록 하니 잘 대처하는 것이 아니냐는 생각도 할 수 있다. 그러나 퍼주지는 않았어도 오히려 잃은 것이 너무 많았다는 대북압박을 위해 러시아와 중국의 협조를 얻기 위한 외교적 노력에도 불구하고, 돌아온 것은 우리나라의 힘의 한계를 절감하고 G20개최국으로서 위신의 추락을 감수해야만 하게 되었다. 대북압박에 적극 뒷받침한 미국의 요청을 받아들여 이란 시장을 포기해야 했다. 금강산 관광에 연관된 사업자와 주민들, 그리고 개성공단에 진출하고 남북교역에 참여한 사업자가 입은 피해는 말할 필요도 없다. 과거처럼 퍼주지 않았더라도 그보다 더 많이 잃어버린 것이다.

## 북한에 끌려다니지 않기?

이명박 정부는 북한에 끌려다니지 않겠다는 의지가 확고해 보인다. 끌려다니지 않으려고 북한이 변할 때까지 움직이지 않고 기다리고 있다. 그러나 끌려다니지 않겠다는 의지는 분명한 반면 어디로 끌고 갈 것인지는 오히려 불분명하다.

정부는 비핵화를 대북정책의 최우선 과제로 한다고 했다가도 천안함 사건에 대한 북한의 사과 없이는 6자회담에 나갈 수 없다고 한다. 대북제재와 압박 국면을 벗어나려는 북한의 유화 움직임이 있을 때마다, 정부는 어떤 때는 비핵화를, 어떤 때는 천안함 사건에 대한 사과를, 어떤 때는 국군 포로와 납북자 문제 해결을 조건으로 내세우는 바람에 대북정책의 우선순위가 무엇인지 혼란스럽다. 정부가 원칙을 강조하지만 그 원칙은 상황이 조성될 때마다 새로 제시되고 있다. 대북정책의 목표가 불분명하기 때문에 원칙도 일관성이 없어 보인다.

현재 한반도 정세의 가장 큰 현안은 북한 핵문제이다. 천안함 사건도 흐지부지 없었던 일로 할 수 없는 사안이다. 재작년에 발생했던 금강산 관광객 피격 사건에 대한 북한의 성의 있는 조치도 받아내야 한다. 인도적 대북지원 재개에 있어 그간 지적되었던 분배 투명성 문제도 개선되어야 한다. 국군 포로와 납북자 문제도 국가의 기본적 책무로 등한시할 수 없다.

이 모든 문제가 현안이며 반드시 풀고 가야 한다. 그러나

우선순위가 명확하지 못하고 서로가 서로의 전제 조건으로
얽혀버리면 출구조차 찾지 못하는 가운데 아까운 시간만 허
비하게 되고 북한으로 하여금 핵능력을 증대시킬 시간만 벌
어줄 우려가 있다.

정부는 현재 거의 모든 대북 현안을 천안함 사건과 연계시
키고 있다. 6자회담도 천안함 사건에 대한 북한의 성의 있는
자세가 있어야 재개할 수 있고, 대규모 대북 인도적 지원도
천안함에 대한 사과가 전제 조건으로 되어 있다. 지난 5월
24일 발표한 천안함 사건의 대응 조치 내용을 충실하게 지키
는 것으로 보여진다.

그러나 당시의 '5·24조치' 중 외교와 국방 분야의 조치들
은 실제 이행 과정에서 현실을 반영해 이미 상당한 궤도 수
정이 있었다. 유엔 안보리에서의 대북 규탄 결의안 채택 목
표는 실현되지 못했고, 휴전선상의 대북 심리전 방송 재개는
보류되고 있다. 비록 긴급한 수해지원 명분이지만 중국과
미국의 대북지원조치에 이어 우리 정부의 대북 인도적 지원
도 재개되었다.

미국은 천안함 사건과 관련해 초기에는 우리 정부의 입장
을 두둔해 6자회담 재개에 '북한의 사과'를 선행 조건으로
요구했으나 최근 '남북관계 증진을 위한 긍정적 조치'라는
유연한 요구로 출구를 마련하고 있다. 중국은 줄곧 '북한의
사과'보다 '남북관계 개선'을 해법으로 제시해왔다. 이러한
상황의 전개는 천안함 사건에 대한 북한의 시인과 사과 요구
가 거의 현실성이 없어졌다는 것을 말한다. 북한에 끌려다니

지 않겠다 했지만 결과적으로는 북한이 6자회담 재개와 남북관계 완화를 위해 선도적인 조치를 하고 우리는 뒤쫓아 가며 이에 대응하는 구도가 마련되고 있다.

우리 정부가 정세변화에 기민하고 유연하게 대처해야 할 시점이다. 자칫 북한의 태도를 변화시키기 위한 국제적 압박이 아니라 꿈쩍 않는 한국의 태도를 변화를 시키기 위한 국제 정세가 조성될 수도 있다. '천안함 사과'라는 요구 조건은 사라지고 '6자회담'에 우리가 '끌려 나가는(?)' 아이러니한 형국이 조성될까 우려된다. 북한의 비핵화를 추진하기 위한 '6자회담'은 원래 우리가 제기한 것이고 북한은 이에 소극적이었던 협상 틀인데 '천안함 사건'을 겪으면서 남북한의 입장이 역전되고 있기 때문이다.

## 우리의 대응, 승자勝者의 자세를 보여라

돌이켜보자. 재작년 대포동 미사일 발사와 핵실험으로 유엔의 대북제재를 받게 되자 북한은 6자회담을 거부하며 대북제재 결의에 대한 사과와 핵군축과 평화협상을 위한 미국과의 양자협상을 요구했다. 그러던 북한이 중국과 미국의 끈질긴 설득으로 6자회담을 재개하는 방향으로 입장을 바꾸고 있다. 또한 북한은 이산가족상봉을 선先제의하면서 남북관계의 여러 현안들을 돌파하려는 복선을 내비치고 있다. 이를 통해 북한은 남북 고위급 대화와 미국과 양자협상을 위한 분위기를 조성하려 할 것이고 금강산 관광 재개를 위한 연결 고리도 찾아보려 하고 있다.

이러한 북한의 유화적이고 적극적인 움직임은 최근 미국과 중국이 북한에 요구하는 '6자회담'의 선행 조건인 '남북관계 증진을 위한 긍정적 조치'들과 연계되어 해석될 수 있다.

우리 정부가 천안함 사건에 빠져 북한과의 기氣 싸움에서 헤어나지 못하고 있는 와중에, 한반도 비핵화나 남북관계 증진을 위한 주도권을 북한이 행사하고 있는 형국이다. 혹여 그러한 북한에 끌려 다니지 않으려고 하다가 우리 정부의 당초 대북정책 목표를 잃어버리는 결과가 초래되지 않기를 바란다.

역대 정부는 북한의 비핵화를 위해 나름 최선을 다해왔다. 특히 이명박 정부는 남북관계 발전을 위한 조건으로 북한의 확실한 비핵화를 겨냥한 '비핵·개방 3000' 프로그램을 제시했다.

북한의 비핵화는 그 당시나 지금이나 한반도 정세의 가장 큰 현안이다. 우리가 당면한 안보문제에도, 한반도에 공고한 평화를 정착시키는 문제에도, 궁극적으로 평화통일의 기반을 조성하는 데도 북한 핵문제는 풀고 가야한다. 지금 이 시간에도 핵무장 능력을 증강시키고 있는 북한의 움직임을 하루속히 비핵화의 방향으로 돌려세워야 한다.

사실 남북한은 서로 기 싸움을 할 처지가 아니다. 북한은 남한과 맞설 상대가 되지 못한다. 남북 간의 체제경쟁은 이미 20여 년 전에 승부가 났다. 남북한의 국력 격차는 벌어질

대로 벌어져서 수치로 따지기가 민망할 정도다. 지금 우리
에게 요구되는 것은 새삼스러운 승부가 아니라 미래를 내다
보는 의연한 승자의 자세이다.

<제9호> 2010.09.20

# 북한 노동당 대표자회
## 독해법 version.2

### 노동당 주요 당직자 충원의 의미

북한은 2010년 9월 28일 44년 만에 노동당 대표자회를 개최하였다. 김정일 위원장이 2008년 8월 뇌졸중으로 쓰러진 이후 김정은에 대한 후계구도 구축에 박차를 가하는 상황이어서 귀추가 주목되었다. 이날 김정은은 당 중앙군사위원회 부위원장이라는 공식 직함과 당중앙위원회의 정위원의 타이틀을 얻었다. 하루 전인 9월 27일에는 김정일 국방위원장으로부터 인민군 대장 칭호를 수여받음으로써 김정은의 후계자 지위가 사실상 공식화 되었다.

북한의 노동당 대표자회 이후 국내외 관심은 온통 김정일 후계 구도의 공식화 문제에 쏠려있다. 그것이 갖는 의미가 크기 때문이기는 하겠지만 '너무' 한쪽으로만 집중되고 있는 것 같다.

청년 '김대장' 에게 권력이 완전히 넘어갔다고 보는 것은 성급하다. '김대장' 이 중요한 당직을 맡기는 했지만, 총비서로 당권을 물려받은 것도 아니고 앞으로 물려받기로 결정된 바도 없다. 당 대표자회는 김정일을 당 총비서로 재선출했을 뿐이다.

## '김대장' 에 쏠린 스포트라이트를 치우자

물론 후계 문제에 대한 김정일의 의도는 분명해 보인다. 또 '김대장' 은 이른바 수령의 품성과 자질을 빼닮았고 수령의 사상을 계승 발전시킬 '백두혈통<sup>백두산 항일혁명가 김일성을 위시해 백두산 정기를 이어갈 세습자를 이르는 것으로 김일성, 김정숙, 김정일, 김정은이 '백두위인' 으로 불림</sup>' 의 유리한 조건을 갖추었다. 하지만 그것만으로 권력승계가 이루어지는 것은 아니다. 이를테면 '김대장' 은 중앙 무대에 갓 진출한 정치 신인일 뿐이다. 김정일의 아들이라는 점과 이른바 '김심金心' 이 실려 있기 때문에 곧 자신의 권력 체계를 구축해 나가겠지만 실제로 권력승계를 위해서는 넘어야 할 산이 많다. 더구나 지금은 김정일이 후계자로 나서던 때와는 환경과 조건이 썩 좋지도 않다.

당 중앙군사위 부위원장 직위는 '세자' 자리가 아니다.

'김대장'은 이 직위를 이용해 자기의 권력 기반도 다지면서 업적을 공식적으로 쌓아 나가야 한다. 주체사상의 핵심인 수령론은 유전자를 논하는 생물학이 아니라 혁명 전통을 중심에 둔 정치학이다. 지도자로서의 역량과 정치 기반을 확보해야 승계의 명분이 주어질 것이다. 그러한 과정이 여러 요인에 의해 순탄할 수도 있고 험난할 수도 있다.

현 시점에서 우리가 김정은 권력 체제가 확정되거나 확정되기로 예정된 것으로 보고 대응할 필요는 없다. 아직은 북한 내부 상황에 대해 알려진 것이 너무 적고 변수도 많이 남아 있기 때문이다. 이런 취지에서 보면 중국의 원자바오溫家寶 총리가 미국의 카터 전 대통령에게 "김정은의 후계 승계설은 잘못된 소문이다"라고 말했다는 것도 여전히 아주 틀린 말은 아니다.

'김대장'은 자신의 지도력을 당과 대중 앞에 검증받아야 하며, 안정적 권력 체계의 확보는 자신의 정치적 리더십에 달려 있다. '김대장' 후계 체제 구축은 끝난 것이 아니라 이제 시작일 뿐이다. 이 시점에서는 '김대장'에게 쏠린 스포트라이트를 잠시 치우고 지난 노동당 대표자회에서 무슨 일이 있었는지 회의의 내용을 다시 한 번 찬찬히 돌아보자.

## 당의 정상화? : 주요 당직 충원의 의미

객관적으로 들 수 있는 이번 당 대표자회의 의의는 우선 지난 30년간 열지 않았던 노동당의 최고지도기관이 소집되어 그동안 결원이 있어도 보임하지 않던 중요한 당직을 채운 사실일 것이다.

북한은 중국이나 과거 공산주의 국가처럼 노동당<sup>공산당</sup>의 일당독재와 정부에 대한 당의 지도 원칙을 유지하는 사회이다. 또한 이러한 막강한 정당을 '민주적 중앙집권제 원칙' 에 의해 운영함으로써, 일당독재라는 외형에도 불구하고 '민주주의' 를 실천하고 있다고 표방해 왔다.

노동당의 최고지도기관은 당 대회 또는 당 대표자회<sup>임시 당 대회</sup>이며, 당 대회 사이의 기간에는 당 중앙위원회가 대신하도록 되어 있다. 당 중앙위원회도 1년에 두 번 소집토록 했기 때문에 평시에는 정치국 상무위원회가 최고지도기관의 역할을 하도록 되어 있다.

원래 정치국 상무위원회에는 5명의 위원이 있었으나 그동안 김정일을 제외하고는 모두 사망하고 10년 이상 김정일 혼자 남았었는데 이번에 빈자리를 메워 '5인 위원회' 의 모습을 되찾았다. 또한 절반이 결원이던 당 중앙위원회 비서들도 거의 충원된 것으로 보인다.

그동안 김정일 1인 상무위원 체제 아래서 당의 공식적인 계선 조직보다 김정일 서기실이 호가호위<sup>狐假虎威</sup> 했었다라든가, 손발도 없는 국방위원회에 가려서 "당이 보이지 않았다" 라는 이야기도 있었는데, 이제 당의 주요 빈자리가 모두 충원됨으로써 당 운영 측면에서 새 면모를 보여줄 수 있게 되었다. 이제 노동당이 '당적 지배' 의 권위를 찾고 정상화될 수 있는가 하는 것은 말 그대로 '민주적 중앙집권제의 원칙’을 철저히 관철해 나가느냐에 달려 있다.

민주적 중앙집권제 원칙에서는 활발한 당내 토론이 확고히 보장되어야 하는 바, 특히 이번 당 인사에서 중앙당 요직에 진출한 새 인물들과 지방당 간부의 현장 경험이 당내 토론 과정에서 정책 대안의 현실성과 실효성을 높이는 자산이 될 수 있도록 해야 할 것이다.

## 조선노동당의 당면 과제 - ‘발걸음’의 새로운 의미

새 당직자들이 안게 된 과제는 김정일 위원장이 그간 고민해왔던 것들과 일치할 것이다. 벼랑에 몰린 핵협상을 중심으로 안보를 튼튼히 하는 일, 도탄에 빠진 경제를 되살리는 일, 여전히 불안한 후계 문제를 안정적으로 관리하는 일 등 ‘3대 과제’로 요약할 수 있을 것이다.

어찌된 영문인지 북한은 최근 1년 반 사이에 다소 성급하다 싶을 정도의 무리수를 쓰면서 ‘3대 과제’를 해결하기 위한 조치들을 취해 왔다. 작년 5월의 2차 핵실험과 11월의 화폐교환에 이어 금번 당 대표자회를 통한 ‘김대장’의 당 요직 임명이 그것이다. 각각 안보, 경제 그리고 후계 문제와 관련이 있는 조치들이다.

문제는 앞선 두 개의 조치들이 애초 의도대로의 결과보다 역풍을 초래해 상황을 오히려 심각하게 만들었다는 점이다. 국제 정세나 민생 현장의 현실에 입각한 치밀한 준비와 내부 토의가 충분하지 않은 까닭에 실패의 결과를 가져왔다.

김 위원장의 건강 문제로 인해 조기에 성과를 거두려는 조바심이 섞인 탓이 아닌가 생각된다. 또 하나의 과제인 후계와 관련된 '김대장' 의 향후 행보에도 후폭풍을 예고하는 전망이 제기되는 것은 외부 관찰자 입장에서 이상한 일이 아닐 것이다.

지금은 북한과 한반도의 장래와 관련해 매우 중대한 시기이다. 이러한 때에 북한은 당 대표자회를 열어 그간의 결원을 충원하고 새로운 진용을 갖추었다. '김대장' 이 대권을 공식 확보할 때까지 얼마의 시간이 더 필요할지 모르겠으나, 당장 김 위원장에게 문제가 생긴다 하더라도 새로 구성된 당 중앙위 정치국 상무위원회가 당의 최고지도기관이자 국가의 영도기구로서 권력의 공백 상태는 면할 수 있도록 제도적 장치를 마련한 셈이다.

이제 노동당에 남은 일은 '3대 과제' 해결을 위한 새 당직자들의 주체적인 역할이다. '민주적 중앙집권제 원리' 에 따른 충실한 내부토론을 통해 현실적이고 실효적인 정책대안을 마련해야 한다. 민족의 미래와 인민의 민생을 돌보지 않고 지금까지 걸어온 길을 고수하면서 정치적 줄대기에만 몰두하게 된다면 노동당은 변화의 파고에 휩쓸려가고 북한의 미래는 없을 것이다.

북한이 공식 권력승계 목표시기를 2012년<sup>주체 100년</sup>으로 상정하고 있다면, 2012년은 공교롭게도 미국, 러시아, 중국 등 한반도문제 관련국들에서 동시에 리더십 교체가 예정되어 있는 해가 된다. 물론 우리도 대통령 선거가 있다. 동북아의 미래를 위해 각국의 지도자뿐 아니라 유권자들도 중대한 선택을 해야 하는 시기다.

북한은 동북아의 평화와 안정을 구축하는 대열에 동참하는 일에 더 이상 머뭇거려서는 안 된다. 또 그렇게 할 시간적 여유도 주어져 있지 않다. 핵무기에 대한 집착을 버리고 남북관계를 개선하며 새로운 경제 정책을 수립하는 것이 인민의 지지를 얻고 후계 구축 과정을 순조롭게 하는 길일 것이다. '발걸음 청년대장 김정은을 상징하며 찬양하는 노래' 이 한 사람만을 위한 발걸음이 아니라 2천만 인민을 위한 '발걸음' 이 되기를 기대해본다.

〈제10호〉 2010. 10. 04

2011년 12월 7일 김정일의 갑작스러운 사망이 있고 보름만인 12월 31일, 김정은은 군 최고사령관으로 추대되었다. 이어서 100일 만인 2012년 4월, 노동당 제 1비서와 국방위원회 제1위원장에 취임하고 7월 18일에는 공화국 원수에 추대된다. (54호 참조)

# '2012년 이후'의 대외전략을 준비하자

## 리더십 교체에 따른 동북아 정세

2012년에는 한반도 정세에 큰 영향을 미치는 미국, 중국, 러시아 등 주변 강대국들 역시 리더십 교체기를 맞았다. 3월 러시아 대통령 선거, 10월 중국의 국가 주석 교체, 11월 미국의 대통령 선거, 12월 한국의 대통령 선거가 그것이다. 이러한 리더십 교체기와 맞물려 중국의 급부상과 미국의 패권 약화로 인한 권력 전환기에 놓인 동북아지역의 역학변화에 대처하기 위한 중장기 대외전략의 필요성이 제기되었다.

2012년은 동북아 정세의 대변혁을 예고하고 있는 해이다. 한반도를 포함한 주변국들이 정권 교체기에 들어서기 때문이다. 3월에는 러시아 대통령 선거와 대만 총통 선거가 잡혀 있다. 4월에는 한국 총선이 있고, 8월에는 일본 총선이 있을 예정이다. 10월에는 중국 제5세대 최고지도부가 공식적으로 출범하게 된다. 11월과 12월에는 각각 미국과 한국의 대통령 선거가 기다리고 있다.

나라마다 정권 교체의 전망이 각기 다르다. 현재 중국의 경우는 제5세대 지도자로 시진핑<sup>習近平</sup>이 확정된 상태이다. 미국과 러시아의 경우는 오바마 대통령의 재선과 푸틴<sup>V. Putin</sup> 총리의 대통령직 복귀 여부가 관심거리이다. 일본은 내각책임제인데다가 집단지도체제의 성격이 강하기 때문에 정권 교체의 의미가 다른 나라보다는 작다. 대만의 경우는 중국과의 교류·협력을 강화해 온 국민당의 마잉주<sup>馬英九</sup> 총통이 연임될지, 독립을 주장하는 민진당 후보가 당선될지가 관전 포인트이다.

다른 나라와 비교해 아직 정권 교체의 일정이 확정되지 않은 것은 북한뿐이다. 지난 9월 28일 열린 당 대표자회에서 김정일 국방위원장의 3남 김정은이 당 중앙군사위 부위원장으로 선출되었지만 언제 최고지도자의 지위에 오를지는 아직 정해지지 않았다. 2012년 가을의 북한 정부수립일이나 당 창건일에 김정은 당 중앙군사위 부위원장이 북한의 3대 최고지도자로 공식 등장할지 여부는 김정일 위원장의 건강에 달려 있다. 하지만 북한 스스로 '강성대국의 대문을 여는 해'로 정했고, 주변국들의 정권 교체기를 틈타 제3기 지도부를 출범시키는 것이 외부 환경의 영향을 줄일 수 있다는 점에서 2012년을 주목하는 것이다.


## 북한, 중국의 차세대 지도자 선정

한반도를 포함한 주변국들의 정권 교체가 일시에 이루어지는 상황을 놓고 우리가 간과해서는 안 될 중요한 사실이 있다. 그것은 한국과 미국의 차기 정부가 어떤 성격을 띨지 불확실한 반면, 북한과 중국의 차기 정부는 어느 정도 윤곽이 잡혀 있다는 점이다. 대통령 당선자가 국정을 책임지는 한국과 미국의 경우, 대선을 통해 2012년 이후 대북 및 대중 정책 윤곽이 드러날 것으로 전망되는 반면, 북한과 중국은 이미 차기 지도자의 선정 및 육성을 통해 2012년 이후 대남 및 대미 정책을 담금질하고 있는 것이다.

그렇다면 2012년 이후 중국과 북한의 대남, 대미 정책은 어떻게 전개될 것인가? 우선 중국의 대남, 대미 정책을 단적으로 보여주는 사건이 최근에 발생했다. 10월 25일 시진핑 국가부주석이 중국인민지원군의 한국전쟁 참전 60주년을 맞이해 한국전쟁을 "평화를 지키고 침략에 맞선 정의로운 항미원조抗美援朝 전쟁이었으며 항미원조 전쟁은 세계 평화와 인류 진보를 지켜낸 위대한 승리"라고 주장했다. 사흘 뒤인 28일 마자오쉬馬朝旭 중국 외교부 대변인은 "시진핑 부주석

의 발언은 중국 정부의 정론定論을 밝힌 것"이라고 공식 발표
했다.

지난 2008년 5월 27일, 취임 후 이명박 대통령의 첫 중국
방문 직전에 중국 외교부 친강秦剛 대변인은 "한미 군사동맹
은 지나간 역사의 유물이며 냉전시대의 군사동맹으로 현대
세계의 안보문제를 해결할 수 없다"고 밝혔으며, 이틀 뒤인
5월 29일 친강은 자신의 발언이 완전한 것이며 계통을 밟아
이뤄진 중국 정부의 공식입장이라고 이를 재확인했다. 당시
에도 한국 외교부는 아무런 사후조치를 취하지 못하고 흐지
부지됐었는데, 이번에 10월 29일 마자오쉬 외교부 대변인이
외교통상부를 방문해 차관보와 대변인을 만났는데도 한국
정부는 제대로 된 해명도 듣지 못했다.

최근 중국의 태도는 단순히 북한과 중국이 혈맹관계를 넘
어, 중국이 향후 한반도문제에 어떤 태도를 취할지 잘 보여
주는 대목이다. 중국은 한반도문제를 포함한 국제 문제에
대해 도광양회韜光養晦, 때를 기다리며 힘을 기른다는 물론, 유소작위有
所作爲, 할 일은 한다를 넘어 최근 들어 투이불파鬪而不破, 싸우되 관계 자체
를 깨지않는다의 자세를 보이고 있다. 서해상의 한미 연합해상훈
련에 대한 맞대응이나, 동중국해의 센카쿠尖閣열도중국명 댜오위
댜오를 둘러싼 강력한 대응이 중국의 변화된 자세를 잘 보여
주고 있다.

## 2012년 이후 한반도 근본 문제의 대두 가능성

그렇다면 북한의 차기 지도자 김정은 당 중앙군사위 부위원장의 대남, 대미 정책은 어떤 방향을 취하게 될 것인가? 한국의 대통령직 인수위원회가 고작 2개월 남짓의 활동으로 5년간의 국정 운영 방향을 제시한다면, 북한 3세대 지도자 김정은 당 중앙군사위 부위원장을 위한 인수위원회는 최소한 2년은 활동하게 될 것이다. 따라서 김정은 당 중앙군사위 부위원장이 비록 북한 제2인자의 지위에 있다고는 하나, 최소한 몇 년은 지켜봐야 비교적 정확한 전망을 내릴 수 있을 것이다.

우리가 관심 갖는 것은 북한의 차기 정권이 어떤 국가 전략을 선택할 것인가 하는 점이다. 경제 전략과 관련해 김정은 당 중앙군사위 부위원장이 컴퓨터수치제어<sup>CNC</sup>를 전공했다는 점에서 첨단 기술 분야를 중심으로 경제개발에 중점을 두지 않을까 추측해 볼 수 있다. 하지만 대외전략에서는 후계자 김정은이 아버지 김정일의 국가 전략을 이어받아 선군정치를 지속할지, 아니면 새로운 권력 기반을 창출하기 위해 개혁·개방에 나설지 아직은 속단하기 이르다.

김정은 당 중앙군사위 부위원장으로서는 제1, 2세대 지도자가 자신의 친할아버지, 친아버지이고 본인의 자력이 아니라 가계<sup>家系</sup>의 후광을 입어 제3세대 지도자의 자리에 올랐기 때문에 전임자들을 비판하거나 기존의 국가 전략을 거부하기 어려운 점이 있다. 전임자들을 비판하고 기존의 국가 전락을 거부하는 것은 곧 자신의 정체성을 부정하고 북한 내 지배 그룹의 지지와 '결사 옹위'의 명분을 잃어버리는 결과를 가져오기 때문이다.

하지만 김정은 당 중앙군사위 부위원장으로서도 제3세대 지도자로서 자리매김하기 위해서는 '주체'를 내세워 사회주의 건설을 통해 북한 주민의 지지를 획득한 김일성 수령, '선군'을 내세워 군부를 중심으로 위기관리 체제를 구축해 권력 기반을 다진 김정일 국방위원장에 이어 자기 나름의 권력 기반이 필요하다. 그런 점에서 제3세대 지도자로서 '민생'에 기반을 둔 개혁·개방의 가능성도 열려져 있다.

시진핑의 중국과 김정은의 북한이라는 미래 권력이 맞물린다면 한반도 정세는 어떻게 흘러갈 것인가? 시진핑의 중국은 분단의 원인이 된 한국전쟁의 재평가에서 한미 군사동맹, 한반도 평화체제 등 민감하면서도 근본적인 한국문제Korea Question에 대해 자기 목소리를 낼 것으로 보인다. 북핵문제도 한반도 평화체제나 주한미군 등 안보 현안과 빅딜로 풀어나가고자 할 가능성이 있다. 북한에 대해서도 개방을 통한 점진적 개혁을 요구할 것으로 보인다. 김정은 당 중앙군사위 부위원장의 북한으로서도 중국의 후원 아래 권력이 조기 안정화되기 위해서는 기존의 대외전략을 고수하기 어려운 것도 사실이다.

그렇다면 우리는 2012년 이후에 대비한 대외전략을 준비하고 있는가? 이명박 정부의 출범 이후 한국 정부는 '한미 전략동맹선언'을 통해 한미관계를 한반도를 넘어선 국제 현안에 관한 동반자로까지 격상했다. 특히 천안함 사태 이후 미국뿐만 아니라 일본과도 군사협력을 한층 강화하고 있다. 지난 7월 25~28일에 실시된 한미 연합훈련에 일본 해상자위대 간부 4명이 미 핵항모 조지 워싱턴호에 탑승해 참관한 데 이어, 지난 10월 13~14일에 부산 앞바다에서 실시된 PSI훈련에 일본해상자위대 구축함 1척이 참가했다.

## 중장기 대외전략을 마련해야

지금까지 보여준 한국의 대외전략은 한반도를 넘어선 국제 현안에까지 미국과 적극 협력하는 등 한미동맹을 한 단계 격상하고, 일본과는 경제협력을 넘어 군사협력의 강화를 모색하는 단계라고 평가할 수 있을 것이다. 반면 중국에 대해서는 경제협력을 확대하되 미국과 일본을 끌어들여 중국을 견제하려는 전략으로 해석된다. 특히 천안함 사태에 대해 중국 측이 국제무대에서 한국의 손을 들어주지 않자, 한·미·일 3각 군사협력을 강화함으로써 중국을 압박하는 조치를 취하고 있는 것으로 평가되기도 한다.

하지만 센카쿠 열도를 둘러싼 중국의 대응이 희토류稀土類의 대일 수출 중단 등 예상보다 강하게 나타나고 있다. 특히 중국의 화살이 점차 한국 정부를 향하고 있다. 최근 들어 중국은 관영 언론 매체를 통해 "한국이 경제적으로 중국의 급행열차에 올라타려고 하지만, 군사적으로는 미국에 의존해 중국을 견제하려는 '전략분열 증세'를 보이고 있다"고 한국 정부를 비판한 바 있다. 앞서 소개했듯이 시진핑 국가부주석의 한국전쟁 발언도 이와 같은 중국 정부의 분위기를 반영하고 있다.

이처럼 중국이 한국을 겨냥하며 불만스러운 태도를 드러내고, 주중 한국대사가 중국 정부의 고위 관리와 통화조차 못한다는 언론보도가 나오자 한국 정부는 적지 않게 당황하는 모습이다. 이에 따라 한국 정부는 외교부 동북아국 내 중국과를 중국 1과, 2과로 확대하고, 8개인 총영사관을 16개까지 늘리는 방안을 검토하고 있다. 또한 범정부 차원에서 '중국 중앙연구소' (가칭)를 설립해 정책 조율 및 발굴을 담당하는 컨트롤타워로 활용한다는 구상도 추진한다고 한다.

그러나 이것은 중국 관련 연구소나 부서를 신설한다고 해결될 문제가 아니다. 이미 외교부 수석차관급 한·중전략대화를 하고 있지만 이런 일이 발생하지 않았는가? 한국 정부는 미국과의 전략동맹과 중국과의 전략적 협력동반자 관계라는 모순을 먼저 해결해야 한다. 또한 최근 북핵문제와 천안함 문제에서 보여준 중국 정부의 태도가 일시적인 것이 아니라 중장기적인 한반도정책 차원에서 이루어진 것이라는 점을 깨닫고, 우리의 대북정책을 총체적으로 점검해야 한다. 이미 북한과 중국은 2012년 이후의 한반도 정세에 대한 전략대화를 시작했기 때문이다.

이제 우리는 당면한 김정일 정권과 후진타오 정부뿐만 아니라 2012년 이후에 등장할 김정은과 시진핑 등 차세대 지도자들과도 대화를 시작할 준비를 해야 한다. 또한 단기적인 대북, 대중 정책 차원이 아니라, 2012년 이후 북한과 중국의 차세대 지도자들을 염두에 두는 대외전략을 만들어가야 한다. 차기 지도자가 누가 되느냐에 따라 대외전략의 방향이 바뀌는 한국의 정치 현실을 뛰어넘기 위해 당리당략을 떠나 중장기 대외전략을 준비해야 한다.

한국의 국가지도자들이 2012년 총선과 대선의 승리를 위한 정쟁에만 매몰된다면 민족의 염원인 통일의 날은 더욱 멀어질 수밖에 없다. 한반도의 평화 정착과 통일은 향후 동북아지역에서 겪게 될 미·중 간의 갈등과 대립에 우리가 어떻게 대처해야 하는가와 밀접한 관련이 있다. 미국이냐, 중국이냐 양자택일해야 하는 전략적 딜레마에 빠지지 않고 한반도 평화와 통일을 이루기 위해서는 지금부터라도 우리 문제를 스스로 해결할 수 있는 남북관계를 만들어 나가야 할 것이다.

〈제11호〉 2010.11.02

# 시간은 과연 누구의 편인가

## 미국의 우선순위에서 밀린 북한문제

2010년 11월 2일의 미국 중간선거에서 공화당이 압승하였다. 크게는 집권당인 민주당의 독주를 견제하겠다는 심리가 작용한 것으로 보이며, 작게는 경제 살리기, 일자리 창출에 대한 기대가 충족되지 못한 결과라는 분석이 제기되었다. 한편, 대외적인 현안들은 이번 선거에서 큰 영향을 미치지 못했다. 기후변화에 대한 대책이나 '핵무기 없는 세계'에 대한 비전은 미국 유권자의 마음을 움직이지 못하였으며, 그런 의미에서 한반도문제도 미국인들의 관심의 대상이 될 수 없었다.

지난 11월 2일 실시된 미국의 중간선거에서 공화당이 압승했다. 공화당은 하원에서 60석을 추가해 다수당이 되었고 상원에서도 6석을 추가하는 개가를 올렸다. 공화당이 중간선거에서 승리한 이유는 국내문제였다. 선거가 끝난 뒤 오바마 대통령도 지적했듯이 경제난과 의료보험 개혁이 민주당 패배의 최대 요인으로 작용했다. 미국 경제가 크게 나아질 기미를 보이지 않는데다 고용 없는 성장 하에서 기업 이윤이 증가해도 일자리는 만들어지지 않았으며, 10%에 달하는 미국의 실업도 떨어질 기미를 보이지 않았다. 의료보험 개혁 입법에도 값비싼 정치적 대가가 지불된 셈이다.

## 북핵문제는 여전히 후순위

대외적인 현안들은 이번 선거에서 큰 영향을 미치지 못했다. 기후변화에 대한 대책이나 핵무기 없는 세계를 만들겠다는 야심 찬 비전은 미국 유권자들의 마음을 움직이지 못했다. 미국 유권자들의 관심이 자신들의 삶과 직접적이고 일상적으로 연관된 경제 문제 등에 쏠리면서 외교 안보 현안은 주요한 이슈들이 되지 못했다.

한반도문제도 별반 다르지 않았다. 북한의 WMD 개발과 확산이 야기하는 동북아 정세 불안정이나 국제적 안보 우려는 미국 유권자들에게 관심의 대상이 아니었다. 미국 유권자들에게는 북한 핵문제에 대한 우려보다 한국과의 자유무

역협정FTA 체결과 그로 인한 파급 영향이 더 주목되는 사안
이었다. 사실 대외문제로 보자면 미국의 유권자들에게는 북
한 핵문제보다 이라크에서의 철군이나 아프간 전쟁의 전망
이 더 중요한 현안일 것이다. 이는 북한 핵문제가 미국 대외
정책의 핵심적인 이슈가 될 수 없었음을 의미한다.

　이렇게 본다면 이번 선거의 결과로 미국의 동아시아 지역
전략과 대한반도정책이 변화될 가능성은 적어 보인다. 미국
으로서는 한반도에서 한미동맹을 글로벌 동맹으로 발전시
키고 한미FTA에 대한 의회 비준을 마무리하는 것이 훨씬 중
요할 수 있다. 미국과 북한 간 비공식 대화채널인 뉴욕채널
이 가동되고 있고, 미국 정부 당국자가 북한의 움직임에 우
려를 표명하면서 지금은 6자회담을 재개할 때라고 언급하고
는 있지만, 북한 핵문제는 여전히 정책적으로 우선순위를 부
여받지 못할 것으로 보인다. 미국으로서는 1994년 미·북 간
기본합의Agreed Framework와 2005년의 9·19공동성명을 이행하
지 않고 여전히 핵무기를 비롯해 WMD 개발과 확산에 주력
하면서 국제적으로 안보 우려를 야기하는 북한과 협상을 하
더라도 실질적인 진전을 기대하기 어렵다고 보기 때문이다.
더구나 북한은 지금 3대세습 체제 구축에 전력을 기울이고
있다.

　하원을 장악한 공화당도 오바마 행정부의 대한반도정책
기조를 변경시키지는 않을 것으로 보인다. 공화당이 2012년
대선을 내다보고 민주당을 비판하면서 북핵문제의 조속한
해결을 촉구할 수는 있다. 그러나 미국의 대외정책 결정에

서 의회가 할 수 있는 역할이 크지 않다. 국민여론을 등에 업고 예산 편성과 입법 권한을 활용해 행정부를 압박할 수 있으나 대외정책은 기본적으로 행정부의 영역에 속한다. 공화당이 전통적으로 한미동맹을 강조하고 한미FTA 체결에 적극적인 모습을 보여 왔다는 점도 변화에 대한 기대를 낮추게 한다. 공화당의 하원 장악은 오히려 정치적으로 강경한 대북 입장을 고수하고 있는 한국 정부의 입장이 이전보다 더 크게 고려될 가능성마저 있다.

## 미국, 중국 견제 위해 호주와 협력 강화?

공화당의 중간선거 승리는 동아시아 지역에서 미국과 중국의 대결 격화와 그로 인한 지역 내 갈등 심화에 대한 우려도 야기한다. 민주당은 전통적으로 대화와 협력을 강조해왔지만 오바마 행정부는 동아시아에서 대결구도를 강화시키고 있다. 한미동맹 강화, 한·미·일 군사협력 발전, 호주와의 동맹관계 발전이 그것이다. 특히 미국은 중국과 베트남, 중국과 일본 간 영토분쟁에서 베트남과 일본에 대한 지지입장을 표명하고 심지어 중국을 견제하기 위해 호주와 협력을 강화해야 한다고 공공연히 얘기하고 있다. 공화당의 중간선거 승리는 오바마 행정부의 이러한 정책기조에 힘을 더해 줄 수 있다. 미국이 동아시아에서 한국, 일본, 호주를 축으로 구축 중인 대중국 견제와 포위 벨트가 강화되는 형국이다.

그렇다면 미국은 이러한 정책 기조를 지속함으로써 무엇

을 기대할 수 있는가? 한국과의 협력강화를 통해 FTA와 같은 경제적 실리를 확보하고 국제적 현안을 해결하기 위한 든든한 우군을 확보할 수 있다. 북한과는 설득과 바겐Bargain의 더디고 실효성 없는 절차에 애써 들어가지 않아도 된다. 지역적 차원에서는 부상하는 중국을 견제할 수 있는 레버리지지렛대의 개념를 확보함으로써 미국의 영향력을 지속적으로 유지할 수 있다. "책임 있는 국가로 성장하기에는 아직도 갈 길이 먼" 중국을 압박함으로써 지역 내에서 중국의 영향력이 확대되는 것을 견제할 수 있다.

그러나 이 모두는 기대에 불과하다. 먼저 미국은 북한 핵문제에서 결코 자유로울 수 없다. 그리고 북한 핵문제를 방치한 결과는 매우 엄중할 수 있다. 북한 핵문제는 결코 제자리에 머물러 있지 않기 때문이다.

## 중국에 떠넘겨 둔 북한 관리 책임

미국이 북핵문제에 정책적인 우선순위를 부여하지 않는 상황에서 북한의 선택은 분명해진다. 수직적, 수평적 핵확산을 가속하는 것이다. 북한 내부에서 2차례의 핵실험을 통해 얻은 성과를 토대로 정치적 차원을 넘어 군사적으로 의미 있는 핵무기를 만들기 위한 노력을 경주할 수 있다. 북한은 핵무기의 소형화와 경량화 작업을 가속하는 가운데 미국의 본토를 위협할 수 있는 운반 수단 개발에도 박차를 가할 수 있다. 핵무기의 성능 개량이나 핵융합 기술 개발에도 주력할 수 있다. 북한은 또한 추가적인 핵물질 확보를 위한 노력도 지속할 것이다. 북한으로서는 영변의 5MWe원자로를 재가동해 플루토늄을 추가로 확보할 것이며, 핵물질을 보다 안정적으로 확보하기 위한 방편으로 우라늄 농축 프로그램 진전에 더 많은 노력을 경주할 수 있다. 북한은 대외적으로 핵확산을 지속하고 확대할 수도 있다. 북한이 과거 리비아에 이어 시리아, 이란, 미얀마에 핵물질과 핵기술을 유출시키고 있다는 지적이 곳곳에서 나오고 있다.

제재가 아무리 강화된다고 해도 북한의 이러한 활동이 원천적으로 봉쇄될 수 없다. 모든 국가들이 제재를 효과적으로 이행할 수 있는 능력을 갖추고 적극적으로 동참한다면 제재가 효과를 발휘할 수 있다. 그러나 불행히도 현실은 그렇지 못하다. 모든 국가들이 적극적으로 동참하지도 않거니와 동참하는 국가 가운데서도 선진국을 중심으로 한 일부 국가를 제외하면 많은 나라들이 이행 능력을 제대로 확보하지 못하고 있다.

이런 점에서는 시간이 북한 편이라고 할 수 있다. 북한은 현재 경제적으로 심각한 어려움을 겪고 있고 정치적으로도 권력승계에 따른 불안정에 직면해 있다. 대북제재가 효과를 발휘할 수 있고 대화는 그 실효성이 의문시되는 것처럼 보인다. 그러나 대북제재로 인해 북한이 겪는 경제적 어려움이 특별히 심화되었다는 징후는 보이지 않는다. 만성적인 경제난이 추가적으로 급격히 악화되기보다는, 개선의 기미를 보이지 않으면서 시간의 경과에 따라 점차 심화되는 양상을 보인다. 제재의 실효성이 의문스러운 것이다. 2009년 원자바오 총리의 방북과 2010년 김정일 국방위원장의 두 차례 방중을 통해 전방위적으로 심화되고 있는 중국과 북한 간의 협력 관계까지 감안하면 북한 핵문제는 시간의 해결에 맡겨둘 수 없다는 것이 더욱 분명해진다.

둘째, 미국은 동아시아 지역에서 스스로 영향력을 약화시킬 수 있다. 중국의 부상은 불가피한 것이다. 중국 경제는 급속한 성장을 이어가고 있다. 미국과 더불어 G2라고 불릴 만큼 중국의 경제 규모가 확대되었고 국방비도 급속하게 늘어나고 있다. 중국의 종합적인 국력이 매우 빠르게 커지고 있는 것이다. 중국의 국력 신장은 주변국과의 관계에서 중국의 영향력이 불가피하게 커질 수밖에 없음을 의미한다. 이런 상황에서 중국에 대한 포위와 압박은 단기적으로 중국의 부상에 위협을 느낀 역내 국가들에 대해 미국의 영향력을 확대하는 방편이 될 수 있다. 그러나 중장기적으로 보면 이는 역내에 대립 구조를 고착화시키는 한편, 협력적 관계를 발전시킴으로써 얻을 수 있는 지역 내 이익 창출 기반을 파괴할 수 있다. 그 책임은 미국에게 돌아갈 것이고, 결과적으로 미국의 지역 내 영향력은 약화될 것이다.

따라서 미국은 인식을 전환해야 한다. 북한 핵문제를 언제까지 방치할 수 있는지 자문해 보아야 한다. 동아시아에서 한국-일본-호주를 축으로 한 대중국 견제와 포위망이 가져올 결과를 중장기 전략 차원에서 재검토해보아야 한다.

미국은 6자회담 재개를 비롯해 북핵문제 해결과 동아시아에서의 협력 관계 발전에 보다 적극적으로 나서야 한다. '서울을 거쳐야 워싱턴에 올 수 있다' 거나 '북한이 진정성을 행동으로 보여줄 때' 라는 말이 6자회담 재개를 미루는 일시적 명분은 될 수 있어도 시간이 북한 편으로 흘러가는 것을 막을 수는 없다.

6자회담 재개는 동북아 안보 협력이 진전될 수 있는 계기이기도 하다. 중국에 대한 견제와 포위망이 구조적으로 대결을 심화시키는 것이라면 동북아 안보 협력은 건설적인 대화와 협력을 통해 중국의 긍정적 기여를 확보할 수 있는 길이다. 이는 동북아의 모든 국가들이 원하는 것이기도 하다. 이것이 미국이 책임 있는 강대국으로서 한반도와 동아시아에서의 영향력을 중장기적으로 이어갈 수 있는 길이다.

## 남북대화가 시작이다

우리 정부도 마찬가지이다. 사실상 북핵문제를 방치한 가운데 북한으로 인해 야기될 수 있는 정세 불안정은 중국이 관리하도록 떠넘겨 두면서, 역설적이게도 동아시아에서 새로운 대결구도를 구축하고 있는 미국의 전략에 편승했을 때 한반도의 운명이 어디로 흘러갈지 냉정하게 자문해보아야 한다. 동아시아에서 대결의 양대 축인 미국과 중국이 지역 내 문제를 결정하는 구조가 한반도 통일에 과연 긍정적으로 작용할 수 있는지 진지하게 검토해야 한다. 북한에서 경제적 어려움에 더해 사회적, 정치적 불안정이 심화된다고 그 정권이 붕괴될지, 설령 정권 붕괴와 같은 정치적 격변이 발생한다고 해서 그 체제가 무너질지, 그리고 지금과 같이 북·중 간의 협력이 강화되는 가운데 설령 북한체제가 붕괴한다고 해서 북한 주민들이 남한과의 통합을 선뜻 선택할지 냉정하고도 합리적으로 평가해야 한다.

우리 정부도 이를 통해 남북관계가 현재와 같은 폐색閉塞 상태에서 벗어날 수 있는 길을 적극적으로 모색해야 한다. 천안함 사건과 북핵문제가 미국과 중국 간의 대결구도를 촉발시키고 심화시키는 요인이었다면, 역설적으로 대화를 통해 이 문제들을 해결하는 과정은 미국과 중국 간의 대결구도를 해소하고 지역 내에서 안보와 경제협력이 동시에 발전하는 계기도 제공할 수 있다.

그 시작은 남북 간 대화이다. 남북 간 대화가 진행되면 미·북 접촉과 6자회담 재개의 길도 열릴 수 있다. 과거 일본이 납치문제를 전면에 걸고 6자회담마저 어렵게 했던 사례를 뒤돌아볼 필요가 있다. 미국이 지금은 남북대화를 미·북 접촉과 다자회담의 전제 조건인 듯 이야기하지만, 우리 정부의 입장을 고려한 이런 태도가 언제까지나 지속될 수 없다는 것도 자명하다. 우리의 의지와 우리의 손으로 남북대화가 이루어질 때, 우리는 비로소 민족사를 주도하는 독립변수로 설수 있을 것이며, G20정상회의를 개최한 의장국으로서의 면모를 재확인할 수 있을 것이다.

〈제12호〉 2010.11.12

# 연평도 사태와 평화의 길

## 남북관계를 주도하기 위한 대한민국의 전략

2010년 11월 23일 북한이 남한의 연평도에 포격을 가하는 사건이 발생하였다. 북한의 해안포에서 약 1시간 동안 100여발이 발사되었고, 이로 인해 연평도에 있던 해병대원과 민간인이 사망하였다. 북한이 남한의 영토를 표적으로 공격하여 민간인이 사망한 것은 1953년 휴전 이후 처음 있는 일이다. 포격 직후 이 대통령은 '다시는 도발할 수 없을 정도로 막대한 응징을 해야 한다.' 고 강조하였다. 이후 남북관계는 급속히 경색되었고 한반도에 군사적 충돌 위기가 고조되었다.

한반도 상황이 예사
롭지가 않다. 천안함 사태의 상흔이 채 가시기도 전에 북한
이 연평도를 포격하는 일이 벌어졌고 미 핵항모가 참가하는
한미 연합훈련이 서해상에서 실시되었다. 이 같은 군사적
긴장 고조에 국민들의 불안감이 증폭되고 있고 국제사회도
제2의 한국전쟁에 대한 위험성을 지적하고 있다. 이명박 대
통령은 대국민 담화를 통해 "앞으로 북한 도발에는 반드시
응분의 대가를 치르게 할 것" 이라고 강조했고, 우리 군에서
는 이참에 서해 5도에 최신 정밀무기를 배치해 대북 공격기
지화 하자는 주장도 나오고 있다. 북한은 북한대로 혁명의
수뇌부를 목숨으로 사수할 것이며 남쪽에 '불벼락' 을 안기
는 데 주저함이 없을 것임을 호언하고 있다.

어째서 남북관계가 이처럼 전쟁을 걱정해야 하는 상황까
지 오게 되었는가? 이 길 말고는 다른 길이 없었던가? 북한의
무력도발 위협을 중단시킬 수 있는 방안은 무엇인가? 민족의
생존과 안전이 담보되는 평화의 길은 어떻게 해야 열리는가?
참으로 참담하고 안타까운 일이 계속 일어나고 있다. 그렇지
않아도 남북관계가 냉전시대만큼이나 적대적 상황으로 치
달아왔는데 이제는 군사력을 동원해 상대의 영토에 포격을
가하는 열전의 단계로까지 넘어온 것이다.

## 북한의 오판과 만용

첫째로 이 같은 최악의 상황을 초래한 북한군의 포격은 규

탄받아 마땅하다. 연평도는 정전협정에도 규정된 명백한 남한의 영토다. 남북이 서로 자기 관할이라고 주장하는 서해 NLL 주변 수역과는 다른 곳이다. 이번 연평도 포격사건은 해상불가침 경계선의 유무와 상관이 없다. 휴전 이후 최근까지 남북 간 무력충돌이 무수히 많았지만 북한 정규군이 민간 거주 지역까지 포함한 남한 영토에 직접적으로 포사격을 한 것은 이번이 처음이다.

근래 서해상에서 잦았던 해군 간의 교전에 대해 북한은 남한 관할 수역을 침범한 것이 아니라 원래 자기 영해에 들어간 것뿐이라고 주장해왔다. 북한은 40여 년 전 청와대 기습 공격 때나 20여 년 전의 KAL기 폭파에 대해서도 남한 내부의 반정부 무장봉기 혹은 '괴뢰 통치배' 들의 자작극이라고 떼를 썼지 자기들이 했다고 시인한 적이 없었다. 그런데 이번에는 남한 영토에 정규군이 포격을 가했으며 또 이를 자랑스럽게 공개적으로 시인했다. 이는 유례없는 심각한 도전이며, 어떤 나라도 이런 공격 행위를 그냥 묵과할 수는 없을 것이다.

북한은 이번 포격이 남한의 선제 도발에 대한 자위적 대응이었다고 주장하지만 그것은 이번 사태의 원인이 아니라 구실일 뿐이다. 한국전쟁 때 북한군이 38선을 돌파한 지 6시간 후 평양방송은 "남조선이 북침했기 때문에 자위 조치로 반격 전쟁을 시작했다" 라고 주장했고, 당일 오후에는 김일성이 직접 "이승만 괴뢰군대가 침략 전쟁을 일으켰으며, 공화국 경비대와 인민군대에게 반격을 명령했다" 라고 거짓 방송

을 했다. 북한은 민족과 역사를 속이는 일을 되풀이해서는
안 된다.

　북한 군부는 남한이 확전을 각오하지 못해 국지전으로 마
무리될 것을 계산하고 대담한 선제 포격을 폈을지 모르나,
그것은 만용이며 오판이다. 이번 사태로 연평도 주민들은 전
쟁과 다름없는 피해를 입었고 고통을 받았다. 국민들의 분노
는 남한 군대의 대응 수준을 더욱 높이라고 요구하고 있다.
또다시 도발한다면 남한 군대의 대응이 이번 같지 않을 것이
분명하다. 지금 같은 불신 관계에서는 우발적 충돌이라도 냉
정과 자제를 잃어버리고 확전으로 갈 위험이 매우 높다.

　북한이 계속해서 이 같은 오판과 만용을 선택한다면 남는
것은 자멸뿐이다. 현대전은 경제력 등 총체적인 국력의 우
위가 승패를 결정짓기 때문에 북한은 전쟁에서 결코 승리할
수 없다. 민간인을 포함한 인명 살상은 그 누구의 업적으로
도 미화될 수 없다. 북한 주민들이 원하는 건 배고픔 해소이
지 헛주먹을 휘두르는 싸움꾼이 아니다. 6자회담을 열거나
평화협정 협상을 진행시키는 데도 아무 도움이 안 된다.


## 남북관계 악화와 북한 도발의 악순환

　둘째로 우리 정부의 대북정책에 문제가 있다는 것이 드러
났다. 우리 정부는 주변 정세와 남북관계가 맞물려 돌아가
는 상황을 멀리 보지도, 넓게 보지도 못하고 있다. 그저 북한
을 압박하거나 방치해두면서 시간이 흐르면 북한이 제풀에

떨어져 굴복해오거나 붕괴될 것이라고 낙관하고 있는 것 같다. 그러나 붕괴론의 기대와 달리, 북한은 우리의 허를 찌르며 계속해서 역반응을 보이고 있다. 주로 서해상에 초점을 두고 군사력을 동원해 치고 빠지는 조치들을 취하면서 긴장을 단계적으로 고조시켜온 것이다.

이명박 정부 출범 이후 지금까지 남북관계가 흘러온 과정을 보면, 북한이 일을 저지르거나 선도적인 제의를 하고 우리는 이를 뒤쫓아가며 수습하는 데 급급하거나 방어적 입장에서 대응하는 양상을 보여왔다. 그러다 보니 이명박 정부에서는 판을 크게 보지 못하고 일시적으로 형성된 국민여론에 편승해 감정에 치우친 정책이 선호되었고 이는 다시 남북관계를 더욱 악화시키는 악순환의 고리를 형성하고 말았다.

북한의 도발에 대한 우리의 강력한 대응이 북한의 보복을 불러오고 이에 대해 우리가 다시 응징하지 않을 수 없는 한 무력 충돌의 반복은 피할 수 없다. 반복에 그칠 뿐만 아니라 반복할 때마다 강도는 더 높아진다. 이럴수록 국민의 안보 불안감은 증폭되겠지만, 한편으로 '늑대와 소년'의 우화<sup>寓話</sup>처럼 만성적 안보 피로감으로 인해 국민의 체감 긴장도가 떨어진다면 더 큰일이다.

우리는 북한에 비해 상대적으로 월등한 국력과 미국이라는 든든한 군사동맹국이 뒷받침해주고 있다고 하지만, 과연 유사시에 전면전을 각오하고 강력한 응징에 나설 수 있을 것인가에 대해서는 회의적이다. 한반도에서 또다시 제2의 한국전쟁을 치러서는 안 된다는 것은 국민 모두가 생각하는 절대적 명제이다. 더구나 우리는 잃을 것이 너무 많다. 우리도 한번 잘살아보자며 잿더미 속에서 반세기 동안 땀 흘리며 쌓아온 민족 자산을 한순간에 잃을 수 있다. 군사적 충돌은 남과 북 어느 쪽도 승자로 만들어주지 못한다. 그렇다면 우리의 강력한 응징도 결국 국민의 생존과 안전이라는 한계를 넘어설 수는 없을 것이다.

다른 한편으로 생각해야 할 것은 남북이 강强 대 강强으로 대립하는 자체가 북한의 전략에 말려드는 측면이 있다는 점이다. 북한 군부의 강경한 조치들은 우리의 강경 대응을 유인하고 있는지도 모른다. 북한은 그들이 주도하는 긴장의 판 안에 미국과 중국을 함께 끌어들여 체제 생존의 방정식을 마련하고 우리를 종속변수화하면서 후계 체제의 안정을 꾀하려 할 것이다. 우리가 여기에 장단을 맞춰줄 이유가 없다. 우리가 걱정하고 고민해야 할 것은 북한의 도발에 대한 군사 대응 수준을 어떻게 잡을 것이냐가 아니라, 북한을 어떻게 상대하고 어디로 끌고 갈 것이냐 하는 문제여야 한다.

## 남북관계를 주도하는 대한민국을 위해

우리가 진정으로 바라는 것은 한반도의 평화요, 이를 바탕으로 한 통일이다. 평화는 남과 북이 서로 신뢰하고 체제를 인정·존중할 때 형성되는 것이지, 상호 적대감으로 차있을 때는 성립할 수 없다. 이명박 정부 들어와 남북관계가 악화일로를 걸어왔는데 남북관계가 악화된 속에서 평화는 일방적으로 추구될 수가 없다. 그렇다면 강력한 힘으로라도 지켜야 할 텐데 여기에는 연평도 피폭사건이 보여주듯이 한계가 있기 마련이다. 그리고 그러한 방식의 대응은 우리로 하여금 수동적 굴레에서 벗어날 수 없게 한다.

결국 답은 하나밖에 없다. 북한의 어떠한 무력도발도 효과적으로 억지하는 충분한 능력을 갖추어나가되 그러한 행태를 보이게 된 근본 원인을 찾아 이를 구조적으로 해결해나가는 노력을 병행해야 한다. 그리기 위해서는 현재의 대북정책을 전면적으로 재검토할 필요가 있다. 지금은 '통일세'만 논의되고 있지 그 통일의 의미와 비전은 보이지 않고 있다.

우리가 진정으로 통일을 바란다면 동북아 정세를 제대로 읽어야 하며 그에 부합한 실천 전략이 나와야 한다. 그리고 북한을 더 이상 방치해 두어서는 안 된다. 한반도에서 민족의 미래를 끌고나가는 주체가 남한이라는 것은 두말할 나위가 없다. 북한은 주체가 될 수 있는 자격도 능력도 오래전에 상실했다. 남북관계를 끌고 나가는 힘도 우리에게 있다. 그렇다면 우리가 민족사의 주체로서 평화와 통일의 구도를 짜고 북한을 관리하는 것인데 여기에 무슨 '굴복'이 있고 '비겁한 평화'가 있다는 것인가?

'맞은 것의 몇 배로 되갚아 준다'는 식의 주문만 외우고 핵문제를 마냥 시간에 맡겨 두면서 남북관계를 최악의 상황에 머물도록 방치한다면, 지금과 같은 긴장 상황에서 벗어나기 어려울 뿐만 아니라 테러 등 예측 불가능한 안보 불안에 허덕이게 될 것이다. 더디기는 하겠지만 대화와 협상을 통해 한반도 평화체제 구축, 미·북관계 정상화 등 북한의 안보 우려를 해소해주면서 근본 원인을 제거해나가는 것만이 유일하고 확실하며 올바른 길이다.

G20회의를 계기로 코리아 리스크Korea Risk를 코리아 프리미엄Korea Premium으로 바꿀 수 있다는 국민적 기대감과 각오가 형성되었다. 우리는 이를 살려 남북관계를 주도하는 대한민국의 새로운 모습을 정립해야 할 것이다. 그렇게 함으로써 작금의 안보 위기를 오히려 한반도 평화체제 구축의 기회로 만들어야 한다.

〈제13호〉 2010.12.02

# 위기의 한반도, 미·중간 타협 지점 정확히 포착해야

## 연평도 포격 도발 이후의 정세

북한은 연평도 포격 도발 나흘 만에, 연평도 포격으로 민간인 사상자가 발생한 것에 대해 '지극히 유감'이라고 밝혔다. 그리고 12월 8~9일 방북한 중국의 다이빙궈 국무위원에게 김정일 위원장이 연평도 포격으로 민간인 2명이 숨진데 대해 '유감'을 표명한 것으로 전해졌다. 북한이 협상 국면으로 선회하려는 것이 아니냐는 분석이 나왔다. 한편 연평도 포격 직후, 오바마 대통령은 '중국이 북한에 대해 분명한 태도로 임해야 한다.'고 지적하였고, 중국은 '현재의 한반도문제의 해결을 위한 논의차원에서' 2011년 1월 초순 북핵 6자회담 수석대표 간 긴급 협의를 제안했다.

천안함 사태에 이어 연평도 피격으로 한반도가 세계 뉴스의 초점이 되었다. 이런 가운데 우리의 안보 역량이 시험대에 올랐다. 북한의 도발에 대한 충격과 분노에 앞서, 즉각 대응을 하지 못한 채 서로 책임을 떠미는 정부 당국과 군의 태도가 더 큰 실망과 불안감을 불러왔다. 북한의 연평도 포격 도발에 정부와 군 당국은 즉각적이고 단호한 응징을 통해 또 다른 도발과 확전을 막아야 함에도 불구하고 허둥대는 모습과 말 바꾸기로 국가의 위기관리 능력의 한계를 여실히 드러냈다. 그러나 더욱 안타까운 것은 우리가 이처럼 반복적인 안보 위기에 잘 대응하지 못하고 있을 뿐만 아니라, 이를 근원적으로 해결할 수 있는 방도를 마련하지 못하고 있다는 점이다.

북한 도발에 대해 즉각적이고 단호한 군사적 응징은 필요하다. 그러나 북한 장사정포長射程砲의 사정권 내에 있는 서울과 우리 경제가 볼모가 되고 있는 상황에서 군사적 옵션의 선택은 보다 신중할 수밖에 없다. 그런 점에서 안보 위기가 발생하지 않도록 북한을 사전에 적절히 관리하지 않으면 안 된다. 다시 말해 투철한 안보의식과 국방력 강화도 중요하지만, 합리적인 대북정책과 정교한 대외전략이야말로 안보 위기를 예방·통제하고 한반도 평화를 유지하는 첩경이라고 하겠다.

## 북한의 협상 전략 추구

북한은 연평도 포격 도발 나흘 만에 "연평도 포격에서 민간인 사상자가 발생한 것이 사실이라면 지극히 유감스러운 일이 아닐 수 없다"고 밝혔다. 〈조선중앙통신〉 2010.11.27 북한이 연평도 포격에 민간인 사망 문제를 언급하면서 '유감'을 표명한 것은 지극히 이례적인 일이다. 최근 북한은 한미 간의 공동 대응과 긴밀한 협력 체계 구축을 비난하고 나섰다. 즉, "조선반도에서 정세가 긴장해지고 대결국면이 첨예화되면 거기에서 어부지리를 얻는 것은 외세이다. 이번 연평도 포격사건으로 미국과 일본이 또다시 큰 이득을 보게 되었다는 외신들의 평은 결코 무리가 아니다. 조선반도에서 전략적 이익을 추구하는 외세가 이 지역의 정세 긴장으로 이득을 보면 볼수록 그것은 고스란히 우리 민족에게 피해로 돌아오게 된다. 그 피해란 다름 아닌 북남대결이며 북침전쟁이다." 〈노동신문〉 2010.12.13 라고 하여 한미 이간을 꾀하면서도 더 이상의 긴장과 충돌을 바라지 않는다는 메시지를 던지고 있다. 그리고 12월 8~9일 방북한 중국의 다이빙궈戴秉國 국무위원에게 김정일 위원장이 연평도 포격으로 우리 민간인 2명이 숨진데 대해 '유감'을 표명한 점도 주목된다. 〈교도통신〉 2010.12.14

이와 같이 북한은 연평도 포격 도발 후 '치고 빠지기' 전술을 구사하면서 협상 국면으로 선회하려는 모습을 보여주고 있다. 이러한 북한의 행태는 1983년 10월 9일의 미얀마 랑군 아웅산 폭탄 테러 사건을 떠올리게 한다. 랑군 아웅산 장군 묘소의 폭탄 테러로 한국의 각료 4명을 포함한 17명이 사망했고 미얀마 정부 측에서도 3명의 사망자와 31명의 부상자가 나왔다. 그런데 이 엄청난 폭탄 테러를 자행한 북한은 바로 하루 전날인 10월 8일 남북한과 미국의 3자회담을 운위했는가 하면, 2개월 후 1984년 1월 10일 중앙인민위원회와 최고인민회의 연합회의에서 정식으로 3자회담을 제의하는 편지를 채택했다. 이러한 의향은 워싱턴을 방문 중이던 중국의 자오쯔양趙紫陽 수상을 통해 레이건 대통령에게 전달되어 논의되었다.

우리 정부는 북한의 공개적 제안이 나오자 다음 날 11일 즉각 남북 당사자 간의 직접대화를 제의했다. 1월 17일 남측은 '남북한 당국 최고책임자 회담' 동의를 촉구했으며 2월 10일 또다시 국무총리 서한으로 남북대화를 제의했다. 우리 정부의 전향적인 결단을 계기로 1984년 8월 '남북한 교역·경제협력 제의 및 북한 측 동의 시 기술과 물자 무상제공 용의' 표명에까지 이어졌다. 그 후 9월 남한의 수해에 대한 북한의 수재물자 대남지원 제의를 즉각 수용하면서 1980년대 중반 남북대화의 시대를 열었다. 세계를 경악시킨 북한의 폭탄 테러의 충격과 엄청난 '피의 희생'에도 불구하고 당시 우리 정부는 분노를 삭이면서 미래를 내다봤다. 자신감과 미래에 대한 확신으로 우리가 먼저 북한에게 손을 내밀었던 것이다.

와다 하루키和田春樹 교수는 그의 저서 『북조선:유격대국가에서 정규군국가로』에서 "극한적인 대결정책에서 화해정책으로의 유연한 전환 또는 양극단 정책을 동시에 추구하는 북한의 전략을 유격대국가의 외교 표현"으로 해석했다. 와다 교수의 지적처럼 도발과 협상의 양극단을 넘나드는 북한의 '유연한 전환'의 속내를 읽지 못한다면 매번 뒷북치고 끌려다니기 십상이다. 그렇다고 한국 주도의 대북 강경 정책이 지속될 수 있는 분위기도 아니다. 더욱이 북한의 정권 이양기의 불안정이 체제 붕괴로 이어져 통일이 곧 들이닥칠 수 있다는 '망상'과 '희망적 사고'에 매몰되어 북한의 전략적 의도와 동북아의 정세 변화를 놓치지 않을까 하는 우려가 커지고 있다.

## 한국, 미·중 전략 구도에서 배제되지 않아야

북한의 한반도 도발은 동북아의 긴장과 위기를 고조시켜 반드시 미국의 개입을 불러들인다. 중국은 그들이 '안마당'으로 여기는 한반도 서해에서 미국과의 대립과 갈등이 현실화되는 상황을 바라지 않는다. 천안함 사태로 한미동맹이 강화되었다. 한미동맹 강화와 대북압박 전략은 북한을 중국으로 기울지 않을 수 없게 만들었고, 중국에게도 북한의 전략적 가치는 한층 높아졌다. 그 결과 5월과 8월의 북·중정상회동으로 북·중 밀착을 과시했다. 그러나 북한의 어려운 사정을 뻔히 아는 중국은 두 번에 걸친 정상회담에도 불구하고 군사·경제적 원조의 '화끈하고 통 큰' 모습을 보여주지 않았다. 북한이 남한을 때려 동북아의 위기와 긴장을 바짝 고조시키면 누가 북한을 달래야 할까?

한반도발 동북아 안보 위기 국면에서 미국을 비롯한 세계의 이목은 중국의 대북 '영향력' 여하에 집중되었다. 그러나 중국의 대북 영향력은 대북압박 방식과는 전혀 무관하다. 압박은커녕 후진타오 주석은 다이빙궈 국무위원을 보내 김정일 위원장을 달랠 수밖에 없었을 것이다. 이런 점에서 금번 연평도 포격 도발은 중국을 타깃으로 삼아 치밀하게 계산된 북한의 대중전략 차원에서 바라볼 수도 있다.

북·중 간 서로 주고받는 것이 있다면 김 위원장은 후 주석의 체면을 세워줘야 한다. 미국이 우려하는 핵문제에 대해 적절한 조건이 충족되면 협상 테이블로 나올 필요가 있다. 방북한 다이빙궈 국무위원에게 김 위원장은 "남측이 자극하지 않는 한 추가 긴장 고조 조치는 없을 것"이라고 하면서, 중국이 제안한 6자회담 수석대표 '긴급협의' 지지 의사를 밝혔다고 한다. 물론 북한은 한·미·일 3국이 6자회담 재개의 전제 조건으로 내세운 비핵화를 위한 성의 있는 행동 조치를 거부하고 있다.

지금 미국과 중국은 바쁘게 움직이고 있는 중이다. 이런 맥락에서 보면 북한은 대남 도발로 미국과 중국을 움직이게 만든 효과를 거둔 셈이다. 12월 중순 제임스 스타인버그 미 국무부 부장관 일행이 베이징을 찾고, 내년 1월 워싱턴의 미·중정상회담이 열릴 예정이다.

세계적 패권국가인 미국과 중국이 동북아의 평화와 안정을 위해 북한을 어떻게 다룰 것이냐 하는 문제가 초미의 관심사이다. 오바마 정부의 대북 핵정책의 기조가 '북핵 현실' 위에서 조정될지도 모른다. 우리는 미·중 간 타협과 절충의 지점을 정확히 포착하지 않으면 안 된다. 크리스마스와 신년 연휴의 냉각기를 지나 내년 1월 북핵을 핵심으로 하는 한반도문제가 미·중 간 논의 테이블에 오르면서 또다시 '대화와 협상'의 분위기가 살아날 것으로 보인다.

문제는 우리다. 남북대화가 단절되고 협력 사업들이 동력을 잃다 보니 한반도문제의 민족 내부적 성격은 약화되고 국제적 성격이 강화되고 말았다. 마치 우리 집안 문제에 동네 사람들을 다 모아 간섭할 수 있는 장을 열어준 꼴이다.

남북관계사에서 대화는 항상 우리의 요구 사항이었고, 이를 통해 북한에 개입 또는 관여했다. 탈냉전 이후 남북 간의 체제 경쟁이 완전히 끝났고 민족사는 우리가 주도할 수밖에 없는 상황이 되었다. 그렇다면 우리가 주도력을 행사하기 위해 선택해야 할 것은 남북 간의 대화이다. 남북 간에 대화 단절이 지속된다면 우리가 바라는 북한의 추가적 도발 방지와 비핵화의 진전을 어디에서 보장받을 수 있는가?

우리 앞에는 두 갈래 길이 있다. 새로운 위기를 자초하느냐, 아니면 대화와 협상의 길로 나서느냐 하는 기로에 섰다. 지금 동북아 정세 변화에 대한 인식의 지평을 넓혀야 한다. 경직된 원칙론과 맹목적 대북관은 한반도의 평화와 통일의 길에 아무런 도움이 되지 않는다.

〈제14호〉 2010. 12. 17

# 진정한 통일준비는
# 남북관계 정상화부터

## 인도적 지원과 교류·협력을 강화하라

북한의 연평도 포격 이후, 미 항공모함까지 참가한 한미 연합해상훈련과 한국군의 연평도 해상사격훈련, 한국군 최대 규모의 육상포사격 훈련이 잇달아 실시되었다. 이러한 남북 간 긴장상황과는 대조적으로, 미·중 간 대화를 통한 한반도 정세 변화의 움직임이 나타나기 시작했다. 2010년 12월 중순에는 스타인버그 미 국무부 부장관이 이끄는 미국 대표단의 방중으로 미·중 고위급대화가 실시되었고, 2011년 1월에는 미국 게이츠 국방장관의 중국 공식 방문과 미·중 정상회담이 예정되었다.

2010년은 1953년 한국전쟁의 포성이 멎은 지 57년 만에 한반도의 군사적 긴장이 최고조에 달했던 해로 기록될 것이다. 2010년 1월 이명박 대통령이 BBC 회견에서 "연내에(김정일 위원장을) 만날 수 있을 것 같다"라고 발언하는 바람에 남북정상회담 추진설이 널리 퍼져 한때나마 남북관계 정상화에 대한 기대감이 고조되었다. 최근 위키리크스 정부 및 기업의 비리, 불법 행위 고발 사이트가 공개한 미 국무부 대외비對外秘 문서에서도 2009년 말부터 2010년 초까지 남북정상회담을 위한 비밀 접촉이 이루어졌음이 확인된다.

하지만 보수층 일각에서 남북정상회담에 반발하자 이 대통령은 북한이 쉽게 받기 어려운 전제 조건을 제시해 사실상 제3차 정상회담의 가능성을 닫아버렸다. 그 뒤 북한 측이 금강산 관광특구 내의 남측 부동산을 동결, 압류조치하면서 남북관계가 급냉했고 이윽고 천안함 사태가 발생하여 최악으로 치달았다. 당시만 해도 미국과 중국, 북한 사이에 6자회담의 재개를 위해 물밑접촉이 활발히 이루어지고 있었지만, 이 사태로 북·미 접촉의 가능성은 물거품이 되고 말았다.

2010년 하반기 우리 정부의 외교 및 행정은 온통 G20서울정상회의의 성공적 개최에 맞춰졌다고 해도 과언이 아니었다. 이런 가운데 9월에 들어와 북측의 제안으로 남북 이산가족상봉이 재차 이루어지면서, G20회의 이후 천안함 출구전략이 본격화되는 게 아닌가 하는 관측이 나왔다. G20회의가 끝난 뒤인 11월 25일에 남북적십자회담이 예정되어 있었지만, 11월 23일 북한의 연평도 포격으로 남북관계는 쉽게 회복하기 어려운 상황으로 치닫게 되었다.

북한의 연평도 포격 이후, 북한군의 보복 공격 위협 속에 미 항공모함까지 참가한 한미 연합해상훈련과 한국군의 연평도 해상사격훈련, 한국군 최대 규모의 육상포사격 훈련이 잇달아 실시되었다. 심리전 차원에서 경기도 김포의 애기봉에서 크리스마스 트리 점등식도 가졌다. 이명박 대통령도 "전쟁을 두려워해서는 결코 전쟁을 막을 수가 없다" 며 전쟁 각오의 자세와 국민 단합을 거듭 강조하고 있다. 이런 분위기라면 2011년 새해에도 남북관계는 개선의 여지가 없이 계속 냉각 상태에 머물 것으로 보인다.

## 한반도 긴장 완화의 전기가 될 1·19 미·중 정상회담

이처럼 꽉 막혀 있는 남북관계의 분위기와 달리, 한반도 정세의 변화 조짐은 미·중 간의 대화에서 나타나고 있다. 지난 12월 중순 스타인버그 미 국무부 부장관이 이끄는 미국 대표단의 방중으로 미·중 고위급 대화가 실시되었고, 새해 초에는 미국의 대만 무기 판매로 한때 방문을 거부당했던 게이츠 국방장관이 중국을 공식 방문한다. 그리고 1월 19일에는 미·중 정상회담이 워싱턴에서 개최될 예정이다. 최근 일본도 2년 이상 중단된 북·일 대화의 재개에 적극적인 분위기이다.

오바마 정부에 들어와 한반도문제를 푸는 창구로 종종 미

·중 고위급대화가 활용되고 있다. 북한의 2차 핵실험 직후 경색된 한반도 상황의 타개는 2009년 7월 제1차 미·중전략 및 경제 대화를 통해 이루어졌다. 미·중 대화 직후 클린턴 전 미국 대통령이 평양을 방문해 억류된 미국 여기자 2명을 석방시킨 뒤 남북 접촉이 활발히 이루어졌다. 천안함 사태 직후에 열린 2010년 5월 제2차 미·중전략 및 경제 대화 직후 힐러리 클린턴 미 국무장관이 6자회담-천안함 사태의 '투트랙 전략two-track strategy' 입장을 천명했고, 그 뒤 중국의 6자회담 재개 노력이 활발히 이루어졌다.

최근 진행되고 있는 일련의 미·중 대화가 곧바로 남북 간의 긴장완화와 대화로 이어질지 속단하기는 어렵다. 제1차 미·중 대화는 남북 간 접촉과 남북정상회담 논의로까지 이어졌지만 성사되지 못했고, 제2차 미·중 대화는 아예 남북 간 대화로 이어지지도 못했다. 조만간 열릴 미·중 정상회담은 한반도문제가 주요의제가 될 것으로 보이며 이것이 남북 관계에 어떤 영향을 미칠지 주목된다. 다만 11·2 미 중간선거에서 대패한 오바마 대통령이 연임을 위해 외교적 업적을 필요로 하고, 북한이 우라늄 농축시설 공개와 추가 핵실험 가능성을 흘리고 있는 상황에서 미국도 '전략적 인내'의 시간이 거의 소진되어 버렸다는 점이 변수가 될 것이다.

그런 가운데 신임 미 국무장관으로 거론되는 리처드슨 뉴멕시코주 주지사가 최근 평양을 방문해 미·중 정상회담에 앞서 북한 측의 의사를 타진하고 돌아왔다. 남측의 대북 강경 자세와 북한의 대남위협이 계속되는 등 남북관계의 회복

전망이 서지 않는 가운데 당분간 6자회담의 재개도 어려울 것으로 보이지만, 새해 초 스타인버그 부장관의 방한과 2월 초 한미 간 2+2 차관급 전략대화<sup>한미 양국의 외교차관과 국방차관 간 대화</sup>도 예정되어 있어 미·중 정상회담의 결과에 따라 새해 2~3월에 즈음해 한반도 정세가 크게 반전될 가능성이 높다.

## 싸우지 않고 이기는 것이 최선의 방책

이처럼 새해 들어 한반도를 둘러싼 국제 정세의 변화 분위기가 감지됨에도 불구하고 우리 정부의 대북정책은 여전히 강경기조를 이어가고 있다. 국방부는 새로 발간된 『2010 국방백서』에 새롭게 북한정권과 북한군을 적으로 규정하고 서해 북부합동사령부의 창설과 전투형 군대로의 환골탈태를 내용으로 하는 신년 업무계획을 발표했다. 통일부는 신년 업무계획을 통해 2011년을 '통일준비 원년'으로 삼아 대북정책의 초점을 지난 20여 년간 지속되어왔던 교류·협력에서 통일 준비로 바꾼다고 발표했다. 외교부는 평화통일에 대한 국제적 공감대를 형성한다는 계획이다.

이와 같은 국방부의 대북 인식과 통일부의 대북정책 전환, 외교부의 평화통일 외교 방침은 북한군의 연평도 포격사건 이후 보여준 대통령의 대북 인식을 그대로 반영한 것으로 보인다. 하지만 국방부의 대북 인식과 통일부의 대북정책, 외교부의 통일외교는 목표와 정책방향에서 서로 조응하는 것 같지 않다. 북한의 군사 도발에 대해 대북 억제력을 강화하는 것은 국민들의 생명과 재산을 보호해야 하는 정부와 군의 임무로 볼 때 마땅한 일이라고 볼 수 있다. 하지만 우리 정부의 전략적 목표가 진정 통일이라고 한다면, 과연 통일부와 외교부, 국방부의 정책 방향이 이에 부합하는지 검토해 보아야 할 것이다.

우리 군이 방어 태세와 대북 억제력을 강화하는 것은 한반도 평화를 위해 필수불가결하다. 그러나 북한정권·군을 적으로 규정하는 것은 평화통일의 길과는 거리가 멀다. 또한 통일을 준비한다면서 정작 남북대화를 추진하지 않고 남북교류·협력을 회피하는 것도 통일의 길과는 거리가 멀다. 외교부의 평화통일에 대한 국제적 공감대를 형성한다는 것은 이들 정책과 부합하지 않는다. 손자병법에서도 〈백전백승이 최선이 아니고, 싸우지 않고 적을 굴복시키는 것이 최선이다百戰百勝 非善之善者也, 不戰而屈人之兵 善之善者也〉라고 가르치고 있지 않은가.

진정한 통일 준비는 중단된 남북대화를 재개하고 교류·협력을 강화하는 데서 시작되어야 한다. 국제법적으로 두 개의 주권국가인 남북한이 통일을 이루려면 남쪽의 의지만으로는 안 된다. 설사 북한체제가 붕괴해도 북한 내부의 동의와 국제사회의 인정 없이는 그것이 우리가 바라는 통일로 이어질 수 없다. 북한정권이 그들 주민의 인권을 유린하고 굶주리게 만들어 국가 역할을 제대로 못한지 오래이지만, 그렇다고 북한정권을 인정하지 않고 내정간섭하며 '적'으로 규정해 붕괴를 꾀한다고 해서 통일이 앞당겨지는 것이 아니

다. 북한 내부의 동의를 얻기 위해서는 북한 주민에 대한 인
도적 지원과 남북 교류·협력을 강화해 북한 주민들이 스스
로 대한민국을 발전의 모델로, 이상향으로 삼도록 해야 한
다. 즉 북한 주민들의 마음을 통일의 방향으로 움직여야 한
다. 따라서 진정으로 통일을 준비하려 한다면, 남북관계를
하루빨리 정상화시키는 것밖에는 없다.

북·중관계의 긴밀화는 우리의 기대와 달리 통일의 길을
점점 멀게 만든다는 사실을 결코 잊어서는 안 된다. 연말에
신의주와 단동을 잇는 신압록강대교가 착공식을 가졌고, 라
진항 1호 부두의 사용 기간을 연장하고 중국이 기존 4~5호
부두의 확장 및 6호 부두의 신설을 대가로 50년 간의 사용권
을 갖기로 한 것으로 알려져 있다. 압록강 하구에 위치한 황
금평과 위화도를 중국에게 100년간 임대해줘 2011년부터
북·중 공동개발을 추진한다는 언론 보도도 나오고 있다.

우리가 통일 준비라는 이름으로 남북대화를 회피하면 할
수록 북한 주민들의 마음을 바꿀 수 있는 기회는 점점 줄어
들고, 우리 내부의 강압적 통일 역량을 강화하면 할수록 북
한 주민들에 대한 북한 당국의 통제는 점점 심해진다. 또한
통일 준비의 명분 아래 남북 교류·협력을 중단하면 할수록
북한은 체제 보존을 위해 점점 더 중국으로 달려가게 된다.
정부가 진정으로 통일을 준비하려 한다면 먼저 남북대화의
손을 내밀어야 하는 것은 바로 이 때문이다.

## '구질서' 회귀세력으로부터 '이명박 대통령 구하기'

2011년 2월 25일이면 이명박 정부가 4년차로 들어가는 날이다. 이명박 정부에 들어와 남북대화는 거의 단절되었고, 특히 2010년에는 천안함 사태, 연평도 포격사건 등으로 남북관계가 극도로 경색되었다. 이와 같은 대화의 단절과 관계의 경색을 2011년에도 지속할 것인가? 미·중 정상의 합의와 같은 외부적 요인이 작용하지 않는다면, 현재와 같은 국내 분위기로는 남북관계가 개선될 조짐이 거의 없다고 해도 지나친 말이 아니다. 그렇다면 왜 이렇게 국내 분위기는 경직되고 강경일변도로만 나가고 있는가?

연평도 포격사건 직후 이명박 대통령은 "단호하게 대응하되 확전은 막아라" 라고 지시했다. 이 뜻은 '사태가 발생한 연평도에서는 단호하게 대응하되, 다른 지역으로 전투가 확대되지 말도록 하라' 는 것으로, 국민의 생명과 재산을 보호해야 할 군 통수권자로서는 나름대로 신중한 대응이었다. 그런데 일부 국민들이 이에 반발하자, 일부 강경세력들은 응징을 요구하는 국민적 분노를 업고 이 말을 꼬투리 잡아 대통령을 강경으로 몰고 갔다. 국민들에게 안보무능으로 비쳐지기를 원치 않는 청와대 또한 이러한 분위기에 휩쓸려갔다.

그렇다면 대통령을 강경으로 몰아가는 사람들이 얻고자 하는 것은 무엇인가? 무엇 때문에 남북관계를 되돌이킬 수 없을 정도로 악화시키고 한반도로 미국과 중국을 끌어들여 대립하게 만드는 것인가? 일각에서는 이들이 말하는 통일이라는 것조차 명분에 불과하다는 비판적 시각도 있다. 평화 체제를 거부하고 냉전시대의 대립 구도를 부활시키면서 때(?)를 기다리자는 것은 통일의 전략도, 통일의 준비도 아니다. 그것은 냉전의 '구질서' 를 회복하자는 것에 다름 아니며, 내걸고 있는 통일의 깃발에도 걸맞지 않는 자가당착적 논리이다.

만약 냉전의 '구질서' 가 출현한다면 이는 곧 분단상황의 영구화로 이어지는 결과를 가져올 가능성이 높다. 이러한 '구질서' 는 민족 내부의 적대감을 구조화시키고 분단을 영구화시킬 뿐이다. 이러한 '구질서' 로의 복귀 시도는 어쩌면 만성적인 체제위기를 겪고 권력이양의 불안정에 시달리고 있는 북한 지도부와도 이해가 맞아 떨어지는 것일지도 모른다. 이들이 원하는 것은 안보 정국을 장기화함으로써 북한과의 '적대적 공생' 을 꾀하려는 것은 아닌가?

이명박 대통령은 통일·외교·국방 3개 부처의 신년 업무보고 자리에서 '6자회담을 통한 북핵 해결', '남북대화를 통한 평화 정착' 을 지시했다. 이러한 대통령의 지적은 최근 나타나고 있는 주변 국제 정세의 변화를 반영한 것으로 보인다. 이러한 대통령의 진전된 자세에 대해 국내 강경세력들은 이를 비판하고 강한 불만을 쏟아내면서, 남북관계의 정상화를 가로막고자 하고 있다.

이제 '구질서' 로의 회귀를 꿈꾸는 국내 강경세력으로부터 이명박 대통령을 구해내지 않으면 안 된다. 이명박 대통령 개인에 대한 호·불호를 떠나 대한민국의 안전과 번영을 위해 필요한 일이다. 이명박 대통령도 역사적 소명의식을 갖고 임기 중에 최소한 남북관계를 정상으로 돌려놓는 데 힘 써야 한다. 그리하여 2013년에 출범할 차기 정부에게 부담을 주지 않아야 한다. 신묘년 새해가 남북 간의 대립과 적대의 기운을 진정시켜 남북관계가 정상화되고, 나라와 민족의 희망찬 미래를 설계하는 진정한 의미의 '통일 준비 원년' 으로 기록되기를 소망해본다.

〈제15호〉 2010.12.30

# 제 3 장

# 벼랑 끝 반환점 돌아오기

2011.01 ▶ 2011.12

2011년 들어 북한은 신년 초부터 남북 간 대결 상태를 빨리 해소해야 한다
며 당국 사이의 회담을 조속히 개최할 것을 주장하는 등 대화공세를 폈다.
그러나 우리 정부는 '천안함 격침 사과'를 앞세움으로써 관계 개선에 유연
성을 보이지 않았다. 4월 카터 전 미국 대통령이 방북하고 북한과 중·러 간
에 정상회담이 개최되는 등 주변 정세의 변화에 따라 6자회담 프로세스의
가동이 기대되었다. 이어 발리에서 남북한 비핵화 회담이 열리고 북미 간
에 대화가 진전되기도 했으나, 이 또한 남북관계로 연결되지 못했다. 이러
한 가운데 12월 19일 김정일 위원장이 사망하면서 북한은 김정은 체제의
안정적 기반을 마련하는 데 전력을 기울이며 대남 강경입장을 유지했다.

# 기회를 놓치지 말라

## 북한의 남북대화 제의에 대한 지혜로운 선택

2011년 1월 1일, 북한은 신년공동사설에서 '대화와 협력 사업을 적극 추진' 할 것을 주장하였고, 그 이튿날에는 조총련 〈조선신보〉를 통해 '북은 대화 견해가 있고, 그 관건은 남의 정책 전환' 이라고 주장하였다. 또한 1월 4일에는 〈노동신문〉을 통해 '적대국과 관계 개선을 위해 노력할 것' 이라 하였고, 1월 5일에는 '사상을 떠나 누구와도 만나겠다' 는 의사를 밝혔다. 또한 1월 10일에는 통지문을 통해, 남북당국회담을 위한 실무접촉을 1월 27일 개성에서, 남북적십자회담을 2월 1일 문산에서 열자고 제의하고, 1월 12일부터 판문점 적십자 채널을 복원시키며 남북경제협력협의사무소도 정상적으로 운영하겠다는 입장을 나타냈다.

북한이 전방위적으로 남북 대화를 제의하고 있다. 그것도 1회에 머물지 않고 2파, 3파 지속적으로 던져오고 있다. 우선 북한은 지난 1일 신년공동사설에서 '북남 사이의 대결 상태를 하루빨리 해소' 해야 한다며, 우리 정부에 6·15공동선언과 10·4선언에 대한 존중과 이행을 촉구하고 '대화와 협력 사업을 적극 추진' 할 것을 주장했다. 북한은 또한 "동북아시아의 평화와 전 조선반도의 비핵화를 실현하려는 입장과 의지에 변함이 없다" 라며 비핵화 의지도 밝혔다.

## 북한의 대화 재개 공세, 어떻게 볼 것인가?

북한은 5일 정부·정당·단체 연합성명<sup>이하 연합성명</sup>을 통해 신년공동사설을 구체화하기 위한 '중대제안' 도 했다. 북한은 연합성명에서 우리 정부를 포함해 남한의 정당, 단체들과의 폭넓은 대화와 협상, 특히 무조건적인 당국 간 회담의 조속한 개최를 제의하고, 이러한 대화와 접촉에서 '긴장 완화와 평화, 화해와 단합, 협력 사업을 포함해 민족의 중대사와 관련한 모든 문제들을 협의' 하겠다는 입장을 밝혔다. 그리고 북한은 관계 개선의 분위기 조성을 위해 "상호 비방 및 중상을 중지하고 상대방을 자극하지 말자" 라고 제의했다.

이 남북관계 개선을 위한 원칙적 선언들은 구체적이고 공식적인 회담제의로 이어졌다. 북한은 8일 조국평화통일위원회 대변인 담화를 통해 당국 간 회담을 무조건 개최하고, 1월 말이나 2월 상순에 적십자회담, 금강산 관광 재개회담, 개성 공업지구 회담을 개최하며, 그동안 자신들이 차단했던 판문점 적십자 채널을 복원하고 개성의 남북경제협력협의사무소 운영도 재개하겠다는 입장을 밝혔다. 북한은 또한 10일 조선아시아태평양평화위원회와 조선적십자회중앙위원회 위원장, 남북경제협력협의사무소 북측 소장 명의의 통지문을 각각 보내와 남북 당국회담을 위한 실무 접촉을 1월 27일 개성에서, 남북적십자회담을 2월 1일 문산에서 열자고 제의하고 1월 12일부터 판문점 적십자 채널을 복원시키며 남북경제협력협의사무소도 정상적으로 운영하겠다는 입장을 나타냈다.

북한은 12일에는 다시 명승지종합개발지도국과 중앙특구개발지도총국 명의의 전통문을 보내 2월 11일 금강산 관광 재개를 위한 회담을 개최하고 2월 9일 개성공업지구사업과 관련한 실무회담을 열자고 제의했다. 그리고 남북경제협력협의사무소 북측 소장은 남측 인원들이 복귀하지 않은 데 대해 유감을 표명하고 경협협의사무소의 조속한 정상화를 촉구했다. 북한은 판문점 적십자 채널을 조건 없이 복원시켰다. 이 정도면 북한의 대남 대화제의는 가히 쓰나미 수준이라고 볼 수 있다.

북한이 이렇게 대화 공세를 해오는 이유는 무엇일까? 우선 경제적으로 외부 자원 유입이 절실하다는 점을 들 수 있을 것이다. 이는 남북 간 '협력사업'에 대한 강조에서 확인된다. 북한이 구체적으로 제의한 회담들도 대북지원이나 경제협력을 통한 외부 자원 확보와 관련된 것이다. 북한으로서는 2012년 강성대국 진입을 위해서나 권력승계의 정당성을 확보할 수 있는 주민 생활 개선을 위해 외부의 자원 유입이 절실하기 때문이다. 이런 점에서 북한의 최근 대화 공세는 대내 정치적 함의를 지니고 있다.

북한은 또한 대외적으로 중국과의 경제협력 심화와 미국이나 일본과의 대화 재개 및 국제사회의 제재 완화를 위해서도 남북관계를 개선해야 한다. 먼저 중국의 경우, 중앙 정부뿐 아니라 경제협력의 실질적 주체일 수 있는 지방 정부나 민간 기업의 입장에서도 한반도 정세 안정이 필요하다. 북한도 이를 외면할 수 없다. 나아가 북한으로서는 대중對中 의 존도를 상쇄시키기 위해서도 남북 협력관계의 발전이 필요하다. 또한 미국이 6자회담을 재개하기 위한 사실상의 전제조건으로 남북관계 개선을 주문하고 있는 것도 북한으로서는 부담이다. 사실 남북관계 개선이 핵문제 및 그와 관련된 대북제재나 한반도 평화체제에 대한 논의 진전으로 이어진다는 보장은 없다. 그러나 현재 북한을 제외한 5자 간에는 사실상 남북관계 개선이 6자회담 재개의 선행 조치라는 데 공통된 인식이 만들어지고 있다. 결국 북한으로서는 남북대화에 나설 동기가 충분히 있는 것이다. 이는 북한이 우리 정부의 요구를 수용하지는 않더라도 대화가 진행되는 과정에서 북한의 전향적 조치를 이끌어낼 토대가 존재함을 의미한다.

## 진정성, 북한 붕괴론에서 벗어나면 보인다

현재까지 우리 정부는 이러한 북한의 대화 공세를 차단하는 데 주력하는 듯한 모습을 보이고 있다. 정부는 북한의 대화 제의를 '금강산 피살사건, 천안함 폭침, 연평도 포격 도발 등으로 막대한 우리 국민의 희생을 초래하고도 아무런 자신의 책임을 인정하지 않고 일방적으로 경제 지원과 원조를 받기 위한' 것으로 보고, '진정성이 없다'고 평가절하하고 있다. 그 대신 정부는 회담 의제와 성격을 전환해야 한다는 입장을 밝혔다. 통일부 대변인 명의의 논평을 통해 "남북 간 진정한 대화가 이뤄지려면 천안함 폭침과 연평도 포격 도발에 대한 책임 있는 조치 및 추가 도발 방지에 대한 확약, 비핵화에 대한 진정성 확인이 필요하다"라며 이를 위한 남북 당국 간 '만남'을 제안했다. 그리고 한 걸음 더 나아가 작년 11월 25일로 예정됐다가 연평도 포격사건으로 무산된 적십자회담마저 무력도발 및 비핵화 문제와 분리할 생각이 없다는 입장을 보이고 있다. 북한에 공식적으로 제의하지도 않고 단지 대변인 논평으로 끝난 '당국 간 만남' 제의를 역제의로 본다고 하더라도 이는 대화를 하지 않으려는 '고육책'에 가깝다.

우리 정부로서는 북한에 진정성 있는 태도 변화를 요구할 수 있고 또 요구해야 한다. 북한은 국제사회와 남한에 누가 보더라도 명백하게 의도된 도발을 자행했다. 특히 2009년 장거리 미사일 발사 및 2차 핵실험과 2010년의 우라늄 농축

공장 가동이나 우리 '영토', 그것도 민간 지역까지 포격한 연평도 포격사건은 분명히 북한의 의도된 도발이었다. 따라서 북한은 이에 대해 책임 있는 조치를 취해야 마땅하다. 북한이 이러한 요구를 외면하고 조건 없는 대화 재개만 주장하면 이는 진정성에 대한 논란을 야기할 수밖에 없다.

그러나 정부는 북한의 태도에 진정성이 없다고 단정하기 전에, 그 진정성을 확인하기 위해서라도 대화부터 시작해야 한다. 대화 상대방의 진정성 여부는 선험적으로 예단될 수 없다. 지금은 진정성이 없어 보여도 대화가 진행되는 과정에서 진정성이 생겨날 수도 있고 시초에는 진정성이 있었으나 협상 과정에서 진정성이 상실될 수도 있다. 관건은 상호 간의 신뢰 구축이다. 정부는 대화를 통해 진정성을 확인할 수도 있으며, 없던 진정성을 만들어내도록 할 수도 있다는 점을 생각해야 한다. 아울러 현재와 같이 협상 당사자 간의 신뢰가 완전히 무너진 상황이라면 회담 개최의 전제로서 진정성을 보여줄 선제적 조치를 요구하는 것이 현실적으로 무슨 의미가 있을지 따져보아야 한다. 더욱이 선제적 조치의 일부 사항들이 대화의 핵심적 현안과 직접 관련되어 있다면 선제적 조치의 의미는 더욱 반감될 것이다. 그런 점에서 대화 재개의 전제로서 북한의 선제적 조치를 요구하기보다 대화 과정에서 그러한 조치들을 이끌어낼 수 있는 방안을 강구하는 것이 합리적이라고 보인다.

우리 정부가 회담 개최보다 회담 제의 공세를 차단하는 데 주력하는 양상은 북한 붕괴론과도 무관하지 않은 것 같다.

위키리크스가 공개한 미 대사관의 전문들에 따르면 정부의 핵심 당국자들은 북한의 김정일 국방위원장이 2015년 이전에 사망할 것이며, 김정일 위원장이 사망하면 이미 경제적으로 붕괴된 북한이 2~3년 안에 정치적으로도 붕괴될 것으로 판단하고 있었다. 최근 정부가 '북한의 근본적 변화 추진'을 정책 방향으로 밝히고 있는 것도 외부의 강압에 의해 북한의 붕괴를 촉진시키겠다는 의지를 엿보이게 하는 대목이다. 그러나 북한은 이 붕괴론 적용에 맞춰줄 그 어떤 정보도 노출시키지 않고 있다. 설사 그에 가까운 정보가 있다 하더라도 상대방 체제의 붕괴를 공개적 정책 방향으로 정립해서는 안 될 것이다. 만일 붕괴론에 대한 확신이 있고 모든 정보가 그것을 뒷받침한다면, 오히려 그럴수록 대화를 선택해서 피해를 줄이고 소프트 랜딩을 유도해야 할 것이다.

정부는 하루속히 북한 붕괴라는 근거 없는 희망과 이데올로기에서 벗어나야 한다. 그렇게 하는 것이 북한을 비핵화로 견인하면서 일단 한반도 정세를 안정적으로 관리할 수 있는 첫걸음이다. 정세를 안정적으로 관리하기 위한 노력은 이념적 성향을 떠나 우리 국민 모두가 긍정적으로 평가해줄 것이다. 천안함 사건 이후 치러진 지방선거를 보면 이는 분명해진다. 지나친 안보 불안, 긴장의 스트레스는 정부의 대북정책 실패로 인식되어 정치적 심판으로 이어질 수 있는 것이다. 이런 점에서 정부뿐 아니라 정치권도 북한문제에 대한 인식 전환이 필요하다.

## 다양한 회담 유연하게 활용해야

현재 남과 북은 각자의 관심사를 분명하게 밝혔다. 북한은 '긴장 완화와 평화, 화해와 단합, 협력 사업을 포함해 민족의 중대사와 관련한 모든 문제들을 협의' 할 수 있다고 하면서도 남북 간 협력 사업을 우선적으로 협의하자는 입장을 나타내고 있다. 남한은 '천안함 폭침과 연평도 포격 도발에 대한 책임 있는 조치 및 추가도발 방지에 대한 확약, 비핵화에 대한 진정성 확인' 을 위한 당국 간 회담을 거론했다.

그렇다면 그에 맞는 대화 틀을 가동해야 한다. 북한은 적십자회담, 금강산 관광 재개와 개성공단 활성화를 위한 회담을 제의했다. 이는 협력 사업을 중심으로 한 실무회담이다. 대신 '민족의 중대사와 관련된 모든 문제들을 협의' 할 회담의 구체적 틀은 제시하지 않았다. 반면 우리 정부는 핵문제를 포함해 사실상 남북 간 군사안보적 현안을 논의할 회담을 '언급' 했다. 이 모두를 충족시켜 관련 현안을 포괄적으로 논의할 수 있는 회담은 최소한 장관급 이상의 고위회담이다.

남과 북 내부의 업무 분담을 보더라도 고위급 회담이 필요하다. 우리 정부 입장에서 북한이 협의를 요구하는 협력 사업들은 통일부와 대한적십자사 소관이다. 더욱이 정부가 주장하는 현안들을 논의하기 위해서는 외교부와 국방부도 포괄해야 한다. 북한의 입장에서도 고위급 회담이 필요하다. 북한 군부가 저지른 연평도 포격사건을 대남관계를 관장하는 통일전선부가 거론하기는 어려우며 핵문제는 더욱 그렇다. 따라서 고위급 회담을 개최해 각 측의 관심사를 폭넓게 논의하고 향후 협의 방향을 잡아가야 한다. 우리 정부가 대화를 통한 문제 해결을 진정으로 원한다면, 스스로 제기한 의제에 걸맞은 고위급 회담을 '공식적으로 역제의' 할 수 있다. 그러면 지금처럼 북한의 대화 공세에 수세적으로 대응하기보다 우리가 설정한 판에 북한이 들어오게 만들어 상황 자체를 주도할 수 있다.

한편, 사안의 성격에 따라 현실적으로 가능한 대화를 우선적으로 추진할 수도 있다. 구정이 다가오는 것을 감안하면 적십자회담부터 시작할 수 있다. 우리 기업들의 어려움을 감안하면 개성공단 관련 회담을 시작할 수도 있을 것이다. 핵문제와 관련해서는 남북 간에 논의할 수 있는 한계가 분명히 존재한다는 점에서 6자회담 재개를 추진해야 한다. 이는 북한이 취해야 할 비핵화 조치에 대한 상응 조치를 우리 정부 혼자서 감당할 수 없다는 근본적 한계에서 비롯된다. 결국 다양한 회담 틀을 유연하게 활용하는 것이 가장 바람직하다고 할 수 있다.

기회의 창은 자주 열리지 않는다. 어렵게 열린 기회의 창이라도 언제든 다시 닫힐 수 있다. 현재 한반도에는 매우 중요한 기회의 창이 조금 열리고 있다. 미국과 중국이 한반도와 동북아의 정세 안정을 위해 남북한에 관계 개선을 주문하고 있는 가운데 북한이 대화의지를 보이고 있다. 우리 정부의 시의성 있는 선택이 중요하다. 지난해 군사적 대결과 긴장 고조의 상황을 되돌이키지 않도록 할 수 있는 대화 복원의 기회이다. 이 기회를 놓치면 다시 이전보다 더욱 심각한 상황이 초래될 수도 있다. 북한이 지금과 같은 대화 모색의 입장을 언제까지나 지속하지는 않을 것이기 때문이다. 6자 회담 재개 또는 그에 대한 전망이 부재한 상황에서 가깝게는 유엔 안보리에서의 북한 우라늄 농축 문제 논의와 대북제재 강화나, 연례 한미연합훈련으로 3월에 실시되는 키 리졸브 군사훈련 등이 북한을 강경한 입장으로 다시 몰아갈 수 있다. 조금 더 멀리 보면 북한이 2012년 정권 교체를 겨냥해 도발을 격화시킬 수 있으며, 핵무기 성능을 개선하거나 운반 수단인 장거리 미사일을 개량할 수 있을 뿐 아니라 대외적인 핵확산을 강화할 수도 있다. ‘하려면 해보라’ 는 식으로 마냥 방치하기에는 너무도 심각한 도전이 아닐 수 없다. 우리 정부의 지혜로운 선택을 촉구한다.

〈제16호〉 2011.01.14

# 벼랑 끝 반환점
## 돌아오기

### 천안함·연평도 사태 후의 판문점 군사실무회담

2011년 2월 8일, 판문점에서 남북 군사실무회담이 개최되었다. 천안함 사건이후 열린 2010년 9월 군사실무회담에서는 쌍방이 천안함 사건과 관련해 설전만 벌이고 끝이 났었다. 1월 18일 미·중 정상회담에서 남북관계 개선과 대화 개최 문제가 비중 있게 다루어졌고, 미·중 정상회담 이후 국제사회의 대화 분위기에 편승해서 이루어진 것이어서 이 군사실무회담에 많은 관심이 쏠렸다.

천안함과 연평도 사태로 얼룩진 2010년은 1953년 휴전 이래 남북관계에서 최악의 해로 기록될 것이다.

한반도에서 전쟁은 아직 끝나지 않았고 다만 휴전 상태일 뿐이라는 사실과 그나마 휴전 상태를 지켜주던 정전협정 체제마저 북한에 의해 무실화된 지 오래라는 현실을 감안할 때 작년의 무력충돌이 확전으로 치닫지 않은 것이 다행일 정도다.

역설적이지만 이를 계기로 국민들의 대북 경각심이 높아졌으며 우리 군도 심기일전해 국방 태세를 다지게 되었다. 이제 이러한 대증적對症的 조치와 함께 근본적인 조치도 강구되어야 한다. 유사사태의 재발을 막고 한반도 평화의 튼튼한 토대를 놓는 일이 그것이다. 그리고 이를 위해서는 북한의 협력을 끌어내는 것이 당면 과제이다.

## 연평도에서 판문점으로

2011년 2월, 판문점에서 남북한 간 고위급군사회담 개최를 위한 실무회담이 열린다. 작년 9월에 이어 4개월 반 만에 군사실무회담이 개최되지만 그때와는 전혀 다른 분위기와 기대가 조성되고 있다. 당시에는 한치 앞을 내다볼 수 없는 난감한 상황 속에서 회담에 대한 기대가 높지 않았으며, 실제로 쌍방이 천안함 사건과 관련해 설전만 벌이고 끝났다. 그러나 이번 회담에 대해서는 벌써부터 지난해와는 다른 결과가 나올 것이라는 낙관적인 전망이 나오고 있다.

남북한이 연초부터 국면 전환을 위한 의중을 공개적으로 조금씩 주고받은 바도 있지만, 지난 1월 18일 미·중 정상회담에서 남북관계 개선과 대화 개최 문제가 비중 있게 다루어졌고, 이를 배경으로 이번 회담이 성사되었다는 인식이 뒷받침되고 있기 때문이다.


## 워싱턴 G2 정상회담과 판문점 군사실무회담

미국과 소련의 양극체제였던 냉전 구질서가 붕괴된 지 20여 년, 미국의 리더십 아래 전 세계적 규모로 테러와의 전쟁이 시작된 지도 벌써 10년을 넘기면서 21세기의 새로운 국제질서가 미국과 중국을 축으로 형성되고 있다. 과거의 미·소 양극체제는 적대관계가 기본이었지만 미·중관계는 글로벌한 차원에서 상호 협력을 지향하고 있다. 그래서 이 둘의 회담은 G2 회담으로 불리기도 한다.

이번 워싱턴 미·중 정상회담은 특별히 '세기의 회담'으로 전 세계의 이목을 끌었다. 미국발 금융 위기와 유럽 재정 위기를 거치면서 세계 2위의 경제대국으로 등극한 중국과, 여전히 세계 최강의 군사경제대국인 미국이 양국관계와 세계질서를 이끌어가는 기본전략에 관해 포괄적이고 구체적으로 논의하는 자리였기 때문이다.

양국은 상호협력의 기본 관계를 유지하려는 의지가 확고했고, 과거 미·소 양극체제처럼 대결구도로 빠지지 않도록 세심하게 배려한 흔적이 역력했다. 중국의 인권 문제와 미국의 대만에 대한 무기수출 문제 등 민감하고 서로 양보할 수 없는 이슈도 있었지만 양국은 인내하면서 구동존이求同尊異의 자세로 21세기 새로운 국제 질서를 대결이 아닌 협력을 통해 구축한다는 입장을 재확인했다. G2를 중심으로 만들어지는 새로운 국제 질서의 파고는 적어도 향후 10년간 전 세계에 영향을 미칠 것이 확실하다.

바로 이 대목에서 미·중 정상이 남북대화를 촉구했다는 것은 심대한 의미를 가진다. 2010년 한반도에서 발생한 남북 간 극심한 대치와 적대상황은 미·중 간 대립 관계를 부추겨 이로 인해 G2가 주도하는 새로운 국제 질서를 헝클어버릴 위험성이 있으며, 따라서 한반도의 긴장이 새로운 국제 질서 형성에 중요한 걸림돌이 되고 있다는 양국 정상의 인식이 반영된 결과라고 보인다.

그런 점에서 다음 달 열릴 것으로 보이는 판문점 군사실무회담은 한반도의 긴장 해소라는 국지적 과제를 다루지만 그 결과는 G2 주도의 새로운 세계 질서를 협력적 관계로 이끌고자 하는 미·중의 전략과도 연결된 중대한 회담이라는 점에 유의해야 한다.

우리가 이번에 열리는 판문점 군사회담의 의미를 제대로 인식하고 이를 남북관계 개선의 전기로 삼는다면 지난해 G20 서울회담 주최에 이어 동북아의 평화와 안정을 선도하는 나라로 그 위상을 확고히 할 수 있을 것이다.

# 1994년 판문점회담 '서울 불바다 발언' 전후 정세의 재구성

1994년 3월 판문점에서는 남북특사교환을 위한 실무대표 접촉이 있었다. 북측 대표의 '서울 불바다 발언'으로 분단사에서 유명해진 남북회담 중 하나이다. 당시는 1차 북핵위기가 최고점을 향해 치달을 때였고 남북관계는 최악의 국면으로 곤두박이칠 때였다. 북한은 대미협상으로 문제를 풀려고 했고, 우리 정부는 강력한 대북제재를 추구하고 있었다. 한반도 정세에 대한 상황 인식과 대응에 현재와 유사한 흐름이 있었던 것이다.

당시 김영삼 정부는 "핵을 가진 북한과 악수할 수 없다"는 자세로 북핵폐기를 대북정책의 최우선 과제로 삼았고 출범 직후 1993년 5월 북한에 핵문제 해결을 위한 고위급회담 대표 접촉을 제의했다. 이에 북한은 통일문제 해결을 위해 쌍방 정상이 만나는 문제와 남북 사이의 현안 등을 타협하기 위한 특사 교환을 역제의했으며, 양측의 제의가 절충되어 남북특사교환을 위한 실무대표 접촉이 10월부터 판문점에서 개최되었다.

실무대표 접촉은 10월에만 3차례 개최되었지만 양측 주장이 팽팽하고 전제 조건 논쟁이 벌어져 이후 4개월여 중단된다. 이 기간에 북한은 대미협상을 줄기차게 요구했고 우리 정부는 선先남북대화론으로 이를 견제하며 대북제재 주문 등 강경 태도를 견지했다. 그러나 12월 북한이 핵사찰 재수용을 미끼로 미·북협상을 요청하자 미국은 1994년 2월 뉴욕

접촉을 통해 남북대화 재개를 조건으로 미·북대화를 재개하겠다는 합의를 해주게 된다.

미·북합의 직후인 3월 남북대화가 재개되지만 북측의 '불바다 발언'을 끝으로 결렬된다. 남북대화 결렬 직후 대북강경론이 드세지고 전쟁 위기로 치닫지만 카터의 방북으로 국면이 전환된 후 10월 제네바합의 때까지 우리는 한반도문제 논의의 주도권을 미국과 북한에 내어주고 그들 간의 협상 결과를 받아들여야만 했다. 이후 김대중 정부가 출범할 때까지 한반도 상황에서 우리는 조연에 머물렀고 남북관계도 냉각 상태를 벗어나지 못했다.

지금 북한은 우라늄 농축 시설을 공개하면서 IAEA사찰관의 복귀를 허용한다는 미끼로 핵협상 재개를 요구하고 있다. 우리가 선(先)남북대화나 북한의 진정성 확인을 조건으로 협상국면으로의 조기 전환을 견제하며 강경 입장을 유지하고 있는 것도 당시와 비슷하다. 선남북대화론이 핵협상국면 전환을 견제할 수는 있지만 일단 남북회담이 개최되면 핵협상 재개는 시간문제일 것이라는 정황마저 유사하다.

진정성 있고 건설적인 남북회담을 통해 1994년 3월과 다른 결과를 만들어내는 일이 우리 앞에 놓인 2011년 2월의 당면 과제이다.


## 판문점 군사실무회담에 거는 기대

이번 남북회담에서 한반도 긴장 완화나 평화와 관련된 본질적 문제를 다루기는 어려울 것이다. 천안함과 연평도 문제에 대한 논의만으로도 긴장감은 충분하다. 이에 대해 우리 국민이 납득할 만한 조치를 북한에 요구하는 것도, 북한이 응해야 하는 것도 당연하다.

그러나 이번 회담 이후 후속될 다양한 협상 국면에서 우리가 주도권을 유지할 수 있도록 회담 전후 상황 관리를 잘하는 일이 보다 핵심적이고 실질적인 과제가 되어야 할 것이다. 북한의 반성문을 받는 일에 감정적으로 흥분해 '불바다 발언' 식으로 회담이 흘러간다면 한반도 상황의 주도권을 놓칠 수도 있다는 것이 1994년의 교훈이었다.

이번에 북한이 반성문을 제대로 쓴다 해도 향후 실천되지 않으면 실질적 의미는 없다. 과거 1976년 판문점 도끼사건이나 1996년 강릉 잠수함사건에 대해 공개 사과한 후에도 북한은 반복해 도발하고 있다. 북한을 개과천선시킨다는 식으로 사과를 요구하는 것은 전략적 자세가 아니다. 북한의 진정한 태도 변화는 남북관계의 적대적 구조가 본질적으로 변화되어야 가능하다.

북한의 사과가 불필요하다거나 중요하지 않다는 의미는 물론 아니다. 우리 국민이 납득할 수준의 조치가 반드시 필요하다. 더구나 북한 정규군이 공개적으로 남한 영토를 포격하고 민간인까지 살상한 사태에 대한 책임 있는 조치의 필요성은 논란의 여지가 없는 문제이다.

그러나 이번 회담은 북한에게 통렬한 반성문을 받아내 5·24조치 이전으로 남북관계를 회복하는 데 그치기보다 한반도 평화를 관리하고 비핵화와 긴장 완화를 통해 21세기 새로운 국제 질서 형성에 주도적으로 기여해나가는 길을 개척해야 한다는 점에 더 큰 의미를 두어야 할 것이다.

이를 위해 사전에 물밑접촉 등을 통해서라도 우리 국민이 납득할 수 있고 북한으로서도 수용할 만한 대안과 이후 후속 회담들에 대해 남북 간에 '진정성 있는' 의견을 교환하는 것이 필요하다. 남북이 모두 민족공동체의 미래를 내다보면서 감정에 휩쓸리지 않고 철저하게 냉정한 자세를 유지해야 할 때이다.

〈제17호〉 2011.01.31

남북 간에는 실제 이 시기에 비밀 접촉이 병행된 것으로 알려졌다. 연평도 포격사건 직후 북한의 류경 보위부 부부장의 서울 방문, 1개월 후 김숙 국정원 차장의 평양 방문이 있었다. 또 중국 북경에서 정상회담을 위한 남북 당국 간 비밀 접촉이 진행되고 있다는 소문이 사실로 밝혀지기도 했다. 2011년 5월 한국군이 김부자 사진을 사격 표적지로 사용한 것과 관련해 앞으로 남한 당국을 상종하지 않을 것이라는 북한 국방위원회의 성명과 군사적인 보복을 천명한 북한 인민군 총참모부의 성명이 있었다. 급기야 북한은 2011년 6월 남북 당국 간의 비밀 접촉 대화녹취록을 공개해 우리 정부가 망신을 당하기도 했다. 2011년 상반기는 이명박 정부가 남북관계 관리에 있어 결정적 기회를 놓친 시기로 보인다.

# '통미봉남'을
# 두려워 말자

## 남북 군사실무회담 결렬에 따른 전략적 자세

2월 8일에 있었던 남북 군사실무회담이 합의점을 못 찾고 결렬되었다. 한편, 미국에서는 올 초 보즈워스가 대북정책의 기조를 대화쪽으로 전환한다는 것을 시사한 가운데, 1월 26일에는 스타인버그가 방한하여 남북대화, 북핵을 위해 북에 강한 메시지를 보내어 설득해야 한다는 입장을 표명하였다. 그리고 1월 말에는, 미국이 북한에 대한 정부와 민간 차원의 인도적 식량지원 재개를 긍정적으로 검토하며 이에 대한 한국 정부의 의견을 타진한 것으로 알려졌다.

국내외의 주목을 받았던 판문점 남북 군사실무회담이 아무런 성과도 없이 끝나고 말았다. 이번 판문점 군사실무회담은 1·19 미·중정상회담 이후 국제사회의 대화 분위기에 편승해 이루어진 것이어서 남북관계의 돌파구가 되지 않을까 하는 기대가 있었던 것도 사실이다. 하지만 우리 정부가 천안함·연평도 사건에 대한 선(先)논의 입장을 고수했고 북한이 이를 끝내 거부하면서 결국 결렬되고 말았다.

## 입장 차이만 확인한 남북 군사실무회담

2011년 2월 8일에 열린 첫날 회담에서는 고위급 군사회담 의제와 수석대표의 급을 놓고 남북 간에 이견을 드러냈지만 양측 모두 대화 분위기를 깨지 않도록 상대를 자극하지 않는 신중한 모습을 보였다. 회담 이틀째인 2월 9일 오전, 통일부는 북측이 1월 10일과 2월 1일 두 차례에 걸쳐 제안했던 남북 적십자회담 재개를 원칙적으로 받아들인다는 전문을 북측에 보냈다고 발표했다. 이는 대북 인도적 지원과 관련된 적십자회담을 일부 수용함으로써 군사실무회담에서 북측의 양보를 얻어내려 했던 것으로 평가된다.

하지만 2월 9일 오후에 속개된 군사실무회담에서 북측은 "천안함 사건은 특대형 모략극"이라며 격앙된 반응을 보이면서 차기 회담 일정도 정하지 않은 채 퇴장해버렸다. 이튿날 북측은 관영매체를 통해 "역적패당과는 더 이상 상종할 필요를 느끼지 않는다"라며 회담 결렬을 선언했다.

회담의 결렬 때문에 우리 측이 고위급 군사회담 이후에 일정 등을 조율하자고 제안했던 적십자회담의 성사도 불투명해졌다. 남북적십자회담은 당초 작년2010년 11월 25일에 개최 예정이었다가 북한의 연평도 포격사건으로 무기한 연기됐던 것이다. 지난 2월 5일 북한 적십자사가 우리 측에 연평도 인근 해상에서 월선한 북측 선박과 선원 31명을 조속히 소환해줄 것을 요청했기 때문에 남북 당국자 간 접촉은 있겠지만, 이 정도로는 남북대화의 실마리가 되기는 어려울 것으로 보인다.

이처럼 군사실무회담이 결렬되면서 남북 고위급 군사회담은 사실상 불가능해졌고, 오는 2월 말부터 3월 초순까지 실시될 예정인 키 리졸브·독수리 한미 연합훈련으로 인해 한반도의 군사적 긴장이 한층 고조될 위험성마저 있다. 이 때문에 제임스 클래퍼 미 국가정보국DNI 국장은 미 하원에서 "김정일이 김정은 후계 체제를 강화하기 위해 연평 포격과 같은 추가 도발을 시도할 수 있다"라고 우려를 나타냈다.

특히 키 리졸브·독수리 한미 연합훈련의 경우 2009년 훈련 때부터 북한의 WMD 신속 대응과 탐지, 제거 등의 임무를 수행하는 미군부대가 참가하는 등 북한의 급변 사태를 염두에 두고 있어 북한이 강하게 반발해왔다. 키 리졸브·독수리 훈련이 끝난 뒤 얼마 안 있어 천안함 사태 1주년이 되기 때문에 그때까지는 남북대화의 재개 가능성이 낮은 것으로 전망된다.

## 대북 식량지원은 대화의 소중한 불씨

이처럼 남북대화가 중단되면서 미국의 대북 식량지원 움직임이 주목받고 있다. 미국이 북한 측의 요청을 받아들여 대북 식량지원을 본격적으로 검토하기 시작했기 때문이다. 이미 2월 10일부터 북한 주재 유엔 세계식량계획WFP이 조사에 착수했고, 20일에 합류할 국제요원들이 지금까지 WFP의 접근이 허용되지 않던 지역에서 3월 12일까지 조사를 벌일 예정이다. 그동안 북한 당국은 203개 군 가운데 주로 군수공장이 많은 자강도와 군부대가 자리 잡은 강원도 등 30여 곳에 대해 WFP의 접근을 제한해왔었다.

미국은 2007년부터 대북 식량지원 방침을 세웠지만, 지원된 식량이 군대 등 다른 목적으로 전용되는 것을 막는 장치를 북측이 받아들이지 않아 식량지원 협상이 난항을 겪어왔다. 미국과 북한은 식량분배 감시활동을 크게 개선한다는 내용의 식량지원 재개 프로그램 기준에 합의함으로써 2008년 5월 17일 미 국제개발처USAID가 WFP를 통해 40만 톤, 미국 비정부단체들을 통해 10만 톤 등 총 50만 톤을 마련해 지원한다고 발표했었다.

그리하여 2008년 6월부터 2009년 3월 초까지 16만 9000톤의 식량이 북한에 제공되었다. 그러나 한국어를 구사할 수 있는 요원의 추가배치 문제를 놓고 이견을 보이자 북측이 식량지원을 거부했고, 마침내 미국의 대북식량 지원은 중단되고 9월에는 미국 측 지원요원들이 철수하고 말았다.

이번 미국의 대북 식량지원 검토는 연초에 북한 당국이 분배 투명성을 약속하며 미국 측에 식량지원을 요청하면서 이루어진 것이다. 만약 북측이 약속대로 자강도·강원도 등 군사민감지역에 대한 WFP의 접근을 허용한다면, 미국으로로부터 지난번 중단됐던 33만 톤의 식량과 유엔 식량농업기구FAO의 추가 식량이 빠르면 4~5월 무렵부터 북한에 지원되기 시작할 것으로 보인다.

1월 26일 방한한 제임스 스타인버그 미 국무부 부장관은 대북 식량지원 재개 문제를 우리 정부와 협의했으며, 당시 우리 정부는 대규모 식량지원을 천안함·연평도 사건과 핵 문제 등 다른 현안과 연계시켜 부정적인 입장을 취했던 것으로 알려져 있다. 남북 군사회담의 성과를 위해 미국의 대북 식량지원을 뒤로 미루도록 한 점은 나름대로 이해할 여지가 있다.

그러나 한 가닥 희망을 걸었던 남북 군사실무회담마저 결렬되면서 남북대화는 당분간 기대하기 어렵게 됐다. 그런 만큼 이제 우리 정부는 북·미대화를 활용해 남북대화의 여건을 만드는 역발상을 할 필요가 있다. 남북 군사회담이 결렬된 조건에서 오히려 미국의 대북 식량지원을 활용하려는 자세가 필요하다. 미국이나 국제사회의 대북 식량지원을 잘 활용한다면 남북대화의 실마리가 풀릴 수도 있기 때문이다.

## 미국으로 넘어간 대화의 주도권

2008년 5월 17일 미국의 대북 식량지원 발표는 형식적으로는 인도적 지원을 표방했지만, 실제로는 싱가포르 합의에 따른 경제적 보상의 성격을 띤 것이었다. 4월 8일 미국의 크리스토퍼 힐 국무부 차관보와 북한의 김계관 외무성 부상이 싱가포르에서 회동해 북한의 핵 신고와 미국의 정치적 보상<sub>테러지원국 해제, 적성국교역법 적용 제외</sub>을 교환하기로 원칙적으로 합의했다. 그 뒤 북한은 6월 26일 핵 신고서를 제출했고 다음날 영변원자로 냉각탑을 폭파시켰다.

이처럼 대북 식량지원은 완고한 자세를 견지하고 있는 북한의 태도를 누그러뜨리는 수단이 될 수 있다. 미국이 정부 간 대화가 단절됐을 때 대북 식량지원을 매개로 대화의 끈을 놓지 않는 것은 바로 이러한 이유에서다. 작년 7월께 천안함 사태가 소강상태에 이르렀을 때 북·미 간 비공식 접촉을 통해 6자회담 재개를 전제로 한 대북 식량지원설이 나돈 것 역시 바로 이 때문이다.

그동안 우리 정부도 미국의 대북 식량지원에 보조를 맞춰 남북대화 복원에 나선 적이 있다. 2008년 5월 미국의 대북 식량지원 발표에 맞춰 우리 정부는 옥수수 5만 톤 지원을 제안했으나 북한이 거부했다. 2009년에는 옥수수 1만 톤의 지원을 제안해 북한도 수용했으나 옥수수를 구하기 어려워 지체하다가 이듬해 발생한 천안함 사태로 흐지부지 됐다.

2010년 9월 13일에는 이명박 정부 들어 처음으로 정부 차원의 대북 인도적 지원이 제공되었다. 북한의 수해지원 요청에 응하는 형식으로 대한적십자사가 북한에 쌀 5000톤과 40kg 시멘트 25만 포, 컵라면 300만 개 등 구호물자를 전달한 것이다. 이에 화답하듯, 북한적십자사 제의로 10월 30일과 11월 3일 두 차례로 나눠 금강산에서 남북 이산가족상봉 행사가 열렸다.

우리 정부가 여전히 5·24조치를 견지한다는 입장을 취하고 있었지만, 천안함 사태 이후 남북관계의 전기가 될 수 있는 획기적인 조치임에는 틀림없다. 하지만 조심스럽게 타진되던 남북관계 개선 노력도 11월 23일 북한의 연평도 포격사건 때문에 물거품으로 돌아가고 말았다.

이번 남북 군사실무회담의 결렬로 향후 남북관계가 어두울 것으로 전망되지만 우리 정부는 이러한 사례를 참조해 지속적인 한반도 긴장 완화와 비핵화 노력을 통해 고질적인 한반도문제의 해결을 주도한다는 전략적 자세를 견지할 필요가 있다. 이러한 차원에서 군사적 전용을 불허하는 조건으로 우리 정부가 과감하게 대북 인도적 지원의 제공을 북측에 제안할 수 있을 것이다. 또한 이러한 과감한 조치가 어렵다면 곧바로 6자회담으로 넘어가 그 틀 속에서 남북대화의 기회를 모색하는 방법도 생각해볼 수 있을 것이다.


## '통미봉남'은 기우에 불과

우리 정부는 한반도문제 해결의 주도권을 확보하기 위해

‘서울을 거쳐 워싱턴으로’ 라는 원칙을 지키고 있다. 하지만 이 같은 작은 원칙만 고집하다가 자칫 ‘한반도문제의 주도권을 우리가 가진다’ 는 큰 원칙을 놓칠 수 있다는 점을 잊어서는 안 된다.

우리 정부가 ‘서울을 거쳐 워싱턴으로’ 라는 원칙을 주장하는 이유는 1990년대 초 1차 북핵위기 때 있었던 ‘통미봉남’ 상황이 재연될 것을 우려했기 때문으로 보인다. 이러한 우려는 1994년 ‘제네바 북·미 기본합의’ 당시에 한국이 북·미 간의 회담에 참석조차 못한 채 회담 결과에 따라 대북 경수로 비용 46억 달러 가운데 30억 달러를 부담하게 된 데 기인한다. 우리 정부는 이 같은 ‘통미봉남’ 의 상황을 막기 위해 외교적 노력을 기울여왔다.

하지만 버락 오바마 정부가 북한과의 협상에 앞서 한미동맹관계를 우선한다는 입장을 줄곧 지속해왔다는 점에서, 과거와 같은 ‘통미봉남’ 의 상황이 만들어지는 것을 두려워할 필요가 없다. 현재 한미 간에는 국제무대에서의 글로벌 파트너십이 굳건하고 한미FTA를 비롯해 전략적 이익을 공유하고 있기 때문에, 북미 간에 직접대화를 한다고 해서 한국이 여기에 끌려가는 구조는 이미 아니다.

실제로 오바마 대통령은 1월 28일 미 의회에서의 신년 국정연설SOTU에서 한미동맹의 중요성을 역설했다. 오바마 대통령은 “한반도의 경우 미국은 동맹인 한국과 행동을 함께하면서 북한이 핵무기 포기 약속을 이행할 것을 촉구하고 있다” 며 사실상 ‘통미봉남’ 의 가능성을 일축했다.

그런데도 만약 한국이 성과를 기대하기 어려운 남북대화 재개를 우선으로 내세우며 대북 식량지원이나 6자회담 재개를 반대한다면 이것이야말로 한미관계를 어렵게 만드는 일이 될 것이다. 연임을 노리는 오바마 대통령으로서는 북핵을 비롯한 한반도문제가 점차 악화되어 미국 대외정책의 발목이 잡히면 머지않아 한미관계의 실질적 내용을 재검토할 수도 있다.

중요한 것은 목적지인 서울로 갈 수만 있다면, 경유지는 좀 우회할 수도 있다는 탄력성이다. 우리 정부가 한미공조를 굳건히 하고 있다면, 경유지에서 북·미가 먼저 만나든 6자회담이 먼저 재개되든 이것이 최종적으로 남북관계 개선으로 이어질 수 있도록 한다는 전략적 목표만 뚜렷하다면 굳이 반대할 필요가 없을 것이다.

남북관계가 안 풀리는 상황에서 우리 정부는 남북대화의 문을 닫기보다 오히려 대북 인도적 지원 등을 통해 남북대화의 끈을 붙들고 있어야 한다. 당장 그럴 수 없다면 남북대화와 별도의 트랙으로 6자회담 재개에도 관심을 기울여야 한다. 그리하여 이를 한반도문제의 주도권을 강화할 수 있는 기회로 활용해야 한다. 어느 때보다 폭넓고 멀리 보는 전략적 사고가 필요한 때이다.

〈제18호〉 2011.02.15

# 아랍 시민혁명 교훈은 북한 '민심民心' 잡기

## 북한 주민과의 접촉면을 확대하라

1

2011년 초에 이집트를 위시한 아랍 국가들에서 시민 민주화 시위가 일어나서 크게 확산되었다.

2

북한에서는 년초, 주민 사상 동향 감시를 강화하기 위해 전담 조직을 신설했다 하고, 한국 TV에 중독되는 북한 주민이 늘어났다는 보도가 나왔고,〈자유북한 방송, 2011.1.13〉, 북한 시장에서 3대세습 비난 DVD가 대량 유통되고 있다는 기사가 나왔다.〈조선일보, 2011.1.20〉 신의주에서 상인 수백 명이 시위를 벌여 국가안전보위부와 군부대가 진압했다는 보도도 있다.〈조선일보, 2011.2.24〉

아랍 지역에 휘몰아친 시민혁명 열풍이 '민심'의 중요성을 새삼 일깨워주고 있다. 시민들이 수십 년간 압정을 행한 독재자들을 권좌에서 몰아냈기 때문이다. 독재자가 물러났다고 민주주주의가 자리 잡는 것은 아니겠지만 시민들이 자각하고 자발적으로 저항을 조직했다는 점에서 민주주의를 향한 거보巨步를 내딛었다는 것만은 틀림없다.

## '재스민 혁명', 전 세계로 확산될 수 있다

튀니지와 이집트를 거쳐 리비아에서 내전으로 발전한 '재스민 혁명'은 아랍 지역의 정치 변동을 일으키는 데서 멈추지 않을 것이다. '재스민 혁명'은 시민의 힘으로 독재정권을 붕괴시켰다는 점에서 20세기 말에 진행된 동아시아·남미·동유럽 민주화와 21세기에 발생한 우크라이나의 오렌지 혁명 등을 계승하고 있다. 그리고 앞으로 전 세계적으로 독재정권에 대한 저항 운동을 확산시키는 원동력이 될 수 있을 것이다. 가깝게는 중동 지역이 주목된다. 예멘, 알제리, 시리아, 바레인, 요르단, 이란, 이라크, 쿠웨이트 등 중동의 인접 국가들이 '재스민 혁명'의 영향에서 자유로울 수 없고, 이 지역 독재의 상징이기도 한 사우디아라비아마저 변화의 바람에서 비켜서기 어려울 것이라는 전망이 나오고 있다. 재스민 향기는 여기서 그치지 않고 미얀마 같은 동아시아 국가나 대다수 중앙아시아 국가에서 독재정권에 의해 억압받고 있는 대중에게로 퍼져 나가 민주주의의 꽃망울을 터뜨릴 것이다. 그것이 역사의 힘이다.

## 북한 토양의 진단―계획경제의 파산이 남긴 것

북한도 예외일 수 없다. 아랍 시민혁명이 촉발된 배경에는 구조적으로 경제적 침체와 실업, 소수 지도층에 의한 자원의 독점적 배분과 빈부 격차의 심화, 독재정권의 감시와 억압기제로 인한 정치적 자유의 부재 등이 자리 잡고 있다. 북한에도 이 같은 요인이 존재한다. 실질적으로도 북한의 경제적 위기나 정치적 억압은 아랍 국가들과 비교되지 않을 만큼 훨씬 더 심각하다. 물론 이러한 요인의 존재 자체가 곧바로 시민혁명이 현실화할 가능성을 의미하지는 않는다. 각각의 요인이 지닌 상대적 의미와 작용 메커니즘이 다를 수 있고 무엇보다 사회구조나 대외환경에서 큰 차이가 있기 때문이다. 그럼에도 이러한 요인들의 존재는 북한에도 잠재적이나마 대중적 저항이 발생할 가능성이 상존하고 있음을 의미한다.

우선 북한 경제는 성장의 동력이 사라진 지 오래되었다. 만성적 식량위기와 에너지 부족, 생산 설비 노후화가 개선될 기미를 보이지 않는 데다 제도적 차원에서도 시장 지향의 개혁조치가 이루어지지 않고 있다. 폐쇄적인 체제의 속성상 대외경제 개방도 제대로 추진되지 않고 있다. 북한은 지난 1990년대 초부터 라진선봉자유무역지대를 비롯해 여러 차

레에 걸쳐 특구 조성 계획을 추진했으나, 현재 그나마 그럭저럭 가동되고 있는 특구는 개성공단이 유일하다. 최근 중국의 동북진흥계획에 발맞추어 라진·선봉 지역을 중심으로 중국과의 경제협력 확대가 모색되고 있다. 그러나 이 또한 북한경제 회생에 절대적으로 필요한 외부자본의 대규모 유입으로 이어지기는 어렵다.

더구나 북한은 핵무기와 미사일 개발, 각종 불법 행위 등으로 국제사회에서 고립과 제재를 자초하고 있다. 북한의 공식적인 계획경제는 사실상 파산했다고 볼 수밖에 없다. 대신 자생적인 시장경제 활동이 그마나 주민들의 생존을 보장하고 있다. 사실 북한에서 시장경제 활동은 자원 이용의 효율성을 증대시키면서 북한경제 성장에 일정하게 기여한다고도 볼 수 있다. 그러나 당국이 사회정치적 불안정을 우려해 일부 시행했던 개혁조치조차 철회하는 상황에서 시장경제 활동은 그야말로 자생적 수준을 벗어나지 못하고 있다. 경제성장의 희망을 시장경제 활동에서 찾기는 어려운 것이다.

이런 상황에서 대외적으로 수출경쟁력을 지닌 자원은 군부를 비롯한 권력기관들이 배타적으로 통제함으로써 인민경제의 성장에 기여하지 못하고 있다. 북한이 1차 상품을 수출해 식량과 설비를 도입하는 후진국형 경제구조를 갖고 있음을 감안하면 주요 광물의 수출은 매우 중요한 외자유입 또는 경화획득의 통로이다. 하지만 주요 광산은 군부나 당이 장악해 자신들의 기관 유지와 사적 축재를 위한 자금 조달

수단으로 이용하는 실정이다. 대다수 주민의 궁핍화가 심화되는 가운데 정권과 체제 유지를 위한 핵심 기관이나 그곳에 속한 소수 권력층이 정치적 차원에서 자원을 독점적으로 배분, 관리하고 있는 것이다.

　시장경제 활동은 주민 사이에서도 빈부 격차를 심화시키고 있다. 과거에도 지배층의 특권적 경제 영역이 존재했지만 사회 전체적 차원의 빈부 격차는 상대적으로 크지 않았다. 북한에서 '고난의 행군'이라는 경제위기가 시작되기 전, 공식적인 계획경제가 그나마 작동하던 1990년대 초에는 최하위 서비스 부문 사무원과 최상위 당부장이나 내각 상급의 보수 차이가 7배 정도였다. 주택 배정부터 소비재 공급까지 국가가 제공하는 다른 혜택을 감안하더라도 적어도 계획경제가 작동하는 한 전체 주민 간 빈부 차이는 상대적으로 크지 않았다고 볼 수 있다. 반면 계획경제가 사실상 파산하고 시장경제활동이 증가하면서 국가 공급에 의존하던 대다수 주민이 궁핍화의 길을 걷는 동안 수백만 달러의 자산을 가진 부자들이 등장했다. 일례로 장사를 하는 사람들도 수입업자-도매상-소매상 간에 분화가 일어나고 취급 품목과 수익도 자본의 크기에 의존하는 구조가 만들어졌으며, 제도 미비에 따른 불확실성은 대자본의 독점적 수익구조를 강화시키기까지 했다. 그리고 그 과정은 관료들의 부정부패와 직접적으로 연관되었다. 북한은 시장경제 활동의 제도화 수준이 매우 낮기 때문에 사적 관계망이 시장경제 활동의 성패를 좌우하는 상황이 되었다. 따라서 각종 자원의 통제권·단속권·인허가권을 가진 관료들의 부패는 일상적이고 보편적인 현상으로 자리 잡았다.

## 북한의 정치 과정에도 '민심'은 있다

정치적인 영역에서 독재정권의 통제·감시, 물리적 억압기제와 조치들은 더 이상 거론할 필요가 없을 정도로 최악이다. 당과 각종 사회단체에서 행하는 조직·사상적 통제와 인민보안부·국가보위부 같은 공안기관이 가하는 법적·물리적 탄압은 익히 알려진 사실이다. 특히 1990년대 중반 경제위기 이후 국가공급체계가 무너지면서 당의 조직·사상적 통제가 사실상 형식놀음으로 전락하고 대신 공안기관의 물리적 통제와 억압이 주요한 주민 통제 수단으로 등장했다. 당 생활총화보다 각종 비사회주의 검열이 판을 치고 있다. 한마디로 주민들이 정치적 의사를 표출할 기회와 방법을 박탈당했다고 할 정도로 억압적이고 폐쇄적인 지배체제가 유지되고 있는 것이다.

이 정도이면 주민들의 정치적·사회경제적 불만이 존재하지 않을 수 없다. 북한에서도 '재스민 혁명'이 확산되고 있는 아랍 지역과 마찬가지로 대중적 불만이 상당히 팽배해있다고 볼 수 있다. 비록 공론화되지는 못하고 있지만 잠재적 형태로 정권에 비판적인 '민심'이 존재하는 것이다. 그리고 이러한 불만은 튀니지에서 발생한 한 청년의 분신과 같은 적절한 계기가 주어진다면 정권에 대한 대중적인 저항으로 발

전할 수 있다. 1990년 전후 동유럽 국가와 현재의 아랍 지역
에서처럼 철권통치를 유지하던 독재자들이 민심에 무릎 꿇
는 일이 북한에서도 일어날 개연성은 충분하다.

　상황이 이렇기에 북한의 김정일 정권도 '민심', 즉 여론의
향배를 항상 주시하면서 자발적이든 강제적이든 주민의 마
음을 잡기 위한 기제들을 발전시키고 있다. 아랍 지역의 민
주화 열풍에서 확인되고 있듯이 정권과 체제의 운명을 결정
하는 것은 결국 '민심'임을 스스로 잘 알기 때문이다. 특히
이는 자신들이 강조하는 '군중노선'에서 이미 확인된 것이
기도 하다. 때문에 북한 정권은 사상혁명을 강조하고 당 생
활총화 등으로 주민을 세뇌시키면서 다양한 물리적 억압기
제를 구축해 주민의 사상과 의식, 일상적인 생활세계까지 철
저히 지배하고자 노력해왔다. 즉 북한 정권이 주민에 대한
통제 메커니즘을 지속적으로 강화하고자 하는 시도 자체가
역설적으로 '민심'이 정치 과정에 일정한 영향을 미치고 있
음을 의미하는 것이다. 2009년 화폐개혁과 함께 시행하려고
했던 시장폐쇄가 주민의 저항에 부딪혀 좌절되고 화폐개혁
실패의 책임을 지고 박남기 당 재정계획부장이 숙청된 것은
이를 잘 보여준다.

　최근 북한 정권은 권력의 3대세습을 추진하면서 '민심'
의 중요성을 더욱 강조하고 있다. 후계자가 정당성을 확보
해 권력 기반을 창출할 수 있을지는 근본적으로 주민들의 동
의와 지지에 달려 있기 때문이다. '민심'을 장악하기 위해
북한 정권은 법적·조직적·사상적으로 주민에 대한 통제를

강화할 뿐 아니라, 한편으로는 경제적인 생활 향상으로 주민들의 자발적이고 적극적인 지지 기반을 창출하고자 노력하고 있다. 북한 정권은 2010년 1월 1일 "당 창건 65돐을 맞는 올해에 다시 한 번 경공업과 농업에 박차를 가해 인민생활에서 결정적 전환을 이룩하자"는 신년공동사설을 발표하면서 "민심을 틀어쥐고 민심에 맞게 사업을 전개"해야 한다고 강조했다. 또 올해 신년공동사설에서도 "다시 한 번 경공업에 박차를 가해 인민생활 향상과 강성대국 건설에서 결정적 전환을 일으키자"면서 "민심을 틀어쥐고 그에 맞게 사람과의 사업을 심화시켜 나가며 인민들의 생활상 문제들을 책임지고 풀어나가야 한다"고 거듭 강조했다. 북한 정권이 '인민생활 향상'을 강조한다고 해서 국가적인 자원 배분이 인민생활 향상을 위해 조정될 것인지는 불확실하다. 그럼에도 한 가지 확실한 것은 북한 정권도 '민심'을 의식해 2002년 7·1 경제관리개선조치 같은 시장개혁과 2009년 화폐개혁과 같은 국가의 경제적 지배력 강화, 즉 지배집단의 특권 강화와 인민생활 향상 사이에서 줄타기를 할 수밖에 없다는 점이다.

## 누가 북한 민심을 잡을 것인가?

북한에도 '민심'이 존재하고 정권은 그 '민심'을 장악하기 위해 절치부심하고 있다는 사실은 매우 중요한 정책적 함의를 지닌다. 북한 주민의 마음을 어떤 방식으로 누가 얻을 수 있느냐에 따라 북한 내부 변화뿐 아니라 통일의 향배가 결정될 수 있기 때문이다.

먼저 김정일 정권이 특권적 지위에 따른 자원배분을 지속하면서 억압적 기제를 강화해 사회경제적 통제력을 유지하는 방식으로 북한 주민들의 마음을 강제로 장악하는 경우가 있다. 이런 상황에서 북한 정권은 현재와 같이 그럭저럭 버티기를 지속할 것이고 그러면 이른바 '북한문제'도 지속될 수밖에 없다. 핵개발도 이에 기여할 것이다. 그 최대 수혜자는 김정일 부자와 측근의 권력 엘리트들일 것이다. 최대 피해자는 1차적으로 북한 주민이고 2차적으로는 남한과 국제사회이다. 그러나 이러한 방식은 장기간 지속될 수 없다. 주민의 불만이 누적될 수밖에 없고 그 불만이 정치적 저항으로 표출될 가능성이 점증하기 때문이다. 즉 결국에는 북한 정권과 체제의 안정이 매우 불확실한 상황에 직면할 수밖에 없다. 문제는 시간과 비용이 얼마나 들 것인가와 정권·체제의 불안정이 표면화되는 것이 우리가 원하는 바람직한 결과를 가져올 수 있는가이다. 북한도 단기적으로 민주주의를 정착시키기 어려운 아랍 지역의 상황과 크게 다르지 않을 것이다. 특히 북한과 직접 대치하고 있는 우리가 감당해야 할 정치적·군사적·경제적 비용은 아랍의 경우와는 비교도 되지 않을 만큼 클 것이다. 그리고 북한 주민들의 대남 인식이나 의존도, 내부 군사력 등을 복합적으로 고려하면 독일과 같은 흡수통일이 현실화될 가능성은 의외로 낮을 수 있다.

다음으로 김정일 정권이 개혁개방을 통해 주민생활을 실질적으로 향상시키는 방식으로 '마음을 얻으려는' 경우이다. 이때는 북한 정권과 주민 모두 수혜자가 될 수 있다. 우리와 국제사회도 환영할 일이다. 그러나 이러한 결과는 저절로 주어지지 않는다. 김정일 정권이 심각하게 우려할 정도로 북한 민심이 정권으로부터 이탈하는 가운데, 이를 발판으로 북한 지배블록 내의 개혁지향적 세력이 강경세력을 적절히 누르며 주민의 요구를 수용한 개혁정책을 적극적으로 추진할 수 있어야 한다. 이러한 변화는 물론 남북관계나 북미·북일 관계 개선 등으로 북한의 안보 우려가 일정하게 해소되는 상황을 전제로 할 것이다. 따라서 이 경우에는 남북관계 개선에 힘입어 남한이 북한 주민들의 마음을 얻을 가능성도 매우 높다. 아울러 북한이 굳이 핵개발에 매달릴 필요도 감쇄된다. 그렇게 되면 무엇보다 평화적인 통일의 전망이 열리게 된다.

최근 흡수통일론이 많은 주목을 받고 있다. 특히 2008년 김정일 위원장의 건강에 이상이 발생한 후 우리 정부가 공식적으로 부인했음에도 북한의 급변 사태를 전제로 한 군사적·재정적 대책을 쏟아내면서, 북한이 완전히 붕괴되고 우리가 일방적으로 '접수' 할 수도 있다는 인식과 주장들이 확대 재생산되고 있다. 그러면서 독일 통일이 그에 부합하는 전형적 사례로 거론된다. 그러나 독일이 서독의 제도가 동독에 이식되는 방식으로 소위 흡수통일을 달성한 것은 동독 주민들이 서독과의 통합을 적극적으로 선택했기 때문이다. 즉 서독이 동독 주민들의 마음을 얻을 수 있었기 때문이다. 한반도에서의 통일도 마찬가지이다. 설령 우리 사회 일각의 기대처럼 북한이라는 국가가 일시적으로 완전히 무너지는 상황이 발생한다고 해도 북한 주민들이 우리와의 통합을 두려워하거나 거부한다면 통일은 기대할 수 없게 된다. 역으로 북한 주민들이 자신의 미래가 우리에게 달려 있다고 여긴다면 통일은 현실적인 의제로 급부상할 것이다. 이 경우에는 통일이 현실화되기 이전이라도 북한 내부의 정치적인 변화를 촉진할 수 있으며 나아가 통일의 기반을 확대할 수 있다.

이렇게 본다면 우리가 북한 주민의 마음을 얻는 것은 가장 중요한 대북정책의 목표일 수 있다. 북한의 현 상황을 타파하면서 개혁·개방을 촉진하고 궁극적으로 통일을 이룩할 수 있는 열쇠를 북한 주민들이 쥐고 있기 때문이다.


## 북한 주민들과의 접촉면을 확대해야 한다

북한 주민의 마음을 얻기 위해서는 접촉하고 교류해야 한다. 북한 주민과 접촉하는 방식은 여러 가지가 있을 수 있다. 간접적으로 접촉하는 대표적인 방식은 대북전단 살포나 대북방송과 같은 심리전이다. 북한 당국이 대북전단 살포나 휴전선상의 대북방송 재개 등에 매우 민감하고도 격렬하게 반응하는 것을 보면 이러한 방식이 일정한 효용성을 지니고 있다고 볼 수 있다. 그러나 이는 어디까지나 간접적인 방식이다.

기본으로 돌아가자. '백문百聞이 불여일견不如一見'이라고 했다. 직접적인 접촉이 가장 큰 효과를 발휘할 수 있으며 그 방법은 교류와 협력이다. 과거 남북 간 교류협력이 확대되면서 북한을 방문하는 우리 국민의 숫자가 금강산 등 관광인원을 제외하고도 연간 18만 명을 넘어서기도 했다. 경제협력과 사회문화 교류, 인도적 지원 등을 위해 연간 18만여 명의 우리 국민이 북한 전역을 누비고 다닌 것이다. 이것보다 더 확실하게 북한 주민과의 접촉면을 넓힐 수 있는 방법이 있겠는가? 그 과정에서 우리 국민을 접하거나 우리와의 교류협력에 참가하는 북한 주민들이 무슨 생각을 할지는 자명한 일이다. 그 실효성은 대북전단 살포와 비견될 수 없다. 그리고 무엇보다 이러한 교류협력, 특히 경제협력 과정은 북한 주민들의 대남 의존도를 높인다는 점에서 더욱 큰 의미를 지닌다. 대표적인 사례가 개성공단이다. 2010년 기준으로 개성공단에 입주한 우리 기업은 121개이고 거기서 일하는 북한 근로자는 4만 6000여 명에 달한다. 2008년 북한의 인구총조사에 따르면 개성시 전체 인구는 30만여 명이고 그 가운데 도심 인구는 19만여 명이다. 북한의 가구당 인구를 4명으로 본다면 개성시 전체 인구의 약 3분의 2 또는 개성시 도심 인구의 대부분이 개성공단에 의존해 생활하고 있다. 이보다 더 확실하게 북한 주민의 마음을 얻을 수 있는 길이 있겠는가?

우리가 진정으로 북한의 변화와 통일을 원한다면 북한 주민들의 마음을 잡아야 한다. 현재 한반도는 북한 주민의 마음을 두고 김정일 정권과 남한이 치열하게 경합하고 있는 형국이라고 볼 수도 있다. 이 경쟁에서 승리하기 위해서는 북한 주민에게 직접 다가갈 수 있는 방법을 적극적으로 강구해야 한다. 지금과 같이 대북제재 일변도의 정책기조 하에서 사실상 북한 방문과 교류를 차단하면 북한 주민들과의 접촉 확대는 불가능하다. 이는 북한의 변화를 더욱 늦추고 북한 주민의 마음을 멀어지게 할 뿐이다. 그리고 피해는 고스란히 주민에게 돌아간다. 제재로 식량부족이 심화되면 굶주리는 것도 주민들이며 경제활동이 위축되어 생존의 위협을 받는 것도 주민들이다. 대신 북한 정권은 정치적·사회적 통제를 강화할 수 있는 명분을 얻는다. 자신들의 정당성을 강변하거나 긴장된 사회 분위기를 조성하는 데 외부 위협론이 적극 활용될 수 있기 때문이다. 외부와의 갈등이 내부 갈등을 증폭시키기보다 오히려 통합을 제고시킬 수 있다. 핵개발도 이의 연장선상에 있다.

아랍지역의 시민혁명과 민주화 바람을 보면서 북한에 이 같은 변화가 발생할 가능성에 대해서도 대비해야 한다고 진정으로 생각한다면, 그럴수록 북한 주민과의 접촉면을 넓혀야 한다. 그리고 북한 주민과의 접촉을 확대할 수 있다면 북한 정권과의 대화도 피하지 말아야 한다. 북한 정권이 주민들에게 다가가기 위해 반드시 거쳐야 할 관문이라면 적절하고도 효과적으로 이를 활용할 수 있는 방안을 찾는 것이 마땅하다.

〈제19호〉 2011.03.02

# 일본 대지진과 핵 참사, 누구를 향한 경고인가

## 6자회담 재개와 비핵화 조치 촉구

1

2011년 3월 11일 일본 동북부에 지진해일을 동반한 진도 8.8의 강진이 일어났다. 뒤이어 후쿠시마 원전이 폭발해 90여 명이 피폭되었고, 후쿠시마 원전 1~4호기에서 방사능이 누출되고 있다는 소식이 전해졌다.

2

3월 19일에는 한국, 일본, 중국의 외교장관 회담을 개최해 재난관리 및 원자력 안전에 대한 국가 간 협력을 합의했다.

일본 동북지방을 강타한 대지진과 쓰나미로 인한 인명 손실과 물적 피해는 아직 정확한 집계가 불가능한 상황이다. 이번 지진은 내진설계나 방재훈련 등 세계에서 가장 지진에 잘 대비하고 있던 일본조차 거의 손을 쓰지 못할 정도의 재앙을 몰고 왔다는 점에서 충격을 준다. 설상가상으로 원자력발전소의 파손으로 인한 방사능 피해가 추가되면 우리 세대에 발생한 사상 최악의 지진 피해로 기록될 전망이다.

## 일본의 핵사고와 인류공동체의 재인식

현대가 첨단과학기술의 시대라 할지라도 또한 아무리 부강한 나라라 할지라도 자연의 위력 앞에서는 인간의 성취가 보잘 것이 없다는 사실을 확인하게 된다. 인류공동체가 처한 상황은 서로 갈등하고 경쟁하기보다 서로 협력해서 대처해야 할 과제가 더 많이 있다는 점도 깨우쳐준다. 일본의 재난에 전 세계가 눈을 떼지 못하고 거의 100개에 이르는 나라들이 구호와 지원에 나서고 있는 사실에서 국경을 초월한 인류공동체의 유대감과 희망의 존재를 확인한 것이 그나마 위안이 될 것이다.

서로 갈등관계에 있거나 구원舊怨이 있던 이웃 나라들도 일본에 대한 위로와 구호의 손길을 내미는 데 동참하고 있다. 작년 봄 이래 중국과 일본 간에는 센카쿠 열도 또는 댜오위다오로 불리는 도서 영유를 둘러싸고 상호 국민감정을 자극하면서 갈등관계가 극단으로 치달아왔다. 지진 발생 1주일 전에는 서로 전투기까지 발진시키고 총구를 겨누는 무력출동의 위기까지 있었지만, 최근에는 중국이 일본에 구조대를 파견하고 유류 2만 톤을 포함한 대규모 구호활동에 나서고 있다.

우리 정부도 전 세계에서 가장 먼저 구조대를 파견한 것을 비롯해 구호와 지원을 아끼지 않았다. 특히 민간 차원에서 종군위안부에 동원되었던 피해 할머니들과 '독도지킴이 반크VANK' 등 반일단체가 일본에 대한 구호지원 여론을 선도하고 있어 감동을 준다.

북한도 조선적십자사회 위원장 명의의 위로전문을 보냈으며, 조총련 기관지 조선신보는 "외교적으로 보면 조·일관계는 악화일로를 치달아왔지만 평양시민들은 피해를 입은 일본인들에게 동정을 보낸다."고 보도하기도 했다.

인류공동체를 위협하는 대재앙 앞에서 이웃 간의 원한이나 다투는 모습들이 뒷전으로 밀리면서 세계인 모두가 국경을 초월한 인류공동체의 일원임을 재발견하게 된다. 헤밍웨이의 소설 제목으로 유명해진 존 던John Donne의 시詩 〈누구를 위하여 종이 울리나?〉는 "그러므로 누구를 위하여 조종弔鐘이 울리는지를 알아보려고 사람을 보낼 필요가 없다. 그것은 당신을 위하여 울리는 것이기 때문이다." 라고 끝맺고 있다.

## 북한의 미묘한 이니셔티브

일본의 대재앙을 계기로 형성된 국제적 연대감과 협력 분위기를 틈타 북한은 핵실험과 서해 도발 사태 이후 교착된 상황을 타파하기 위하여 기민한 움직임을 취하고 있다.

우선 핵문제와 관련해 북한 외무성 대변인은 15일 '조선중앙통신과의 문답' 이라는 형식으로 러시아 외무차관의 평양 방문 결과를 설명하면서 "조선은 전제 조건 없이 6자회담에 나갈 수 있고, 6자회담에서 우라늄 농축 문제가 논의되는 것을 반대하지 않으며, 회담이 재개되면 러시아 측이 제기한 기타 문제들도 논의, 해결할 수 있다." 고 언급했다. 러시아 측이 제기한 문제라는 것은 '핵실험과 탄도미사일 시험의 임시중지Moratorium와 북한의 우라늄 농축시설에 대한 국제원자력기구IAEA 전문가의 방문 허용' 을 의미한다.

그간 6자회담 재개를 위해 한·미가 북한에 요구하고 있는 비핵화에의 '구체적 조치' 와 관련해 비록 '구체적 행동' 은 아닐지라도 '구체적 언급' 을 한 셈이다. 러시아는 이를 북한의 태도 변화로 간주하려는 듯이, 즉각 북·러 경제협력위원회 회의를 금년 여름 재개하겠다고 발표했다. 북·러 경제협력위원회는 2009년 5월 북한의 핵실험으로 그동안 무기 연기되던 중이었다.

두 번째 북한의 미묘한 움직임은 서해 표류 어민들의 귀환 문제에 대한 입장에 변화를 보이는 한편, 백두산 화산 활동 공동연구를 위한 남북대화를 제의한 점이다.

북한은 지난달 서해에서 구조된 북한 주민 중 일부가 남한에 귀순한 사실을 두고 남측의 공작에 의한 것이라고 강력 비난하면서, "억류된 주민의 전원 송환 문제는 인권과 인도주의 문제인 동시에 북·남관계의 중요한 문제로, 이번 사태를 놓고 남조선 당국의 태도를 다시 한 번 가늠할 것이다"라고 각을 세운 바 있다, 또한 전원 송환을 주장하며 귀환하려는 자기 주민들조차 받아들이지 않고 귀순자의 가족까지 동원한 대남심리전을 벌였다. 이렇게 됨으로써 북한으로서도 쉽게 물러서기 어려운 상황이 조성되어 버린 것이다.

그러나 15일 갑자기 북한은 적십자를 통해 '기다리는 가족들의 심정'을 거론하면서 전원 송환 요구를 접고 부분 송환에 동의했다. 북한이 이 문제를 완전히 접어버렸다고 보기는 어렵겠지만, 17일의 '백두산 화산 활동 공동연구' 회담 제의를 앞두고 일본 대지진의 여파를 틈타 신속하게 입장을 바꾼 것이다. 남북회담의 걸림돌 하나를 스스로 치운 셈이다.

북한이 '백두산 화산 활동 공동연구'를 위한 남북회담 제의는 일본 대지진으로 인한 여파를 활용해 다각적인 포석을 깔고 제기된 것이 분명하다. 사상 최대의 지진으로 한반도 주변의 지각과 판 그리고 마그마 등이 불안정해지고 활성화된다면 후지산은 물론 백두산의 재분출 가능성도 높아질 수 있다는 우려와 함께, 자연재해에 대해서는 정치적 갈등이나 대립을 초월해 공동으로 대처해야 한다는 요구가 높아진 시점을 택한 것이다.

우리 정부도 무력도발에 대한 사과를 선행시키는 이른바

'북한의 진정성'을 남북대화의 조건으로 계속 내세우기는 어려운 상황이다. 천안함과 연평도 포격과 관련된 사과 문제를 우회해 남북대화가 개최된다면 6자회담 재개를 위해 한·미가 유지하고 있는 또 하나의 조건인 '남북관계 개선' 문제도 해결될 수 있다고 계산했을 것이다. 또한 미국의 대북지원 결정을 위한 환경도 개선되리라고 기대할 것이다.

백두산 화산 활동 공동대응 문제는 이미 '10·4선언' 이행을 위해 2007년 12월 개성에서 개최된 제1차 남북 보건의료협력 분과위 회의에서 합의한 사항이지만 이명박 정부 출범 이후 진전이 없었던 만큼, 이 회담이 성사되면 북한으로서는 '10·4선언'의 이행 문제와도 연결시킬 수 있는 사안이다.

## 북한의 핵시설, 과연 안전한가

그러나 북한이 일본대지진의 여파를 이용해 어떤 이니셔티브를 무슨 의도에서 취하고 있는지를 따지는 일은 북한의 핵재앙 가능성을 재인식한다면 사소한 문제이다.

원자력 안전기술과 관련해 일본은 세계 최고의 수준이었음에도 불구하고 지진의 여파로 원자력발전소가 파손되고 그로 인한 핵재앙을 막으려고 안간 힘을 쓰고 있다. 유럽의 선진국들도 이를 계기로 그동안 안전하다고 여기고 있던 자국 내 핵시설들의 안전성을 재검토하게 되었다. 가까운 중국도 추가적인 원전 건설 승인을 보류하기로 했다고 한다. 우리나라도 향후 건설되는 원전의 내진설계 기준을 상향하기로 하는 한편, 기존의 원전 안전성도 다시 한 번 전면조사하기로 했다.

일본 사태를 계기로 전 세계가 핵공포를 재삼 인식하고 있지만 그렇다고 원전 이외에 에너지 문제를 당장 해결할 대안이 있는 것도 아니기 때문에 결국 안전성을 높이는 노력을 강화할 수밖에 없는 상황이다. 원전의 안전성 문제는 해당 국가만의 관심사가 아니라 주변국 모두의 이해가 달려있는 문제이다.

이러한 상황에서 우리가 북한의 핵안전 문제에 대한 우려를 더욱 높이지 않을 수 없다. 불능화 조치가 미완성인 상태에서 다시 재가동을 위한 복구 작업을 벌인 것으로 알려진 영변의 여러 가지 노후된 플루토늄 핵시설과 최근 공개된 우라늄 핵시설 등의 안전 문제가 새삼 걱정이 된다.

일본과 같은 핵안전 선진기술 인프라를 가지고 있고 모든 원전 상황을 공개하는 나라에서도 핵재앙을 사후에 방지한다는 것이 손에 땀을 쥐게 만드는데, 북한과 같은 환경에서는 핵안전 문제가 발생한다면 이에 대처하기 위해 사후에 아무리 신속하게 외부에서 지원을 하려 한다 해도 이미 수습 불능의 상태로 발전할 가능성이 크다. 하루속히 6자회담이 재개되고 비핵화를 위한 진전이 이루어짐과 함께 비핵화 과정에서 핵 안전성을 확보하는 조치도 마련되어야 할 것이다.

또한 6자회담과는 별개로 이번 일본의 사고를 계기로 형성되고 있는 자연재해와 핵사고에 대한 국제적 협력 분위기를 감안해, 남북한 관계에서도 대규모 재해에 대한 공동대응 문제는 다른 남북 간의 갈등 문제와 분리시켜 접근하는 것이 바람직하다고 본다.

백두산 화산 활동 공동연구를 위한 남북대화가 개최되고 이것이 새로운 남북관계 진전과 6자회담을 위한 건설적인 디딤돌이 되길 바란다.

누구를 위해 종이 울리나를 알아볼 필요도 없으며, 누가 종을 울리는가도 알아볼 필요가 없다.

남북 사이에는 서로 갈등하고 대립해서 해결할 수 있는 과제들은 아무 것도 없으며, 오로지 서로 협력하고 지원해야 해결할 수 있는 과제들로만 채워져 있다. 그리고 그것은 우리 스스로를 위한 과제들이다.

〈제20호〉 2011.03.22

# 대북 심리전은
# 식량지원이 최선이다

북한 식량난을 둘러싼 논쟁에 대해

1

북한에 대한 식량지원은 1995년 6월 쌀 15만 톤 지원으로 시작된 이후, 유상지원 (식량차관) 및 무상지원(긴급구호 및 재해복구)이 지속적으로 추진되어 활발히 이루어진 바 있다.

2

이명박 정부 들어 천안함 사태에 대한 대북 조치의 일환으로 이른바 '5·24조치' 가 발표되었다. 그 가운데 대북 식량지원과 관련된 조치로서 통일부는 영유아를 대상으로 하는 인도적 지원을 제외한 대북지원 보류를 발표했다.

3

하지만 2010년 11월 연평도 포격사건으로 북한 영유아 등 취약계층을 상대로 한 민간단체의 인도적 지원조차 전면 중단됐다.

최근 북한 관리들이 세계 도처에서 식량을 확보하기 위해 분주한 모습을 보이고 있다. 북한은 현재 세계 40여 개국에 식량지원을 요청한 상태이며, 지난 3월 말 영국을 방문한 최태복 최고인민회의 의장은 "북한을 강타한 60년 만의 최악의 한파와 지난해 수확량 부족으로 앞으로 두 달이 고비"라며 식량지원을 요청하기도 했다.

## 국제사회의 대북 식량지원 움직임

실제로 세계식량기구WFP는 현지방문2011.2.21~3.11조사 결과를 발표하며 북한 주민 600여 만 명이 굶주림에 직면해있다며 43만 톤의 식량을 긴급히 지원할 필요가 있다고 권고했다. WFP는 북한 식량상황에 대해 "혹한을 지내면서 감자와 밀 같은 겨울 농작물 생산에 영향을 받았고, 이는 만성적인 식량부족 상황 중에서도 최고 수준"이라며, "2010년 11월 WFP가 북한에 86만 7천 톤의 식량이 부족하다고 발표한 바 있지만 이번 겨울로 100만 톤 이상 식량부족 현상이 발생했다"고 진단했다.

이러한 조사 결과를 바탕으로, 4월 7일 반기문 유엔 사무총장은 미국 의회를 방문해 존 케리 상원 외교위원장과 면담한 뒤 "북한의 악화된 식량 사정에 깊이 우려하고 있다"면서 "남북 간 정치적 긴장에도 불구하고 한국 정부가 식량지원을 긍정적으로 검토할 때가 된 것 같다"는 입장을 밝혔다. 미

국내 반응은 다소 엇갈리기는 하지만, 미국 정부는 대북 식량지원 여부를 판단하기 위해 WFP 조사와는 별도로 정부 차원의 조사단을 직접 북한에 파견하는 방안을 검토 중인 것으로 알려졌다.

미국과 북한은 2008년에 분배감시에 관한 원칙에 이미 합의한 바 있어 일부 수정 가능성은 있지만, 북한과 다시 협상할 필요는 없을 것으로 보인다. 지난 2월 1일 미국의 소리<sup>VOA</sup> 방송은 북한이 미국에 2009년 중단된 식량지원 사업의 재개를 요청하면서 미국 정부의 분배 감시 요구를 받아들일 용의가 있음을 밝혔다고 보도했다. 스티븐 보즈워스 미 국무부 대북정책 특별대표도 최근 미 상원청문회에서 "적절한 모니터링과 지원식량의 전용 여부를 확인할 방법이 보장돼야 한다"는 식량지원 재개의 기준을 밝힌 바 있다.

그런 가운데 4월 26일부터 2박 3일 동안 카터 전 대통령은 코피 아난 전 유엔 사무총장, 메리 로빈슨 전 아일랜드 대통령, 그로 할렘 브룬트란트 전 노르웨이 총리 등 국제사회의 원로들과 함께 북한을 방문해 북한 고위인사들을 만날 예정이다. 미 국무부는 카터 전 대통령의 방북이 사적인 것이며 미국 정부의 어떤 메시지도 갖고 있지 않다고 선을 긋고 있지만, 카터가 미국 민주당 정부에 영향력을 지닌 인물이라는 점에서 오바마 행정부의 암묵적인 동의와 지지 없이 움직인다고 보기는 어렵다.

카터 전 대통령은 1994년 1차 북핵위기 때와 지난해 평양을 방문해 북미관계의 변화를 이끌었던 경험이 있다. 지난해 카터의 방북 때 김정일 위원장의 방중으로 만남이 이루어지지 못했기 때문에 오히려 이번 방북 때는 김 위원장과 만날 가능성이 높을 것으로 보인다. 김 위원장과의 면담이 이루어진다면 북한의 대미 메시지가 무엇인지 분명해질 것이다.

지난 4월 4일 2012년 재선 도전을 공식 선언한 오바마 대통령으로서는 지금까지 골칫덩이였던 북한문제가 중동문제에 비해 상대적으로 예측 가능한 현안이기 때문에 오히려 외교적 성과를 낼 수 있는 과제로 보고 적극적인 태도로 나올 가능성이 있다. 그렇게 되면 그간 후순위로 밀려있던 북한문제의 우선순위가 높아지고, 대북 협상 분위기 조성을 위해 식량지원이 이루어질 가능성도 그만큼 높아지게 될 것이다.

## 북한 식량난을 둘러싼 논쟁 아닌 논쟁

이와 같은 미국을 비롯한 국제사회의 움직임과 달리, 국내에서는 북한의 식량난을 둘러싸고 논쟁 아닌 논쟁이 벌어지고 있다. 현재 북한의 식량지원 요구가 당면한 식량난을 벗어나기 위한 것인가? 아니면 내년도 김정은 후계 체제의 출범을 성대하게 치루기 위해 식량을 비축하기 위한 쇼에 불과한 것인가?

국내 일부 시민단체들은 북한의 식량사정이 매우 좋지 않으니 인도적 차원에서 대북 식량지원을 서둘러야 한다고 주장한다. 이들은 북한의 식량난이 예전보다 심각하다면서 조속히 대북 인도적 지원을 실시하라고 요구한다. 만성적인 경제난에다가 이번 겨울에 발생한 이상한파로 인해 한계상황에 있는 북한 주민들부터 아사자가 대량 발생하는 사태가 재현될 수 있다는 것이다.

반면, 다른 북한 관련 일부 단체들은 북한의 식량사정이 그리 나쁘지 않으며 현상적으로 보이는 식량부족 현상이 내년도 김정은 후계 체제의 정식 출범에 맞춰 식량을 풀기 위해 비축했기 때문이라고 주장한다. 심지어 어떤 정치인은 북한이 군량미 100만 톤을 비축해 놓고도 주민들을 위해 풀지 않고 있다고 주장하기도 한다. 북한이 해외공관까지 동원해 국제사회에서 식량을 모으는 것은 내년 4월 김일성 주석 100주년 생일에 맞춰 3대세습을 위한 특별 식량 배급 이벤트를 벌이려는 의도라는 것이다.

우리 정부의 입장은 아직 단호하다. 천안함·연평도 사태에 대한 북한의 책임 있는 행동이 없는 상황에서 국제사회의 대북 식량지원에 동참하는 것은 어렵다는 입장이다. 정부 당국자는 "정부 차원의 대규모 식량지원은 분배 투명성과 함께 천안함·연평도 사건에 대한 북한의 책임 있는 조치 등 남북관계 상황 등을 고려해 검토할 것이라는 점을 WFP 측에도 밝혔다"고 언급했다.

이처럼 시민단체들이나 정부가 식량부족의 원인에 대해서는 달리 보고 있지만, 중요한 것은 현재 북한 주민들이 굶주리고 있다는 사실에 대해서는 인식을 같이 하고 있다는 점이다. 수확량이 줄었기 때문이든 군량미 비축을 위한 것이든, 김일성 주석 100주년 생일이나 김정은 후계 체제의 출범에 맞춘 것이든, 어느 쪽도 현재 북한 주민들이 굶주리고 있다는 엄연한 사실을 부정하고 있지는 않다.

따라서 북한 주민의 굶주림 문제를 해결할 수 있는 길은 투명성을 전제로 해 한국을 포함한 국제사회가 북한에 대해 대규모 식량지원을 제공하거나, 아니면 북한 당국이 비축해 놓은 것으로 추정되는 식량을 주민들에게 풀어 내놓도록 외부에서 압박하는 방법밖에 없다. 그러나 북한 당국으로 하여금 비축식량을 풀도록 압박하는 방법은 역사적 경험으로 볼 때 북한 주민의 굶주림 문제의 해법이 될 수 있을지 미지수이다.

결국 북한 당국이 스스로 비축식량을 풀지 않는 한, 우리 정부나 미국을 포함한 국제사회가 식량지원을 통해 북한 주민의 굶주림 문제를 해결하는 것이 옳은 길이다. 그렇다고 해도 여기에는 두 가지의 조건이 제시되어 있다. 하나는 분배 투명성에 대한 보장 조치이고, 다른 하나는 천안함·연평도 사건에 대한 북측의 책임 있는 행동이다. 전자는 국제사회가 제시하는 일반적인 요구인 반면, 후자는 남북관계에서 오는 특수한 요구이다.

그런데 얼마 전 북한을 다녀온 재미在美학자 박한식 교수는 북측이 "천안함 사태는 자신들이 저지른 게 아니므로 절대로 남측의 사과 요구를 받아들일 수 없다"는 태도를 보였다고 전한다. 북한이 분배 투명성을 받아들이면서도 천안함·연평도 문제에 대한 태도 변화를 보이지 않는 상태가 지속될 경우에 이 문제를 어떻게 풀어야 할까?

## 대북 식량지원이야말로 최고의 심리전

　우리 정부는 천안함 사태에 대한 대북조치의 일환으로 이른바 '5·24조치'를 발표했다. 그 가운데 대북 식량지원과 관련된 조치로서 통일부는 영유아를 대상으로 하는 인도적 지원을 제외한 대북지원 보류를 발표했다. 하지만 작년 11월 연평도 포격사건으로 북한 영유아 등 취약계층을 상대로 한 민간단체의 인도적 지원조차 전면 중단됐다. 그렇기 때문에 우리 정부로서는 북한이 천안함 사태에 대한 책임 있는 사과를 하지 않는 한 대북 식량지원을 하기 어렵게 되어 있다.

　그렇다면 우리 정부는 '5·24조치'를 철회하지 않는 한 절대로 대북 식량지원을 할 수 없는 것인가? 정부가 내놓은 '5·24조치'의 의도는 대북지원을 통해 북한체제가 강화되는 것을 막기 위함이다. 벌을 받아야 할 대상에게 상을 줄 수 없다는 뜻이리라. 하지만 대북 식량지원이 과연 북한체제의 강화에 기여하는 것일까. 분배 투명성이 개선되어 우리가 제공하는 식량이 북한 주민에게 분배되어 굶주림을 벗어나게 하는 것이 과연 김정일 체제의 유지·강화에 도움이 되는 것일까.

　일각에서는 설사 우리가 지원하는 식량이 북한 주민에게 분배되더라도, 그만큼 군량미로 징발되어 없어지기 때문에 북한군에게 돌아가는 것이나 마찬가지라고 비판한다. 하지만 대북 식량제공이 가장 효율적인 심리전 수단이 될 수 있다는 점에 눈을 돌릴 필요가 있다.

지난 4월 5일, 국회에서는 '5·24조치'에서 대북 심리전을 천명한 것이 정전협정 위반의 소지가 없는지를 따져 묻는 대정부 질문이 있었다. 이것은 군이 공공연하게 대북 전단살포를 실시한 데 대한 문제제기였다. 이에 대해 김관진 국방부 장관은 "심리전은 작전기능의 하나이지만 정전협정에는 심리전에 대한 규정이 없다"며 대북 심리전이 정전협정 위반이 아니라는 취지로 답변했다.

심리전이 정전협정 위반이 아니라고 한다면 국방부나 합참에 대북 심리전을 전담하는 부대를 보유하거나 그 부대가 정례적으로 훈련하는 것은 당연한 일일지 모른다. 하지만 국방부가 밝힌 심리전 수단인 전단 살포, FM방송, 확성기 방송은 우리가 북한에 대해 지킬 것을 요구하고 있는 남북기본합의서를 깨트리는 동시에 북한의 군사적 대응을 불러올 수 있다는 점에서 보다 신중할 필요가 있다. 북한 당국은 우리쪽에서 대북 심리전을 전개할 경우에 심리전 발원지를 조준격파하겠다고 공언하고 있다. 이 때문에 대북 확성기 방송은 11곳에 설치해 놓고도 실행에 옮기지 못하고 있다.

미 국방부는 심리전에 대해 "국가 목적의 달성을 지원하는 방법으로 적대세력의 여론, 감정, 태도와 행동에 영향을 줄 것을 1차적인 목적으로 하는 선전 및 여타 심리적 행동의 계획된 사용"이라고 정의하고 있다. 엄밀한 의미에서는 심리전도 적대세력 간 전쟁의 한 형태인 셈이다. 이 심리전에는 기만이 포함된 회색Grey, 흑색Black 심리전도 포함되어 있다. 그러나 남북한이 현재와 같이 정전체제 하에서 대치하고 있는 상황에서 가장 효과적인 심리전 방법은 북한 주민에게 외부세계의 진실을 당당하게 알리는 백색White 심리전이다. 그런 점에서 대북 식량지원은 남한체제의 대북 경제적, 도덕적 우위를 알릴 수 있는 가장 강력한 심리전 수단이 될 수 있다. 우리가 제공한 식량을 먹으면서 북한 주민들은 끼니도 제대로 못 챙겨주는 북한체제와 동포애를 바탕으로 이념과 체제의 차이를 넘어 먹을 것을 나누어주는 남한체제를 확연하게 비교인식하게 될 것이다. 설사 우리가 제공하는 식량이 군량미로 전용된다고 해도 마찬가지이다. 남쪽에서 제공하는 식량을 받아먹는 북한군의 입장을 생각해 보라. 북한군의 입장에서 볼 때 자신들이 총부리를 겨누고 있는 남측으로부터 식량을 얻어먹는 형편에서 과연 제대로 전의戰意가 불살라지겠는가?

민간단체들의 풍선을 통한 대북 전단살포는 이미 남북갈등을 넘어 남남갈등남한 내부 갈등을 야기하고 있다. 대북 전단살포가 북한 당국이 원하는 남남갈등의 원인이 되고 있는데다가, 북한 지배층으로 하여금 체제 옹호에 매달리게 하는 역효과를 가져올 수 있다는 사실을 충분히 검토할 필요가 있다. 우리 정부가 진정으로 북한 주민을 상대로 심리전의 효과를 거두겠다면, 대북 전단살포를 재개하거나 대북 스피커 방송을 실시하는 것보다 북한에 대규모의 식량을 제공하는 것이 훨씬 효과적일 것이다.

그런 점에서 비록 많이 늦었고 낮은 수준이지만, 지난 3월 31일 통일부가 식량지원 문제와는 별도로 국내 민간단체들의 북한 취약계층에 대한 순수 인도적 지원을 허용한 것은 잘 한 일이다. 통일부는 이런 방침의 일환으로 유진벨 재단이 신청한 내성결핵약 3억 3600만 원 규모의 물품에 대한 대북 반출을 승인했다. 비록 '5·24조치'의 범위 내에서 이루어진 것이지만, 앞으로 이를 뛰어넘는 대북 식량지원으로 이어지기를 기대해본다.

〈제21호〉 2011.04.10

# 현 정부에서 일어난 일은
# 현 정부에서 매듭짓자

## 안정적 남북관계 관리가 국정운영의 지름길

### 1

1998년 11월 금강산 관광선의 출항으로 시작된 금강산 관광은, 2008년 금강산 관광객 피격사건으로 인해 현재까지도 중단된 상태이다. 또한 북핵문제 해결을 위한 6자회담은 여전히 진전을 보이고 있지 못하고 있으며, 남북한 간의 관계도 천안함, 연평도 사태이후 악화 일로를 걷고 있다.

### 2

이러한 상황에서 미국을 비롯한 국제사회가 남북 간의 진정성 있는 대화를 촉구하는 방향으로 빠른 움직임을 보이고 있다. 2011년 1월 워싱턴에서 열린 미·중 정상회담 이후 미국은 천안함 및 연평도 사건을 6자회담과 분리하려는 입장을 나타냈다. 또한 미국은 북한에 대한 식량지원도 추진하고 있다는 소식이 전해졌다.

지난<sup>2011년</sup> 4월 8일

북한의 조선아시아태평양평화위원회가 현대아산의 금강산 관광사업 독점권을 취소한다는 대변인 담화를 발표했다. 북한의 이번 조치로 현대 측의 금강산 관광사업권이 완전히 취소된 것은 아니지만, 금강산 관광이 재개된다고 해도 그나마 반쪽 사업으로 전락할 위기에 처하게 되었다. 이로써 우리 국민의 대북투자 자산을 보호하지 못하는 또 하나의 사례를 남기게 되었다.

돌이켜보면 금강산 관광사업은 다른 어떤 남북협력사업보다 수많은 우여곡절을 겪으면서 자리잡아왔다. 1998년 11월 18일 835명의 이산가족을 싣고 금강호가 출항하면서 금강산 관광이 시작되었지만, 1년도 안 된 1999년 6월 서해에서 1차 연평해전이 발생하고 2002년 2차 연평해전이 또 일어났다. 1999년 1차 연평해전 직후 남측 관광객 민영미 씨가 억류되는 사건이 생겼을 때는 45일간 관광이 중단되었다가 재개했다. 2000년 1월 남측 관광객이 북측 환경감시원에게 휴대전화를 자랑하면서 김정일 위원장을 비난하는 사건이 발생했을 때는 이를 남북 간 신변보장합의서와 관광세칙을 마련하는 계기로 삼기도 했다.

이처럼 자칫 엄중한 정치적 문제로까지 비화될 수도 있었던 사건이 전화위복의 계기가 된 근저에는 대화를 통해 신뢰를 구축하고 분쟁을 해결하는 남과 북의 미래지향적이고 진정성 있는 자세가 있었다. 그 결과 북한에 투자한 우리 국민들의 자산은 보호받을 수 있었고, 남북 간 화해·협력이 진전될 수 있었다. 북한을 비난만 하기보다 대화를 통해 서로의 진의를 확인하고 신뢰를 만들어가는 것이 오히려 사태의 재발을 방지하면서 문제를 풀어가는 동력이 된 것이다.

## 국제사회가 남북 간의 대화와 협력의 문을 열어주고 있다

최근 한반도문제를 둘러싸고 관련국들이 남북 간의 진정성 있는 대화를 촉구하는 방향으로 빠른 움직임을 보이고 있다. 지난해 11월 북한이 원심분리기 2,000개 규모의 우라늄 농축시설과 30MWe급 경수로 건설 현장을 공개한 후, 미국은 북한과 대화 재개를 향해 조심스럽지만 분명한 행보를 보이고 있다. 지난 1월 워싱턴에서 열린 미·중정상회담 이후 미국은 천안함 및 연평도 사건을 6자회담과 분리하려는 입장을 나타내고 있다. 또한 미국은 북한에 대한 식량지원도 추진하고 있다. 지난 2월 10일부터 3월 10일까지 세계식량계획WFP과 식량농업기구FAO, 유엔아동기금UNICEF 등 국제기구가 합동으로 북한 내 9개 도 45개 시·군의 식량상황을 조사 한 결과를 내놓은 후 미국은 식량지원 효과 등을 감안해 지원 여부를 검토하고 있는 것으로 알려지고 있다. 미국이 대북 식량지원에 나서게 되면 2008년 북한에 지원하기로 했다가 2009년 3월 분배 투명성 문제 등으로 지원이 중단되면서 남아 있던 분량부터 지원할 것으로 보인다.

미국과 북한 간에는 민간차원 교류나 민간·당국 간의 1.5트랙 대화도 다시 활성화되고 있다. 3월 19일부터 4월 3일까

지 북한 경제시찰단의 미국 방문, 3월 중순 북한 리근 미국국
장과 미국의 전직 고위관료들 및 북핵 전문가들 간의 베를린
회동, 그리고 4월 26~28일 미국의 카터 전 대통령을 비롯한
전직 국가수반급들의 방북 등이 줄지어 진행되고 있다. 이
같은 접촉의 축적은 대화를 위한 신뢰 구축과 북한의 입장
파악에 기여할 것이다.

미국은 여전히 신중하지만 북한과의 대화를 위해 한 걸음
씩 전진하면서도 아직까지는 한국 정부의 입장을 배려하는
모습을 보이고 있다. 그 결과가 4월 11일 중국 외교부의 우다
웨이武大偉 한반도사무 특별대표가 커트 캠벨 미국 동아태차
관보와 김계관 북한 외무성 제1부상을 각각 만난 뒤에 발표
한 6자회담 재개를 위한 3단계 방안의 제안으로 나타났다.
이 제안은 남북 6자회담 수석대표 회담 이후 미·북 접촉을
갖고 그 다음에 6자회담을 재개하는 수순이다. 3단계 수순은
6자회담이 재개되기 전에 남북 간 북핵문제 논의가 우선되
어야 한다는 우리 정부, 6자회담의 조속한 재개를 주장하는
중국, 6자회담 재개 전 미국과의 양자대화를 요구하는 북한
의 입장을 절충한 것이라고 할 수 있다.

주말에 방한한 힐러리 클린턴 미 국무장관과 김성환 외교
통상부 장관도 남북한 핵문제 논의의 필요성을 재확인했다.
이처럼 남북 간 핵문제 논의를 앞세운 것은 미국이 한국 정
부의 입장을 배려하고 중국도 이에 동의한 것으로 볼 수 있
다. 하지만 이는 한국 정부의 입장을 배려한 것 이상의 함의
를 지니고 있다. 한반도 정세를 안정적으로 관리하면서 핵

심 현안을 풀어갈 책임이 1차적으로 남북대화에 달려있게 됐기 때문이다. 그만큼 남과 북의 진정성 있는 대화가 긴요해지고 있는 것이다.

과거 남과 북은 '한반도 비핵화 공동선언'에 따라 1992년 3월부터 12월까지 핵통제공동위원회를 운영한 적이 있다. 그러나 핵통제공동위원회는 북한의 핵시설에 대한 사찰문제 등을 둘러싸고 공방을 벌이다가 결국 1993년 1월 중단되고 말았다. 6자회담 재개를 위한 남북 수석대표 회담은 과거 핵통제공동위원회와는 위상이나 성격이 다를 수 있지만, 남과 북이 6자회담 장이 아닌 별도의 장에서 수석대표 간에 핵문제를 공식적으로 논의한다는 점에서 매우 큰 의미를 가질 수 있다.

6자회담 남북수석대표회담이 이루어질 경우, 그것은 남과 북의 공동책임, 특히 남북대화의 우선을 요구해온 우리 정부의 책임이 무엇보다 클 수 있음을 의미하기도 한다. 따라서 남과 북은 금강산 관광사업 등 남북 간 현안뿐 아니라 핵문제와 같은 다자간이나 국제적 현안에 대해서도 진정성 있는 대화를 추진해야 한다. 그것은 현 단계에서 남과 북에 대한 국제사회의 요구이기도 하다.

## 남북 모두 미래지향적 자세로 대화를 복원해야

남과 북의 진정한 대화가 이루어지기 위해서는 무엇보다 북한이 허물어뜨린 대화의 기초를 복원시켜야 한다. 우리 정부가 대화에 나설 수 있도록 명분을 만들어주어야 한다. 보란 듯이 뺨을 후려치는 상대와 쉽사리 대화에 나설 수 있는 정부는 없다. 대화를 진행하기에는 정치적 부담이 워낙 크고, 실제 대화 진전의 가능성도 낮게 보일 수밖에 없기 때문이다.

이런 점에서 북한 측이 더 이상 상황을 악화시키지 말아야 할 뿐 아니라 현대 측에 대한 금강산 관광사업 독점권 취소와 같은 기존 합의 파기를 철회하고 관광 재개를 위한 실질적 방안 마련에 협조해야 한다. 또한 핵문제에서 지난 3월 북한을 방문한 러시아 외무성 차관에게 밝혔던 핵실험과 탄도 미사일 발사 임시 중단에 더해 우라늄 농축 문제에서도 전향적인 협조 자세를 보여야 한다. 그래야 상대가 북한과 대화할 최소한의 명분을 얻을 수 있다. 그렇지 않을 경우 설령 미·북 대화가 성사되거나 6자회담이 재개된다 하더라도 좋은 결과를 기대하기 어렵다.

북한 측의 자세 전환과 함께 우리 정부도 미래지향적인 태도를 보여야 한다. 박왕자 씨 피격사망 사건은 관광에 나섰던 우리 국민이 북한군의 총격으로 사망했다는 점에서 매우 엄중한 사건일 수밖에 없다. 그렇지만 그 때문에 남북 간 협력의 토대가 무너지고 긴장 고조와 군사적 충돌이 발생한다면 이는 더욱 크고 엄중한 결과를 초래하게 된다. 지난해 있었던 남북한 간의 군사 충돌에서 이 점이 확인되지 않았는가.

과거의 불행한 사건을 미래를 향한 전화위복의 계기로 만들 수 있는 열린 마음과 자세가 필요하다. 아울러 미국과 중국의 남북대화 요구는 우리 정부에 남북 간 현안인 천안함·연평도 문제와 국제적 현안인 북한 핵문제를 서로 연계시키지 말고 분리해달라는 요청이기도 하다. 모든 사안을 연계시켜 어느 것 하나라도 진전되지 않으면 전체가 발목 잡히는 우를 범해서는 안 된다는, 매우 점잖지만 강력한 메시지를 던져온 것이다. 우리는 관광객 피살사건이든 군사적 충돌이든 과거를 잊지 말되, 현실을 직시해야 하고 미래를 내다볼 수 있어야 한다. 정부는 국제사회가 요구하는 것이 무엇인지, 그리고 불행한 과거를 넘어서서 미래로 나아가기 위해 무엇이 필요한지 심사숙고해야 한다.

특히 정부는 불행한 과거의 일들에 집착해 그에 따른 부담을 다음 정부에 떠넘기는 일이 없도록 해야 한다. 남북 간에 갈등 요인이 있을 경우, 이를 해소하고 새로운 신뢰관계를 구축하기 위해서는 시간이 갈수록 비용과 노력이 가속도로 불어나기 때문이다. 과거 전두환 정부의 경우 1983년 미얀마 랑군 아웅산 폭탄 테러 참사가 일어났음에도 1984년 북한의 수해지원을 수용하고 제2의 대화기를 이끌어 1985년 한국전쟁 이후 최초로 이산가족들의 고향 방문을 성사시켰다. 노태우 정부는 1987년 북한의 대한항공기 폭파사건에도 불구하고 1988년에 '7·7선언'을 발표해 대북포용정책의 문을 열었다.

당시 우리 정부 당국자들이 북한을 몰라서, 북한의 협박에 굴복해서 그랬는가? 분단국 정치지도자로서 안정적인 남북관계 관리가 국정 운영에 절실하다는 것을 알았기 때문이다. 그리고 이들은 최소한 당대에 발생한 일은 당대에 마무리했다. 다음 정부의 대북정책 추진에 넘어서기 어려운 장애를 조성하지는 않았다. 지금은 국제사회가 남북관계의 흐름을 바꿀 수 있는 명분을 제공해주는 좋은 시기이다. 우리 정부가 헌법 전문에 규정한 대로 '우리들과 우리들의 자손의 안전과 자유와 행복을 영원히 확보' 할 것을 다짐하면서 미래지향적인 대북정책을 수행하기를 기대해보고 싶다.

〈제22호〉 2011.04.18

# 카터의 방북,
# 메시지가 없다?

## 한반도문제 해법의 방향

지미 카터 전 미국대통령이 전직 국가수반들의 모임인 디 엘더스의 일원으로 2011년 4월 26일부터 2박 3일간 평양을 방문했다. 그는 1994년 1차 북핵위기의 해결에 결정적인 역할을 한 바 있다. 1994년 6월 개인 자격으로 평양을 방문해 당시 김일성 주석과 회담한 뒤 같은 달 18일 김영삼 대통령을 만나 김일성 주석의 남북정상회담 제의를 전달했고 김 대통령이 이를 수락함으로써 한때 전쟁위기로까지 치닫던 한반도의 긴장이 교착상태에서 빠져나올 수 있었다.

지미 카터 일행이 2박 3일간 평양을 방문했다. 북한이 전해달라고 하는 메시지는 형식도 부적절하고 내용도 구체적인 것이 없었다. 북한에서 가져온 보따리가 없자 언론의 관심도 사라졌다. 북한이 보내줄 보따리만 찾던 언론은 정작 카터 일행이 손수 준비한 한반도 방문 메시지에는 눈길도 주지 않았다.

## 주목받지 못한 카터 일행의 한반도 방문

방북 이전부터 한국과 미국의 당국자들은 이번 방문을 '카터 개인 차원의 일'이라며 선을 그었고, "북한이 외부에 전할 메시지가 있다면 카터 편에 간접적으로 전하지 말고 직접 전하라"고 언급하는 등 의사소통의 통로로 인정하려 하지 않아 큰 기대를 가질 수 없었던 것이 사실이다.

카터 일행과 김정일 위원장의 면담이 이루어지지 않은 것도 이번 방북을 향후 정세에 별 영향을 주지 못하는 에피소드로 받아들이게 했다. 카터 일행도 김 위원장은 물론 이명박 대통령과의 면담이 이루어지지 않는 것에 대해 썩 좋은 기분이 아닐 것이다.

그러나 카터 일행의 방북에 앞서 그 의미를 축소하려던 쪽이나 방문인사들에 대한 대접에 소홀했던 쪽이나 모두 이번 방북의 성격을 오해하기는 마찬가지라고 본다.

카터 일행의 방북은 개인 차원에서 이루어진 일이 아니다. 물론 어느 정부의 특사 자격도 아니다. 카터의 이번 방북은 예전과 달리 '원로들The Elders' 대표자격으로 진행되었다.

'원로들'은 2007년 넬슨 만델라 주도 하에 결성된, 세계적으로 명망 있는 지도자들의 독립적 모임이다. 코피 아난, 아웅산 수치도 참여하고 있다. 이들은 국적과 정파적 이익을 초월해 지구촌 원로로서의 경륜으로 평화·반핵·인권 운동을 벌이고 있다. 특히 폭력과 갈등, 가난으로부터 인간 존엄성이 위협받는 지역문제에 적극 개입하며 객관적 입장에서 문제의 본질과 해법을 제시하는 데 주력하고 있다.

이들이 관여해온 분쟁지역은 중동, 사이프러스, 수단, 짐바브웨, 미얀마 등 만성적인 국가 간, 종족 간 갈등으로 평화가 절박하게 요구되는 지역이나 가난과 폭력 때문에 인권이 심각하게 위협받는 곳들이다. 이들이 실권을 가진 현직에 있지 않기 때문에 역할에 한계가 존재하긴 하지만 이해관계로 인한 편향성과 외교적 타협에 따르는 피상성을 뛰어넘을 수 있다는 점에서 소홀히 할 수 없는 객관적인 해법을 제시할 수 있다고 본다.

이런 측면에서 어느 쪽의 메시지를 갖고 간 것으로 오인될까 걱정한 쪽이나, 그런 메시지가 없다고 홀대한 쪽이나 이들의 지혜와 경륜을 수렴하는 노력이 부족했다고 본다.

## 지구촌 원로들의 메시지는 평화·반핵·인권

'원로들'은 평양에 체류하면서 인터넷에 난마처럼 얽힌 한반도문제를 풀기 위한 해법을 시사하는 글을 올렸고, 이를 서울에서 기자들에게 구체적으로 설명하기도 했다.

이들이 추구하는 평화·반핵·인권 운동의 목표를 지향하면서 제시한 한반도문제 해법의 방향을 요약하면 세 가지이다.

첫째, 평화 문제이다. 카터는 한반도에서 휴전이 성립된 지 60년이 지났는데 아직도 남북 간에 공식적으로 평화협정이 이루어지지 않은 것을 비극이라고 했다. 특히 미국과 북한의 적대관계는, 다시 말해 평화가 공식적으로 회복되지 않은 상황은 북한 주민에게 큰 우려를 만들어내고 정치적 에너지와 자원을 소진시키고 있다고 언급했다.

둘째, 반핵<sup>비핵화</sup> 문제이다. 카터는 방북 중 핵문제와 관련해 북한이 미국과의 관계 개선을 간절히 원하고 있으며, 어떤 문제도 조건 없이 논의할 용의를 반복해서 강조했다고 했다. 이에 대해 '원로들'은 북한이 미국으로부터 안보에 대한 보장을 받지 못하면 핵을 포기하지 않을 것이라는 점을 문제의 핵심으로 지적했다.

셋째, 인권 문제이다. 이들은 북한의 식량난이 매우 심각하다며 대북 식량지원을 촉구했다. 인권 중 가장 중요한 것은 사람들이 먹을 권리이며 이는 정치·군사 분야와 무관한 생존권 차원의 문제이기 때문에 한국·미국이 적극적 지원 의사를 보이지 않은 점을 아쉽다고 했다. 그리고 적대적인 상대방 간에 지속적 평화를 수립하기 위해서는 상호대화를 장려하고 접촉과 교류를 확대하는 것이 관건이라고 지적했다.

이러한 '원로들'의 관찰과 의견은 특별한 구속력이 있는

것은 아니지만 한반도의 평화와 안정을 위해 결코 무시되어
서는 안 될 것이다.

## 대북 식량지원으로 시작하자

마침 카터 일행의 방북 기간에 우리 정부는 적십자회담과
백두산 토론회 개최를 연이어 북한에 제의했다. 모처럼 우
리 정부가 보인 적극성을 환영한다. 또 중국과 한국의 6자회
담 수석대표 간 회동도 있었다. 핵문제를 풀기 위한 회담 수
순, 즉 남북대화를 먼저 열고 미·북대화를 개최한 후 6자회
담을 재개한다는 단계적 접근 계획을 확인했다고 한다.

그러면서 우리 측은 다음 회담으로 가기 위한 형식적인 통
과의례식 남북회담은 하지 않겠다는 입장도 부연했다. 북한
측도 진지한 태도로 동참하게 해 또다시 이러한 과정을 되풀
이하지 않겠다는 각오를 보인 것이기를 기대한다. 다만 남
북이 상호불신의 적대관계에 있다는 현실에 입각해 대화해
야 할 것이며, 있지도 않은 신뢰를 대화의 전제 조건으로 고
집하는 우를 범하지 않기를 바란다.

'원로들' 메시지의 핵심은 첫째, 한반도에 '적대관계' 가
'상존' 하고 있다는 점이고 둘째는 그렇기 때문에 이를 '해
소' 해야 한다는 것이다. 이것이 문제의 근본 원인이자 해법
의 출발점이며 그 출발점에 이르기 위해서는 대화를 장려하
고 접촉을 늘려 신뢰를 쌓아가라고 충고하고 있다. 신뢰가
있어야 대화를 한다는 태도는 외견상 원칙을 지키는 듯하지

만 사실은 올바른 해법이 아니라는 것이다.

'원로들'은 당면하게는 대북지원을 촉구했다. 최근 유엔 세계식량계획<sup>WFP</sup>도 현지조사를 통해 북한 인구의 3분의 1이 식량부족에 처해있다고 했고, 미국 대외원조처<sup>USAID</sup>도 대북지원 준비가 되어 있다고 한다. 북한도 원조기관의 모니터링 관련 요구를 대폭 수용하겠다고 했다. 이러한 준비가 있음에도 한국 정부가 대북지원을 정치군사적 조건과 연계하는 것은 원칙에도 맞지 않을뿐더러 전략적으로도 미숙한 태도라고 할 것이다.

우리 사회의 종교지도자 '원로들'도 지난 4월 12일 대북지원의 무조건 재개를 촉구하는 기자회견을 했다. 국내외 원로들의 목소리가 한결같다.

북한의 한 외교관리가 낭독했다는 남북정상회담 용의표명을 어떻게 해석할 것이냐 하는 부질없는 논의에 매달려 '원로들'이 주고 간 희망의 메시지를 놓치지 말기 바란다.

〈제23호〉 2011.05.02

# 북한인권법 제정,<br>무엇이 문제인가

## 실질적 인도적 지원 조항의 검토가 필요

2004년 미국에서 북한인권법이 제정되고 2006년 일본에서도 유사한 법이 제정되자, 우리도 북한인권법을 만들어야 한다며 다양한 법안들이 제안되기 시작하면서 북한인권법은 지난 수년간 한국 사회의 민감한 이슈로 부각되어 왔다. 민주당은 미국과 일본의 북한인권법이 실효성이 없다며 입법에 반대하였고, 제18대 국회에서 한나라당 의원들에 의해 4건의 북한인권법안이 제출되어 2010년 2월 11일 국회 외교통상위원회에서 통합 수정된 '북한인권법안(대안)'이 통과되었다.

최근 국회 법제사법위원회에 계류되어 있는 '북한인권법안'의 통과를 둘러싸고 우리 사회의 갈등이 되풀이되고 있다. 한나라당은 몇몇 의원들이 기자회견을 열고 '북한인권법안'의 조속한 통과를 촉구했고 원내대표 또한 국회통과 의지를 공언했으나, 민주당의 지속적인 반대 입장으로 접점을 찾지 못하고 있다. 또한 일부 보수적 민간단체들은 기자회견과 토론회, 삭발식 등을 통해 법안 통과를 강력하게 요구하고 있으나 진보성향의 단체들은 이 법안에 우려와 반대의사를 표시하고 있다.

## 법제정을 둘러싼 정치적 분란의 실체

'북한인권법'은 이미 수년 전부터 우리 사회의 민감한 이슈로 부각되어 왔으며 '남남갈등'의 대표적 쟁점이 되어 왔다. 2004년 미국에서 북한인권법이 제정되고 2006년 일본에서도 유사한 법이 제정되자 우리도 북한인권법을 만들어야 한다는 분위기 속에서 다양한 법안을 제안하기 시작했고, 민주당은 미국과 일본의 북한인권법이 실효성이 없다며 입법에 반대해왔다.

이명박 정부 등장 이후 제18대 국회에서 한나라당 의원들은 4건의 북한인권법안을 제출했고 2010년 2월 11일 국회 외교통상위원회에서 민주당 의원들의 퇴장 속에 통합수정된 '북한인권법안대안'을 통과시켜 현재 이 법안은 법제사법위원회에 계류 중이다.

여러 차례 수정과 변경을 거쳐 현재 국회 법사위에 계류 중인 '북한인권법안'을 살펴보면, 이 법은 북한 주민의 기본적 생존권을 확보하고 인권 증진에 기여함을 목적으로 함[1조] 통일부 산하 북한인권자문위원회 설립[5조] 통일부 장관은 3년마다 북한인권 기본 계획 및 매년 북한인권 증진에 관한 집행계획 수립[6조] 외교통상부에 북한인권대외직명대사 임명[7조] 인도적 지원의 권장 조건[8조] 북한인권재단의 설립[10조] 북한인권재단 내 북한인권기록보존소 설치[10조 3항] 통일부 장관의 북한 내 인권실태 조사 및 국회보고[12조] 민간단체의 활성화 지원[15조] 등이 주요 내용이다.

원래 법을 제정하기 위해서는 그 목적에 대한 국민적 공감대가 이루어져야 하고 법 시행을 통해 그 목적을 달성할 수 있어야 할 것이다. '북한인권법'도 마찬가지다. 북한 주민들의 인권이 개선되어야 한다는 당위에 대해서는 우리 국민 누구도 반대할 사람이 없을 것이다. 그러나 과연 이 법을 시행하면 북한 주민의 인권이 개선되고, 이 법이 없으면 북한 주민의 인권이 더욱 악화되는가에 대해서는 이론이 많다. 이 실효성을 둘러싼 논란이 문제의 핵심이다.

물론 이 법을 제정해서 북한 정권을 자극할 필요가 있느냐고 묻는 것은 논외다. 북한 정권의 반응에 관계없이 우리의 명분과 정당성이 확보되고 실질적인 인권 개선의 효과를 거둘 수 있다면 의연하게 정도를 걸으면 될 것이다.

그러나 현 시점에서 이 법의 필요성에 대한 논란으로 정치적 분란이 일어나고 그 실효성도 의심받고 있는 가운데 굳이 법 제정을 강행함으로써 우리 사회에 또다시 이념적 갈등이 유발된다면 과연 제대로 법목적성에 충실한 결과를 얻을 수 있을는지 의문이다.

실제로 이 법을 통해 우리가 달성하고자 하는 목적은 무엇이며, 이를 위해 여기에 무슨 내용을 담아 무엇을 실행하려는지에 대한 논의는 사라지고 단지 찬성이냐 반대냐 하는 이분법적 입장만 부각되고 있는 현실이 참으로 안타깝고 딱한 일이다.

### 왜 「북한인권법」을 제정해야 한다고 하는가?

'북한인권법' 제정의 당위성을 주장하는 측은 다음과 같은 근거를 제시하고 있다. 우선 북한인권 상황이 심각하고 긴급하며 인권침해가 광범위한 성격을 갖고 있다는 것이다. 또한 북한의 인권상황이 북한 당국의 조직적이고 체계적인 반인권적 지배체계와 관련되어 있기 때문에 북한 스스로 개선할 수 없고 외부의 적극적인 개입과 관심이 요구된다는 점을 들고 있다.

또, 북한 인권 문제가 인류 보편적 문제임과 동시에 민족적 문제로서 한국의 개입이 필수 불가결한 상황이고, 미국과 일본도 제정했는데 이를 방관할 수 없다는 것이다. 아울러 한국의 북한인권법 제정은 대한민국 헌법정신을 실질적으로 구현하는 것이며, 북한 주민을 한국 정부의 정책대상으로 인정함으로써 통일과 남북사회통합 대비 작업에 대한 참여를 재고시키는 당위성도 있다고 주장한다.

한편 '북한인권법' 제정의 필요성에 대해, 법 제정을 통해 즉각적인 인권 개선 효과를 거두기 위한 측면보다는 북한인권 개선을 위한 기초 환경 조성에 의의가 있고 법이 제정될 경우 북한인권 개선을 위한 제도적·환경적 조건을 갖출 수 있다고 주장한다. 구체적으로 정부 내에 북한인권 전담 조직을 운영하고 북한인권 관련 단체에 대한 예산지원과 북한인권기록보존소 운영을 통해 북한인권 개선 활동을 전개할 수 있는 제도적·물적 토대를 갖추고 국제기구 및 국제적 NGO와의 협력 강화, 대북 인도적 지원의 합리적 실천 등에 기여할 것이라고 주장한다.

## 실질적 인권 개선의 효과는 있는 것인가?

북한의 인권 상황이 심각하고 광범위하며 긴급히 해결되어야 한다는 점에는 대부분이 공감하지만, 실효적인 인권 개선의 방법이 무엇인가를 둘러싸고는 다양한 견해가 있을 수 있다. 북한인권 개선을 위해 외부의 적극적인 관여와 개입이 필요하다는 점 또한 인정하지만 관여와 개입의 방법 역시 다양하게 존재한다. 따라서 일의적으로 '법'을 만들어야만 하는 것은 아니다. 또한 미국이나 일본이 관련법을 제정했으니까 우리도 북한인권법을 가져야 한다는 주장은 설득력이 부족하다.

국제법적으로 주권국가로 인정받고 있는 북한의 인권 개

선을 위해서는 대한민국 헌법의 즉시적 외연 확장보다는 남
과 북이 모두 가입하고 있는 국제인권규약을 기준으로 북한
인권상황 개선을 요구하는 것이 훨씬 더 현실적이라고 할 것
이다.

또한 '북한인권법안'의 내용을 살펴보면, 북한인권재단
설립 부분을 제외하고는 북한인권 개선과 관련해 새로울 것
도 없고 실효성도 없어 보인다. 이 법안의 많은 내용은 「남북
관계 발전에 관한 법률」과 같은 법률에 의해 이미 규정되어
있다. 인권 개선을 위한 노력, 인도적 지원, 국제협력 등은
「남북관계 발전에 관한 법률」제9조인도적 문제 해결, 제10조북한
에 대한 지원, 제11조국제사회에서의 협력증진 등과 거의 유사한 조문으
로 이루어져 있어 이와 중복되는 '북한인권법안'의 필요성
을 의심하게 한다. 북한인권자문위원회 설립, 북한인권기본
계획 및 집행계획, 대국민교육 및 홍보대책 마련·시행 역시
이미 다른 기관에서 유사한 성격의 업무를 수행하고 있는 경
우가 대부분이어서 법안이 가진 새로운 내용은 거의 없다.
북한인권대외직명대사 역시 단지 상징적인 의미밖에 없다.

'북한인권법안'의 필요성으로 거론되는 내용 중 주목되
는 것은 정부 출연금 등으로 운영되는 북한인권재단의 설립
및 그 재단을 통한 민간단체의 재정지원뿐이다. 실제 이 법
안의 총 20개 조항 중 북한인권재단과 관련된 규정이 5개 조
항제10, 11, 12, 15, 19조을 차지할 만큼 이번 '북한인권법안'에서는
북한인권재단 설립이 큰 비중을 차지한다.

이 법안에서 규정한 북한인권재단의 사업은 북한인권 실

태에 대한 조사·연구, 북한인권기록보존소의 설치·운영 북한인권 문제 해결을 위한 정책 대안의 개발 및 대정부 정책 건의, 북한인권 관련 시민단체에 대한 지원, 북한인권 관련 홍보·교육·출판 및 보급, 북한인권 관련 남북 접촉 및 교류 협력, 북한인권 개선을 위한 국제적 교류 및 협력 활동 등과 같이 대단히 넓은 범위에 걸쳐져 있다.

북한인권재단 사업이 이와 같이 광범위하고 통일부 등 타 정부기관의 업무와 중첩되는 부분이 많은 데다 그 설립 비용과 재원이 모두 정부 출연금 또는 보조금으로 규정되어 있어서 예산의 과도한 배정, 임의적이고 부적절한 집행 등 상당한 부작용이 우려된다. 또한 북한인권재단이 북한인권 관련 민간단체에 대해 지원할 수 있게 함[15조]으로써, 운영하는 데 따라서는 특정한 민간단체들만이 '인권의 이름으로' 편중적인 재정지원을 받게 될 것으로 예상된다. 아울러 재단으로부터 재정지원을 받는 단체들이 다시 정부의 대북정책을 더욱 경화시키는 압력을 가함으로써 북한인권 문제를 둘러싼 정치적 갈등을 증폭시킬 우려도 엿보인다.

북한인권재단의 활동과 사업 내용을 보면 기존의 국가인권위원회나 다른 국가기구 등을 통해서도 이와 비슷한 역할을 충분히 해나갈 수 있다고 본다.

만일 북한인권 관련 민간단체에 대한 재정적 지원 및 '북한인권기록보존소'의 설치가 필요하다고 하더라도, 북한인권 문제가 이미 정치적으로 민감한 사안이 되고 있는 상황에서 굳이 '북한인권법'의 이름으로 해야만 한다는 필연성은 없어 보인다.

## 북한 주민의 인권 개선을 위해서는 인도적 지원이 더 시급하다

현재 국회 법사위에 계류 중인 '북한인권법안'에도 '북한 주민에 대한 인도적 지원에 필요한 사항을 규정함으로써 이들의 기본적 생존권을 확보[1조]'한다고 하면서 제8조에서 인도적 지원 조항을 독립적으로 두고는 있으나, 그 내용은 인도적 지원 시에 준수 노력을 해야 할 기준을 정하는 데 중점을 두고 있을 뿐 정작 지금 북한 주민들에게 절실히 필요하고 시급한 대량의 인도적 지원에 대한 실행 조항은 전혀 없다.

세계식량기구[WFP]를 비롯한 각종 유엔 기구들이 최근 북한의 식량사정을 조사해 발표한 보고서에 따르면, 현재 북한 주민들의 식량부족 사태는 매우 심각하고 절박하며 아사의 위험 등을 벗어나기 위해서는 대량의 식량지원이 시급한 것으로 나타나고 있다.

'북한인권'을 애기할 때 흔히 보수적인 단체들은 정치범수용소와 공개처형, 고문 등의 '자유권'만을 중시하고 진보 성향의 단체들은 '생존권'만을 우선시한다는 지적을 받고 있다. 그러나 '보편적 인권'은 자유권과 생존권 모두를 불가분적으로 포함하는 것이지 그중 어느 하나만 강조해서는 안 된다.

자유권과 생존권은 '인권'의 관점에서 모두 중요하고 함께 보장되어야 한다. 진보적 단체들이 북한 주민의 자유권 개선에 더욱 관심을 쏟아야 하는 것과 마찬가지로 보수적 단체들 또한 기본적 생존권 보장을 위한 대북 인도적 지원에 적극 나서야 한다.

그런데 보수세력 일각에서는 북한 주민의 절박한 식량부족 사태에 대해 불신하거나 외면하고 있고, 식량을 지원한다고 해도 군인이나 당 간부들에게만 돌아가지 북한 주민에게는 분배되지 않는다는 이유를 내세워 대북 식량지원에 부정적이다.

이러한 편향은 '북한인권법안'에도 여실히 나타나 있다. 북한인권 내용 중 하나인 기본적 생존권을 보장하기 위해 절실히 필요한 대북 인도적 지원에 대해서는 적극적 실행 규정이 결여되어 있다. 물론 분배의 투명성을 보장하기 위해 필요한 조항이 들어가는 것은 옳으나, 그런 조항이 북한 주민에 대한 대량의 식량지원에 소극적이거나 부정적인 태도를 정당화해서는 안 될 것이다.

'북한인권법안'이 '인권법'으로서의 진정성을 의심받지 않으려면 북한 주민의 기본적 생존권 보장의 실현에 대해 보다 구체적이고 적극적이며 대량의 인도적 지원이 가능한 내용을 담고 있어야 할 것이다.

이렇게 볼 때 현재 국회에 계류 중인 '북한인권법안'에 대해서는 당위와 명분, 그리고 실효성을 놓고 충분한 여론수렴을 바탕으로 신중하게 제정 여부를 결정함으로써 우리 사회 안에 또다시 이념 갈등을 증폭시키는 일이 없도록 해야 할 것이다. 특히 북한인권 개선을 위해 당장 필요한 사항들이 있다면 굳이 ‘북한인권법’이라는 형식적인 모자를 쓰지 않고도 행정적 차원에서 시행해 나가면 될 것이다. 그렇게 하는 것만이 오히려 법제정의 진정성을 의심받지 않고 ‘북한인권법’의 목적에 충실할 수 있는 길이다.

〈제24호〉 2011.05.04

# 5·24조치의 무거운 짐을 내려놓을 때가 되었다

## 북한이 대남압박을 조절하는 역효과를 보며

1

2010년 3월 26일 발생한 천안함 사건 이후, 정부는 "더 이상 북한과의 교류·협력은 무의미한 일"이라며 개성공단을 제외한 남북 교류·협력을 사실상 중단시키는 5·24조치를 발표했다.

2

5·24조치의 주요 내용은, 우리 국민의 방북 불허, 제3국 등에서의 북한 주민 접촉 제한, 대북 신규 투자 불허, 개성공단 체류 인원 제한, 북한 선박의 우리 해역 운항 금지 등이다.

3

이후 남북관계는 '남북 간 교역을 위한 문호 개방' 등의 적극적인 대북 협력의지를 표명한 1988년 '7·7선언' 이전 수준으로 후퇴했다고 평가되었다.

최근 들어 한반도 문제를 둘러싸고 관련국들의 움직임이 다시 살아나고 있다. 김정일 국방위원장이 작년 5월, 8월에 이어 9개월 만에 또다시 중국을 방문하고 있다. 북한의 최고지도자가 이렇게 짧은 시기에 잇달아 중국을 방문한 것은 매우 이례적인 일이다. 특히 원자바오 중국 총리가 일본 도쿄에서 열린 한·중·일 정상회담에 참석한 이명박 대통령과 만나는 동안, 김정일 위원장이 중국에서 장쩌민江澤民 전 국가주석을 만나고 후진타오 국가주석과 북·중정상회담을 가졌다는 점은 의미하는 바가 크다.

이에 앞서 남북한 간에는 일련의 핑퐁식 동문서답이 있었다. 지난 4월 말 북한 당국이, 방북한 카터 전 미국 대통령을 통해 남북정상회담을 제의했지만, 우리 정부는 북측의 태도에 진정성이 없다며 이를 거부했다. 대신 5월 8일 이명박 대통령은 베를린 제의를 통해 북한이 핵 포기를 약속하고 천안함·연평도 사건에 대해 사과한다면 내년 3월 서울에서 열리는 핵안보정상회의에 김정일 국방위원장을 초청할 용의가 있음을 밝혔다. 이에 북한 '조평통'은 곧바로 격렬하게 비난하면서 우리 측 제의를 거부했다.

## 한반도문제를 둘러싼 활발한 외교전

이처럼 남북한이 상대 측 제의를 거부하고 비난하는 가운데, 쌍방 정상들은 일본과 중국에서 독자적인 행보를 펼쳤다. 이 대통령은 한·중·일 정상회담에서 북한의 우라늄 농축 프로그램에 대해 우려를 표명하고 6자회담 재개를 위해 남북대화 여건이 우선 조성되어야 한다는 점을 중·일 정상에게 설득해 동의를 얻어냈다. 이와 대조적으로 김 위원장은 원자바오 총리가 "북한 발전에 기회를 주기 위해 초청" 했다고 밝혔듯이 중국의 여러 곳을 방문하면서 북·중 우의를 대내외적으로 과시했다.

그런 가운데 5월 16~28일 사이에 미국의 보즈워스 대북정책 특별대표가 방한하고, 5월 24일부터 6월 2일까지는 로버트 킹 대북인권대사가 이끄는 '식량평가팀'이 북한을 방문한다. 이는 2009년 12월 보즈워스 대북정책 특별대표의 방북 이후 중단됐던 북·미 직접대화가 재개됨을 의미하는 것이다. 이들은 350만 명의 북한 주민이 식량위기에 직면했다고 밝힌 세계식량계획[WFP]의 '북한 식량실사보고서' 내용을 직접 확인하고 분배감시 문제 등을 협의한 뒤 대북 식량지원 재개 여부를 결정하게 된다. 만약 미국의 대북 식량지원 결정이 내려진다면 6자회담의 재개에도 청신호가 켜질 것으로 보인다.

이처럼 한반도문제를 둘러싸고 남북한과 주변국의 접촉이 빈번히 이루어지고 있다. 하지만 아쉬운 점은 이러한 상황 전개에도 불구하고 남북 사이에는 이렇다 할 실질적인 대화가 이루어지지 못하고 있다는 사실이다. 북한은 남북정상회담을 제의하면서도 우리 측에 직접 의사를 전달하지 않았다고 알려져 있고, 우리 측도 북측에 우리의 진의를 전달했다고 하면서도 직접 북측 인사를 만나지도 않았다. 결국 남북한 모두 상대측에 책임을 전가하면서 진정성 있는 대화를 회피하고 있는 것이다.

## 부메랑으로 돌아온 5·24조치

5월 24일은 천안함 사건의 1차 조사 결과에 따른 대북 제재조치를 발표한 지 만 1년이 되는 날이다. 천안함 군사 도발 사태와 관련한 이명박 대통령의 대국민 담화와 3부 장관의 후속 조치 발표를 통해 취약계층을 제외한 모든 인도적 지원과 남북경협을 중단하는 등 강력한 대북제재 조치를 취했다. 정부는 이와 같은 대북조치로 지난 1년간 북한의 현금 수입이 약 2억 5000만~3억 달러 정도 감소했으며, 이것은 북한이 그만큼 벌금을 물고 있는 것과 같다고 밝혔다.

하지만 우리 기업이 떠난 빈자리를 중국 기업들이 차지하면서 대북제재의 효과가 의문시되고 있다. 2010년 북·중 교역액은 사상 최고치인 34억 달러로서 전년보다 30% 증가했으며 올해에는 그 이상으로 늘어날 것으로 전망된다. 그뿐만 아니라 5·24조치는 북한 경제의 대對중국 종속을 심화시키는 역효과도 낳았다. 특히 라선경제무역지대, 황금평경제지대 공동개발 등으로 중국 자본이 대거 북한으로 유입될 것으로 전망된다.

무엇보다 이 같은 위탁가공 및 교역 중단으로 북한이 경제적 손실을 입기보다도 우리 측 대북 경협기업들이 더 커다란 타격을 받고 있다. 남북교역 중단으로 남측의 위탁가공업체와 대북교역업체는 심각한 경영난을 겪고 있다. 남북경협 기업인들이 올해 1월 24일부터 두 달간 자체 조사단을 꾸려 조사한 결과에 따르면, 남북 경협·교역 업체 154개 중 78.6%가 5·24조치로 사업이 중단됐고, 그중 12.3%는 현재 사업이 완전히 중단돼 재개가 불가능하다고 답했다. 또한 104개 기업이 총 4030억여 원약 3억 6000만 달러의 피해를 본 것으로 알려졌다.

현재 우리 정부는 남북관계의 모든 현안을 천안함·연평도 도발사건에 대한 북측의 사과와 연계하고 있다. '천안함·연평도 사건에 대한 북한의 진정성 있는 사과'가 없다면 남북대화를 할 수 없다는 '원칙'을 내세우고 있다. 이런 '원칙' 때문에 백두산 화산 활동 회의에도 책임 있는 당국자 대신 민간전문가들을 내보냈다. 천안함 사건이 있기 전까지 '비핵화' 없이는 남북대화가 없다는 것을 전제 조건으로 내걸었었는데 이제는 그 전제 조건이 '선 비핵화'에서 '천안함·연평도 사과'로 바뀐 것이다.

이처럼 미국과 중국, 러시아가 북한을 둘러싸고 활발히 대화를 전개하고 있는 반면, 한국 정부는 5·24조치에 발목이 묶여 남북 당국 간 대화는 물론 영유아에 대한 지원 이외의 인도적 지원조차 불가능하다는 입장을 견지하고 있다. 하지만 북한은 천안함 사태에 대해 자신이 저지르지 않았다며 '하지도 않은 일에 대해 사과할 수 없다'는 입장을 견지하고 있다. 그렇기 때문에 당분간 남북대화의 가능성은 높지 않아 보인다.

이렇게 본다면 5·24조치는 결과적으로 기대했던 북한의 행동 변화를 가져오지 못했을 뿐만 아니라, 남북관계에서 우리의 선택폭은 제약을 받고 북한은 대내외 정세를 적절히 활용하면서 대화공세 등 대남압박의 강약을 조절하는 입장에 서게 만들었다고 보인다. 또한 우리가 남북관계를 주도할 기회는 상실되고 대신 국제사회의 관여 폭이 점차 넓어져가고 있는 현상도 나타나고 있다. 이제 5·24조치는 시간이 흐르면서 우리의 무기가 아니라 무거운 짐으로 변모해가고 있는 것이다.

## 남북관계 개선 의지가 곧 5·24조치의 출구다

우리 정부가 5·24조치가 짐만 되고 별다른 실익이 없는데도 이를 견지하고 있는 이유는 다음과 같은 정세인식에 바탕을 두고 있는 듯하다. 하나는 시간이 우리 편이라는 북한 조기붕괴론의 인식이며, 다른 하나는 현재의 한미관계가 역대 어느 정부 때보다도 공고하다는 자신감이다.

먼저 북한의 조기붕괴론은 지금까지도 주요 정책결정자들의 신념으로 자리 잡고 있는 것 같다. 주지하듯이 조기붕괴론의 발단은 2008년 하반기 김정일 위원장의 건강이상설이다. 건강악화설과 관련해 심지어 김 위원장의 병세가 2015년을 못 넘길 정도라는 예측도 나왔다. 작년 초 어떤 연구기관에서는 김 위원장의 유고를 전제한 보고서를 발간할 정도였다. 하지만 이번에 김 위원장이 열차로 5000㎞가 넘는 장거리 중국 방문을 한 것은 그러한 추론과 배치된다고 하겠다.

조기붕괴론의 또 다른 근거는 북한 경제의 악화이다. 절대적인 식량부족으로 북한체제가 오래갈 수 없으며, 따라서 시간은 우리 편이라는 것이다. 하지만 현실은 이를 뒷받침해주지 못하고 있다. 현대경제연구원의 최근 연구에 따르면, 이명박 정부 출범 이후 3년간 남북관계 경색에 따른 남한의 직접적인 경제 손실은 45억 8734만 달러에 이른다. 이에 반해 북한의 직접적인 손실은 8억 8384만 달러로 남한의 19.3% 수준인 것으로 분석됐다. 이 연구 결과는 남북 간 경제교류협력 중 상업적 거래만을 대상으로 파악한 것으로 생산유발 및 부가가치유발 효과, 고용 창출 기회 등 간접적 손실은 고려하지 않았다.

다음, 한미관계가 최상의 상태라는 인식이다. 이명박 정부에 들어와 한미관계는 '전략동맹 관계'로 격상되었고, 버락 오바마 미 행정부가 전향적인 대북정책을 취할 것이라는 전망과 달리 미국은 한국 정부와 '찰떡 공조'를 이루고 있다. 하지만 한미 간의 '찰떡 공조'는 최근 미국의 각종 청구서로 돌아오고 있다. 또한 미·중 협력과 대통령 재선을 고려해야 될 오바마 대통령으로서는 북한문제에 관한 한국의 요구를 무한정 받아줄 수만은 없을 것이다. 최근 미국의 대북 식량지원 움직임이 이를 단적으로 보여주고 있다.

최근에 북핵문제가 전개된 과정을 보면, 북한과 미국 사이에 접촉 움직임이 있을 때마다 한국 정부가 나서서 발목을 잡는 형국이 되풀이 되었다. 현재 우리 정부가 6자회담 재개를 위해 '남북대화→북·미대화→6자회담'의 프로세스를 주장해 미국과 중국 등 참가국들의 동의를 얻어냈다. 이와 같이 남북 비핵화 대화를 맨 앞에 놓은 일이 우리 정부가 남북관계의 개선에 주도적 역할을 하기 위한 것이라면 다행이다. 그러나 만에 하나 이것이 북·미대화를 막기 위한 것이라면 지금의 상태를 벗어나기 어렵다.

어떻게 하면 꽉 막혀 있는 남북관계와 북핵문제의 출구를 찾을 수 있을까? 그 답은 우리에게 있다. 남북관계를 개선시켜야 한다는 의지의 유무에 달렸기 때문이다. 의지만 있으면 비핵화 남북회담을 진전시켜 이를 경색국면 돌파의 계기로 활용할 수도 있고 고위당국회담을 열어 북한의 양보에 수반하는 정치적 타결점을 모색해볼 수도 있는 것이다.

이 과정에서 우리 측의 명분과 체면만 손상되는 것이 아닌가를 우려할 필요는 없을 것이다. 북한 측의 경우 우리의 5·24조치에 맞서 다음날 '조평통'의 담화로 8개항의 실행조치를 발표했지만 사실상 이 조치들은 철회된 것이나 다름없다. 이 가운데에는 현 정부와의 일체 당국 대화와 접촉 중단, 판문점 적십자 연락사업 완전중지, 남북 사이의 모든 통신연계 단절 등이 들어 있었지만 작년 10월 말 이산가족상봉 및 올해 2월 초 군사실무회담 등을 통해 스스로 이를 파기했으며, 그로 인해 북한은 이미 체면을 잃어버렸다.

만약 외교·국방·통일 3대 분야의 대북조치를 단번에 철

회하기 어렵다면, 이를 단계화해 북측의 태도 변화와 6자회
담의 진전 등과 맞물려 조정해나가는 출구전략을 쓸 수도 있
을 것이다. 또한 북한 측의 퇴로를 열어주기 위해 선제적으
로 민간 차원의 대북지원활동을 허용할 수도 있을 것이다.
통일민족사는 국력 면에서나 당위 면에서나 우리가 주도력
을 발휘할 수밖에 없으며, 이러한 책무는 우리가 회피해서도
안 되고 회피할 수도 없다. 바깥에서 밀려오는 정세변화에
떠밀려 남북대화에 나서기보다는 한반도 평화와 국가의 미
래이익을 내다보면서 북한을 리드해나가는 지혜와 유연한
대북정책이 절실하다. 한반도의 긴장 격화는 결국 우리의
역할 축소로 이어진다는 역사적 경험을 되살려 이제 무거운
짐을 조용히 내려놓아야 할 때이다.

〈제25호〉 2011.05.23

# 6·15공동선언 11주년,
# 기본으로 돌아가자

### 평화가 확보되어야 교류도 협력도 있다

1

6·15공동선언은 분단 이후 최초의 남북한 정상회담을 통해 한국의 김대중 대통령과 북한의 김정일 국방위원장이 합의해 발표한 5개항의 합의 내용을 담고 있는 공동선언이다.

2

그 내용은 통일 문제의 자주적 해결, 1국가 2체제의 통일방안 협의, 이산가족 문제의 조속한 해결, 경제협력 등을 비롯한 남북 간 교류의 활성화 등으로 압축된다.

최근 북한이 대남 대화거부와 보복공격을 공언하면서 남북 간의 군사적 긴장이 가파르게 고조되고 있다. 북한의 인민군 총참모부가 지난 3일 대변인 성명을 통해 실제적이고 전면적인 군사적 보복 행동을 단계적으로 취하겠다고 경고하면서 북한의 군사적 도발과 그에 따른 남북 간의 충돌 우려가 일고 있다. 이에 앞서 지난달 30일 북한 국방위원회도 남한과의 상종을 거부한다며 이후 거족적인 전면공세와 대북 심리전에 대한 물리적 타격에 나서겠다고 했다. 북미회담과 6자회담 재개의 전제 조건으로 논의되던 남북회담은 이미 물 건너간 것 같다는 인상마저 준다. 다음 날 국방위원회 대변인은 매우 이례적으로 정상회담 개최를 위한 남북 당국자 간 비밀접촉 사실을 공개하기도 했다. 표면적으로 보면 북한은 현 정부와 더 이상 대화를 추진하지 않을 수 있다는 메시지를 보낸 것이다.

## 사격 표적지 사건, 대화의 기초 스스로 허물어

북한이 강경한 입장을 천명하게 된 1차적 빌미는 사격 표적지 사건이다. 지난달 30일 저녁 우리 언론에 경기도 양주의 한 예비군 훈련장에서 김일성·김정일·김정은 3대 부자의 사진이 들어간 영점사격 표적지를 향해 사격훈련이 실시되었고, 인천의 한 예비군 훈련장에서는 김 부자의 머리에 총구가 겨눠지고 '김 부자의 목을 따서 3대세습 종결짓자', '세습독재 도려내어 북한동포 구해내자' 라는 구호가 적힌

현수막이 곳곳에 내걸렸다고 보도되었다. 북한 당국, 특히 수령의 결사옹위를 신조로 삼는 군부로서는 이 같은 일을 도저히 그냥 넘길 수 없었을 것이다. 북한은 한 걸음 더 나아가 각종 매체를 동원해 주민들의 격앙된 분위기를 대내외에 전하고 있다. 이는 이번 사건의 파장이 결코 간단치 않음을 보여준다.

사격 표적지 사건은 북한의 반발은 차치하고라도 남북 간 합의사항을 우리 스스로가 깨버린 것이다. 1972년 7·4공동성명에서 시작되는 모든 남북합의는 상호체제 인정·존중을 바탕으로 하고 있다. 평화공존과 협력의 정신이 근저에 놓여 있는 것이다. 우리 정부가 기회 있을 때마다 북한에 촉구하고 있는 '진정성을 보이라'는 주장도 북한이 상호존중의 정신에 입각해 대남도발에 대해 사과하고 재발을 방지하라는 의미를 담고 있다. 사격 표적지 사건은 그 정당성의 근거를 흔들고 '함께 흙밭에 뒹굴기'를 하겠다는 느낌마저 준다.

## 의문시되는 상황관리와 대화추진 능력

우리 군 일부에서 김일성·김정일·김정은 3대 부자를 사격 표적지로 사용한 것이 청와대나 국방부의 지시로 발생한 일은 아닐 것이다. 연이은 도발 사건으로 아무리 북한에 대한 적개심이 커졌다 할지라도 우리 정부가 그 정도로 남북관계 파탄을 감수하고 막가지는 않을 것으로 생각되기 때문이다. 이런 정황을 고려할 때 북한도 이 사건을 지나치게 확대해서는 안 될 것이다.

문제는 우리 정부의 상황관리와 대북 대화추진 능력에 있다고 보인다. 북한과 건설적인 대화를 하려면 매우 신중하고 세심하게 분위기를 조성하고 주변을 관리해야 한다. 정부의 안보관 강화 지시가 막상 현장에서는 상식을 벗어난 과잉 충성과 남북관계의 토대 파괴라는 통제되지 않은 심각한 결과를 야기할 수 있다는 점을 예견했어야 했다. 특히 이명박 대통령이 베를린에서 김정일 국방위원장을 내년 2차 핵정상회의에 초청할 수도 있다는 중대한 대북제의를 하고, 그즈음 베이징 등에서 남북정상회담을 개최하기 위한 당국 간 접촉이 이루어지는 상황에서 이 같은 일이 발생한 것은 이해하기 어렵다. 한쪽에서는 정상회담을 협의하면서 다른 쪽에서는 그 회담의 당사자를 표적으로 걸어놓고 사격훈련을 하는 상황은 우리 정부가 의도하지 않았다면 상황을 관리할 수 있는 능력이 없음을 의미할 뿐이다.

그러나 더욱 중요한 이유는 천안함 사건을 둘러싼 이견이다. 주지하다시피 우리 정부는 지난해 5월 천안함이 북한의 어뢰공격으로 격침되었다는 조사 결과를 발표하고 북한을 국제사회에 '기소' 했다. 이는 미국과 스웨덴 등 국제적 민군합동조사단의 조사 결과에 따른 것이다. 그러나 '피고' 인 북한은 이러한 '혐의' 자체를 '날조' 라고 주장하고 있다. 중국이나 러시아도 사실상 북한을 거들고 있다. 물론 여기에는 사실 여부와 무관하게 정치적인 이해관계도 작용하고 있을 것이다. 이렇게 되면 천안함 침몰 사건에 대한 유무죄

판결은 단기적으로 쉽게 내려질 수 없는 게 현실이다. 이런 상황에서 우리 정부는 북한이 먼저 사과하는 것이 스스로의 진정성을 보여주는 척도이자 모든 남북대화 재개의 전제 조건이라는 입장을 더욱 분명히 하고 있다. 그 결과 우리 정부뿐 아니라 미국 등 관련 국가들은 대북대화 모색의 입구조차 찾지 못하고 있다.

이제 6자회담 남북수석대표 회담을 계기로 북·미대화와 6자회담 재개를 이어가려던 관련국들의 구상은 좌초될 위기에 처했다. 특히 중국 등의 권유로 '마지못해' 남북대화의 우선 개최에 동의한 북한으로서는 우리 정부의 사과 요구에 맞대응할 카드이자 남북대화를 거부할 명분으로, 나아가 남북대화를 우회해 6자회담 재개로 나아가기 위한 방편으로 이번 사격 표적지 사건을 적극 활용할 것이다. 결과적으로 천안함 침몰과 사격 표적지 사건이라는 남북 간 현안이, 더 엄중하면서도 중장기적인 북핵문제의 해결을 위한 대화의 재개를 가로막는 형국이 또다시 초래되고 있다.

## 천안함 침몰 사건과 6자회담 분리해야

북한이 남한과의 대화를 전면적으로 거부하면서 북한을 둘러싼 대화구도가 미국과 북한 그리고 중국 간의 삼각구도로 쏠려갈 가능성이 어느 때보다 높아지고 있다. 우선 캠벨 미국 동아태차관보가 지난 6일 중국을 방문했다. 김정일 위원장의 중국 방문 결과를 듣고 작금의 상황을 중국과 협의하기 위한 행보로 보인다.

또한 미국은 이미 북한과의 대화를 진전시켜 나가고 있다. 미 국무부 킹 대북인권특사가 식량평가단을 이끌고 북한을 방문한 데 이어, 북한에 쌀은 아니지만 옥수수를 비롯한 식량을 지원할 것임을 기정사실화하고 있다. 북한도 미국과의 대화에는 적극적인 모습을 보이고 있다. 북한은 미국의 '대북인권특사' 와 공식적인 당국 간 대화를 했을 뿐 아니라, 억류했던 미국 국적의 재미교포를 일방적으로 석방하기도 했다.

북한의 태권도시범단도 순회공연을 위해 미국을 방문했다. 미국과 북한 간에는 대화를 재개하기 위한 분위기가 하나둘 만들어지고 있다. 이런 가운데 북한과의 협력관계를 바탕으로 대북 설득력을 높여가고 있는 중국의 선택도 주목되고 있다. 북한이 남북대화를 전면 거부하고 있는 상황에서 중국이 남북대화를 건너뛰어 북·미대화나 6자회담 수석대표 회담으로 바로 가는 방안을 제의할 개연성마저 제기되고 있다.

우리 정부는 이러한 상황을 더 이상 방치해서는 안 된다. 그러기 위해서는 우선 남북관계를 세심하게 관리할 필요가 있음을 인정해야 한다. 남북관계를 관리하는 일은 북한의 요구에 굴복하는 것이 아니다. 북한이 주저하는 변화를 이끌어내기 위한 출발점으로서 적절한 수준의 관리가 필요한 것이다. 이는 물론 최고지도자 간 회담뿐 아니라 모든 수준의 대화와 협력의 실질적 진전을 위해서도 요구된다.

다음으로 무엇보다 천안함 침몰 사건과 6자회담 재개가 분리되어야 한다는 점이다. 우리 정부가 현재와 같은 입장을 완고하게 고집할 경우, 천안함 사건에 대한 사과도 받아내지 못하면서 자칫 6자회담에서 철저하게 소외될 수도 있다. 우리 정부는 더 이상 실기失機하지 말아야 한다. 천안함 침몰 사건은 남북 간 현안으로써 다루어져야 한다. 그리고 우리가 북한의 사과를 받자는 것은 북한을 항복시키거나 우리의 체면을 차리기 위해서가 아니라, 앞으로 북한의 도발행위를 차단하고 한반도 평화를 공고히 하는 계기로 삼기 위해서이다. 즉 과거 때문이 아니라 미래 때문이다. 이렇게 본다면 한반도 평화를 증진하고 제도화시키는 길이 있는데도 사과만을 우선적 과제로 내세워 이를 거부하는 것은 사과를 요구하는 본뜻과는 거리가 멀다. 천안함 침몰 사건에 대한 사과 요구를 최우선시하는 방식이 결국 모든 문제의 해결을 지체시키면서 자승자박의 결과마저 가져올 수 있다는 점을 유의해야 한다.

## 남북정상회담, 의향이 있으면 제대로 추진하라

우리 정부는 기다리면 된다는 안이한 정세인식에서 벗어나야 한다. 우선 미국이 언제까지나 우리의 입장을 존중할 것이라는 인식을 버려야 한다. 미국으로서는 북한과 섣불리 대화를 추진하다가 '같은 말을 두 번 사는 것' 보다 한미동맹을 튼튼히 다짐으로써 얻을 수 있는 실익이 훨씬 클 것이다.

특히 내년 재선에 도전하는 오바마 대통령의 입장에서는 대북 대화보다 한미동맹의 강화가 선거에 더 큰 도움을 줄 수 있다는 사실에 유의할 것으로 보인다. 그런 미국도 북한의 추가적인 도발, 특히 핵실험이나 미국 본토에 도달할 수 있는 장거리 미사일 발사 등 핵능력 강화와 대외적인 핵확산 등에 대해서는 용납하지 않을 것이다. 더구나 미국은 북한의 우라늄 농축 프로그램UEP에 대해서는 심각하게 받아들이고 있다. 이것이 미국이 북한과의 대화를 추진하는 이유이기도 하다. 따라서 우리 정부는 미국이 언제까지나 북한과의 대화에 소극적이지 않을 수 있음을 간과하지 말아야 한다.

북·중관계도 우리 정부 당국자들의 '기대'와 같이 심각한 견해 차이를 보이면서 덜컹거리기보다 새로운 협력관계로 발전되고 있는 양상이다. 언론보도에 따르면 지난 5월 하순 김정일 위원장의 중국 방문과 관련, 우리 정부의 고위소식통은 "김 위원장으로서는 장쩌민 전 주석을 만나지 못한데다 원자바오 총리와의 회동에서 북·중 경협문제가 희망하는 대로 이뤄지지 않은 상황에서 중국 측이 남북 비핵화 회담에 나서라고 설득하자 그에 대해 불만을 느끼고 있을 개연성이 높아 보인다." "최근 북한 국방위원회의 강경한 입장표명은 중국에 대한 불만의 메시지를 표출한 것으로 보는 분석이 정부 내에서 우세하다" 라면서 최근 북한의 대남 강경입장 천명도 북·중 간 불화 탓이라는 분석을 내놓고 있다.

그러나 이는 우리 정부의 상황관리 실패 책임을 남 탓으로 돌리는 변명에 불과하다. 북·중 간 경제협력은 중앙정부의 승인 아래 지방정부와 기업들 간의 협력관계로 빠르게 발전되고 있다. 특히 북·중 협력은 과거와 같은 일방적인 시혜와 수혜의 관계가 아니라 호혜적 관계로 심화되고 있다. 그 이면에는 중국의 동북진흥계획과 북한의 국가개발 구상이 복합적으로 작용하고 있다. 라진·선봉특구와 신의주·단동 연계특구위화도·황금평 개발, 그리고 북한의 국가개발 10개년전략계획 등이 그것이다. 새로 건설되는 신압록강 대교가 중국의 고속철도 기준에 맞추어져 시속 350㎞의 속도로 설계되고 있다는 보도는 북·중관계가 어디를 향해 어떤 단계를 지나가고 있는지를 단적으로 보여준다.

이제 우리 정부는 아전인수식의 정세인식에서 벗어나야 한다. 우리가 아무리 북·중 간의 갈등을 강조해도 북·중관계는 호혜협력의 바탕에서 새로운 관계로 도약하고 있기 때문이다. 급할수록 돌아가라고 했다. 천안함 사건이 아무리 중대한 현안이라 할지라도 그로 인해 다른 모든 것이 발목 잡히지는 말아야 한다. 다른 현안들도 그 이상으로 중요할 수 있기 때문이다. 단적으로 6자회담이 그것이다. 6자회담이 재개되면 오히려 남북 간에 실질적 대화를 진전시킬 가능성이 높아질 수도 있다. 이런 점에서 당장 천안함 문제를 전면에 내세우지 않더라도 결과적으로 천안함 침몰 사건 문제를 해결하는 지혜가 필요하다. 멀리 보면 이길 수 있는 길이 보이는 법이다.

이런 맥락에서 남북정상회담도 기왕지사 추진하려면 제대로 해야 한다. 어떻게든 천안함 사건에 대한 사과를 받아

야 한다는 '강박관념'에 의해서나 일각의 지적처럼 내년 총
선을 겨냥한 정치적 목적에서 졸속으로 정상회담이 추진되
어서는 안 된다. 진정으로 건설적인 남북정상회담을 가질
생각이 있다면 상황을 매우 세심하고 주도면밀하게 관리할
의지와 능력을 보여주어야 한다. 그렇지 않으면 북한과의
비밀접촉 공개와 같은 나쁜 선례만 남기면서 남북관계에 또
다른 먹구름만 드리우게 될 것이다.

오는 6월 15일은 1차 남북정상회담 결과인 공동선언이 발
표된 지 11주년이 되는 날이다. 우리는 이 최초의 정상회담
이 어떻게 개최될 수 있었는지, 그리고 6·15공동선언이 갖
는 역사적 의미와 계승해야 할 정신은 무엇인지 찬찬히 살펴
보고 기본으로 돌아가야 할 것이다. 이번에 남북 간 비밀접
촉이 논란이 된 것도 접촉 자체에 문제가 있어서가 아니라
기본에 문제가 있었기 때문이다. 역대 정부는 평화를 확보
한 토대 위에 교류와 협력을 통해 남북관계를 발전시키고 궁
극적으로 통일을 이루는 것을 국가정책의 기본으로 삼아왔
다. 우리는 이에 기여하는 의지와 태도, 그리고 능력을 갖추
는 것이 헌법정신과 남북관계의 역사적 맥락과도 일치한다
는 사실을 결코 잊어서는 안 될 것이다.

〈제26호〉 2011.06.07

# 한반도 평화를 위한 유엔의 역할을 기대한다

## 반기문 유엔 사무총장의 연임 출마 선언

반기문 전 외교부장관(2004년)은 2006년 12월 제8대 유엔 사무총장으로 취임하였다. 반기문 사무총장은 2007년 글로벌 금융위기, 아랍의 봄과 유혈사태, 그리고 지속되는 테러의 위협과 같은 위기의 순간에 대해 적절한 대응을 위해 최선을 다하였다는 평가를 받았다. 현지시간 2011년 6월 6일, 같은 해 12월 말로 임기가 끝나는 반 사무총장이 연임에 도전할 뜻을 공식 밝혔다. 유엔 사무총장 임명에 절대적 권한을 행사하는 안전보장이사회 상임이사국들의 동의를 이끌어냈고 다른 경쟁자도 나타나지 않은 상황이어서 재선 가능성이 확실시 되었다.

반기문 유엔 사무
총장의 연임이 확실시된다고 한다. 팔레스타인, 대만, 교황
청을 제외하고 사실상 지구상의 모든 나라가 가입한 유엔은
인류공동체 그 자체이다. 유엔 사무총장은 인류공동체를 대
표하며, 50억 달러의 예산과 1만 명의 직원을 지휘감독하고
10만 명의 유엔 평화유지군 활동을 관장하는 사무국의 수장
이다.

## 반기문 총장 연임의 의미

반기문 총장이 연임 출마선언을 하자 안보리 상임이사국
중 미국과 중국이 곧바로 지지를 선언했고 북한마저 지지의
사를 전해왔다. 회원국 사이에서 기후변화와 중동 아프리카
사태에 대해 조용하지만 적극적으로 대처한 '반기문 리더
십' 이 높은 평가를 받고 있다고 한다.

2006년 한국인 유엔 사무총장의 등장으로 우리의 국가 브
랜드에는 세계평화와 공동번영을 추구하는 평화애호국의 이
미지가 추가되었다. 또한 그간 한반도 분단으로 인해 동맹관
계에 치중해온 우리 외교가 글로벌 차원에서 다자 간 분쟁관
리에 관여하는 경험을 쌓아가며 국제사회 갈등 중재자로서
의 역할과 위상을 확보하는 좋은 기회도 얻었다.

그러나 한반도와 주변지역에서 불안정성이 높아지고 북
한의 움직임에 관심이 모이고 있는 시점에 반기문 총장이 연
임하게 된 것은 특별한 의미를 갖고 있다고 본다. 이제 반기

문 총장은 아직도 전쟁의 상흔이 남아 있는 이 한반도에 공고한 평화를 정착시키는 데 실질적으로 기여해야 할 책임과 의무에 대해서도 깊은 성찰이 있기를 바란다.

## 한국과 유엔의 인연, 되돌아본 문제 논의의 역사

한국은 유엔이 탄생시키고 지켜준 나라이다. 우리는 유엔총회 결의로 설치된 유엔한국임시위원단UNTCOK 감시 하에 총선을 통해 정부를 수립했으며, 이 UNTCOK의 활동결과보고를 유엔 총회가 승인함으로써 한반도에서의 유일 합법정부로 인정받았다.

6·25전쟁 당시 유엔 안보리는 소련이 불참한 가운데 한국 방어를 위해 유엔 사령부를 구성해 다국적군을 파병하는 결의를 했고, 이것은 유엔 창설 이래 국제평화를 위한 첫 집단 군사행동의 사례가 되었다. 그때 창설된 유엔 사령부는 현재도 한반도 정전체제 유지의 근간으로 활동하고 있다.

휴전협정에 따라 1954년에 열린 제네바회담이 결렬되자 한반도문제는 다시 유엔에 넘겨져 유엔총회는 매년 한반도통일부흥위원단UNCURK, UNTCOK의 후신의 연차보고를 받아 한국만 초청한 상황에서 한반도문제를 토의했다. 그러나 1960년대 비동맹 친공산권 성향의 신생독립국들이 대거 유엔에 가입하면서 한반도문제 토의에 '남북한 동시초청' 또는 아예 'UNCURK 해체결의안'이 상정되기 시작하면서 유엔은 친親남한 국가들과 친북한 국가들 간 표대결의 장으로 변모

했다.

급기야 1970년대 미·중관계 개선과 함께 중국이 안보리 상임이사국 자리를 차지하자 유엔 총회에 연차보고를 내던 UNCURK는 1973년 '남북대화를 통한 한반도 통일'을 촉구하면서 해체하게 된다. 이것은 매년 되풀이되던 한반도문제에 대한 진영 간의 표대결을 피하기 위해서였다.

이후 한반도문제는 유엔에서 거의 다루어지지 않았으며, 1980년대 랑군 아웅산 폭탄 테러 사건과 KAL기 폭파사건이 나자 우리 우방들이 북한 규탄을 내용으로 하는 안건상정을 시도했으나 토의만 되고 소련과 중국의 거부권 행사로 결의안은 채택되지 못했다.

유엔과 인연이 다시 닿은 것은 1988년 '7·7선언'으로 우리가 북방외교를 강화하고 북한과의 관계 개선에 나선 이후의 일이다. 특히 당시 노태우 대통령은 유엔 총회 연설을 통해 최고통수권자로서는 처음으로 휴전협정을 항구적인 평화체제로 대체하는 방안도 강구할 수 있다고 하는 등 국제사회에 한반도 평화문제에 대한 적극적인 입장을 밝혔다. 이것이 남북총리회담을 성사시킨 바탕이 되었으며, 남북총리회담의 진행 과정에서 우여곡절 끝에 1991년 남북한이 동시에 유엔에 가입하게 되었다. 2011년은 남북한이 유엔에 가입한 지 20주년이 되는 해이다. 이후 한국의 유엔 내 활동과 위상은 괄목할 만큼 성장했다. 유엔 가입 5년 만에 우리는 안보리 비상임이사국에 진출했고, 안보리 진출 10년 만에 사무총장을 배출했다.

우리가 유엔을 남북대결의 장이 아니라 국제평화를 위한 외교역량을 함양하고 발휘하는 무대로 삼고자 한국 외교의 일대 방향전환과 전략수정을 한 것은 1973년 6월 23일 박정희 대통령의 '평화통일외교정책선언'이 시발점이다. 당시는 세계적인 데탕트 물결 속에 '7·4남북공동성명'이 발표되고 제1기 남북대화가 진행되고 있던 때였다. 이 '6·23선언'으로 한국은 당시 남북대화의 경험과 국제 정세의 흐름에 맞추어 통일과 평화정착 여건을 실질적으로 개선하기 위해 북한과 함께 유엔에 가입하는 것을 반대하지 않겠다고 함으로써, 그동안 우리의 든든한 자산이었던 유엔 프리미엄을 과감히 던지고 북한과 관련해 유지해온 '할슈타인 원칙[1955년 말에 표명된 대동독 강경책. 동독과 외교관계를 맺는 국가와는 외교관계를 맺지 않는다는 옛 서독의 외교 원칙]'을 근본적으로 수정해 한국 외교의 일대 대전환을 이루었다.

'6·23선언'은 15년 뒤, '7·7선언'으로 이어졌고 현 반기문 총장 시대를 예비한 토대가 되었다. 반기문 총장의 연임을 앞두고 '6·23선언'의 의의를 다시금 돌아보게 된다.


**한반도 평화를 위해 필요한 역할을 할 때가 왔다**


반기문 총장은 2006년 10월 유엔 총회에서 만장일치로 선출된 직후 수락연설을 통해 "유엔 사무총장으로서 인간의 존엄성을 보호하기 위한 책임실현과 세계안보와 지역안정에 대한 위협을 평화적으로 해결하기 위해 유엔 헌장과 회원

국들로부터 부여받은 권한을 최대한 활용할 것"이라고 선언
했다. 이어서 "유엔의 중재역할 강화와 총회권능의 확대, 사
무국의 관료주의 혁파와 전문성 재고"를 구체적 목표로 내
걸고 성공적으로 첫 임기를 수행하고 있다.

반기문 총장은 자신이 연임되면 방북해 한반도문제를 적
극 해결하겠다는 의지를 밝히고 있어 얼어붙은 남북관계에
돌파구가 마련될 수 있지 않을까 하는 기대감이 높아지고 있
다. 특히 최근 남북관계에 끝없는 악재가 쌓여가고 남북 당
국 간의 감정 대립으로까지 치닫고 있어 중국도 미국도 남북
관계의 중재자 역할에 한계를 드러내는 마당에 유엔과 반기
문 총장의 역할이 새삼 주목받을 수밖에 없다.

반기문 총장은 유엔 사무총장 취임 1주년인 2007년 10월
유엔총회에서 남북정상회담과 '10·4선언'에 대한 지지결
의안이 만장일치로 채택되었을 때, "대단히 환영할 만한 일
이고 남북한의 노력을 전 세계가 지지·권장하고 있는 상황
에서 나름대로 필요한 경우 필요한 역할을 하게 될 것"이라
고 언급한 바도 있다.

이제 그 필요한 역할을 할 때가 왔다고 생각된다. 이유야
어떻든 현재의 남북관계는 개선의 출로를 찾을 수 없을 정도
로 꽉 막혀 있다. 당사자뿐만 아니라 주변국들도 당분간 지
켜볼 수밖에 없는 상황으로 가고 있다. 이러한 상황이 지속
될 경우 한반도에 긴장이 극단으로 치닫고 동북아는 물론 세
계평화 유지에도 중대한 위협요소로 자랄 수 있다. 유엔은
이러한 위협 요인을 억지하고 분쟁을 평화적으로 해결하기

위해 마땅히 개입해야 할 것이다. 더구나 한국은 유엔의 지원과 안전보장으로 근대화와 민주화를 성공적으로 수행하고 세계평화에 기여해온 모델 국가이며, 지속적인 평화 관리의 대상이 될 충분한 가치가 있는 나라이다. 유엔은 명분상으로나 실질적으로나 한반도의 불안정한 정전상태를 종결하고 하루속히 평화체제를 구축해 공고한 평화를 보장하는 데 기여해야 할 의무가 있다고 본다.

반기문 총장은 지난 5년 동안 인류공동체의 대표로서 쌓은 경륜과 함께 남북관계 실무를 직접 다룬 지식과 경험도 있어 한반도문제를 중재할 수 있는 적임자로 생각된다. 유엔의 이름으로 한반도 평화를 위한 반기문 총장의 적극적인 노력이 있기를 기대한다.

〈제27호〉 2011.06.13

# 통일을 위한 민주주의,
# 민주주의를 위한 통일

## 대한민국 헌법이 부여한 사명을 되새기자

북한과 남한의 체제가 지니는 공통점 중의 하나는 남북 모두 민주주의 국가를 표방한다는 점이다. 북한의 경우, 조선민주주의 인민공화국이라는 공식명칭을 보아도 알 수 있다. 하지만 현재 북한의 사정을 고려할 때, 주권이 국민에게 있다는 진정한 민주주의라고 보기는 힘들다. 그렇다면 한반도와 그 부속 도서를 영토로 규정하고 있는 남한의 헌법 3조를 고려할 때, 진정한 헌법상의 민주주의를 완성하기 위해서는 통일이 필수적인 과정일 것이다.

우리 사회가 난제에 부딪쳐 국민적 통합을 이루기가 어려울 때는 헌법정신으로 돌아가는 것이 정도이다. 우리 헌법은 대한민국이 어떤 정체성을 갖고 있는지, 그리고 무엇을 지향해야 하는지 분명하게 제시해주고 있다. 어떤 복잡하고 어려운 문제라도 우리는 헌법에서 그 해답을 찾을 수 있다.

헌법은 전문에서 "우리들과 우리들의 자손의 안전과 자유와 행복을 영원히 확보"하기 위해 우리 대한민국의 사명을 "조국의 민주개혁과 평화적 통일"에 두고 있다. 다시 말해 민주와 통일이 대한민국의 정체성을 이루는 주요 가치인 것이다. 대한민국은 지난 60여 년간 분단과 전쟁의 불행한 역사를 딛고 산업화와 민주화를 이루어 '세계 속의 한국'으로 도약했다. 다만 민주주의와 관련해서는 우리 대한민국이 성공적으로 민주주의를 정착시켜 오기는 했지만, 근년에 나타난 현상들을 보면 아직도 성숙한 단계에 이르지는 못했다고 할 수밖에 없다.


## 한국 민주주의와 통일의 관계

대한민국이 수행해야 할 또 다른 사명은 바로 통일이다. 헌법이 천명하고 있는 대한민국은 반쪽짜리가 아닌 온전한 모습의 대한민국이며, 통일이야말로 대한민국의 정체성을 확립하는 길이다.

그런데 통일은 민주화와 밀접한 관련이 있다. 민주주의가

없이도 산업화는 이룰 수 있었지만 통일을 이루기는 힘들
다. 민주주의가 살아있지 못한 시대에는 분단 상황이 안보
이데올로기를 강화하는 데 이용되고 통일은 공허한 명분으
로서만 존재했다. 통일을 실질적으로 추진해나갈 역량도 미
흡했고 그 의지도 사실상 없었다. 통일의 길로 나아가기 위
해서는 국민적 지혜와 힘을 한데 모아야 하며, 그것은 민주
주의의 토대에서만 가능한 것이다. 또 하나 민주화가 그냥
온 것이 아니라 오랜 기간 간고한 투쟁을 통해서 국민 모두
가 쟁취한 것이라는 점이다. 그리하여 마침내 1987년 민주
대항쟁으로 이어졌고 그 결과로 6·29선언이 나왔던 것이다.
그때로부터 우리는 남북 간 체제경쟁에서의 우위를 확인했
고 통일문제에 접근하는 데 자신감을 가지게 되었다. 민주
주의를 쟁취해 우리 사회가 한 단계 성숙했기 때문에 통일의
새로운 과제를 서슴없이 받을 수 있었다. 이렇게 본다면 6월
민주대항쟁은 곧 통일 과정의 시작이라고 할 수 있다. 그리
고 통일은 민주화와 마찬가지로 그냥 우리 앞에 주어지는 것
이 아니라 또다시 국민들의 간고한 투쟁을 요구하는 시대적
과제로 되고 있다.

## 남북관계를 변화시킨 6월 민주대항쟁의 힘

　민주주의는 남북관계를 변화시키는 동력이다. 성숙한 민
주사회에서는 남북관계를 악화시켜 한반도에 긴장과 대결
의 분위기가 조성되는 것을 바라지 않는다. 민주주의의 진

전이 남북관계에 어떤 영향을 주는지는 6·29 이후 벌어진 상황 전개를 들여다보면 잘 알 수 있다.

냉전시대에는 북한에 대한 정보를 특정 기관만 다루었고 북한 자료는 일반인은 물론 전문연구자들의 접근도 극히 제한했다. 그러나 6.29선언 이후 사회 전반의 민주화 흐름과 함께 통일정책의 결정과정에도 국민적 참여와 합의를 보장하고 투명성을 높이는 것이 중요해졌다. 이에 따라 국민의 알 권리를 충족시키는 차원에서 북한에 관한 정보가 과감하게 개방되었고 북한과 관련된 정보량이 급증했다. 북한 원전의 소개가 주체사상을 찬양하고 자유민주주의 체제를 부정하는 것이라는 좁은 인식에서 벗어났던 것이다.

1988년 2월 25일 노태우 대통령은 취임사에서 남북협력시대의 개막을 선언하고 대화 문호를 활짝 열겠다는 입장을 밝혔다. 이를 토대로 같은 해 7월 7일에 '민족자존과 통일번영을 위한 특별선언 — 7·7선언'을 발표했다. 이듬해 9월에는 '7·7선언'을 토대로 여러 차례의 공청회를 거쳐 국민들의 의견을 수렴하는 절차를 밟아 '한민족공동체 통일방안'이 국회에서 여야 만장일치로 찬성을 얻었다. 이처럼 이 통일방안이 국민여론의 수렴과 초당적인 지지를 받았기에 지금까지 우리 정부의 공식적인 통일방안으로 자리 잡고 있다.

노태우 정부의 문호개방 정책에 따라 KBS, MBC 등 공중파 매체들에서도 북한전담부서KBS 남북협력국, MBC 북한부가 만들어지고 북한 특집 프로그램이 만들어지기 시작했다. 북한의 현재 모습과 남북관계의 현안을 다루는 KBS TV의 '남북의 창'과 MBC TV의 '통일전망대'가 1989년 봄에 첫 방송을 시작했다. 지금까지도 계속되고 있는 두 TV 프로그램은 우리 국민들이 북한을 이해하는 데 큰 역할을 했을 뿐만 아니라, 남북화해에도 크게 기여했다. 이에 따라 통일문제에 대한 국민적 관심이 고조되고 통일문제가 정치와 사회의 중요 이슈로 자리 잡기 시작했다. 또한 노태우 정부의 적극적인 남북관계 발전 정책에 따라 남북고위급회담이 열리고 1991년 12월에는 화해협력 단계의 남북관계를 규율하는 '남북기본합의서'가 채택되었다.

그 뒤 남북관계는 북핵문제라는 돌출변수로 인해 한 때 어려움을 맞기도 했지만, 김대중, 노무현 정부에 들어와 대북 포용정책을 지속적으로 추진하면서 남북관계가 제 궤도로 들어서기 시작했다. 마침내 남북정상회담이 열리고 각급의 남북회담이 정례화 되면서 남북관계는 경제협력을 넘어 군사적 긴장완화를 위한 조치가 이루어지기도 했다. 이 모든 변화를 가능하도록 뒷받침 해준 것이 바로 민주화의 힘이었다.

## 교각살우의 잘못을 범하지 말라

하지만 새로 등장한 이명박 정부가 지난 정부의 대북정책을 '퍼주기', '저자세'라고 비난하고 남북관계를 이른바 '갑을 관계'로 재편하고자 시도하면서 상황은 급격하게 변화되었다. 이명박 정부는 지난 정부의 대북정책 10년을 바로 잡겠다며 대북정책의 전면적인 전환을 선언했다. 그러나 이명박 정부의 대북정책은 지난 잘못을 바로잡기는커녕 민주화의 힘을 오용하고 통일이라는 대한민국의 사명을 흐리게 만들었다. 이른바 교각살우矯角殺牛, 즉 쇠뿔을 고치려다 소를 죽이는 꼴이다. 다시 말해 지난 두 정부의 남북관계 10년을 바로잡겠다면서 결과적으로는 남북관계 전반을 악화시켜 놓은 것이다.

특히 정부는 남북 간의 문제를 외교 무대로 가져가 국제화함으로써 응원군을 얻고 북한을 압박하고자 했으나 남북 간의 갈등만 증폭시키고 말았다. 금강산 관광객 박왕자 씨 피격사망 사건과 관련해 아세안지역포럼ARF에서 의장성명을 추진하다가 포기한 것, 천안함 사태 시에 유엔 안보리에 이 문제를 가져갔다가 책임자 없는 규탄성명을 내는 데 그친 것 등이 그것이다. 연평도 포격사건 때는 이 문제를 유엔에 가져가지도 못했다.

‘남북기본합의서’ 제6조에서는 남북한이 “국제무대에서 대결과 경쟁을 중지하고 서로 협력하며 민족의 존엄과 이익을 위해 공동으로 노력한다”고 규정하고 있다. 그러나 현 정부에서는 북한과의 외교전에 주력해왔는데, 아마도 현 정부에서 남북관계 전문가들 대신에 외교 전문가가 대북정책에 관여하고 있기 때문인 것으로 보인다.

이명박 정부가 취했던 일련의 대북정책은 남북관계에 대한 우리의 주도력을 감쇠시키고 한반도의 안보 상황을 악화시키는 결과를 가져왔다. 현재 북한은 국력 면에서나 국제

적 위상으로나 우리의 비교 대상으로 삼을 수 없음에도 불구
하고 마치 아직도 우리의 경쟁대상인 것처럼 과대 포장시켜
주고 있다. 이렇게 통일에 대한 비전과 전략에 문제가 있다
보니 주변 역학관계의 변화나 한반도 상황에 대해서도 냉철
한 판단을 하지 못하고 있는 것 같다. 이 때문인지 정부는 대
북정책과 관련해 자신감을 잃고 '원칙 고수'만을 내세우고
있는데, 이러한 태도 자체가 사실은 수세와 방어적 입장에
있음을 의미한다고 하겠다.

## 진정한 민주화는 통일로 마무리 된다

대한민국 헌법이 부여한 사명을 되새기고 남북관계사의
흐름을 통찰할 때 우리는 지금 아까운 시간을 허비하고 있는
셈이다. 향후 10년을 내다볼 때 우리가 분단상황의 극복 없
이는 추가발전의 동력을 얻기 힘들며, 선진복지국가로 한
단계 업그레이드 하는데 한계가 있을 수밖에 없다는 사실이
현실로 드러나기 시작하고 있다. 통일이라는 과제를 지속적
인 국가 발전이라는 차원에서 새로운 의미를 부여할 때가 되
었다.

통일의 주체는 우리 자신이다. 그 주체가 의지를 갖고 주
도적 노력을 기울이지 않는다면 아무도 나서서 도와주지 않
을 것이다. 우리가 언제까지 안보 위협론의 폐해를 감수해
야 할 것인가? 통일이라는 시대적 과제는 진보·보수도 여야
도 없다. 이념적 굴레와 정파적 이해관계를 벗어나야 한다.

우리가 국민적 통합을 이루어야 북한을 리드해 나갈 수 있는 힘도 생기기 때문이다.

통일이 우리가 반드시 이루어야 할 필수적 과정이라면 이제는 말이 필요 없다. 정치인들이 움직이지 않는다면 국민이 나서서라도 실행력을 갖출 수 있도록 해야 한다. 우리는 지금 분단고착 상태에 머물 것인가, 아니면 통일의 미래상에 대한 확신을 안고 전진의 힘찬 발걸음을 내디딜 것인가를 가름하는 중요한 시기에 서있다. 우리가 민주화를 쟁취한 순간 통일의 과정에 돌입할 수 있었다면, 민주주의는 남북관계의 발전과 함께 성숙되어 가며, 통일을 통해서 완미한 모습을 갖추게 된다. 통일을 위한 민주이고, 민주를 위한 통일인 것이다.

우리가 민주화를 투쟁을 통해 쟁취했듯이 통일도 쟁취의 대상이다. 주변 환경이 여의치 않다면 능동적이고 집중적인 외교적 노력과 우리의 확고한 의지의 표출로 이를 바꾸어야 하고, 북한도 이에 합류할 수 있도록 길을 터주어야 한다.

이명박 대통령이 지난 7월 1일에 있었던 제15기 민주평화통일자문회의민주평통 출범식에서 "지난해 천안함 폭침과 연평도 사태로 불안한 정세가 조성됐지만 우리는 거기에 머물러 있을 수는 없다"며 남북대화와 협력의 길로 나아가야 한다고 밝혀 이전과 사뭇 다른 태도를 보였다. 지금까지 대통령의 대북 메시지가 일관되지 않았다는 점에서 아직까지는 정부 대북정책의 변화를 시사한 것이라고 섣불리 단정할 단계는 아니다. 그럼에도 불구하고 현 정부가 민주주의의 성숙과 통일 지향이 상보관계에 있다는 사실을 인식하고 남북 관계의 후퇴가 역사에 의해 어떤 평가를 받게 될 것인가를 자성하는 계기가 되기를 기대한다. 헌법 69조의 취임선서문을 되새겨 볼 때이다.

"나는 헌법을 준수하고 국가를 보위하며 조국의 평화적 통일과 국민의 자유와 복리의 증진 및 민족문화의 창달에 노력해 대통령으로서의 직책을 성실히 수행할 것을 국민 앞에 엄숙히 선서합니다."

<제28호> 2011.07.07

# 북·중동맹 50주년, 우리는 무엇을 선택할 것인가

## 냉전질서 부활에 따른 한국의 딜레마

북·중동맹은 현재의 한미동맹만큼이나 강한 결속력을 보여준다. 북중동맹은 동맹조약 2조의 자동원조 조항뿐만 아니라, 중국이 현재 유엔 안보리 상임이사국 지위에 있음을 고려할 때 한반도 정세, 나아가 동북아 지역 정세에 미치는 영향이 크다 할 수 있다. 탈냉전기에 들어서면서 중국의 개혁·개방정책과 함께 북·중동맹의 의미는 감소하는 것처럼 보였으나 천안함 사태 이후의 안보적 측면, 급부상하고 있는 중국에 대한 국제적인 견제의 분위기, 그리고 북한 지역이 가지는 경제적 가치가 새로이 부각되면서, 다시 한 번 결속력이 강화되고 있는 상황이다. 이는 자칫하면 신(新) '남방삼각 북방삼각(냉전시대 소련·중국·북한 사이의 외교 관계를 북방삼각으로, 한국·미국·일본의 외교 관계를 남방삼각으로 지칭)'의 대립을 불러일으킬 수 있으며, 따라서 이에 어떻게 대처하는가 하는 것이 향후 통일의 향방을 결정짓는 중요한 역할을 할 수 있다. 평창 동계올림픽은 한반도와 주변 정세의 평화와 안정을 통해 현 상황의 돌파구가 될 수 있을 것이다.

2011년 7월 한반도 관련 상황에서 우리는 두 가지를 주목하게 된다. 하나는 북한과 중국이 '우호·협조 및 호상원조에 관한 조약<sup>이하 동맹조약</sup>' 체결 50주년을 맞은 것이고, 다른 하나는 평창이 세 번째 도전한 결과 오는 2018년 동계올림픽 유치에 성공한 것이다. 얼핏 보면 아무런 관련이 없어 보이지만, 이 두 가지는 현재의 얼어붙은 한반도 상황을 우리가 어떻게 대처해나가야 할지 숙고하게 만드는 모티브를 던져주고 있다.

## 냉전의 구조화가 가져온 혈맹관계

주지하듯이 북한과 중국은 1961년 7월 11일 동맹조약을 체결했다. 당시 중국의 마오쩌둥<sup>毛澤東</sup> 주석이 전권대표로 임명한 중국 국무원 총리 저우언라이<sup>周恩來</sup>와 북한 내각 수상 김일성이 베이징에서 만나 전문과 7개조로 구성된 동맹조약에 합의했다. 그 가운데 가장 중요한 조항은 양국 간 군사협력을 담은 2조이다. 이 2조에는 '조약 일방에 대한 침략을 방지하기 위해 쌍방이 모든 조치를 공동으로 취하고 조약 일방이 무력침공을 받아 전쟁상태에 처했을 때는 타방은 모든 힘을 다해 지체 없이 군사적 및 기타 원조를 제공'한다는 이른바 군사적 자동개입 조항이 명시되어 있다. 그리고 이 동맹조약은 쌍방의 합의가 없는 한 수정되거나 폐기될 수 없다. 그만큼 북한과 중국은 서로 강하게 결속되어 있다고 볼 수 있다.

북한과 중국의 동맹관계는 시기에 따라 성격이나 역할이 변해왔다. 냉전 시기 북·중동맹은 미국 중심의 반공포위망에 대한 양국의 협력적 대응의 성격을 강하게 지니고 있었다. 그 바탕에는 중국공산당의 내전 승리를 위한 북한의 지원과 한국전쟁 시기 중국의 군사적 지원을 통해 형성된 혈맹관계가 깔려 있다.

1961년 북한과 중국의 동맹조약 체결은 동서 냉전이 동아시아에서 구조화되는 과정과 밀접히 연관되어 있다. 당시 북한과 중국은 미국을 중심으로 한국과 일본, 대만, 필리핀 등으로 이어지는 반공포위망이 완성, 강화되자 이에 대항해 역량을 결집했다. 1953년 10월 한미상호방위조약, 1954년 9월 동남아시아조약기구SEATO, 1977년 해체 출범, 1954년 12월 미·대만 상호방위조약, 1960년 6월 개정된 미·일 신안보조약1953년 9월 미·일 안전보장조약 개정 체결 등은 동아시아에서 중국과 북한, 소련을 가상의 적으로 삼은 반공포위망의 대표적 사례이다. 북한이 더욱 다급한 측면이 있었겠지만 순망치한脣亡齒寒의 관계에 있었던 중국으로서도 북한을 절실히 필요로 했다.

사회주의권 내에서 발생한 중·소분쟁도 중요한 요소로 작용했다. 소련의 '수정주의'에 대항한 북한과 중국의 밀착이 그것이다. 1956년 8월 종파 사건1956년 6월부터 8월에 걸쳐서 일어난 것으로 조선노동당중앙위원회 전원회의에서 발표된 김일성에 대한 반대 움직임을 적발한 사건을 말한다. 8월 숙청 사건이라고도 함에서 중국이 북한 내정에 개입하는 사태까지 발생했음에도 북한의 김일성이 중국과의 동맹관계 정립을 모색한 것은 소련 흐루시초프의 탈스탈린화 압력에 공동으로 대응하기 위한 노력의 일환이었다. 물론 북한은 중국과의 협력을 중심에 두면서도 중·소분쟁을 이용해 소련으로부터 경제적·군사적 원조 또한 확보하고자 했다. 이는 중국과 조약을 체결하기 5일 전에 소련과 동맹조약을 맺은 데서도 알 수 있다. 그러나 북한이 중국과 맺은 동맹조약은 소련과의 그것보다 훨씬 더 공고한 성격을 보여주었다. 일례로 소련과의 조약은 10년 후 5년마다 갱신토록 되어 있었으나, 중국과의 조약은 쌍방이 합의하지 않는 한 영구적인 효력을 갖게 되어 있었고 지금도 이는 변하지 않고 있다.

## 북·중관계 변화의 함수

탈냉전기에는 반공포위망에 대한 상호협력적 대응이라는 동맹의 기반 자체가 변했다. 중국은 1970년대 후반 이후 추진된 개혁·개방을 통해, 사회주의 이념 표방과 공산당 지배에도 불구하고, 사실상 시장경제를 핵심으로 한 체제 변화를 추진한 데다 1979년 미국과 수교한 후 양국 관계를 협력적 의존관계로 전환해왔다. 특히 1992년 한·중수교는 이념에 기초한 북·중동맹의 효용을 크게 감소시켰다. 중국 입장에서는 미국과의 적대적 대립에 따른 협력 대상으로서 북한의 가치가 크게 떨어진 반면, 북한이 핵문제 등을 야기하며 중국의 국가 목표인 경제성장과 이를 위한 안정적 환경조성에 역행한다고 보았다. 동유럽 사회주의권 몰락에 따른 국체적 고립과 김일성 주석 사망, '고난의 행군' 등을 거치며 체제 존립 위기에 직면했던 북한의 입장에서 중국은 국제관계의 냉엄한 현실을 느끼게 한 '배신자'이자 유사시 정권 교체를 강요할 수도 있는 위협세력으로 인식되었을 것이다.

탈냉전기 북·중동맹의 기반 변화는 양국 간 교류나 국제적 현안에 대한 대응에서 나타났다. 한국과 중국이 수교한 후 1990년대 말까지 북한과 중국 간에는 고위급 교류조차 제대로 진행되지 않았다. 1990년 중반 북한이 전대미문의 어려움을 겪었지만 중국의 대북 식량지원은 충분하지 않았다. 1996년 양국 간 경제기술협조협정이 체결되기는 했으나, 양국 간 고위급 교류는 1999년 6월 북한의 김영남 최고인민회의 상임위원장이 중국을 방문하고 그해 10월 중국의 탕자쉬안唐家璇 외교부장이 북한을 방문함으로써 비로소 재개되었다.

2000년대 들어 양국 정상이 상호방문하고 교류협력이 확대되면서 관계가 회복되는 모습을 나타냈지만, 이는 이념과 상호 군사적 협력에 기초했던 혈맹관계보다 실리를 중심으로 한 일반적 국가 관계의 성격을 강하게 보여주었다. 양국 정상의 상호방문을 보면 북한의 김정일 국방위원장은 2000년 5월, 2001년 1월, 2004년 4월, 2006년 1월 4차례에 걸쳐 중국을 방문했고 중국에서는 2001년 9월 장쩌민 주석, 2005년 10월 후진타오 주석이 각각 북한을 방문했다. 그러나 이러한 관계 회복에도 불구하고 중국은 북한 핵실험에 대한 유엔 안전보장이사회의 제재 결의안에 반대하지 않았다. 2006년

10월 9일 북한의 1차 핵실험 직후 유엔안전보장이사회 대북 제재 결의 1718호가 신속하게 채택될 수 있었던 것도 중국의 협조가 있었기 때문이다. 이는 2009년 5월 25일 북한의 2차 핵실험 때 역시 마찬가지였다. 중국의 협조 하에 이전 제재 결의보다 훨씬 강화된 대북제재 결의 1874호가 채택되었다.

## 무엇이 북·중관계를 심화시키고 있는가

이명박 정부가 출범한 후 한반도 정세 변화에 따라 중국의 대북정책 기조가 달라지면서 양국 간 동맹관계는 새로운 국면을 맞고 있다. 그 배경을 살펴보면 첫째, 북한 내부의 정세 불안정이 커졌다. 2008년 김정일 국방위원장의 건강에 이상이 오고 2009년 김정은이 후계자로 내정되면서 권력 갈등의 가능성이 커졌다. 북한의 경제위기는 여전히 지속되는 가운데 주민들의 잠재적 불만도 누적되어 가고 있다. 북한 정권과 체제의 불안정이 전체적으로 높아지고 있는 것이다.

둘째, 동북아에서 궁극적으로 중국을 핵심 표적으로 한 냉전적 대립 구도가 부활하고 있다. 이는 한미 간의 대북압박 강화와 함께 2010년 발생한 천안함 사건이 결정적 요인으로 작용했다. 한국 정부는 천안함 사건을 계기로 대북 군사적 압박을 강화하는 가운데 미국의 항공모함을 서해로 불러들였다. 그리고 한국과 미국, 미국과 일본뿐 아니라 과거 냉전 시절에도 존재하지 않았던 한국과 일본 간의 군사협력마저 이루어지기 시작했다. 명실공히 한·미·일 군사동맹과 협력이 만들어지고 있는 것이다.

셋째, 정치적·군사적 측면뿐 아니라 경제적 측면에서도 중국과 북한 간의 협력 필요성이 대두했다. 중국은 성장 동력을 지속적으로 확보하기 위해 서부대개발에 이어 동북진흥계획을 야심적으로 추진하고 있는데, 그것이 성공하려면 북한과의 협력이 더욱 절실히 필요해졌다. 창춘·지린·투먼 경제개발선도구와 요령·연해 경제벨트가 성공하려면 라진항을 통한 동해 진출구가 확보되어야 하고, 서해 지역의 정세안정도 긴요하다. 아울러 부산·서울·평양·신의주·단동·심양으로 이어지는 경제성장과 통합의 축도 필요하다. 중국이 신압록강대교 건설을 추진하면서 1단계 단동·신의주, 2단계 신의주·평양, 3단계 평양·개성으로 이어지는 단계별 타당성 조사를 실시한 것도 그 때문이다.

북한으로서도 권력세습을 원만하게 추진하면서 정권의 안정을 유지하기 위한 정치적 지원, 2012년 강성대국의 문을 열고 향후 김정은 체제의 기반 구축을 위한 경제협력, 미국과 한국의 대북압박에서 벗어나 대외협력을 확대하기 위한 창구 확보 등 다양한 측면에서 중국과의 협력 필요성을 어느 때보다 절박하게 인식할 수밖에 없다. 북한의 입장에서 보면 앞에 있는 적인 미국이나 한국 못지않게 뒤에 있는 중국도 정치적으로 위험하고 경계해야 할 대상이다. 그럼에도 북한은 당면한 정치적·경제적·군사적 문제를 풀어나가기 위해 중국에 기댈 수밖에 없는 실정이다.

그 결과가 최근 급속하게 강화되고 있는 북·중 간 협력 심화와 전통적 혈맹관계의 복원 움직임이다. 2009년 10월 북·중수교 60주년을 계기로 한 원자바오 총리의 방북, 2010년 5월과 8월, 2011년 5월 김정일 위원장의 연이은 중국 방문, 북·중동맹조약체결 50주년을 계기로 더욱 활발해지고 있는 양국 간 교류와 협력, 전략적 소통과 관계 긴밀화가 이를 말해준다. 그리고 무엇보다 이러한 움직임 이면에서는 단순히 정치적·군사적 차원을 넘어 공동의 개발과 투자협력이라는 튼튼한 경제적 토대가 만들어지고 있다. 지난 6월 초 착공식을 개최한 라선경제무역지대와 위화도·황금평경제지구 공동개발이 그것이다. 중국은 북한을 더 이상 방치할 수 없을 뿐 아니라 자국의 국가 목표인 경제성장을 위해서도 도발적인 문제아를 끌어안기로 한 것이다. 북한으로서는 역설적으로 자신들의 불안정을 매개로 중국을 결박하고, 당면한 정치적·경제적 위기 탈출의 출로를 확보하기 위해 대중 의존도 심화를 감수하면서 협력관계 확대를 받아들이고 있는 것이다. 한국과 미국이 북한을 상대하지 않는 동안 북·중관계는 이미 새로운 환경에서 새롭게 발전해나가고 있다.

돌아보면 2008년과 2009년은 남북관계에서 하나의 분기점을 이루었다. 2008년에는 금강산 관광객 총격사망 사건으로 남북교류협력의 상징이자 토대가 무너졌다. 그리고 2009년 북한은 김대중 전 대통령 서거를 계기로 한 조의특사단 방문 이후 두만강개발계획에서 전격 탈퇴하게 된다. 북한은 중국과의 협력관계를 확대 발전시키려는 선택을 하기 전에 남한과의 협력 가능성을 타진해 보았으나 결국 무위로 돌아가고 말았다.

## 냉전질서 부활로 한국의 안보·경제 딜레마 더욱 커져

북한과 중국의 전통적 동맹관계의 부활과 전략적 협력관계의 심화발전은 우선 한반도 통일이라는 관점에서 중대한 도전을 불러일으키고 있다. 그렇지 않아도 부상하는 중국에 대한 미국의 대응이 멀리는 인도에서부터 동남아의 남사군도南沙群島를 지나 동북아에서는 대만과 센카쿠 열도를 거쳐 한반도로 이어지고 있는 상황에서, 최근 북한과 중국의 관계는 과거 한국·미국·일본의 남방삼각과 북한·중국·러시아의 북방삼각 간 냉전적 대립 구조를 떠올리게 한다. 독일이 통일을 이루는 데 냉전 종식과 동독 주둔 소련군의 철수, 즉 소련의 동의가 결정적으로 중요한 요인이었다는 점에 이의를 제기하는 사람은 없을 것이다. 한반도도 마찬가지이다. 냉전적인 대결구도가 엄존하는 상황에서 통일은 불가능하며 대결이 심화되는 국면이라면 통일도 그만큼 멀어진다고 보아야 한다.

또한 냉전적 대결구도 속에서는 한국의 딜레마도 그만큼 커질 수밖에 없다. 한국은 과거 냉전기에 한미동맹이라는 군사적 안전보장체제와 미국 시장이라는 경제적 안전판에 힘입어 고속성장을 이룩할 수 있었다. 그러나 탈냉전기에 한국은 군사적으로 여전히 한미동맹에 의존하면서도 경제적으로는 중국에 깊숙이 빨려 들어가고 있다. 중국과의 교역 규모가 미국과의 교역 규모를 추월한 지 오래되었다. 안보는 미국, 경제는 중국에 의존하고 있는 기형적 상황에서 발생하는 한국의 딜레마는 북한과 중국의 동맹관계 재구축에 따라 더욱 확대될 수 있다. 결과적으로 동북아에서 한국의 딜레마를 완화시켜줄 협력관계보다 미국과 중국의 대립관계가 심화될 수밖에 없기 때문이다.

한국이 위와 같은 딜레마를 벗어나는 길은 동북아에서 미국과 중국의 대립 구도를 완화시키면서 협력적 질서를 발전시키는 것이다. 이를 위해서는 경제적 차원의 협력관계를 공고하게 발전시키는 가운데 안보적 차원에서 대립유발 요인을 억제하면서 상호교류와 협력을 증진시켜 나가는 지역전략이 필요하다. 그 시작은 최소한 상황관리 차원에서라도 북한문제에 대한 협력적 관계를 구축해 나가는 것이다. 북한도 대중 의존도 심화에 수반되는 위험을 회피하기 위한 고민을 하고 있을 것이다. 북한이 과거 남한·미국·일본과의 관계 개선을 끊임없이 시도했던 배경에는 부상하는 중국의 대국주의가 야기할 위험성에 대한 우려도 있었으며 지금도 그 우려는 여전히 남아 있을 것이다.

여기서 우리는 2018년 평창에서 개최될 동계올림픽에 주목할 필요가 있다. 그 자체가 한반도에서 협력적 질서를 만들어갈 수 있는 계기를 제공할 수 있기 때문이다. 평창 동계올림픽을 성공적으로 개최하기 위해서라도 한반도와 주변정세의 안정이 긴요하다. 서해에서 포격전이 벌어지고 휴전선에서 총소리가 울리는데 국제적인 스포츠행사가 원만히 열릴 수 있겠는가? 전두환 정부가 1983년 북한이 미얀마 랑군 아웅산 폭탄 테러 사건으로 대통령을 암살하려는 도발을 했음에도 1984년 북한의 수해지원 제의를 수용해 남북관계를 풀어가면서 소위 '88라인'을 가동해 북한과의 대화에 나선 이유도 88올림픽을 성공적으로 개최하기 위함이었다. 보기에 따라 북한에 발목이 잡힌 형국일 수 있지만, 멀리 보고 관계를 개선할 필요성에 동의한다면 이는 발목 잡힌 것이 아니라 상황 반전의 주도권을 쥘 수 있는 카드를 갖게 된 것이다.

햇볕이 났을 때 건초를 만들라는 서양 속담이 있다. 더 늦기 전에 남북관계에서 전략적인 결단이 이루어져야 한다. 우리가 진정으로 향후 10년을 내다보고 국가 발전전략을 짠다면 한반도에 평화체제를 구축하는 것이야말로 필수적 조건이다. 그러나 북·중동맹 관계가 과거로 회귀한다면 이에 역방향으로 작용할 것이다. 우리는 그것이 가져올 폐해를 심각하게 고려해야만 하며, 북·중동맹이 60주년, 70주년을 맞도록 방임해 두어서는 안 된다. 우리가 선택해야 할 길은 한반도 주변의 대립과 긴장 고조가 아니기 때문이다. 평창 동계올림픽 유치를 계기로 평화와 안정의 한반도 질서가 조속히 정착될 수 있도록 지금부터라도 남북관계의 획기적인 변화를 모색하는 데 지혜를 모으기 바란다.

<제29호> 2011.07.19

# 평창 동계올림픽을
# 평화와 화합의 아이콘으로

## 변화의 길로 나서는 대장정

2011년 7월 6일 24시, 평창은 제23회 동계올림픽 개최지로 선정되는데 성공했다. 올림픽이 가져다 줄 경제적 특수에 대해서는 이미 다양한 분석들이 존재하고 있다. 하지만 간과해서는 안 될 것은 그것이 가져다 줄 정치·안보적 차원의 부가적 영향, 특히 북한과의 문제 해결에 어떠한 영향을 줄 것인가 하는 점이다. 특히 분산개최와 같은 시도들은 부분적으로라도 성공한다면 북한이 국제무대로 회귀하는 데 있어서 남한이 적극적인 역할을 하고 있음을 보여줄 수 있는 기회가 될 수 있다. 또한 평창의 지속적인 경제발전을 위해서도 이번 올림픽을 북한과의 관계 개선의 기회로 삼아, 설악과 금강산으로 이어지는 평화 관광벨트를 개발하는 것이 중요하다. 올림픽의 진정한 정신 중 하나인 국제평화의 증진에 남북 간의 관계 개선만큼 뚜렷한 성과물은 없을 것이다.

2018년의 평창 동계 올림픽은 1988년 서울에서 치렀던 제24회 하계올림픽 이후 30년 만에 개최되는 올림픽이다. '88올림픽'은 일본에 이어 아시아 국가 중 두 번째로 개최된 대회로 대한민국을 세계에 본격적으로 알리는 계기를 만들어 주었다. 또한 탈냉전이라는 세계사 흐름의 중심에 서서 국제사회와 경제·문화 교류를 대폭 확대하는 기회로 작용했다. '88올림픽'의 아이콘은 대한민국이 개발도상국에서 벗어나 중진국의 반열에 합류하는 경제적 업그레이드였다. 엄청난 경제적 효과도 안겨다 주었다. 대회 기간 중 300만 명에 가까운 관광객이 다녀갔고, 26억 달러의 경제적 효과가 창출되었다. 올림픽을 통해 얻은 이익의 일부는 지역 사회 및 국민체육사업 운영을 위한 기금으로 지원되기도 했다.

## 다시 읽는 올림픽 유치의 의미

평창 동계올림픽 개최가 확정되자 우리 사회는 벌써부터 올림픽이 갖는 경제적 파급효과 제시에 부산하다. 1988년 서울올림픽의 5배, 2002년 한일월드컵의 2배가 될 것이라고 예측하기도 하고, 국가브랜드 가치 상승과 함께 침체된 내수 시장에 활기를 불어넣을 수 있을 것이라고도 한다. 그러나 정작 평창 동계올림픽에는 그 속에 담을 진정한 아이콘이 없다. 평창 동계올림픽 안에 대한민국이 담아내야 할 미래 비전의 아이콘은 무엇인가? 최근 들어 한국은 '한류korean wave

를 통해 유럽을 비롯한 아시아, 아메리카로 그 위상을 새롭게 떨치고 있다. 전 세기에 미국과 유럽의 영화배우와 가수들에게 환호성을 지르던 우리의 모습이 이제는 지구촌 곳곳에서 젊고 싱그러운 한국의 아이돌을 보고 세계가 환호하는 모습으로 대치되고 있다. 창의를 바탕으로 한 신선한 감각과 열정이 그대로 세계의 젊은이들에게 감동과 감격으로 이어지면서 차세대 문화를 리드하고 있는 것이다.

그러나 이처럼 대한민국의 탄탄한 미래를 의심하지 않는 우리지만 무언가 항상 뒷덜미를 잡힌 것처럼 꺼림칙한 일이 남아 있다. 바로 북한 문제요, 평화문제다. 북한은 같은 민족으로서 함께 화합하고 평화를 실현해야 할 대상임에도 우리와는 너무도 동떨어져 있는 국제미아 같은 존재다. 그러나 우리는 북한을 모르는 체 할 수도 없고 떨쳐내 버릴 수도 없다. 북한을 시야에 넣지 않고는 민족문제와 평화문제를 말할 수 없고, 이를 해결하지 않고는 대한민국 발전의 새로운 추가동력 확보를 기대하기도 어렵다. 평창 동계올림픽은 이 제약요인을 극복하는 계기가 되어야 한다. 그래서 화합과 평화의 대한민국 이미지로 세계 모든 사람들의 가슴에 와 닿는 전 세계인의 축제가 되어야 한다. 끝없이 변하면서도 그 깊이와 정도를 가늠할 수 없는 우리의 진정한 역량을 발휘함으로써 민족 성원에게 희망의 메시지를 전해야 한다. 이것이 전 세계가 우리에게 바라는 대한민국의 궁극적 모습이다.

## 북한을 남북 화합의 장으로 끌어들이자

과거에 북한은 '88올림픽'의 성공을 방해하기 위해 남북한 공동주최를 주장하고 거의 막바지 시기까지 협상을 끌어갔다. 1990년 베이징 11차 아시아경기대회 때도 우리의 출전을 막아보려고 끝까지 남북한 단일팀 구성을 주장했었다. 이러한 점에서 평창 동계올림픽을 둘러싸고 북한을 끌어들이려는 것은 현실성도 없고 복잡하며, 괜한 혼란과 갈등만 조장하는 결과로 이어질 것이라고 지적하는 일은 타당한 측면이 있다. 사실 남북한 공동개최나 분산개최는 무엇보다도 국제올림픽위원회IOC 헌장에 위배된다. 헌장 제35조 1항에는 'IOC가 승인한 경우를 제외하고 올림픽은 한 나라 한 도시에서만 연다'고 명시하고 있기 때문이다. 그 밖에도 IOC의 가이드라인이 동계올림픽 경기장의 기존 클러스터에서 반경 50㎞, 1시간 이내에 경기장이 집중돼 있을 경우에만 다른 도시에서 일부 종목이 가능하다고 밝히고 있다. IOC는 분명히 대한민국 평창에 개최권을 주었으며, 우리는 IOC 헌장을 준수하겠다고 약속하고 동계올림픽 개최권을 획득했다.

그러나 평창 동계올림픽을 남북관계의 획기적 발전과 한반도 평화정착의 계기로 삼으려는 우리의 의지가 강하다면 우리 스스로 나서 북한을 끌어들이는 것이 옳다고 본다. 북한의 의도에 말려드는 길을 택해서가 아니라, 우리의 원대한 전략 속에 북한이 협조할 수 있는 공간을 넓히기 위해서이다. 대부분의 경기를 평창에서 하되, 한두 종목이라도 분산

개최 한다면 어떨까? 예를 들어 아이스하키나 빙상경기라도 북쪽에서 분산개최가 이루어지도록 한다면 남북관계에 미칠 효과는 엄청날 것이다. 더구나 남북관계가 경색된 현재와 같은 상황에서 보자면 그것이 가져올 여파는 상당할 수 있을 것이다. 우선 지금 당장이라도 그 계획을 구체화하기 위한 남북 당국 간 회담이 이루어지게 될 것이다. 북한이 경기를 치를 수 있는 시설과 선수들의 거처도 만들어져야 한다. 그곳이 반드시 평양이 아니라도 상관없다. 금강산 지역이나 원산이 될 수도 있다. 중요한 점은 선수들이 남에서 북으로, 또 북에서 남으로 이동하는 길이 만들어져야 한다는 것이다. 항공로가 열리고, 철도와 도로가 연결될 것이다. 한국을 찾는 세계인들은 그 길을 통해 북한을 방문하게 된다. 남한 사람들도 경기 관람을 위해 북으로 갈 수 있다. 경기장 일대는 물론 평양도 방문할 수 있는 기회가 만들어진다. 이것이 남북의 동질성을 제고하고 경제공동체 형성의 바탕이 된다. 그뿐만 아니라 국제사회가 주목하고 있는 동계올림픽을 성공적으로 치르기 위해 한반도에 긴장을 조성하거나 화합을 해치는 일을 삼가게 될 것이다. 한마디로 평화와 화합의 아이콘이 창출되어 제대로 자리매김할 수 있게 될 것이다.

이러한 분산개최가 물리적으로 불가능한 것도 아니다. IOC 가이드라인의 예외적 적용이 이루어질 수 있도록 IOC의 승인을 받아내면 된다. 대의명분이 강하면 IOC도 동의할 가능성이 크다. 올림픽 정신이 무엇인가? 전쟁행위를 중단하는 평화다. 그리스인들은 올림피아제를 통해서 육체와 정신의 단련은 물론, 온 국민의 단합과 화해를 도모했다. 우리는 올림픽이라는 스포츠 제전을 통해 세계의 청년들이 기량을 겨루고 우정을 나누는 것이 세계평화의 지름길이 된다는 피에르 쿠베르탱Pierre Cubertin의 신념을 잘 안다. 올림픽의 이상은 스포츠에 의한 인간의 완성과 국제평화의 증진이다. 지구상에서 유일하게 분단의 고통을 지속하면서 평화에 대한 도전이 상존하고 있는 한반도에서의 올림픽 개최는 이러한 이상을 재확인하는 절호의 기회를 제공해주고 있다. 모든 것은 우리 하기에 달려 있다. 남북한이 불신과 대결을 넘어 세계 앞에 진정으로 손을 맞잡고 하나의 민족임을 확인하려는 의지만 있다면 IOC를 설득하는 일은 얼마든지 가능하다. 평창 올림픽 유치를 위해 쏟았던 열정과 노력, 그리고 국민적 단합력이 뒷받침된다면 IOC의 승인은 자연스러운 결과로 올 것이다.

평창 동계올림픽은 앞으로 7년 후에 열린다. 현 정권을 비롯해 3개의 정권과 연결되는 긴 여정이다. 그동안 대북정책의 기조가 변할 수 있다 하더라도 평창 동계올림픽은 긴 안목에서 남북 화합의 장이 될 수 있도록 정치적 영역에서 제외할 필요가 있다. 평창 동계올림픽이야말로 평화를 확보하고 통일에의 길을 넓힐 수 있는 유용한 자산이기 때문이다.

## 평창을 적자로부터 구해내자

평창 올림픽을 흑자 대회로 치르기 위해서라도 끌어들여

야 한다. 평창 올림픽에서 얻는 경제적 효과는 공짜가 아니다. 기간시설의 구축과 대형 이벤트에는 수십조 원이 들어간다. 자칫 잘못하다간 적자 대회를 면하기 어렵다. 올림픽을 치르기까지 지역사회가 쏟아 부어야 할 돈은 가히 천문학적이다. 이익창출이 말처럼 쉽지 않다. 동계올림픽으로 경제성을 창출했던 유일한 곳이 1994년 노르웨이 릴레함메르였다. 선수촌 건물도 임시로 지었고, 경기장 신설도 자제했다. 1964년 도쿄올림픽은 일본이 경제대국으로 도약하는 밑거름이 됐지만, 1988년 나가노 동계올림픽의 경우 폐막 이후 극심한 불경기로 일본 정부가 110억 달러의 빚을 떠안게 됐고, 나가노 시는 지금도 재정난에서 벗어나지 못하고 있다.

　평창 올림픽과 관련해 제시되고 있는 경제효과 수치들은 기본적으로 사업의 경제성 평가와는 관련이 없다. 실제 공공사업과 관련된 경제성 평가기준으로는 의미가 없는 수치다. 올림픽 개최를 위한 정부지출이 모두 '경제적 효과'가 아니다. 한국의 이미지 개선과 겨울스포츠 시장 확대라는 것이 어떻게 모두 수익이 될 수 있겠는가? 당장은 중앙정부에서 돈을 들여 경기장을 짓고, 교통시설을 확보하기 위한 대규모의 투자가 이루어질 것이다. 원주~강릉 간 113㎞의 복선전철, 인천에서 평창까지 245㎞를 70분 만에 달릴 수 있는 고속철과 인천~평창 영동고속도로, 인천~강릉 제2영동고속도로도 건설된다. 그러나 경기가 끝나면 경기장만 하더라도 한 해 수백억 원 이상의 유지보수비가 들어간다. 2002년 부산 아시안게임은 성공적인 행사였지만, 시설물 유지비 때문에 사이클 경기장이 경륜장으로 바뀌었다. 월드컵 경기를 위해 지었던 각 지방의 월드컵경기장이 오랫동안 적자로 허덕이고 있는 것도 예삿일이 아니다. 평창을 중심으로 하는 강원도 지역은 이미 외부 투기자금들이 판을 치고 있다고 한다. 이들 투기자금이 강원도의 미래를 위한 투자가 될 가능성은 작다.

평창의 미래발전을 담보하는 일이 필요하다. 평창이 남북한 미래 비전의 중심지역으로 태어날 수 있어야 한다. 그러기 위해서는 평창과 설악과 금강산을 잇는 관광벨트가 만들어질 필요가 있다. 설악산과 금강산, 원산을 거쳐 칠보산, 라진·선봉은 한반도 동해안의 관광보고다. 또한 세계 어느 곳에도 없는 비무장지대가 우리에게 있다. 비무장지대를 전 세계가 주목하는 평화관광 지역으로 새롭게 떠올릴 수 있도록 함으로써 평창이 남북한을 연결하는 상시 관광체제 속에 머무르도록 해야 한다. 그렇게 하기 위해서는 지금부터라도 금강산 관광재개를 포함한 동계올림픽의 남북한 연결을 논의해야 할 것이다. 평창을 보러온 관광객들에게 북한을 들여다볼 수 있는 기회를 만들어주자. 그것이 북한을 평화의 마당으로 이끌어내고 개방과 개혁의 길로 나설 수 있게 하는 지름길이다. 이렇게 볼 때 지금이 북한을 관광자원화 할 수 있는 절호의 기회다.

평창의 동계올림픽은 남북한이 함께 한반도를 세계적인 관광지로 만드는 일에 다름이 아니다. 평창과 강원도의 도시 및 지역 브랜드만을 만드는 올림픽이 아니라 한반도의 평화·협력 브랜드를 창출하는 올림픽이다. 이를 통해 세계가 북한과 협력을 확대하고 북한 스스로가 변화의 길로 나서는 대장정이 시작될 수 있을 것이다. 지난 7월 22일과 23일, 남북한이 2년 7개월 만에 인도네시아에서 만나 6자회담의 틀을 복원하고 남북한이 비핵화 회담을 주도해 나가자는 데 공감을 이루었다. 이로써 다양한 형태의 회담이 급물살을 타고 진행될 것이며 남북관계에도 긍정적 영향을 미치게 될 것이다. 이러한 움직임이 평창 올림픽 유치의 의미를 다시 새기는 신호탄이 되기를 간절히 염원한다.

〈제30호〉 2011.07.26

# 대화국면으로의 전환,
# 청색 신호등 앞에서 망설이지 말라

## 6자회담 수석대표 비핵화 문제 논의

2011년 7월 말 인도네시아 발리에서 아세안지역안보포럼(ARF) 직전에 가진 남북의 6자회담 수석대표 간 회담은 경색된 남북관계의 국면전환 신호였다. 이번 정부 출범 시기부터 시작된 한반도의 긴장과 대결국면은 한미동맹 강화와 북·중관계 유착으로 확산되며 냉전구조의 부활을 예고하는 듯했다. 그러나 탈냉전 이후 미·중관계는 과거 미·소관계와 근본적인 차이를 보인다. 이번 국면전환 역시 현재 세계질서의 미룰 수 없는 요구였다. 대북 강경정책이 오히려 북한의 도발위험성과 한반도의 군사적 긴장을 고조시키기만 한 만큼, 실용정신에 입각해 시대와 국제정세 변화에 대화와 협력의 계기를 만들어 나갈 때이다.

지난달 말 인도네시아 발리에서 개최된 아세안지역안보포럼ARF 직전에 남북의 6자회담 수석대표가 2시간 동안 회동해 비핵화 문제를 논의했다. 또 남북 외무장관이 비공식 접촉을 갖고 비핵화 문제 해결을 위해 주도적 노력을 하자는 데 공감을 이루었다.

이후 우리 외교통상부 장관은 한 방송에 출연해 북한이 비핵화 의지를 보였느냐는 질문에 대해 "그런 것은 없었다"라고 답했으나, 이 회동은 '남북 비핵화회담'으로 명명되었으며 한반도 대결국면에 변화의 움직임을 가져오는 전주곡으로 인식되고 있다.

## 발리에서 보여준 국면 전환의 신호

정부는 여전히 남북대화에 원칙을 강조하고 있고 북한도 "인도네시아에서 실현된 외교당국자 간 회동이 곧 남북관계의 복원을 의미하는 것은 아니다"라고 단언하지만 예전처럼 결의決意나 저의底意에 날이 선 느낌은 없다.

지난해 연평도 포격 사건으로 대북지원을 중단하고 당시 신의주로 전달하기 위해 단둥에 대기 중이던 지원물자를 도로 가져왔던 정부가 최근 북한 당국에 수해구호물품 지원을 제의했다. 북한의 사과 등 진정성을 요구하며 다른 나라의 대북지원 움직임도 거북해하던 기존 입장에 비추어 보면 다소 의외의 조치이다.

북한은 북한대로 우리 대통령에 대한 비난을 슬며시 거두어들이고 있다. "이명박 정부와는 상종하지 않겠다"라고 절교선언을 하고 대통령 실명을 거론하면서 거친 욕설을 쏟아내던 북한이었다.

남북의 이러한 미세한 변화를 가지고 국면이 바뀌고 있다고 판단하기에는 성급한 측면이 있다. 휴전선의 긴장은 여전하고 북방한계선 부근 해역에서는 최근에도 포성이 울려 작년 연평도의 악몽을 다시 상기시켜 주었다.

그러나 그동안 정부가 통과의례적 남북회담은 하지 않을 것이며 북한의 진정성이 확인되어야 한다는 입장을 고수해 북한의 태도변화 없이는 돌파구가 열릴 것 같지 않던 답답한 상황이 발리회담을 계기로 분명 바뀌고 있다.

발리회담 직후 뉴욕에서 미·북회담이 열렸다. 이 회담은 2009년 말 미 국무부 대북정책 특별대표 스티븐 보즈워스의 방북에 대해 그의 파트너인 김계관이 답방하는 형식으로 이루어졌다. 6자회담 수석대표 회동보다 한 단계 격이 높은 만큼 비핵화 문제와 함께 양측의 주요 관심사들이 폭넓게 논의되었다. 공동보도문이 나오지 않았고 차기 일정에 대한 합의도 없었으나 '건설적이고 실무적' 이었다고 평가된다.

## 국면 전환은 더 이상 미룰 수 없는 세계질서의 요구

작금의 한반도 긴장과 대결국면은 천안함 사건이 증폭 역할을 했지만 이미 이명박 정부 출범 때부터 시작되었다. 정부는 "북한의 버릇을 고쳐 원칙 있는 남북관계를 만들겠다"

며 대북 강경정책을 전개하면서 전쟁불사의 안보강화를 주장하고 북한 붕괴에 대한 기대도 숨기지 않았다.

남북 간 대결구도가 한미동맹 강화와 북·중관계 유착으로 외연이 넓어지면서 동북아 냉전구조가 부활하는 듯 보였다. 실제로 항공모함을 동원한 동서해상의 한미 합동군사훈련은 미·중관계를 극도로 악화시키기도 했다. 그러나 미·중의 대립은 더 이상 확대되지 않고 올해 초 워싱턴 정상회담을 통해 봉합되었으며 이 회담에서 한반도 평화와 안정을 위한 남북대화의 필요성에 대해서도 합의되었다.

G2로 불리는 미·중의 관계는 과거 냉전시대 미·소의 관계와 근본적으로 다르다. 과거 냉전구조에서는 세계가 서로 별개의 경제권으로 나뉘어 있었던 만큼, 진영 간 국지적 대립이 오히려 진영 내부의 결속과 질서유지에 도움을 주는 측면이 있었다. 그러나 지금의 미·중관계에서는 세계시장을 공유하기 때문에 서로 경쟁하더라도 국지적 대결이 미·중 간 대결구도로 확대되는 것을 막기 위해 기본적으로 협력을 필요로 한다. 즉 과거 미·소관계에서는 상대방의 불행이 자기의 행복이었지만, 지금의 미·중관계는 그러한 제로섬 게임으로 생각할 수 없다.

탈냉전이 국제질서의 흐름으로 정착된 지금, 한반도에서의 국지적 냉전복귀 움직임은 시대정신에 대한 역류逆流 현상이다. 발리회담의 성사 배경에는 우리 정부가 남북대화를 미룰 경우 북·미회담을 먼저 열 수밖에 없다는 미국의 통보가 있었다.

미국은 북한문제에서 우리 정부의 입장을 적극 뒷받침해왔다. 그럼에도 한반도 대결국면을 장기적으로 방치하는 것은 북한 우라늄 농축문제의 해결이나 미·중관계의 장래를 고려해볼 때 부담이 되는 부분이다. 그간 한국을 난처하게 하지 않는 선에서 미국이 식량조사단을 북한에 보내거나 북한 태권도 공연단을 초청하는 등 미·북대화 재개를 위한 정지整地 작업을 해온 것도 이에 연유한다.

## 대북정책에서 포퓰리즘을 제거하자

발리회담으로 막상 국면 전환의 청신호가 켜졌지만 우리 정부로서는 전진할 수도 그대로 정지해 있을 수도 없는 어정쩡한 입장에 처한 것 같다. 그동안 대북 강경정책을 전개하면서 스스로 발목을 잡는 원칙을 남발한 탓이다. 정부가 밝힌 대북정책 원칙이라는 것이 사실상 '북한이 먼저 태도를 변화해야 한다'는 조건을 담고 있어서 북한이 명분을 만들어주지 않는 한 우리 스스로 움직이기 어려운 상황이다.

강경보수층의 반발을 감내하고 기존의 대북원칙을 유연하게 조정하면서 적극적으로 미·북대화나 6자회담의 흐름을 타고 갈 것인가? 아니면 '원칙'을 고수하는 대신 전환 국면에 소외될 위험을 감수할 것인가? 이러한 딜레마에 빠져 고민하는 처지가 된 것 자체가 안타깝기만 하다.

답은 역사와의 대화에서 찾아야 한다. 통일문제에 관한 포퓰리즘populism이 통용되어서는 안 되며, 변화된 국제 정세의 요구에 맞게 올바른 길로 들어서야 한다. 지도자는 항상 국민의 목소리에 귀를 기울여야 하지만, 진정한 지도자라면 투철한 역사의식 속에서 국제 정세의 변화에 맞게 정도를 찾아내고 앞장서서 국민을 인도해나갈 줄 알아야 한다.

민주화 이후 역대 우리 정부는 남북 간 화해·협력과 평화공존을 통해 민족공동체를 회복해 평화통일을 달성하는 것을 대북정책의 근간으로 삼아왔고 대다수 국민들은 이를 지지하고 성원해왔다. 남북 간에 불신과 대립을 키우고 긴장을 고조시키는 것은 이와 배치된다. 그동안 남북관계를 개선할 수 있는 기회가 있었으나 여러 이유로 황색 점멸등에 묶여 머뭇거렸던 것이 사실이다. 하지만 이제 청색 신호등으로 바뀌고 있다. 신호등이 바뀌었는데도 진행하지 않고 우물쭈물한다면 오히려 사고가 날 수 있다.

대북 강경정책으로 우리 안보환경이 나아진 것은 없다. 오히려 북한의 도발 위험성이 증가하면서 한반도를 둘러싼 군사적 긴장도가 한층 높아졌을 뿐이다. 설상가상으로 남북 경협이나 민간교류의 중단으로 생긴 빈 공간을 중국이나 제3국에 내주면서 우리 민간 사업자들만 피해를 보고 있다.

현 정부는 ‘실용정신’을 국정철학으로 내세웠다. 대북정책의 추진에서 이념적 차원의 비판을 두려워하지 않고 성과 위주의 객관적 판단을 할 수 있어야 진정한 ‘실용정신’이라 할 수 있을 것이다. ‘실용정신’은 상황이 변화할 때 유연성을 발휘할 수 있어야 하며, 정부는 그러한 유연성을 설명하는 데 두려워해서는 안 된다.

　우리 정부가 설정한 '원칙' 때문에 5·24조치의 전면적 철
회가 어렵다면 우선 민간 차원의 대북지원과 교류협력을 허
용해 신뢰형성을 주도하고 대화의 계기를 마련하는 것이 필
요하다. 대화 없이 어떻게 원칙 있는 남북관계를 만들 수 있
으며, 북한의 태도를 바꾸게 할 수 있는가? 정부가 진정한
'실용정신'으로 돌아가 결단을 내릴 때이다. 이번 8·15 대
통령 경축사를 기대해본다.

〈제31호〉 2011.08.12

# 급변하는 한반도 정세, 새로운 북방외교가 필요하다

## 김정일 국방위원장, 러시아 대통령과 정상회담

김정일 국방위원장이 러시아를 방문해 메드베데프(D. Medvedev) 대통령과 정상회담을 갖고 6자회담의 무조건 재개와 양국의 경제협력 확대에 합의했다. 미국이 우라늄 농축 프로그램(UEP) 중단을 포함해 6자회담의 재개조건의 이행을 북한에 요구하고 있는 것과는 상반되는 태도로, 6자회담에 대한 북·중·러 공동전선의 전개를 볼 수 있다. 북·러정상회담은 한반도를 둘러싼 주변 강대국들의 지정학적 세력경쟁을 드러내기도 했다. 러시아의 남·북·러 3자협력 제안은 북한의 대중 의존도 심화 탈피라는 의도와 함께 정권 교체를 앞둔 러시아의 대한반도 영향력 확대 의도가 맞닿아 있다. 이러한 한반도 주변 정세 변화 속에서 한국은 북·중 및 북·러관계를 아우르는 새로운 북방외교 정책을 중장기 전략으로서 수립·추진할 필요가 있다.

2011년은 북한과 러시아가 21세기 양국관계를 규정한 '조·러 모스크바 선언'을 발표한 지 10돌이 되는 해이다. '조·러 모스크바 선언'은 정치, 경제, 군사, 과학기술, 문화 등 여러 분야에서 쌍무적인 협조의 발전, 러시아 지원으로 건설된 기업소들에 대한 개건 실현, 북·러 철도연결사업의 본격 실현, 자주적이고 평화적인 통일 지지 등의 내용을 담고 있다. 이번에 김정일 국방위원장은 러시아를 방문해 울란우데에서 메드베데프 대통령과 정상회담을 갖고 6자회담의 무조건 재개와 양국의 경제협력 확대에 합의했다.

이번 합의사항은 지난 3월 11~14일 보로다브킨 러시아 외교부 아태담당차관겸 6자회담 수석대표가 북한을 방문했을 때 사전 협의됐던 것과 대동소이하다. 보로다브킨 차관은 베이징에서 우다웨이 한반도사무특별대표와 사전협의를 마친 뒤 방북해, 6자회담 재개와 관련해 핵실험과 탄도미사일 발사의 잠정 중단, 영변지구의 우라늄 농축시설에 대한 국제원자력기구IAEA 전문가들의 접근, 6자회담에서의 우라늄 농축 문제 논의 등을 요구했었다.

## 북·러정상회담이 6자회담의 문을 열 것인가

이번 북·러정상회담에서 김 위원장은 6자회담이 열리는 동안에는 핵실험과 핵생산을 잠정 중단할 준비가 되어 있다고 밝혔다. 그동안 미국이 6자회담의 재개 조건으로 제시한 것은 핵 및 미사일 시험발사 유예, IAEA사찰단원의 복귀 허용, 우라늄 농축 프로그램UEP의 중단, 9·19공동성명의 이행, 남북관계 개선 등 다섯 가지이다. 이러한 미국 측의 기준으로 볼 때 이번 김 위원장의 언급은 이러한 조건을 충족하기에는 한참 부족한 것이 사실이다.

미국이 요구한 조건 가운데 9·19공동성명의 이행은 북측이 줄곧 약속해왔던 것이라 문제 될 것이 없고, 남북관계 개선의 경우 지난 7월 발리에서 열린 남북 비핵화회담으로 최소한의 체면치레는 했다. 하지만 핵 및 미사일 시험발사 유예는 6자회담 기간 중에만 유효한 것이고, 우라늄 농축 프로그램의 중단은 논의해 보겠다는 수준이며, IAEA사찰단원의 복귀는 언급조차 없다. 이 때문에 미 국무부는 "환영할 조치지만 불충분하다"는 입장을 밝혔다.

여러 가지 문제 가운데 최대의 쟁점은 미국이 가장 관심을 갖고 있는 우라늄 농축 프로그램 문제이다. 한미 양국은 당초 유엔 안보리에서 북한의 UEP 문제를 논의하자는 입장이었으나, 지금은 한 발 물러나 UEP 중단을 6자회담 재개의 전제 조건으로 요구하고 있는 것이다. 그러나 북한은 UEP가 원자력의 평화적 이용권에 따른 전력생산용이기 때문에 중단할 수 없으며, 다만 9·19공동성명의 "모든 핵 프로그램의 포기" 약속에 따라 6자회담에서 논의할 수는 있다고 주장했다.

미국 측은 이러한 북측의 태도가 협상카드를 쪼개 내미는 살라미Salami 전술이라고 보고, "한 번 산 말을 두 번 사지 않는다” 며 북한의 전향적인 태도 변화를 촉구하고 있다. 이에 대해 지난 7월 말 뉴욕을 방문했던 김계관 북한외무성 제1부 상은 “미국이 언제 한 번이라도 말을 산 적이 있느냐” 고 반박하면서 조건 없이 6자회담을 열어 모든 문제를 논의하자는 입장을 견지했다. 이처럼 미국과 북한 양측의 입장은 평행선을 긋고 있어 수렴되기가 쉽지 않다.

이번에 북·러정상회담에서 보여준 6자회담 재개에 관한 러시아의 태도는 북한 측의 손을 들어주는 것이다. 러시아는 올해 초만 해도 북한의 UEP 문제를 유엔 안보리에서 다뤄야 한다는 입장을 갖고 있었으나, 중국과 협의를 거친 뒤부터 이 문제를 논의하기 위해 6자회담을 먼저 열자는 것으로 입장을 바꾸었고 이번 북·러정상회담을 통해 공식화했다. 이와 같이 북·중·러가 6자회담 재개와 관련해 공동전선을 펴고 있어, 향후 한국과 미국이 어떠한 태도를 취할지에 따라 6자회담 재개 여부가 결정될 것으로 보인다.

우리 정부로서는 최근 금강산 내 남측 시설에 대한 압류조치 등과 같이 남북 간 현안이 풀리지 않고 있어 곧바로 6자회담으로 넘어가는 것에 부담을 느끼고 있는 것 같다. 그렇기 때문에 우리 정부는 추가적인 남북대화를 통해 6자회담의 재개 여건을 만들어 나가자는 입장을 취하고 있다. 하지만 천안함·연평도 사건 등 한반도의 군사적 위기가 어느 정도 진정되면서 6자회담의 재개 문제를 마냥 미룰 수는 없게 되었다. 이제 한반도 긴장상태를 풀 수 있는 공이 우리에게 넘어온 것이다.

## 가스관 3자협력 제안은 지정학적 세력 경쟁의 신호탄

이번 김정일 위원장의 러시아 방문은 여러 가지 목적이 내재되어 있지만, 무엇보다 경제적 지원이 필요한 북한과 동북아 지역에서 영향력을 키우고 싶어 하는 러시아의 이해가 맞아떨어진 결과이다. 이번 북·러정상회담에서 합의한 두 번째 사항은 경제협력의 확대이다. '조·러 모스크바 선언'에서 약속했던 양국 사이의 경제협력은 북한 기업소에 대한 개건改建 지원과 북·러 철도연결사업의 두 가지였지만, 이번에는 가스관·송전관 및 철도연결의 3자협력이 강조되고 있다.

북한은 2012년 강성대국의 대문을 여는 해를 앞두고 경제회생에 주력하고 있다. 그런데 북한의 주요 산업설비 대부분이 옛 소련제이기 때문에, 북한이 경협 차원에서 러시아제 산업설비 부품의 지원을 요청했을 가능성이 있다. 군수품의 지원은 유엔 안보리 결의 1874호에 저촉되기 때문에 제외되었을 가능성이 높다. 하지만 러시아 정부로서는 북한이 옛 소련으로부터 빌려간 110억 달러 상당의 채무를 변제하지 않은 상태에서 선뜻 추가적인 원조 제공을 약속하기 어려웠을 것이다.

반면 러시아와 한반도 남북을 잇는 철도 및 가스관 부설, 송전선 건설 등 3자 경제협조 계획들은 사정이 좀 다르다. 이 계획들은 이미 지난 3월 보로다브킨 차관의 방북 때 남북관계의 개선을 적극 돕는다는 명분으로 러시아가 제안했던 것이다. 이번 북·러정상회담에서 김 위원장이 러시아의 제안을 받아들이는 모양새를 했고, 메드베데프 대통령도 "(북한 또는 한국과의) 양자협력의 구체적인 요건을 검토하는 특별위원회를 러시아 정부 산하에 설치"하도록 하는 등 적극적인 모습을 보였다.

러시아는 가스관 관통과 철도 연결을 통해 남북한을 아우르는 한반도 전체에 대한 영향력을 확보하려는 의도를 갖고 있다. 아이훈조약<sup>愛琿條約</sup>으로 극동지방에 진출한 후 러시아는 부동항을 찾아 남하해 1896년 동청철도 부설권의 확보와 랴오둥반도 남단부<sup>다롄, 뤼순</sup>의 조차로 만주 지역에 대한 영향력을 크게 확대했다. 만주국의 건국으로 일본과 충돌할 것을 우려해 1935년 한때 만주에서 철수했으나, 1945년 일본의 패망으로 다시 만주에 진주했다가 1949년 중국공산당 정부가 수립되면서 완전히 손을 뗐다.

러시아의 한반도 영향력은 1896년 고종의 주한 러시아 공사관 피신<sup>아관파천</sup> 직후에 극에 달했다가 1904~1905년 러일전쟁에서 지면서 급속히 소멸됐다. 하지만 1945년 8월 소련군의 북한 지역 진주로 한반도 북부에 대한 영향력을 회복했고, 그 이후에도 다소의 부침은 있었지만 북한에 대한 영향력은 지속되어 왔다. 탈냉전 직후 국내문제에 휘말리면서 러시아의 한반도 영향력은 급속히 쇠락했지만, 2011년 현재 라진항 3호 부두의 50년 사용권을 확보한 상태이다.

이제 러시아는 2012년 정권 교체기를 맞이해 북한을 넘어 한반도 전체에 대한 영향력을 확대하고자 하는 것으로 보인다. 북한으로서는 러시아에 일방적으로 경제지원을 요청하기보다 이러한 러시아의 이해관계를 최대한 활용해 중국에 대한 일방적인 경제의존을 완화하려는 의도가 깔려 있다. 이번 김 위원장의 러시아 방문에 러시아의 이해관계가 크게 걸려 있다는 사실을 뒷받침하는 것이 바로 북·러정상회담을 앞둔 러시아의 대북 식량지원 약속이다. 러시아는 올해 초 세계식량기구WFP를 통해 대북 식량지원의 규모를 500만 달러까지 늘렸을 뿐 아니라, 김 위원장의 방러 직전에 밀가루 5만 톤을 지원하기로 약속했다. 밀가루의 국제시세가 톤당 335달러2011년 2월 말인 점을 감안하면, 러시아는 김 위원장의 방러를 위해 2000만 달러가 넘는 식량원조를 제공한 셈이다.

러시아는 북한을 설득해 남북한을 지나는 가스관의 연결을 어떻게든 관철시키고자 하고 있다. 이번 가스관 및 송전선 연결사업은 동북아의 지정학적 구도를 크게 뒤바꿔놓을 수 있는 사업이다. 가스관의 길이는 1000㎞에 달하며, 이 가운데 700㎞는 북한 지역을 통과하게 된다. 송전선은 가스관이 건설될 때 함께 매설된다. 이 사업은 천문학적인 비용이 필요한 초대형 프로젝트로 북·러 양국 차원에서 해결할 수 없는 일이다. 미국으로서도 남·북·러의 가스관 및 송전선 연결사업은 북한의 핵문제, 전략방위적 판단, 미국 석유·가스 업계의 이해관계 등을 고려할 때 민감하게 생각해야 할 사업이다. 일본도 러시아의 한반도 영향력 확대를 그냥 눈뜨고 볼 수는 없을 것 이다.

이처럼 북한을 놓고 중국과 러시아가 서로 지정학적 경쟁을 벌이고 있는 가운데 미국과 일본도 이 경쟁에 뛰어들 채비를 하고 있다. 한반도를 둘러싼 이 같은 경쟁 양상은 한국전쟁이나 북핵문제와 달리 주변 강대국들에 제로섬 게임이 아니라, 잘만 하면 모두에게 이익이 되는 플러스섬 게임이 될 수 있다. 다시 말해 이번 프로젝트에 대해 동북아 역내 모든 국가의 이해관계가 일치할 수 있으며, 그 결과에 따라 동북아 지역의 평화와 안정을 가져올 수도 있다.

## 중장기 전략으로 새로운 북방외교가 필요

이번 북·러정상회담에서 합의한 두 가지 사항은 우리 정부에 '트로이의 목마' 처럼 여겨질 수도 있다. '조건 없는 6자회담 재개' 는 자칫 한미 양국이 주장해왔던 UEP 문제를 흐지부지시키고 일련의 서해사태에 대한 북한 측 책임을 묻지 못하게 할지도 모른다. 또한 '가스관·송전관·철도연결의 3자협력' 은 향후 에너지 문제에서 우리가 러시아와 북한에 좌지우지될 위험성을 염려하지 않을 수 없게 한다. 2007년 석유통과세를 둘러싼 마찰로 벨라루스가 자국을 경유해 폴란드·독일로 가는 드루즈바 송유관을 차단하는 조치를 취한 바 있고, 2006년과 2009년에는 천연가스 가격을 둘러싸고 우크라이나를 거쳐 중동부 및 서부 유럽으로 가는 가스관을 러시아가 차단해 외교무기로 사용한 전례가 있다.

과거 북한이 남한에 이와 비슷한 조치를 취한 적이 있다. 1948년 5월 14일자로 당시 북조선인민위원회는 남한 주둔

미군사령부가 전기요금을 미납한다는 이유로 송전을 중단
했다. 당시 한반도의 발전시설은 일제의 중국 침략 병참기
지화 정책으로 90% 이상이 북한에 집중되어 있었고, 남한의
북한전력 의존율은 60~70%에 달했기 때문에 송전 중단 조
치는 남한사회에 엄청난 혼란을 가져왔다. 결국 남한에서는
전기를 시간제나 구간제로 공급하는 등 궁여지책으로 버틸
수밖에 없었다.

이 때문인지 정부는 북·러정상회담에서 거론된 남·북·
러 3국 가스관 연결사업에 대해 "남북 간의 신뢰 조성이 우
선"이라며 신중한 태도를 취했다. 실제로 가스관·송전관 및
철도연결사업에는 많은 시간과 돈이 소요되기 때문에 현재
와 같이 악화된 남북관계에서는 실현 가능성이 낮다. 특히
5·24조치로 남북경협이 전면적으로 중단된 상황에서는 이
같은 대형프로젝트를 선뜻 수용하기 어려운 것이 사실이다.

하지만 현재의 남북관계만 탓하며 우리 정부가 손을 놓고
있기에는 한반도 주변 정세의 변화 속도가 매우 빠르게 돌아
가고 있다.

이번 북·러정상회담은 2009년 하반기 북·중관계의 완전
회복에 이어 북·러관계의 완전회복을 상징하며, 북한이 유
엔 안보리 제재에도 국제사회에서 고립되지 않고 건재하다
는 것을 보여주는 것이기도 하다. 북한은 유엔 안보리 결의
1874호에도 불구하고 외교적으로는 국제적인 고립에서 점
차 벗어나고 있다. 미국도 민간교류를 허용했을 뿐 아니라
90만 달러의 구호품을 제공하기로 약속했다. 이제 남은 것

은 한국이 취하고 있는 5·24조치뿐이다.

지금 벌어지고 있는 한반도를 둘러싼 주변 정세 변화가 중국이나 러시아의 전략에 따른 것인지, 아니면 북한의 이니셔티브에 의한 것인지는 좀 더 면밀한 검토가 필요할 것이다. 그런데 이 과정에서 우려스러운 것은 이러한 한반도 주변 정세의 변동 속에서 한국의 역할이 보이지 않는다는 사실이다. 지난 8월 15일 대통령의 광복절 경축사에서는 북한 어린이와 자연재해에 대한 인도적 지원을 언급하는 것 외에 남북관계를 끌고 갈 대전략이 제시되지 않았다. 정부 당국자는 지금이 말보다 행동이 중요한 시기라고 해명했지만 어쩐지 '전략 부재'에 대한 변명으로만 들린다.

이제라도 정부는 변화된 북·중 및 북·러관계를 아우르는 새로운 지정학적 전략, 새로운 북방정책을 수립해 추진할 필요가 있다. 일찍이 노태우 정부는 탈냉전기의 도래에 대비해 7·7선언을 통해 북방정책을 내놓았다. 그 결과, 한국은 1989년 처음으로 사회주의국가인 헝가리와 수교하고, 이를 출발점으로 소련·중국 등과 잇달아 국교를 정상화하는 외교적 성과를 거둔 바 있다. 그리고 남북기본합의서를 체결하고 남북한 유엔 동시가입이라는 전략적 목표를 달성했다.

머지않아 통일부 장관을 교체한다는 소식이 언론에 보도되었다. 통일부 장관의 교체가 북한에 '잘못된 신호'를 보내지 않을 만큼 정부의 대북정책이 전환될 필요가 생겼다는 의미라면 그나마 다행이다.

그러나 장관 교체나 5·24조치의 철회와 같은 근시안적 대

책보다 중요한 것은 한반도를 둘러싸고 벌어지고 있는 지정
학적 변동에 대한 중장기 전략을 마련하는 일이다. 이제라
도 새로운 북방정책을 마련해야 할 것이다.

〈제32호〉 2011.08.30

# 남북 이산가족 상봉 재개를 간곡히 호소함

## 이산가족상봉을 위한 남북회담은 국가의 책무

이명박 정부 출범 이후 이산가족 문제는 실종되었다. 남북 이산가족의 상봉 기회는 과거에 비해 5분의 1로 줄고 상봉 규모는 6분의 1로 축소되었다. 연평균 상봉 행사 또한 노무현 정부 시기 2.6회에서 0.5회로 감소했다. 상봉 인구 또한 연평균 2650명에서 450명으로 크게 축소되었다. 이산가족상봉을 위한 남북회담은 '남북 이산가족 생사확인 및 교류촉진에 관한 법률' 제4조와 제9조에서 정한 국가의 책무이고 대통령의 대선공약이기도 하다. 정부는 이산가족상봉 신청자 37.2%가 사망하고 43.6%가 80세 이상 고령으로 시간적 여유가 없는 남북 이산가족 문제를 최우선 과제로 자리매김해야 한다.

민족의 명절 추석이
며칠 앞으로 다가왔다. 이때만 되면 망향의 서러움과 혈육
의 정이 솟구쳐 누구보다 가슴을 태우는 사람들이 있다. 바
로 남북 이산가족이다. 헤어진 가족의 생사조차 모른 채 60
여 년을 살고 있는 이들의 고통을 어느 누가 실감할 수 있을
까? 이들의 뼈에 사무친 한을 풀어주는 것이야말로 시급한
인도주의 문제이다.


## 실종된 이슈, 이산가족 문제

우리 정부가 지난 1971년 남북적십자회담 개최 이래 이산
가족 문제를 남북 간 최대 이슈로 삼고 우선적 해결과제로
끊임없이 제시해온 것도 이 때문이다.

그러나 이명박 정부 출범 후 남북 이산가족 문제는 실종되
고 말았다. 남북관계가 경색되면서 이산가족상봉 기회가 크
게 줄었을 뿐만 아니라, 이산가족 문제가 문제인지조차 모를
정도다. 2000년 남북정상회담 이후 매년 두세 차례씩 설날
이나 광복절 또는 추석 무렵에 정례적으로 개최되던 이산가
족상봉 행사도 2008년 한 해를 거르더니 2011년 올해에도 또
거를 모양이다.

최근 우리 정부는 남북 이산가족 문제를 해결하려는 적극
적 자세를 보여주지 못하고 있다. 그나마 2009년과 2010년
각각 한 차례씩 있었던 금강산 이산가족상봉 행사는 북한이
제의해서 겨우 성사된 것이다. 북한의 제의는 우리 정부로

하여금 금강산 관광을 재개하도록 압박하거나 유인하려는 저의가 있었던 것이다. 그런 만큼 간신히 성사된 남북 이산가족상봉은 이른바 '남북관계에서의 원칙'을 지키려는 정부의 강한 '의지'로 말미암아 단발에 그치고 말았다. 북한의 의도야 어떻든 결과적으로는 '남북관계에서의 원칙'이 이산가족상봉을 가로막은 셈이다.

그러고 보니 역대 정부가 강조하던 "이산가족 문제 해결은 남북관계에서 최우선 과제"라는 말이 최근 들어 정부 당국자들의 언급에서 사라진 것 같다. 2008년만 해도 남북 이산가족상봉 행사를 열지 못하게 되자 정부는 추석 무렵 대한적십자사와 함께 전국 주요 도시에서 이산가족 위로행사를 개최했는데, 올해에는 이런 행사마저도 없다. 지난달 여당 대표가 추석을 앞두고 이산가족상봉을 재개하라고 정부에 촉구했으나 정부는 "계획이 없다"며 일축했다.

인도적 문제인 남북 이산가족상봉이 재개되지 못하는 이유를 남북관계 경색 탓으로만 돌리기에는 어쩐지 석연치 않은 부분이 많다.

## 시간이 없는 문제이자 단번에 풀릴 수 없는 문제

남북 이산가족 문제는 시간적 여유가 없는 사안이다. 지난달 말 현재 대한적십자사의 이산가족정보통합센터에 등록된 남북 이산가족상봉 신청자는 약 12만 8000명이다. 이 중 37.2%인 4만 8000명이 이미 사망했고 생존자 8만여 명의

43.6%가 80세 이상 고령이다.

이산가족 문제는 남북관계의 모든 정치적 현안이 풀리고 민감한 사안이 정리되어 '원칙'이 관철될 때까지 미루어 둘 수 있는 일이 아니다. 이산가족상봉 신청자 가운데 매달 300여 명이 고령으로 더 기다리지 못하고 운명을 달리하고 있기 때문이다.

이러한 처지를 고려할 때 대북정책에서 이산가족 문제 해결은 오히려 과거보다 우선순위를 높여 적극적으로 추진해야 할 사안이다. 이명박 대통령도 대선후보 시절 "대북포용정책은 납북자와 국군포로 문제를 등한히 하며 이산가족 문제를 근본적으로 풀지 못하고 있다"고 비판하면서, 자신이 당선되면 "납북자 문제를 본격적으로 다루고 70대 이상 고령 이산가족의 남북 자유왕래를 추진하는 등 이산가족상봉 기회를 대폭 확대하겠다"고 공약한 바 있지 않은가?

하지만 이명박 대통령 후보의 이산가족 관련 공약公約은 임기를 얼마 남겨두지 않은 상황에서 이미 공약空約이 될 공산이 커지고 말았다. 지금까지의 결과를 보면 이산가족상봉 기회는 과거보다 크게 축소되고, 납북자 문제도 근본적 접근은커녕 한 치의 진전도 없이 오히려 문제 해결이 점점 더 어려워져 가고 있다.

남북 이산가족의 상봉 기회는 과거에 비해 5분의 1로 줄고 상봉 규모는 6분의 1로 축소되었다. 연평균 상봉 행사가 김대중 정부 시기 2.0회에서 노무현 정부 때는 2.6회로 늘어난 데 비해 이명박 정부에 들어와서는 0.5회로 감소했다. 상봉

규모도 김대중 정부 시기 연평균 1250명에서 노무현 정부 시절 2650명으로 늘었다가 이명박 정부에 들어와서는 450명으로 크게 줄어들었다.

2007년 남북정상회담에서 "금강산면회소가 완공되는 데 따라 쌍방 대표를 상주시키고 이산가족상봉을 상시화" 하기로 한 합의는 휴지조각이 되어버렸고, 이 대통령이 그렇게 강조했던 납북자 국군포로 문제는 북측과 남북대화의 의제로조차 합의되지 못하고 있는 상황이다. 납북자 국군포로 문제를 의제로 채택해 명문적인 합의를 이끌어낸 마지막 남북대화는 노무현 정부 시절인 2007년 12월의 남북적십자회담이다. 현 정부 들어 납북자, 국군포로 문제는 한 치의 진전도 끌어내지 못하고 있다.

이 같은 초라한 성적표는 납북자 국군포로 및 이산가족 문제가 어떠한 형태로든 북한 당국과의 대화와 협조 없이는 풀릴 수 없는 문제이기 때문에 나타난 것이다. 북한 붕괴론을 흘려가면서 대북압박 정책을 구사해온 이명박 정부가 북한과 대화하고 협조를 구해야 하는 이산가족 문제 해결에 가시적 성과를 거두지 못하는 것은 어쩌면 당연한 귀결인지도 모른다.

2000년 6월의 첫 남북정상회담 이후 지금까지 이산가족 상봉 행사를 통해 남북에서 5만 명의 가족이 생사를 확인했고 그 중 2만 명이 직접 가족상봉을 했다. 비록 전체 남북 이산가족 규모에 비춰 매년 두세 차례 이뤄지는 상봉 행사는 규모도 너무 작고 제한적이라는 비판이 있었던 것이 사실이지만, 더딘 속도와 제한된 규모의 한계에도 불구하고 남북의 합의와 협조만이 가시적 성과를 만들 수 있었던 것이다.

최선의 대안이 마련될 때까지 아무것도 안 하는 것보다 미흡하지만 꾸준히 이산가족상봉을 이어나가야 하며, 이것이야말로 기다림에 지쳐 있는 고령의 이산가족들을 생각할 때 인도적 문제 해결에 대한 정부의 의지를 보여주는 일이기도 하다. 상봉 행사의 미흡한 점은 이를 지속하면서 보완해나가는 것이 현명한 방법이다.

## 이산가족상봉을 위한 남북회담은 법률로 정한 국가의 책무

정부는 2008년 정부입법으로 '남북 이산가족 생사확인 및 교류촉진에 관한 법률'을 제정했다. 동법同法 제4조와 9조에서는 남북 이산가족의 생사확인과 교류를 확대할 것과 이를 위한 남북회담의 추진을 국가의 책무로 규정하고 있다.

이산가족상봉 확대가 이루어지지 않거나 지연되는 일이 단순히 북한의 책임을 묻는 것으로 끝날 수는 없다. 우리 정부가 국가의 책무를 다하지 않은 데서 비롯되었다는 지적도 겸허히 받아들여야 할 것이다.

이산가족의 상봉 확대는 대통령 공약사항이며 법률의 명령이다. 고령으로 기다릴 시간이 없는 이산가족의 사정을 감안해서라도 정부는 지금이라도 대북정책의 우선순위를 제대로 정립해야 할 것이다.

오늘도 대한적십자사에 이산가족상봉을 신청한 어르신

들은 가족상봉 재개의 소식을 애타게 기다리고 있을 것이다. 그 분들 가운데 하루 평균 10명가량이 고향에 두고 온 가족을 만나보지도 못하고 세상을 뜨고 있는 상황이다.

비록 북한과 금강산 관광지구 내 우리 재산 문제로 대립하고 있고 핵문제에도 진전이 없으며 더구나 천안함 및 연평도 사건도 아직 매듭을 풀지 못한 형편이긴 하지만 이산가족 문제의 해결은 최우선 과제로 자리매김되어야 할 것이다. 그리고 오히려 이 과제를 적극 추진함으로써 그 과정에서 금강산 관광 문제를 비롯해 남북관계 전반에 긍정적 변화를 이끌어내고 핵문제 해결을 위한 6자회담 재개 여건도 개선시킬 수 있을 것이다.

마침 추석 직후에 대한적십자사는 그동안 준비한 수해지원 물자를 북측에 전달할 예정이라고 한다. 인도적 차원에서 전달하는 이번 대북지원이 과거에 그랬던 것처럼 이산가족 상봉 논의가 재개되는 촉매제가 되길 바란다. 북한도 남북관계 개선에 도움이 되도록 화답하길 바란다. 원칙 있는 남북관계는 인도주의적 자세에서부터 시작되어야 할 것이다.

〈제33호〉 2011.09.08

# 금강산 관광 재개 환경을 과감하게 조성하라

## 신임 통일부 장관의 정책 발언에 대해

2008년 7월 11일 여 관광객 피격 사망사건 이후 중단된 금강산 관광은 이명박 정부의 대북 압박정책의 볼모가 되어 방치되었다. 한국 정부에게는 2009년 8월 현정은 회장의 방북과 2010년 2월 남북 금강산 관광문제 실무회담이라는 두 차례 기회가 있었으나 성과를 거두지 못한 채 금강산 내 남한자산 동결 및 인력 추방 등 문제는 악화일로를 걷고 있다. 금강산 관광문제의 원인은 북한이 제공했으나 현재까지 사태의 전개는 한국 정부의 대북전략 운용 실패에서 기인하기도 한다.

신임 류우익 통일부 장관이 국정감사장에서 금강산 관광과 관련, 기존 정책과는 차별되는 발언을 했다. 다름 아닌 김정일 국방위원장이 "앞으로 절대 그런 일 없을 것"이라고 말했다는 사실을 북한 당국이 확인만 해준다면 북의 공식적인 재발방지 약속으로 받아들이겠다는 것이다. "절대 그런 일"이란 금강산 관광객의 피격 사망과 같은 사건을 말하는데, 이 언급은 2009년 8월 방북한 현정은 현대그룹 회장에게 김 위원장이 직접 한 말이라고 한다. 류 장관의 발언은 그동안 우리 정부가 금강산 관광을 핵문제 해결로까지 연결, 북한의 항복을 받아내려고 했던 데서 한 발 뒤로 물러선 느낌을 준다.

## 대북 압박정책의 볼모가 된 금강산 관광

금강산 관광이 중단된 것은 2008년 7월 11일, 북한군 위수지역에 남한의 여자 관광객이 들어가 피격 사망한 사건 때문이었다. 그 무렵은 현 정부가 출범한 지 불과 5개월 남짓, '비핵·개방3000'이라는 새로운 대북정책으로 무장한 현 정부가 북한을 향해 거침없이 자신의 존재를 드러내던 때였다. 지난 정부의 대북정책과 결별하고 그야말로 북한을 철저하게 길들일 기세로 압박정책에 시동을 걸던 시기였던 것이다. 그로부터 3년 동안 금강산 관광은 이 압박정책에 볼모로 잡혀 내팽개쳐져 있었다.

지금에 와서 금강산 관광이 중단되고 남한 자산이 몰수당해 마지막 관리 인력마저 철수할 수밖에 없게 된 책임을 묻는 것이 부질없는 일일지 모른다. 그러나 금강산에 발을 딛고 민족의 숨결을 느끼며 통일의 그날에 대한 의지를 다지던 우리 국민들의 감격과 환희를 되찾아오기 위해서 우리는 금강산 관광이 현재의 상황에 이르게 된 원인을 냉정하게 짚어볼 필요가 있다.

금강산 관광이 수렁에 빠져들기 전 우리 정부에는 적어도 두 번의 기회가 있었다. 첫 번째 분수령은 금강산 관광이 중단된 지 1년 2개월 후, 관광재개를 위한 현대아산의 노력을 우리 정부가 무시한 데서 비롯된다. 2009년 8월 현정은 회장은 금강산 관광재개를 위해 북한을 방문했다. 애초 2박 3일이던 일정을 5차례나 연장하면서 7일 만에 김정일 위원장과의 회동을 성사시키고 아·태평화위원회와 5개 합의사항을 만들어냈다. 여기에는 비로봉을 포함한 금강산 관광과 개성 관광의 재개, 백두산 관광의 개시를 비롯해 추석 이산가족 상봉 행사 개최, 군사분계선 육로 통행과 북한 측 지역 체류의 원상회복, 개성공단 활성화 등이 담겼다. 특히, 김정일 위원장이 취한 특별조치를 통해 관광에 필요한 모든 편의와 안전이 철저히 보장될 것과 금강산 사고와 관련, "앞으로 절대 그런 일 없을 것"임을 전하기도 했다. 그러나 우리 정부는 민간기업 차원의 방북과 합의라는 점을 들어 이를 애써 폄하했다.

두 번째 기회를 놓친 때는 현대의 노력이 있은 6개월 후, 2010년 2월이었다. 남북이 금강산 관광문제와 관련해 개최

했던 실무회담에서 우리 정부가 유연성을 발휘하지 못한 것
이 화근이었다. 당시 북한은 "당국 간 회담 제의를 정식으로
해오면 검토할 것"이라는 남한 당국의 언급2009.11.25에 고무
되어 2010년 1월 14일 금강산·개성 관광 재개를 위한 실무
접촉을 갖자고 제안했다. 이에 따라 남북은 2월 8일 개성 남
북경협협의사무소에서 개성·금강산 관광 재개를 위한 실무
회담을 가졌다.

　북한은 남한 주민의 편의와 신변안전을 완벽히 보장할 것
을 천명하면서, 개성 관광과 금강산 관광을 각각 2010년 3월
1일과 4월 1일부터 재개하자는 합의서 초안까지 제시했다.
그러나 우리 정부는 관광재개를 위한 3대 선결조건피격 사망사
건에 대한 진상규명, 재발방지책 마련, 신변안전보장 장치 마련만을 강조하며,
북한의 제의를 귀담아들으려고 하지 않았다. 이날 남한 정
부는 금강산 관광 재개 3대 조건 중 '진상규명'을 강하게 요
구하면서 '남북공동조사'를 제의했다. 이에 대해 북한은 금
강산 관광객 피격 사망사건은 본인의 불찰로 빚어진 불상사
이기 때문에 진상규명이 불필요하다는 입장을 견지했다.
"현장을 와서 볼 수 있으나, 군사통제구역은 안 된다"는 것
이었다. 또한 남한의 재발방지 약속, 신변안전보장 요구에
대해서도 "재발방지 및 신변안전은 김정일 위원장이 확고히
담보한 만큼 해결된 문제"라는 주장을 했다. 남북이 회담을
위해 사용했던 시간은 오전 40여 분, 오후 1시간 정도였다.
당일 북한은 3대 조건에 대해 나름대로 조치를 취했다고 보
고 관광재개에 기대를 걸고 회담에 나왔지만, 회담은 아무런

성과 없이 끝났으며 2월 12일 차기 회담을 갖자는 북한의 제안마저 묵살되었다. 그 후 북한은 일사천리로 금강산 관광지역에 있는 남한 자산을 동결·몰수하는 조치를 단행하기 시작한다.

## 장기간의 방치가 칼자루를 바꿔 쥐게 만들었다

2010년 3월 4일 북한 아·태평화위원회는 남한이 개성·금강산 관광을 재개하지 않을 경우, 모든 합의와 계약을 파기하고 부동산 동결 등 특단의 조치를 취하겠다는 발표를 했다. 이어 3월 25일에는 "4월 1일까지 남한 당국이 금강산 관광을 재개하지 않으면 특단의 조치를 취하겠다"는 최후통첩성 발표를 하면서 부동산 조사 추진일정을 통보했다. 드디어 3월 26일부터 31일까지 부동산 조사가 실시되고 4월 13일에는 이산가족면회소와 소방대, 문화회관, 온천장 및 면세점이 동결되고 4월 30일 최소 관리직원 16명을 제외한 관리인원 추방 조치가 단행되었다.

북한의 조치는 여기서 끝나지 않았다. 2011년 4월 8일 금강산 관광지역에 대한 현대아산의 독점권을 취소하고 금강산 지역을 국제관광특구로 지정[4.29]하면서 '금강산국제관광특구법'을 채택[5.31]했다. 이 법에서 북한은 금강산 지역이 남한의 독점적 사용지역이 아님을 분명히 하면서 국제관광특구로 만들었다. 동시에 남측 명의로 된 재산권을 몰수·동결하는 조치를 취한 바탕 위에서 남한 측이 새롭게 관광사업을 할 기업과 재산을 등록하고 국제관광에 참여하거나, 참여하지 않을 것이라면 남측 자산의 임대·양도·매각 중 하나를 택하라2011.7.29고 압박을 가했다. 남한이 이에 응하지 않을 경우 법적인 처분을 하겠다는 점도 분명히 했다. 북한이 제시한 시한은 8월 19일까지 3주, 그러나 우리 기업들은 단 한 곳도 참여하지 않았다. 우리 정부가 금강산 관광을 하겠다는 의지를 보이지 않았기 때문에, 기업이 스스로 그 뜻에 반해 입회에 참여할 수 없는 노릇이었다. 2011년 8월 22일 북한은 부동산 처분을 위한 조치를 우리 측에 통보하고 물자반출금지 조치와 함께 남은 현장 인력 16명마저 모두 추방했다. 이로써 금강산 관광 재개는 우리가 아닌 북한이 칼자루를 쥐게 되는 결과가 되었다.

금강산 관광사업은 이제 북한의 손에 달렸다. 관광사업을 한다고 해도 금강산 관광지역의 사용은 지금보다 훨씬 더 까다롭게 되어버렸다. 금강산국제관광특구법 제40조에는 특구관리운영 및 관광사업에 지장을 준 자는 원상복구·손해배상·벌금부과, 안전 침해 및 사회질서 위반 시 행정적·형사적 책임도 부과한다고 규정하고 있다. 또한 분쟁이 일어났을 때에 지금까지는 제3자가 개입할 수 있는 여지가 있었으나, 이제부터는 그렇지 않다. 관광지구의 개발과 관리운영, 기업의 경영활동과 관련해 발생한 의견 상이는 당사자들 사이에 협의의 방법으로 해결하도록 되어 있기 때문이다.특구법 제41조 만약 협의의 방법으로 해결할 수 없을 경우에는 당사자들이 합의한 중재절차로 해결하거나 북한이 정하는 재판절차로 해결하기로 되어 있다. 그만큼 북한의 입김이 강력하게 작용할 여지가 커졌다.

물론 우리가 금강산 관광을 전혀 못하는 것은 아니다. 남한이 원한다면 할 수는 있다. 다만 금강산특구법에 따라 현대아산의 독점권이 더 이상 통용되지 않는다는 데서 출발해야 한다. 이런 상황에서 북한이 남한 없이 금강산 관광사업을 제대로 해낼 수 있겠는가의 의문은 지극히 부차적인 문제다. 북한은 기존의 방식으로는 금강산 관광을 하지 않겠다는 것이다.

## 의지와 진정성 있는 설득 없이 금강산 관광 재개 없다

금강산 관광 문제가 불거진 원인은 북한이 제공했지만 사태가 지금에까지 이른 것은 우리 정부가 금강산 관광과 맞물린 대북전략을 잘못 운용한 데서 비롯되었다고 보인다. 아마도 우리 정부가 북한을 무시하고 나쁜 상대, 길들여야 할 대상으로 여기며 북한이 우리가 원하는 대로 받아들이고 따라와야만 한다고 생각한 것 같다. 그러한 단순하고 안이한 생각으로 큰소리치며 기세등등하게 북한을 밀어붙였지만 이제는 상황이 달라졌다. 오히려 지금까지 견지해온 3대 선결조건의 해석에 우리 스스로가 융통성을 부여하기 시작한 것이다.

그 시그널은 7월 29일 우리 측의 대북 제의로부터 시작되고 있다. 금강산에서 남북 당국 간 실무회담을 열어 금강산 관광사업과 관련한 당면 문제를 협의하자는 내용의 통지문을 보낸 것이 그것이다. 통지문에서 우리 정부는 비로소 금강산 지역에 있는 우리 사업자들의 재산권 보호를 최우선으로 하되, 금강산 관광 재개문제도 논의 대상에 포함될 수 있다고 밝혔다. 정부가 줄기차게 요구해왔던 진상조사나 재발방지와 신변안전에 대해서는 아무것도 얻어내지 못한 상황에서 당국 간에 금강산 관광 재개를 논의하겠다니 이것이 무엇을 의미하겠는가? 류우익 장관의 발언에서 우리 정부가 금강산 관광 재개 문제를 더 이상 방치할 의사는 없는 것 같다고 읽는다면 아전인수가 될까?

만시지탄이다. 하지만 금강산 관광 재개 문제를 무리 없이 부드럽게 타개할 더할 나위 없이 좋은 기회를 맞고 있다. 작금의 주변 정세 움직임과 남북관계의 변화 요인을 훑어볼 때 금강산 관광문제에 대한 새로운 입장 정립은 빠를수록 좋다. 마침 그동안 당국 간 실무회담을 거부해오던 북한이 9월 16일 "남쪽이 적극적인 자세를 보인다면 언제든지 협상에 응한다"며 당국 간 협상의사를 시사했다. 이제 더 이상 관광 중단이 장기화된다면 우리 후대의 웃음거리가 된다는 각오로 금강산 관광을 대북정책의 볼모로부터 해방시키는 데 전력을 기울여야 한다.

우리 정부가 금강산 관광을 재개하겠다는 의지를 가지고 있다면, 국민 앞에 솔직히 그런 의지를 선명하게 드러내야 한다. 그런 의지와 해명 없이 체면 차리기부터 먼저 걱정한다면 지금까지 대북정책을 수용해온 국민을 무시하는 것이

된다. 원칙을 유지하되, 유연성 있게 하겠다며 편의주의에 머물 것이 아니라, 일단 금강산 관광을 재개하면서 당면한 문제를 해결하겠다는 의지를 분명히 한 후 진정성을 갖고 국민을 적극적으로 설득하는 것이 옳은 길이다. 그런 다음 금강산 관광재개를 위한 환경을 과감하게 조성해야 한다. 남북 간의 교류협력을 기본적으로 가로막고 있는 5·24조치를 그대로 두면서 금강산 관광만은 할 수 있다고 이야기하기는 쉽지 않을 것이다. 금강산 관광은 이제 모든 것이 그대로인 채, 우리가 하겠다고만 하면 언제라도 문이 열리는 것이 아니라는 사실을 잊지 말아야 할 것이다.

〈제34호〉 2011.09.24

# 대북정책 유연성, 행동으로 보여라

## 통일부 장관 교체에 갖는 기대

통일부 장관의 교체로 대북정책의 변화가능성이 주목받고 있다. 남북 간 긴장관계로 인한 피로감 속에 국민들과 정치권에서 유연한 대북정책을 통한 관계 개선 요구가 높아지고 있다. 지난 7월 말 발리와 9월 베이징에서 열린 남북 비핵화회담, 9월 14일 국회청문회에서 신임 류우익 장관의 대화재개 전제 조건 수정 가능성 발언과 같은 정부 차원에서의 변화뿐 아니라 정명훈 서울시향 예술감독의 방북 및 남북종교인 모임, 소방서 건립 등 민간차원에서의 변화 모두 대북정책 전환의 여건이 마련되고 있음을 드러낸다.

통일부 장관이 교체
되면서 대북정책의 변화가능성이 주목받고 있다. 일차적 진
원지는 류우익 신임 통일부 장관이다. 류우익 장관은 지난 9
월 30일 남북관계발전위원회 소속 민간위원들과의 간담회
에서 대북정책은 상대방이 있는 만큼 몰아붙이기보다 유연
성 있게 추진하겠다는 입장을 밝히면서 이름이 '류(유)연
성'으로 바뀌었다는 농담(?)까지 한 것으로 알려졌다.


## '대북정책의 유연성', 정책의 선회인가

류우익 장관이 취임한 후 유연한 대북정책이 화제로 떠올
랐다. 북한의 붕괴가능성에 기댄 강경한 대북정책은 대북경
제협력업체들에 커다란 피해를 야기했을 뿐 아니라 국민들
과 정치권에도 남북관계 경색에 따른 심각한 피로감을 야기
했다. 국민들이 북한의 대량파괴무기 개발이나 인권 문제에
대해서는 반감을 가지면서도 남북대화와 협력을 원하고, 특
히 여야를 불문하고 정치권에서 유연한 대북정책을 통해 남
북관계를 개선해야 한다고 주장하고 있는 이유도 그 때문이
다. 이런 배경에서 남북관계를 사실상 1988년 '7·7선언' 이
전으로 되돌려 놓은 '5·24조치'의 상징인 현인택 장관이 교
체되자 유연한 대북정책에 대한 기대가 커지고 류우익 장관
도 유연한 정책 추진을 언급하면서 대북정책의 변화 가능성
이 주목되고 있는 것이다.
실제로 대북정책이 일부 유연하게 변화될 조짐도 보이고

있다. 무엇보다 정부가 이제까지 남북관계뿐 아니라 북핵문제 해결을 위한 대화마저 가로막고 있었던 천안함 사건에 대한 북한의 사과를 더 이상 대화재개의 전제 조건으로 내세우지 않을 수 있음을 내비치고 있다. 류우익 장관은 지난달 14일 국회 인사청문회에서 천안함 사건 등에 대한 북한의 사과와 책임 있는 행동이 있어야 북한과의 협상을 추진할 수 있다고 하면서도 "그런 것이 협상과정에서 이뤄질 수도 있다"고 언급하기도 했다. 앞으로 지켜봐야 하겠지만 이제까지 대화재개의 전제 조건이었던 북한의 선<sup>先</sup>사과가 대화과정에서의 사과로 변할 가능성이 높아진 것으로 보인다.

북핵문제에 대한 협상에서는 북한에 대한 우리 정부의 사과 요구가 이미 철회되었다. 북한이 공개적으로 사과하지 않았음에도 지난 7월 말 발리와 9월 베이징에서 남북 비핵화 회담이 열렸다.

최근 들어 남북관계에서 실제적인 변화의 움직임이 나타나고 있다. 민간차원에서는 정명훈 서울시향 예술감독이 방북해 정례연주 개최에 합의한 데 이어 7대 종단 대표들이 북한을 방문해 남북종교인 모임을 개최했으며, 인도적 대북지원사업도 재개되고 있다. 당국 차원에서는 개성공단을 매개로 한 협력사업이 재개되는 양상을 보이고 있다. 정부는 2010년 3월 천안함 사건 이후 착공이 연기되었던 소방서 건립을 재개해 올해 말 완공할 예정이다. 개성공단 출퇴근 도로 보수와 함께 응급의료시설 건립도 본격적으로 추진될 예정이다. 이런 가운데 한나라당 대표로는 처음으로 홍준표

대표가 지난 9월 30일 개성공단을 방문하기도 했다.

## 대북정책 전환 여건 마련되고 있어

우리 정부가 대북정책을 전환할 수 있는 여건은 류우익 장관 취임 이전부터 만들어지고 있었다. 미국이 먼저 움직이기 시작했다. 지난 1월 미국과 중국의 정상회담 이후 미국은 북한과의 적절한 대화재개 방안을 모색해 왔다. 미국의 대북대화 모색은 천안함 사건 등에 대한 사과를 전제 조건으로 내세워왔던 우리 정부에 압력으로 다가왔고 그 절정은 지난 6월 한미 외교장관회담이었다. 이 회담에서 미국은 대북대화 재개와 남북관계 개선 필요성을 강하게 제기했던 것으로 알려졌다. 이는 7월 인도네시아 발리에서 열린 1차 남북 비핵화회담으로 이어졌다. 1차 남북 비핵화회담 이후 미국은 김계관 부상을 뉴욕으로 초청해 이틀에 걸친 회담을 진행했고 북한의 입장을 구체적으로 확인했다.

미국이 아직은 '전략적 인내' 라는 정책 기조를 변화시켰다고 보기는 어렵지만, 최소한 대북 대화의 필요성을 인정하고 이를 위한 움직임을 보이기 시작한 것은 사실이다. 이는 미국이 2005년 이후 중단되었던 한국전쟁 당시 실종미군 유해발굴 사업을 재개하기 위한 미·북회담과 재미 한국인 이산가족상봉을 추진하고 있는 데서도 확인된다. 그리고 지난달 클린턴 행정부 말기에 대북정책조정관을 지냈던 대북협상파인 웬디 셔먼이 국무부 서열 3위인 정무차관으로 임명되었다. 미국 조야의 강경한 대북인식과 여론 때문에 당장 미국의 대북정책이 변화되기는 어렵겠지만, 적어도 변화를 위한 발걸음은 이미 옮겨지고 있다고 볼 수 있다.

북한은 사실 2009년 상반기 장거리 우주로켓 발사와 2차 핵실험 이후 대외관계 개선을 꾸준히 모색해왔고 특히 미국과의 대화 재개에 많은 노력을 기울이고 있다. 그 과정에서 남북관계를 개선해야 미국과의 대화가 가능하다는 점도 충분히 인식하고 있는 것으로 보인다. 북한이 남북 비핵화회담에 응한 것도 그 때문이다. 물론 북한이 남북대화에 응한 것이 단지 미국과 대화를 재개하기 위한 것만은 아니다. 현재 추진 중인 권력승계를 안정적으로 진행하기 위해 우호적 대외환경을 만들고 경제적 실리를 확보하려는 의지가 이면에 있다. 특히 북한에 경제적 실리확보는 매우 절박하다. 이와 관련해 최근 북한은 2012년 강성대국의 대문을 열기 위한 목표수준을 하향조정하기도 했다. 북한은 당초 강성대국 달성 지표로 1980년대 말 3차 7개년 계획의 목표치를 설정했으나 최근 들어 강성대국을 달성할 수 있다는 '전망' 제시를 추진하면서 정부차원의 협력 약속을 내세우고 있다. 중국이나 러시아와의 정상회담을 통해 중앙정부 차원의 각종 사업 합의와 협력관계 심화를 도모하는 일이 그것이다. 그리고 무엇보다 중국에 대한 의존도 심화가 야기하는 위험요인을 분산시키기 위한 목적도 대외관계 개선 움직임의 이면에 존재한다. 때문에 김정일 위원장이 지난 8월 러시아 극동지역을 방문해 정상회담을 개최하기도 했다.

북한이 남한에 6·15공동선언과 10·4정상선언의 이행을 요구하면서 대북정책 전환을 촉구하는 것도, 현인택 장관에 대해서는 퇴임 이후에도 비난하면서 류우익 장관에 대해서는 주시하는 태도를 보이는 것도 그와 연동되어 있다. 북한이 밖으로는 군사적 대응 조치를 외치지만 여전히 남북관계의 개선을 원하고 있는 것으로 볼 수 있다. 이런 상황에서 우리 정부의 대북정책 라인이 일부 교체되고 있는 것은 정책전환의 기대를 높이고 있다. 대북정책 주무부서인 통일부 장관이 교체된 데 이어 남북관계를 좌우하는 핵심 이슈인 북한 핵문제를 다룰 한반도평화 교섭본부장6자회담 수석대표도 이달 초 교체되었다. 위성락 전임 본부장이 주러시아 대사로 옮기고, 그 자리에 2007년 북핵기획단장으로 6자회담 차석대표이자 6자회담 에너지·경제협력 워킹그룹 의장을 맡았던 임성남 전 주중공사가 임명되었다. 이렇게 본다면 우리 정부가 대북정책을 전환할 수 있는 '여건' 들이 대내외적으로 마련되고 있는 셈이다.


## 말보다 행동이 중요하다


우리 정부가 대북정책 전환 가능성을 시사하고 실제로 남북관계에서 변화의 조짐이 일부 나타나고 있으나 아직까지는 '말의 수준' 을 크게 벗어나지 못하고 있다. 이명박 정부 출범 이후 남북관계가 사실상 냉전적 대치시기로 되돌아가면서 풀어야 할 과제들이 산적해 있다. 그럼에도 이를 해결하기 위한 본격적인 움직임은 나타나지 않고 있다. 일부 단편적인 대북지원이나 인적교류가 이루어지고 있으나 '5·24 조치'로 중단된 민간차원의 경제협력과 사회문화 교류 등이 본격적으로 재개될 기미는 아직 보이지 않는다. 당국차원에서도 우리 기업들의 투자가 물거품이 될 위기에 처한 금강산 관광재개를 위한 협의 움직임이 가시화되지 않고 있으며 이산가족상봉조차 추진되지 않고 있다. 이런 가운데 서해에서는 여전히 포격소리가 멈추지 않고 있다. 남북대화보다는 군사적인 압박이 중심에 있는 듯한 모습이다.

이제는 우리 정부가 실질적인 행동으로 정책의 유연성을 보여주어야 할 때이다. 정부가 대북정책을 유연하게 추진해야 할 이유는 자명하다. 연평균 약 4천 명씩 사망하고 있는 이산가족 1세대의 상봉 문제나 금강산 관광에 대한 우리 기업들의 대북투자보호 문제는 어쩌면 작은 문제들일 수 있다. 중국의 동북3성과 러시아의 극동지역이 새로운 경제성장 핵심으로 등장하고 북·중·러 간의 협력이 심화되는 상황에서, 우리가 북핵문제 해결과 동북아 정세를 주도하면서 통일시대를 능동적으로 열기 위해서는 대북정책의 실질적인 전환이 절박한 것이다.

현 시기 남북관계를 풀어가기 위해서는 무엇보다 북한 핵문제와 남북관계 현안을 분리해 접근하는 것이 필요하다. 북한의 선제적인 비핵화 조치를 지나치게 앞세울 경우 북핵문제는 한 발짝도 앞으로 나아가지 못할 수 있다. 최근 남북 간에 비핵화회담이 개최되고 북·미 회담이 열리는 등 북핵문제 해결을 위한 대화들이 조심스럽게 재개되고 있지만, 남북관계 현안을 북핵문제와 분리해 두 가지 문제 모두가 해결을 향해 진전될 수 있는 보다 전향적인 환경을 만들어야 한다.

다음으로 민간과 당국 차원의 대화와 협력을 상호 분리해 투트랙으로 접근할 필요가 있다. 이는 정부의 대북정책 전환 부담을 분산 또는 완화시킬 수 있을 것이다. 우선 민간차원의 교류협력과 대북지원을 점차적으로 확대하면서 사실상 '5·24조치' 이전 수준의 남북교류협력을 회복해나가야 할 것이다. 당국차원에서는 남북관계 개선 분위기에 맞추어 이산가족 문제 해결을 위한 회담을 재개하고 그 과정에서 금강산 관광 문제를 해결하기 위한 남북 간 대화도 자연스럽게 추진할 필요가 있다. 금강산 관광 문제는 여전히 대북정책 전환과 남북관계 회복의 시금석과 같다.

'5·24조치'에 관해서는 결자해지結者解之 차원에서 현 정부가 이를 철회하는 것이 옳다고 본다. 그래야만 차기 정부가 부담 없이 대북정책을 수행해나갈 수 있을 것이다. 아무런 대국민 설득 과정이 없이 유연성을 앞세워 정책선회의 가능성을 시사하는 것은 당당하지 못하고 국민들에게 혼란만 가져올 수 있다. 공식적인 철회가 어렵다면 과감하게 남북관계 개선의 출로를 마련하는 조치를 취해 선제적으로 상황을 반전시키고 후차적으로 그에 대한 국민적 공감을 얻는 방안도 있을 것이다.

## 한미 정상회담, 대북정책 전환 계기되어야

한국시간 10월 14일 워싱턴에서는 한미 정상회담이 개최된다. 한미 정상회담 하루 전에 미국 의회가 한미 자유무역협정FTA을 비준할 예정이다. 이 때문에 이명박 대통령의 이번 미국방문과 한미 정상회담 개최의 핵심의제는 한미FTA가 될 것으로 보인다. 하지만 한반도의 엄중한 정세를 생각할 때 이번 한미 정상회담이 한미FTA를 축하하는 자리로만 끝나서는 안 된다. 한반도 안보 정세에 대한 상호 이해와 협력을 토대로 남북정상 회담 추진을 포함한 남북관계 개선 방안에 대한 폭넓은 협의가 이루어져야 할 것이다.

현재처럼 남북 상호 간에 불신이 팽배한 상황에서 실무차원의 상향식 방식으로 남북관계 개선의 돌파구를 마련하기는 어려울 수 있다. 남북당국자 간에 실무회담을 한다고 해도 상호 명분과 체면에 묶여 어느 쪽도 양보하기 어려운 상황이 지속될 수 있기 때문이다. 따라서 남북정상회담의 개최를 통해 남북관계의 회복을 위해 정면 돌파하는 것도 검토할 만하다.

남북관계를 획기적으로 풀기 위해서는 최고지도자의 결단이 필요한 것이다. 이런 점에서 실무적인 협의로 시간을 소진하기보다 남북정상회담을 통해 전격적으로 문제를 풀어가는 것이 가장 효율적인 방식일 수도 있다. 권력승계를 추진하고 있는 김정일 위원장도 이러한 방식 자체를 거부하지는 않을 것이다. 과거 몇 차례 추진되다가 실패한 사례를 반면교사反面敎師로 삼아 당당하게 정상회담을 추진한다면 여야 모두 환영할 것이다.

내년 3월 핵안보정상회의와 4월의 국회의원 선거, 12월의 대통령 선거 등 국내 정치일정을 고려할 때 남북정상회담을 할 수 있는 시간이 그리 많지 않다. 하지만 중국의 동북진흥과 러시아의 극동 개발에 따라 동북아 지경학의 중요성이 부각되고 있고, 북한마저 이에 편승해 생존을 모색해가고 있다. 이러한 움직임에 적극 관여하지 못한다면, 우리는 평화와 번영의 한반도, 그리고 통일한국을 열어갈 기회의 창을 스스로 닫아버리고 자칫 강대국들이 좌우하는 동북아질서의 하위 편입자로 전락할 수도 있다.

얼마 전 세상을 떠난 스티브 잡스는 늘 갈망하고 무모한 도전을 함으로써 자기가 원하는 미래를 열 수 있다고 했다. 우리의 평화와 통일에 대한 갈망이 쇠와 같이 단단해야 하며, 늘 앞서서 그 실행방안을 디자인하고 도전해야 하지 않을까? 지금과 같은 중요한 시기일수록 현명한 전략적 판단과 선택이 필요하다. 이런 점에서 이번 한미 정상회담이 양국의 공조 하에 대북정책을 획기적으로 전환시키는 계기가 되기를 기대해본다.

〈제35호〉 2011.10.11

# 한미 정상회담을 보고 한미관계를 다시 생각한다

## 대미 일변도 외교는 우리 국익에 도움이 됐는가

2011년 한미 정상회담이 열리기 하루 전, 이명박 대통령은 미 상하 양원합동회의 연설에서 한미공조와 한미FTA를 통한 양국관계의 발전 필요성을 역설했다. 그런데 미국의 한미FTA 이행법안이 한국에 가지는 주권 훼손 요소와 한미동맹의 중국 견제 용도가 지적되고 있는 현 시점에서, 미국 일변도 외교에 대한 재고가 요구되고 있다.

이명박 대통령은 김대중 대통령 이후 13년 만에 국빈자격으로 미국을 방문했다. 한국 대통령의 미국 국빈방문이 새삼스러운 일은 아니지만, 이번 이 대통령의 방미는 21세기 우리 외교 전략과 관련해 한미관계를 어떻게 정립할 것인가 하는 좌표를 세우는 계기가 된다는 점에서 주목을 받았다.

이번 이 대통령의 방미 행사 가운데 백미는 역시 미 상하 양원합동회의에서의 연설이라고 볼 수 있다. 한미 정상회담이 열리기 하루 전날 미 하원과 상원에서 한미 자유무역협정FTA 이행법안이 모두 통과되었기 때문에 이 대통령이 미 의회에서 연설할 수 있는 명분이 마련된 것이다. 이 연설에서 이 대통령은 한국과 미국이 혈맹이라는 점을 강조하면서 한반도의 비핵화를 위한 한미 공조와 한미FTA를 통한 양국관계의 발전 필요성을 역설했다.

## 주권 훼손 요소가 있는 한미FTA 이행법안

그동안 한미FTA 협정의 일부 내용이 우리에게 크게 불리한 독소조항을 담고 있다고 해서 논란이 되어 왔다. 그런데 최근 미 의회를 통과한 한미FTA 이행법안은 한미 간 불평등한 내용을 담고 있어 이 논란을 더욱 부추기고 있다. 미 공화·민주 양당이 합의해 통과시킨 미국 측의 '한미FTA 이행법안'은 한미FTA 협정이 미 국내법과 충돌할 경우 미 국내법을 우선한다고 규정하고 있다.

이에 비해 우리 국회에 상정된 한국의 한미FTA 이행법안은 한미FTA 협정이 국내법과 동등한 효력을 갖는다고 되어 있다. 같은 한미FTA 협정에 대해 한미 간 법적 지위가 서로 다른 것이다. 우리 정부가 이를 바로 잡는 일이 역부족이었다면 우리도 똑같이 국내법을 우선하는 이행법안을 만들면 될 것이다. 그렇지 않다면 이것은 명백히 불평등한 것이며 우리 주권에 대한 훼손이다. 이렇듯 미국에 유리한 한미FTA 협정의 법적 지위 때문인지, 한미FTA 협정의 미 의회 통과를 축하하는 이 대통령의 미 의회 연설은 45차례나 박수를 받았다. 하지만 국내에서는 야당과 시민단체에서 한미FTA를 재협상해야 한다는 요구가 크게 제기되고 있다.

세계 2, 3위의 경제대국인 중국, 일본과 이웃하고 있고 통상국가로 살아갈 수밖에 없는 한국으로서는 한미FTA가 불가피한 국가 전략일 수 있다. 이 점은 재정적자와 무역적자에 시달리는 미국도 마찬가지이다. 버락 오바마 대통령은 추가 재정지출 없이 대외무역을 통해 경제를 회생시키는 수단으로 무역협정을 중시하고 있으며, 실제로 미국은 한미FTA 체결로 한국에 대한 수출을 증가시켜 경제성장을 추동하려는 전략을 세워놓고 있다.

이처럼 한미FTA는 우리의 필요성뿐만 아니라 미국의 국가 전략에도 부합하는 것이다. 그렇기 때문에 굳이 한미동맹 강화라는 안보논리를 내세워 서둘러가면서 일방적으로 우리만 양보할 필요가 없는 사안이다. 한미FTA로 경제적인 큰 수혜가 따른다고 해도, 냉전시대도 아닌 오늘날 우리의 주권을 제약 당하면서까지 불평등협정을 그대로 받아들이는 것은 아무래도 다시 생각해야 될 문제이다.

## 한미동맹은 중국 견제용인가

한국과 미국이 한미FTA를 체결하는 데는 또 다른 의미가 있다. 이명박 대통령은 미국 현지 언론과의 인터뷰에서 "한미FTA가 양국의 일자리 창출을 위해 중요하지만, 이 지역에서 미국의 재관여reengagement 메시지를 알리는 것이기 때문에 더욱 중요하다"고 그 의의를 말했다. 이러한 인식은 이 대통령의 미 의회 연설에서도 잘 드러난다. 그는 "동북아시아의 경제적 활력이 지정학적 변동과 함께 오랫동안 지속되어 온 세력균형에도 새로운 변화를 가져오고 있다" 면서 미국의 적극적인 역할을 주문했다.

여기에 그치지 않는다. 이 대통령은 워싱턴포스트와의 인터뷰에서 "아시아 국가들이 상당히 중국을 두려워하고 있으며 중국을 견제하기 바라고 있다"고 말했다며, "이 대통령은 미국에 중국과 협력하면서도 중국의 부상에 대처할 균형자로서의 역할을 해달라고 요청했다"고 보도했다. 이명박 대통령과 오바마 미국 대통령이 발표한 언론보도문에도 다음과 같은 비슷한 취지의 내용이 담겨 있다. "한미동맹이 한국에는 '안보의 제1축' 이며 미국에는 '태평양지역 안보를 위한 린치핀the lynch-pin for security in the Pacific region' 임을 재확인하고, 앞으로도 평화와 번영을 위한 태평양 파트너십Pacific

Partnership for Peace and Prosperity을 더욱 공고히 해나가기로 했다.”

우리 정부는 워싱턴포스트의 보도가 논란이 되자 이 대통령의 진의가 잘못 전달됐다고 진화에 나섰다. 이처럼 외국 언론의 기사에 대해 우리 정부가 나서 사실관계를 부인한 것은 이번이 처음이 아니다. 일본의 월간지 문예춘추 2010년 9월호가 이명박 대통령이 오바마 미 대통령에게 일본 오키나와의 후텐마普天間 미 공군기지를 한국으로 이전하라고 제안했다고 보도했을 때도 청와대는 즉각 사실무근이며 완전한 소설이라고 부인한 바 있다.

우리 정부는 이명박 정부에 들어와 한미동맹이 전략동맹으로 한 단계 발전했다고 자랑해왔다. 미국도 오바마 대통령이 2010년 6월 토론토 한미 정상회담에서 언급한 것을 계기로 한미관계를 가리킬 때 ‘린치핀’ 이라는 단어를 사용해오고 있다. 지난해 10월에도 힐러리 클린턴 미 국무장관이 “한국과 미국의 동맹은 안정과 안보의 린치핀” 이라고 밝힌 바 있다. 이번 한미 정상회담의 언론보도문에도 이 단어가 들어가 있다.

린치핀은 ‘자동차의 바퀴가 빠지지 않도록 축에 꽂는 핀’ 에서 나온 말로 핵심이나 구심점을 의미한다. 이 말 그대로 한미관계가 지난 정부들 때보다 훨씬 중요하고 좋아졌다는 의미로 받아들일 수 있다. 하지만 냉전시기 동서 양대 진영이 적대적일 때도 사용하지 않던 단어를 탈냉전 시기, 특히 중국의 부상이 현실화된 이 시점에서 사용하는 것이 어떤 의미를 갖는지 다시 생각해보지 않을 수 없다.

## 미국 일변도 외교의 함정

현 정부에 들어와 한미관계가 역대 어느 정부보다도 좋아 보이는 것은 사실이다. 어떤 이들은 이것이 이명박 대통령과 부시, 오바마로 이어지는 미국 대통령들과의 개인적인 신뢰가 크게 작용했다고 평가하고 있다.

하지만 현 한미관계를 양국 대통령의 개인적 신뢰 문제로 보는 것은 지극히 표피적인 평가이다. 미국 대통령과 한국 대통령이 갑자기 개인적으로 친해질 이유는 없다. 사실은 두 대통령의 개인적 친분과 신뢰 때문에 한미관계가 좋은 게 아니라, 거꾸로 양국관계를 좋게 해 국익을 증진하려는 양국의 전략적 의도가 맞아떨어졌기 때문인 것이다. 전임 부시 대통령이 대통령 시절 일본 자민당 출신의 고이즈미 총리와 개인적인 친분을 과시했던 것은 그가 미국의 대중국 봉쇄정책에 적극 협조했기 때문이지, 어떤 개인적 취향의 문제가 아니었다.

그렇다 하더라도 양국 대통령이 친해져서 우리 국익에 도움이 된다면 굳이 이를 반대할 이유가 없다. 문제는 이명박 정부에 들어와 가속화되고 있는 대미 일변도 외교가 과연 우리의 국익에 도움이 됐는가 하는 점이다. 안보 면에서 볼 때, 북한의 2차 핵실험 이후 미국은 한국에 확장억제력 제공을 약속했고 지난해 천안함, 연평도 사태 이후에는 연합해상훈련을 통해 대북 억제력을 과시하는 등 우리에게 힘이 되어 주었다.

하지만 한미관계에서 미국이 언제나 우리 편이었던 것은 아니다. 최근 미국이 동해 표기를 일본해로 단독 표기해야 한다는 공식의견을 국제수로기구[IHO]에 제출했고, 이 기구는 이를 자체 홈페이지에 게시했다는 사실이 지난 8월 초에 알려졌다. 이번 일본해 표기의 제출에 대해 미국 정부는 해당 기구의 의견에 따른 것으로 미국 정부가 관여하지 않았다고 변명하지만 과거의 사례로 볼 때 그대로 받아들이기는 어렵다.

2008년 7월 미국 지명위원회[BGN]가 독도에 대한 영유권 표기를 '한국[South Korea]', 또는 '공해[Oceans]'로 되어 있던 것을 '주권 미지정지역[Undesignated Sovereignty]'으로 표기한 적이 있었다. 이에 대한 한국 내 반발 여론이 거세지자, 8월 초 방한을 앞둔 조지 부시 미 대통령은 분규가 발생하기 이전으로 표기를 원상회복하도록 지시했다.

어째서 한미동맹이 최고조에 있다는 이명박 정부에서 미국 정부는 잇달아 우리 국민의 정서와 외교부의 노력에 반하는 결정을 내린 것일까? 2008년에 독도 영유권 표기는 원상회복시켰으면서, 왜 동해 표기에 대해서는 미 정부 산하기구의 입장일 뿐이라며 끝까지 태도를 바꾸지 않는 것일까?

2008년 당시 부시 대통령이 독도의 영유권 표기를 원상회복하라고 지시하자, 청와대 이동관 대변인은 이에 대해 '한미동맹 복원과 신뢰회복의 결과', '대일 외교전의 승리'라고 자화자찬 했었다. 당시 전문가들은 독도문제를 지나치게 미국의 판단에 의존하는 것은 위험하다며 "만약 미국이 일본 편을 들 경우 우리 정부는 주권을 포기하고 이를 받아들일 것인가"라고 경고하기도 했다. 현 한미관계가 역대 최고라면서 왜 정부는 지난번처럼 오바마 대통령의 번복조치를 얻어내지 못하는 것인지 묻지 않을 수 없다.

## 한반도 지경학적 가치에 맞는 외교 전략이 필요

우리 정부의 전략은 한미동맹을 튼튼히 해 지정학적 위험요인을 제거한 뒤에, 중국과의 경제적 통상관계를 확대해 나가겠다는 것으로 보인다. 이러한 전략에 입각해 있기 때문에 한미FTA조차 대중국 견제의 관점에서 바라보고 있는 것이다. 이러한 전략은 한반도의 지정학적 위치가 대륙세력과 해양세력의 가운데에 끼여 있다는 인식에서 비롯된 것이다. 하지만 한미FTA가 우리 국익에 유리하기 때문이 아니라 미국의 동아시아 전략에 따라 중국을 견제하기 위한 것이라면 이는 올바르지 않다.

이데올로기가 지배하던 냉전시대에서 대륙세력은 중국·소련과 같은 사회주의국가, 해양세력은 미국·일본과 같은 자유민주주의국가였다. 하지만 냉전이 끝난 오늘날 중국과 러시아도 시장경제를 받아들이고 있다. 그렇기 때문에 이데올로기의 관점에서 설정된 '진영'은 더 이상 의미가 없다. 만약 현재의 좋은 한미관계가 '진영외교'의 관점에 서 있는 것이라면 중장기적으로 볼 때 오히려 한국의 외교 전략에 부담이 될 수 있다.

근년에 들어 전통적인 한반도 지정학의 성격도 변화하고 있다. 특히 정보화·세계화가 진행되고 동북아 경제가 통합으로 나아가는 오늘날의 추세 속에서 전통적인 한반도 지정학의 의미는 지경학으로 비중이 옮겨가고 있다. 최근 들어 두만강과 압록강 양 국경을 사이에 두고 북한과 중국이 국제 공동개발사업을 활발히 추진하고 있고, 김정일 위원장의 러시아 방문에 이은 이명박 대통령의 러시아 방문도 예정되어 남·북·러 가스 및 철도 연결사업 구상이 활기를 띠고 있다. 이제 한반도는 우리가 하기에 따라서는 강대국 간 각축장에서 벗어나 지경학적 중요성을 가질 수 있게 되었다.

이러한 변화 속에서 미·중관계도 변화하고 있다. 현재 미·중관계는 '다투되 판을 깨지 않는다鬪而不破'는 말로 묘사되듯이 경제적 상호의존도가 높기 때문에 때로 갈등하면서도 결코 양국관계의 기본 틀은 깨지지 않을 것으로 보인다. 지난해에 한반도의 군사적 위기, 동중국해에서의 중·일 마찰, 남중국해를 둘러싼 중국과 주변국들과의 갈등이 발생하자, 올해 1월 19일 미·중 정상이 만나 모든 갈등과 분쟁을 평화적으로 대화를 통해 해결해 나가기로 합의한 데서도 이를 확인할 수 있다. 그밖에도 양국 장관급의 미·중 전략 및 경제대화S&ED를 통해 양국 및 국제적인 안보·경제 현안에 대해 지속적으로 협의하고 있다.

이처럼 변화하는 한반도의 국제환경에서 우리 외교는 전통적인 동맹외교의 제한된 틀을 벗어나야 한다. 우리는 전통적인 지정학적 관점에 얽매어 미국과의 동맹에만 매달리기보다는 해양세력과 대륙세력 사이에서 가교역할을 통해 지경학적 이점을 극대화한다는 새로운 외교 전략을 수립해야 한다. 북한의 위협과 주변 강대국들의 잠재적 위협이 상존하는 현실에서 평화를 확보하고 통일을 안정적으로 추진하기 위해 세계 최강국인 미국과의 동맹은 필요불가결하다. 하지만 냉전시기와 달리 한미동맹은 상호존중과 호혜적 바탕 위에 서 있어야 더욱 건강한 관계로 발전할 수 있다.

과거 소련은 중앙계획경제를 유지하며 미국과 세계시장을 양분하고 있었고, 이 때문에 미·소 양국은 어느 한 쪽의 세력 확장이 다른 쪽의 세력을 위축시키는 제로섬 관계에 있었다. 하지만 오늘날 G2의 다른 축인 중국은 미국과 마찬가지로 시장경제를 채택하고 있다. 2005년에는 세계무역기구 WTO에도 가입했다. 중국은 3조 2000억 달러를 넘는 외화보유고를 자랑하고 있으며 그 가운데 1조 1600억 달러는 미국 국채이다. 지정학의 시대에는 한반도가 대륙세력과 해양세력 간 제로섬zero-sum 게임의 장이었지만, 지경학의 시대에는 한반도가 양대 세력을 잇는 플러스섬plus-sum 게임의 장으로 바뀌게 된다.

당분간 미국 주도의 세계질서가 유지되겠지만 현재와 같은 추세로 중국의 부상이 지속된다면 머지않은 장래에 세계질서가 크게 바뀔 가능성이 있다. 적어도 동아시아 질서는 이미 재편 과정에 들어섰다고도 볼 수 있다. 따라서 지금 우리에게 필요한 것은 한국 외교의 글로벌화이지 한미동맹의 글로벌화가 아니다. 더군다나 우리나라는 북한을 상대로 통일이라는 역사적 과업을 추구해야 한다는 점에서 주변국들과 다함께 잘 지내는 보다 다이내믹한 외교가 필요하다. 미국의 점진적 쇠락과 중국의 급부상이라는 역사적 현실을 직시해 더 넓고 길게 멀리 보고 우리의 외교 전략을 재정립해야 할 것이다.

〈제36호〉 2011.10.27

# 남북정상회담
## '해도' 그만, '안 해도' 그만?

### 남북 비밀접촉 공개 사건 이후

2011년 6월 남북한의 비밀접촉이 공개되었고 한 달 뒤, 발리에서 열린 아세안지역안보포럼(ARF)에서는 남북한 6자회담 수석대표가 만났다. 발리회담 이후에도 이어진 남북한의 빈번한 교류는 남북정상회담 추진설을 낳았지만, 11월 이명박 대통령의 발언은 이러한 추측을 약화시켰다. 그러나 천안함 문제가 남아 있는 한 남북정상회담 개최는 현 정부에게 중대한 과제로 인식된다.

2011년 6월 1일, 북한 국방위원회 대변인은 느닷없이 남북정상회담을 위한 당국 간 비밀접촉 사실과 우리 쪽 대표의 실명까지 의도적으로 공개하면서 남북관계에 큰 파장을 몰고 왔다. 불과 5개월 전의 일이다.

## '남북 비밀접촉의 결렬과 폭로' 이후 5개월간의 궤적<sup>軌跡</sup>

당시 북한은 "남조선이 금년 6월 하순과 8월, 내년 3월 세 차례 정상회담을 개최하고 이를 위한 장관급회담을 5월 하순에 열자고 제안했다"고 밝히고, 천안함 사건과 관련해 "사과를 구걸하고 돈 봉투까지 건네려 했다"며 우리 정부를 망신 주었다.

이러한 폭로에 대해 통일부 대변인은 "우리의 진의를 왜곡한 일방적 주장이며 일일이 대응하지 않겠다"면서 "매우 유감"이라고 했고, 이에 대해 북한은 이명박 정부를 '역적패당', '불한당' 등으로 표현하며 "더 이상 상대 안 하겠다"고 밝혔다.

이 같은 남북대화 사상 최악의 사태로 당국 간 비밀접촉선<sup>線</sup>의 신뢰마저 붕괴되어 이명박 정부 임기 내 남북관계는 정말 물 건너간 것이 아니냐는 걱정도 나왔다. 그러나 지난 5개월 동안 남북관계와 관련된 기대는 오히려 점점 높아졌다.

비밀접촉 공개 사건이 일어난 지 한 달이 조금 지난 7월 말, 남북한의 6자회담 수석대표가 인도네시아 발리에서 열린 아세안지역안보포럼ARF 회의장에서 별도로 만났다. 비록 어떠한 합의나 가시적 결과물은 없었지만 우리 정부는 이를 '남북 비핵화회담'이라고 불렀으며, 그동안 견지해온 '선 남북대화, 후 미·북대화(내지 6자회담)'의 원칙이 충족된 것으로 보고 미국과 북한이 고위급회담을 개최하는 데 동의했다.

발리회담 이후 지금까지 석 달 동안 각각 2번의 남북 비핵화회담과 미·북고위급회담이 개최되고 6자회담 관련국 사이에서도 관계인사의 빈번한 교류가 이루어지면서 6자회담 재개를 위한 명분이 조율되고 있다. 지난 3년간 회담 개최의 조건 문제로 지루하게 '기 싸움'을 벌여온 것과 비교할 때 그런대로 진전되었다고 볼 수 있다.

발리회담 이후 국내적으로도 남북관계 개선에 대한 기대감이 높아졌다. 8월에 여당대표가 "경색된 남북관계가 11월에 중대한 변화를 맞을 것"이라고 언급한 후, 남북정상회담에 대한 입소문이 시간이 갈수록 확산되었다. 특히 러시아 가스관 사업 논의와 함께 연결되면서 남북정상회담 추진설은 '단순한 가능성'을 넘어 회담개최를 예정 사안으로 보고 의제와 시기를 조율하는 문제만 남은 것이 아닌가 하는 추측까지 낳았다.

더구나 북한은 발리회담 이후로 우리 대통령에 대한 거명 비방을 갑자기 거두어들였고, 우리 정부도 통일부 장관을 교체해 대북정책의 변화를 시사함으로써 남북이 모두 '11월 중대변화'를 준비하는 것이 아니냐는 해석도 있었다.

신임 통일부 장관은 전임자보다 전략적이고 유연하게 남북관계를 추진한다는 구상을 밝혔다. 최근에는 불교·기독교 등 종교계 지도자의 방북과 개성 만월대 유적지 남북공동 발굴 사업, 남북 겨레말큰사전 공동편찬 사업의 재개를 허용하고 개성공단 도로포장 사업에 착수하는 등 사실상 '5·24 조치'에 따라 스스로 묶어두었던 남북관계의 장애물을 하나씩 풀어나가고 있다. 또한 비록 국제기구를 통해서이기는 하지만 대북 인도적 지원도 재개한다고 한다.

## 당연한 말을 듣고도 우려가 앞서는 이유

그런데 막상 11월에 들어서자 우리 대통령은 유럽 순방 중 인터뷰를 통해 "임기 중에 북한 김정일 국방위원장과 꼭 만나야 한다는 원칙은 없으며, 정치적인 목적만으로 김 위원장을 만날 의사가 없다"고 말해 남북관계를 지켜보는 많은 사람들을 의아하게 만들었다. 대통령이 한 말 자체는 당연하고 원론적 이야기로 들릴 수도 있겠지만, 지난 몇 달간 남북관계의 큰 그림을 지켜 봐온 관찰자들은 뭔가 이상하다는 감을 떨칠 수 없다.

대통령의 발언은 남북정상회담 준비 과정의 유무와 결부시켜 생각하면 세 가지 경우를 상정할 수 있다. 남북정상회담 실무 준비가 어려움에 부닥친 경우이거나, 남북정상회담을 추진하지 않고 있는 상태에서의 원론적 발언일 수 있고, 아니면 정상회담을 둘러싸고 정부 내 이견이 발생하고 있는 것으로 해석할 수 있다. 세 가지 경우 모두 불안감을 떨치기 어렵다. 남북정상회담을 위한 물밑접촉이 실제로 없는 상황에서 "정상회담은 해도 그만, 안 해도 그만이다"라는 식의 태도라면 더욱 그렇다.

차기 정부는 정상회담을 안 해도 그만일 상황이 될 수도 있지만 현 정부는 그렇지 않다. 천안함 문제가 있기 때문이다. 이 문제에 대한 남북의 근본적 입장 차이, 국제사회 특히 미국과 중국의 상반된 입장, 국내 정치권의 분열과 남남갈등에 미친 파장 등을 감안할 때 다른 사안들은 차기 정부로 미룰 수 있다 해도 이 문제만큼은 반드시 현 정부에서 매듭지어야 한다. 그리고 현 정부만이 이를 매듭지을 수 있다. 더구나 문제의 성격과 비중으로 보아 이제는 남북정상회담을 추진하는 과정을 통해서가 아니고는 해결되기 어려운 상태로 일이 복잡하게 꼬여버렸다는 점도 인정해야 한다.

만일 현 정부가 천안함 문제의 출구를 마련하지 못한 상태에서 차기 정부가 들어설 경우, 차기 정부는 '천안함 사건에 대한 북한의 사과 없이는 남북관계 진전을 반대' 할 것이 예상되는 국내 보수여론에 발목 잡혀 융통성을 발휘하기 어려울 것이다. 반대로 남북관계의 주도권을 확보하기 위해서는 이명박 정부의 대북정책 5년을 모두 부정해야만 하는 딜레마에 빠질 우려가 크다.

특히 최근 우리 사회에서 "천안함 사건을 어떻게 생각하느냐?" 라는 질문이 보수와 진보를 나누는 기준이 되고, 대한민국에 대한 충성심의 판단기준이 되는 일이 비일비재한 현실에 비추어 볼 때, 차기에 누가 집권하든 위에서 언급한 딜레마를 피해가기 어려울 것이다. 천안함 문제에 대한 출구 전략의 수위 조절이나 융통성 발휘는 '출구의 수위'를 제시한 현 정부가 결자해지 해야 한다. 또한 이것은 바람직한 남북관계의 정립을 위해서뿐만 아니라 최근 우리 사회에 조성된 이념갈등을 봉합하기 위해서도 반드시 필요한 일이다. 이를 위한 남북정상회담은 "해도 그만, 안 해도 그만"인 선택사항이 아니라 "반드시 해야 하는" 의무사항이 된다.

북한도 남북관계와 미·북관계를 진전시킴에 있어 천안함 문제를 피해갈 수 있다고 생각해서는 안 될 것이다. 이 문제를 넘어서기 위해서는 이명박 정부와 풀어가는 것이 훨씬 수월하며, 차기 정부에서는 남한 보수여론의 반발에 발목이 잡히거나 이념적 경직성을 수반한 극심한 남남갈등으로 오히려 북한에 정세가 불리하게 전개될 가능성이 있다는 점을 명심해야 할 것이다.

## 남북정상회담 추진은 역사적 책무다

2012년은 한반도와 이를 둘러싼 주변국들의 정치적 리더십이 모두 교체되며 이로 인해 동북아 정세가 대단히 불안정해질 것으로 예상되고 있다. 남북정상회담은 이러한 정세변화를 내다보며 안정되고 예측 가능하도록 안보환경을 구축하고 남북관계를 정립하기 위해서 그 시기가 빠르면 빠를수록 좋을 것이다. 물론 남북정상회담을 한다고 해서 모든 문제를 일거에 해결할 수는 없다. 남북관계의 특성상 근본 문제를 푸는 데는 한계가 있을 수밖에 없기 때문이다. 남북한 간 근본 입장의 차이는 분단의 근본 모순과 연결되어 있어서 이를 풀어나가는 데에는 정상들의 결단만으로는 부족하며 민족구성원 전체의 인식이 변화·성숙하는 등 현실적 조건이 뒷받침되어야 한다.

남북 간 신뢰 구축은 상대방의 선의에 기대할 수 없다. 남북관계의 근본적 변화가 있어야 가능할 것이다. 북한의 반복적인 합의 파기나 대남 도발은 우리가 그동안 북한의 행태를 변화시키는 데 실패했다기보다 한반도의 근본적 적대 구도를 평화공존 구도로 바꾸는 데 의지를 갖고 전력을 기울이지 못했던 결과로 보아야 한다.

1976년의 판문점 도끼만행 사건과 1996년의 강릉 잠수함 침투 사건에 대해 당시 북한의 사과를 받아냈지만 북한의 도발은 계속되었다. 북한이 사과한다고 해서 북한의 대남 태도가 바뀌지 않을 것이다. 남북관계가 근본적으로 바뀌어야 북한의 대남 태도가 실질적으로 변화한다는 인식이 필요하다. 북한의 버릇을 잡겠다는 허세보다는 남북관계의 근본적 적대구조를 변화시켜야 한다는 지극히 냉정한 태도가 국익 차원에서 절실히 요구된다고 하겠다.

이제는 우리가 북한을 체제경쟁의 상대로 볼 것이 아니라 민족 전체의 자유와 복리를 내다보면서 남북정상회담을 적극적으로 추진하고 천안함 문제에 대해서도 융통성을 발휘해야 할 때이다. 조건의 사전 충족이 확보되지 않는다고, 북한의 언행이 마음에 들지 않는다고 쉽게 접을 문제가 아니다. 체제 경쟁의 우위에 있는 우리가 남북관계를 주도해나가야 한다는 것은 너무도 당연하지 않은가? 이를 다음 정부로 미루어 남북관계를 악화된 채로 넘길 경우 어떤 역사적 평가를 받게 될지는 불문가지다. 정부가 남북정상회담을 성사시켜 한반도 평화와 통일의 길에 또 하나의 디딤돌을 놓을 수 있도록 사려 깊은 통찰이 있기를 바란다.

〈제37호〉 2011.11.08

# 북한 핵문제 해결, 이제 우리 정부가 나서라

## 경각심 없는 6자회담 방치 국면에서

북핵문제 해결의 제도적 틀인 6자회담은 3년째 방치국면을 이어가고 있고, 그 사이 북한은 우라늄 농축 설비와 경수로 원전 건설을 공개함으로써 핵능력 증대의 가속화를 공식화했다. 북한의 지속적인 핵능력 강화와 핵확산에 국제사회의 우려가 점증함에도 불구하고 주요 당사국들의 노력이 부재한 상황에서 한국의 주도적 자세가 요구된다.

북한 핵문제 해결을 위한 6자회담 참가국 중 어느 나라도 경각심을 갖고 해법을 모색하는 모습을 보이지 않는 '방치' 국면이 3년째 이어지고 있다. 그리고 모두가 '나 몰라라' 하는 사이에 북한의 핵 능력은 지속적으로 강화되어 새로운 국면으로 발전하고 있다. 과연 그 책임을 누가 질 것인가? 결국은 우리의 몫이 될 수밖에 없다. 우리 정부의 적극적인 이니셔티브가 필요한 이유이다.

## 지금 이 순간에도 북한 핵능력은 증대되고 있다

2011년 11월, 북한이 우라늄 설비와 경수로 실험로 건설을 공개한 지 1년이 되다. 북한은 지난해 11월 6일 영변에 열출력 100MWt전기출력 25~30MWe의 경수로 실험로를 건설하고 있다는 사실을 공개했다. 그리고 미국의 핵 전문가인 지그프리드 헤커 박사 일행을 초청해 첨단 장비가 갖추어진 원심분리기 2000개 규모의 우라늄 농축 설비를 공개했다. 북한이 공개한 경수로 실험로는 우리가 고리와 울진에 건설 중인 전기출력 1400MWe 규모의 'APR1400'에 비하면 매우 작은 것이다. 우라늄 농축 설비는 이 실험용 경수로 가동에 필요한 연료를 생산하기에 충분한 규모로서, 실험로pilot를 넘어선 공장plant 규모이다.

북한이 우라늄 농축 설비와 경수로 원전 건설을 공개한 것은 핵능력을 증대시키기 위해 말을 갈아탔음을 의미한다.

북한은 2008년 불능화 조치로 인해 가동이 어려워진 영변의 5MWe 원자로를 재가동하기 위한 조치를 현재까지 취하지 않고 있다. 특히 5MWe 원자로 가동에 필요한 연료를 생산하던 자리에 우라늄 농축 설비를 설치했다. 불능화 조치를 이행하고 있다는 북한의 주장을 무시하더라도, 영변의 5MWe 원자로를 활용한 핵 프로그램은 사실상 동결되었음을 알 수 있다.

북한은 대신 우라늄 농축 프로그램[UEP] 기반의 핵능력을 강화시키고 있다. 북한이 건설 사실을 공개한 경수로 실험로는 규모가 작은 데다, 정상적으로 가동할 경우 사용 후 연료봉에 함유된 플루토늄에 불순물이 많이 섞여, 핵무기를 제조하는 데 필요한 고순도의 플루토늄을 생산하기에는 적합하지 않을 수 있다.

그러나 경수로 실험로라고 해서 무기급 플루토늄을 생산할 수 없는 게 아니다. 비정상적으로 단기간 가동한 뒤 사용후연료봉을 재처리하면 핵무기 제조에 사용될 수 있는 수준의 플루토늄을 추출할 수 있기 때문이다. 더구나 시험용 원자로지만 전기출력이 25~30MWe면 기존 5MWe 흑연감속로의 5~6배나 되는 규모이다. 자칫 북한의 플루토늄 보유량이 급증하는 사태가 발생할 수 있는 것이다. 우라늄 농축 설비는 북한의 핵물질 생산능력을 새로운 차원에서 강화시킴으로써 경수로 실험로와는 비교되지 않을 만큼 심각한 우려의 대상이 될 수 있다. 북한이 가동 중인 우라늄 농축 설비는 연간 핵무기 1개를 제조할 수 있는 무기급의 고농축 우라늄을 안정적이고 지속적으로 생산할 수 있다. 특히 연구개발과 원심분리기 부품 생산 및 조립 시설 등 북한이 공개하지 않은 우라늄 농축 관련 시설이나 설비들이 존재할 수밖에 없고, 그 가운데는 북한이 공개한 저농축 설비가 아니라 고농축 설비가 존재할 가능성도 있다는 점을 감안하면, 북한의 핵능력이 새로운 차원으로 발전하고 있다는 사실을 부인할 수 없게 된다.

실제로 북한이 우라늄 농축 관련 프로그램을 공개한 지 1년 사이에 경수로 실험로 건설은 외벽 공사가 완공되는 단계에 들어섰다. 북한은 경수로가 돌아갈 날이 눈앞에 다가오고 있다고 선전한다. 북한이 경수로 실험로의 내부 설비를 장착해 가동하기까지 최소한 2~3년이 더 걸릴 것이라는 평가가 존재하지만 남은 시간이 매우 빠르게 줄어들고 있는 것만은 틀림없다. 더욱이 우라늄 농축 설비는 계속 가동되고 있다. 우라늄 농축 관련 기술의 발전은 차치하더라도 핵무기 제조에 필수적인 핵물질 생산능력이 증대되고 있다. 특히 북한이 당장은 저농축일 수 있지만, 농축 우라늄의 재고를 늘려가고 있는 것 자체가 심각한 우려사항이 아닐 수 없다. 이는 북한의 소위 '핵 억제력 강화' 와 직접 연관될 수 있기 때문이다. 여기에다 북한은 수소폭탄의 제조 원리인 핵융합의 성공마저 자랑하고 있다. 지금은 과학기술 발전의 성과로 선전되지만, 핵융합기술은 핵융합무기<sup>수소폭탄</sup> 생산과도 무관하지 않다는 점에서 주시되지 않을 수 없다.

한편 북한의 핵확산에 대한 국제적인 우려도 점증하고 있

다. 최근 북한이 이란과 핵 협력을 하고 있다는 의혹이 다시
불거지고 있다. 현재로서는 북한이 이란과 핵 협력을 한 구
체적인 증거는 없는 것으로 알려지고 있다. 그러나 북한은
이란의 핵기술 수출 의향을 조선중앙통신을 통해 보도하기
도 했다. 이란의 핵기술 수출이 정당한 주권사항이며, 북한
도 핵기술을 수출할 수 있음을 시사하는 것이다. 또한 북한
은 과거 시리아에 원자로 건설을 지원해주었고, 농축에 필요
한 6불화우라늄을 리비아에 제공했으며, 무엇보다 미사일
협력을 매개로 파키스탄과 우라늄 농축 협력을 진행해왔다
는 의혹을 받고 있다. 이 때문에 북한과 이란 사이에 이미 알
려진 미사일 협력뿐 아니라 원자로 건설이나 우라늄 농축,
핵무기 제조 등을 둘러싼 핵 협력 네트워크가 존재할 가능성
을 배제하기 어려운 실정이다.

## 북핵문제 해결 위한 외교적 노력은 실종되었다

북한의 핵능력은 지속적으로 강화되고 있는 반면 북핵문
제와 관련된 주요국들은 사실상 이를 방치하고 있다. 미국
은 현 단계에서 핵물질이 자국의 안보를 직접적으로 위협하
는 테러리스트의 손에 넘어가지 않게 하는 핵 안보nuclear
security 차원에서 북한 핵문제도 바라본다. 버락 오바마 미국
대통령이 지난 17일 호주 의회 연설에서 "북한이 핵물질을
다른 국가나 비국가행위자테러리스트에게 이전하면 이는 미국
과 우방에 대한 심각한 위협으로 간주되고 미국은 북한이 이

에 대한 책임을 지게 할 것"이라는 점을 강조한 것도 이 때문이다. 그러나 이는 역설적이게도 미국이 북한 핵문제의 근본적 해결에는 크게 주의를 기울이지 않고 있음을 보여준다. 북한과의 협상에 대한 회의론이 미국 조야에 팽배한 가운데 오바마 행정부는 김정일 국방위원장의 건강 이상에 따른 권력승계와 정치적 불안정 가능성 등을 주시하면서 '전략적 인내'에 기초한 '북한 관리전략'에서 크게 벗어나지 않고 있다.

다른 나라들도 북한 핵문제의 근본적 해결을 위한 외교적 노력을 적극적으로 경주하지 않고 있기는 마찬가지이다. 중국은 북한 핵문제를 해결하기 위해서라도 북한체제가 안고 있는 불안정 요소를 우선적으로 해결해야 한다며 북한과의 전략적인 소통과 협력관계들을 발전시키면서 주변 정세 안정 차원에서 북한을 관리하는 데 주력하는 한편, 자국의 경제성장을 위해 북한이 지닌 지경학적 이점을 활용하는 차원에서 라진경제지대 공동개발과 같은 경제협력을 확대하는 데 집중하고 있다. 러시아도 국제적인 핵확산에 대한 우려를 갖고는 있지만, 그보다는 동북아지역에서의 영향력 회복과 극동 시베리아 개발을 우선적으로 고려하면서 지역 차원의 경제협력에 주력하는 양상을 보인다. 일본은 6자회담이 처음 시작될 때부터 북한 핵문제보다는 자국민 피랍문제를 더 중요시하는 태도를 나타내왔고 지금도 크게 달라진 모습을 보이지 않고 있다.

이렇게 본다면 북핵문제 해결의 가장 중요한 열쇠를 쥐고 있는 미국뿐 아니라 그 미국을 움직일 수 있는 주변국들마저 북한 핵문제의 근본적인 해결보다는 자국의 이익에 기초한 상황 관리와 핵문제 우회 전략에서 벗어나지 않고 있다. 그 결과 최근 연이어 개최된 남북과 미·북 접촉에도 불구하고 북한 핵문제를 해결하기 위한 외교적 노력은 사실상 실종된 상태를 면치 못하고 있다. 이러한 상태가 3년이나 지속되고 있는 것이다.

## 우리가 먼저 뛰어야 주변국들을 움직인다

중국이나 러시아, 일본이 북한 핵문제 해결을 주도할 의지나 능력을 갖고 있지 못한 상황에서 북한 핵문제 해결의 중요한 키를 쥐고 있는 미국조차 북핵문제의 해결에 적극 나서고 있지 않다. 실종 미군 유해 발굴사업 정도로 북한을 관리할 수 있다고 보는 사람은 아무도 없을 것이다. 그나마 실태조사까지 벌였던 대북 식량지원마저 사실상 핵문제와 연계되어 차일피일 미루어지고 있다. 엄격한 분배 감시와 함께 2009년 미국이 지원한 식량을 북한이 임의로 처분한 문제의 해결까지 요구하고 있는 의회의 태도가 대북 식량지원을 어렵게 하는 요인일 수 있다. 그러나 더 큰 문제는 오바마 행정부가 북핵문제를 해결할 정치적 의지가 없다는 점이다. 과거의 전례로 보아 아마도 내년 대통령 선거 때까지 북핵문제를 더 악화시키지만 않은 채 시간만 흘려보내려 할 것이다. 이 때문에 미국이 북핵문제를 해결하려는 시도를 한다 하더라도 사실상 '시늉'에 그칠 가능성이 크다.

이제 어떻게 할 것인가? 목마른 사람이 우물을 파야 한다. 우리 정부가 적극적인 이니셔티브를 행사하면서 북한 핵문제 해결의 계기를 만들어야 한다. 북한 핵문제로 가장 큰 어려움을 겪을 수밖에 없는 쪽은 우리이기 때문이다. 남북이 대치하고 있는 상태에서 군사력의 심각한 비대칭성을 극복할 방법은 사실상 없다. 또한 북한이 핵무기를 사용하지 못한다 하더라도, '핵무기에 기댄' 북한이 국지적인 군사적 분쟁을 격화시킬 가능성은 그만큼 높아진다. 남북 간 군사적 충돌이 잦아지면 그로 인해 긴장이 고조되고 주변국이 개입해 우리의 설 자리는 더욱 좁아지기 마련이다. 실제로 인도에 이어 파키스탄도 핵무기를 개발한 뒤, 양국 간에는 재래식 전력을 사용한 분쟁이 오히려 늘어나기도 했다. 군사적 긴장 고조의 여파는 우리 경제에 곧바로 부정적인 영향을 미칠 것이다. 평화통일을 생각하면 북한 핵문제의 엄중성은 더 커질 수밖에 없다. 이명박 정부가 그렇게 강조하는 통일 준비도 그 재원만 마련한다고 될 일이 아니다. 북한이 핵무기를 보유한 상태에서는 통일이 사실상 불가능하기 때문이다. 주변의 어느 나라도 핵무기를 보유한 통일한국의 등장을 원하지 않을 것이다.

북한이 추진하고 있는 우라늄 농축 프로그램은 모든 핵무기와 현존하는 핵계획을 포기해야 한다고 규정한 2005년 '9·19공동성명'이나 2009년 유엔 안보리 결의 1874호를 위반한 것이자, 1991년 남북이 합의한 한반도비핵화공동선언에도 배치된다. 이런 점에서 북한은 분명히 잘못된 선택을 하고 있고 비난받아 마땅하다. 그러나 비난은 누구나 할 수 있지만 문제를 해결하지 못하면 아무런 소용이 없다. 지금 이 순간에도 쉬지 않고 이루어질 북한의 핵능력 증강을 실제로 막기 위해서는 남의 일처럼 비난만 하지 말고 모든 역량을 집중해서 능동적이고 주도적인 해법을 강구해야 한다. 우리가 먼저 뛰어야 주변국들도 관심을 갖고 움직이게 할 수가 있다.

북한 핵문제 해결을 위한 해답은 '9·19공동성명'에 나와 있다. 북한의 핵 포기에 상응한 동시행동 조치로서 한반도 평화체제와 동북아안보협력, 대북경제·에너지협력과 관계정상화 등이 명시되어 있다. 북한에 일방적인 선 비핵화를 요구하는 데서 벗어나 변화된 실정에 맞게, 북한의 입장까지 감안해 이행순서를 조정한 현실적 구상이 새롭게 제시되어야 한다. 그래야 북한이 협상에 참가할 유인이 만들어질 수 있고 핵개발을 지속시킬 명분을 뺏을 수 있다. 2004년 3차 6자회담 때 비로소 조지 부시 행정부가 처음으로 협상안을 들고 나왔다. "악의 축과는 대화는 하되 협상하지 않는다"는 강경입장을 고수하던 부시 대통령이 재선에 도전하면서 "협상 해보자"고 태도를 바꾼 이유가 무엇이었는지 돌이켜볼 필요가 있다.

2012년 3월 서울에서는 핵안보정상회의가 열린다. 그리고 한국과 미국에서는 중요한 선거가 기다리고 있다. 국제사회에서 원자력의 평화적 이용을 선도하는 국가로 발돋움하고 있는 우리 입장에서 핵안보 문제에 수범垂範을 보이기는커녕 북한의 움직임에 전전긍긍하는 모습을 보인다면 아이러니하게 될 것이다. 북한의 핵개발로 인해 가장 큰 어려움에 처할 수밖에 없는 분단국 대통령으로서 사실상 '미국의 의제'일 수도 있는 핵안보 문제에만 전념해서는 안 될 것이다. 더구나 2004년의 경우처럼 재선을 노리는 오바마 대통령이 봉합용이나마 상황의 흐름을 바꾸어 놓을 가능성에도 대비해야 한다.

그런 점에서 2012년 핵안보정상회의를 성공적으로 개최하기 위해서라도 6자회담 개최 등 사전에 북한 핵문제 해결의 단초를 마련해놓을 필요가 있다. 지금이라도 우리가 북한 핵문제의 평화적 해결을 위한 외교적 이니셔티브를 적극적으로 취해나가야 한다. 얼마 남지 않은 대통령의 임기만큼이나, 북한의 핵 포기를 외교적으로 이끌어낼 수 있는 시간이 그렇게 많이 남아 있지 않다. 북한이 파키스탄처럼 되지 말란 법도 없기 때문이다. 이명박 대통령의 결단과 우리 정부의 능동적인 움직임을 촉구한다.

〈제38호〉 2011.11.24

# 2011년의 남북관계,
# "이건 아니다"

## 신뢰 상실의 구조화

2011년, 정부는 천안함 폭침과 연평도 포격 도발에 대한 진정한 사과와 책임 있는 조치를 모든 남북관계의 선결요건으로 선정하는 과정에서 유연성을 발휘하지 못했다. 그 결과 남북 간 정치군사적 긴장은 심화되었으며, 5·24조치에 따른 경제적 손실도 증가했다. 천안함과 연평도 사건이 남북관계 개선의 아킬레스건이 된 상황에서 정부의 태도전향이 요구된다.

2011년의 남북관계를 한마디로 표현한다면 어떻게 말할 수 있을까? 시쳇말로 표현하면 "이건 아니다" 이다. 남북관계 개선과 한반도 평화·안정에 걸었던 국민의 기대는 말 그대로 기대로 끝나고 말았다. 남북 간의 정치·군사적 긴장은 더욱 팽팽해졌으며, 주변국의 개입 소지를 넓혀 우리의 안보환경은 더욱 각박해졌다. 5·24조치에 따른 우리의 경제적 손실도 더욱 늘어만 갔다. 그뿐만 아니라 우리가 그동안 북한에 정치적 연계를 하지 말라고 주장해오던 인도적 문제의 해결도 요원해 보인다. 왜, 무엇이 남북관계를 이렇게 파탄으로 몰아갔는가? 2011년의 남북관계를 바라보면서 북한의 '진정성 없는' 태도를 탓하기보다는 우리 정부의 무책임과 관리 능력 부재에 허탈감을 안게 된다.

## 노를 놓친 쪽배, 대북정책은 없다?

남북관계 개선은 해도 되고, 안 해도 되는 사안이 아니다. 헌법 전문은 '조국의 평화적 통일' 을 대한민국의 사명으로 규정하고 있으며, 남북관계 개선은 이를 위해 반드시 거쳐야 할 도정道程의 하나다. 또한 남북관계를 개선해야 우리가 한반도 정세를 안정적으로 관리하는 주도적 역할을 할 수 있고, 우리의 국가 전략도 원활히 수행해 나갈 수 있다. 따라서 정부는 남북관계를 개선하기 위해 전략적 지혜를 모아야 하고, 적절한 대책 방안들을 수립해 내외에 당당히 설득하고 자신감 있게 추진해 나가야 할 의무가 있다. 그리고 주어진 환경이 어려울수록 이를 타개해 나가기 위해 더욱 치밀하고 성찰적인 자세로 각고의 노력을 기울여야 할 것이다.

올해 초 정부가 남북관계를 개선시킬 수 있는 여지가 전혀 없었던 것은 아니었다. 우리 정부가 남북관계를 개선시키겠다는 의지만 있었어도, 그리고 그토록 강조하는 '유연성'을 조금이라도 발휘했더라면 남북관계가 이렇게까지 되지는 않았을 것이다. 북한은 새해 벽두부터 "무조건적인 남북 당국 간 회담"을 제의했다. 1월 10일, 북한은 아시아태평양평화위원회[아태], 조선적십자회중앙위원회 위원장, 남북경제협력협의사무소 북측 소장 명의로 각각 1통씩의 통지문을 발송해왔다. 그 내용은 당국 간 실무접촉과 적십자회담을 개최하고 남북경제협력협의사무소 사업을 재개하자는 것이었다.

이에 통일부는 대변인 논평을 통해 북한의 이 같은 통지문이 "국제사회에 대한 위장평화 공세이자 우리 사회를 분열시키기 위한 상투적 전술의 일환"이라면서 "북한은 그동안 국면 전환을 위한 목적으로 수십 차례나 이 같은 행태를 보여왔다"며 이 제의들을 일축했다. 소위 말하는 북한의 '진정성' 있는 태도 변화가 문제였다. 이어 우리 정부는 "남북 간 진정한 대화가 이루어지려면 '천안함 폭침'과 '연평도 포격 도발'에 대한 책임 있는 조치 및 추가도발 방지 확약과, 비핵화에 대한 진정성 확인이 필요하다"고 하면서 "이를 위한 남북 당국 간 만남을 제안한다"고 밝혔다.

북한을 보는 정부 당국의 눈은 "북한은 금강산 피살 사건, 천안함 폭침, 연평도 포격 도발 등으로 막대한 우리 국민의 희생을 초래하고도 자신의 책임을 아무것도 인정하지 않고 일방적으로 경제지원과 원조를 받기 위한 회담만 제의하고 있다" 는 데만 맞추어져 있었다. 또한 북한의 제의 주체인 '아태' 에 대해서도 문제 삼았다. 물론 '아태' 가 북한의 내각이나 당의 공식기구가 아니기는 하지만, 그동안 우리 정부는 북한체제의 특성상 이 기구를 당적 부서로 의제해 대화상대로 삼아 왔는데 이를 전면 부정해 버린 것이다. 그 후에 고위급 군사회담 개최를 위한 실무회담이 열리기는 했지만, 이 또한 북한이 "더 이상 상종할 필요를 느끼지 않는다" 라며 자리를 박차고 나감으로써 남북관계는 동파상태를 맞이했다. 이로써 우리의 대북정책은 '진정성' 에 갇혀 노를 잃어버리고 외풍에 맡겨진 쪽배가 되어 버렸다.

## 'All or Nothing' 에서 벗어나야

통일부가 내건 '천안함 폭침' 과 '연평도 포격 도발' 에 대한 책임 있는 조치 및 추가도발 방지에 대한 확약과, 비핵화에 대한 진정성 확인 요구는 "전부가 아니면 전무All or Nothing" 라는 강력한 거부의사 표시였다. 이것은 대화를 하지 않아도 답답할 일이 없다는 승자의 당당함에서 비롯된 것이었다. 대화를 함으로써 문제를 풀려는 것이 아니라 문제해결을 먼저 해야 대화할 수 있다는 강자의 논리였다. 그러나 우리 정부의 이러한 일방적인 강압은 북한의 항복을 받아내지 못했을 뿐만 아니라 다시 부메랑이 되어 남북관계 개선의 출구를 꽁꽁 막아버리는 결과로 나타났다. 그 후 우리의 대북정책은 그 콘텐츠를 찾아보기 어렵게 되었으며, '진정성' 부재 타박으로만 일관한 셈이 되고 말았다.

6자회담과 관련해서도 성과를 가져오지 못한 것은 매한가지였다. 남북한은 7월 아세아지역안보포럼ARF에서 만나 2008년 12월 이후 교착상태에 있는 6자회담의 조속한 재개를 위해 노력하기로 합의했다. 이 회담에 우리 정부는 '남북한 최초의 비핵화 회담'이라는 상징적 의미를 부여하기까지 했다. 당연히 6자회담의 재개와 더불어 남북관계 개선에 대한 기대가 적지 않았다. 6자회담 재개협상과 남북대화가 일정 수준에서 선순환의 효과를 발휘할 경우 6·25전쟁 이후 최악의 상황으로 치달았던 남북관계가 새로운 국면으로 진입될 수 있는 가능성도 엿보였다. 그러나 역시 천안함과 연평도 사태가 발목을 잡고, 6자회담 개최로의 진전을 방해하는 족쇄로 작용했다.

발리에서의 회담이 북한의 비핵화 문제를 다시 대화와 협상의 장으로 가져가는 한편, 남북관계 개선의 분위기를 조성하려는 데 남북이 함께 동의한 것이라면, 우리 정부는 이 같은 계기를 적극 활용하려는 노력을 기울여야 마땅했다. 적어도 핵문제 해결에 대한 북한의 즉각적인 이행을 남북대화의 전제로 삼는 것만은 거두어 들였어야 했다. 그러나 6자회담을 재개하기 위한 3단계 프로세스마저 천안함 사건의 사과 없이는 시작할 수 없다는 입장을 견지하면서 북한에 대한 '진정성' 타령은 계속될 뿐이었다.

그 후 북한이 금강산 독점권 취소와 함께 재산권의 처분을 가시화하는 조치를 취하자 우리 정부는 7월 25일 북한 측에 금강산 관광과 관련한 당면 문제들을 협의하자고 제안했다. 금강산 사업자들의 '재산권보호가 우선'이라고 하면서도 '금강산 관광과 관련한 본질문제도 논의'할 수 있다고 밝혔다. 분위기 조성을 위해 연평도 사태 이후 중단됐던 민간단체의 대북 밀가루지원도 승인했다. 그러나 남북 간의 신뢰 상실은 부분적인 유연화 조치로는 땜질할 수 없는 구조화의 단계로 접어들고 있었다. 지난 2010년 2월 8일 금강산 관광 관련 남북회담에서의 악몽에 빠져 있는 북한은 남한 정부의 제의를 일거에 거절했다.

천안함·연평도 사건은 그야말로 남북관계 개선의 아킬레스건이 되어버렸다. 이 문제가 풀려야만 정부의 대북정책이 정당성을 인정받게 된다. 북한이 이 문제와 관련해 우리 정부가 원하는 성의 있는 자세를 취해주기라도 한다면 "그것 보라, 정부가 취한 모든 대북한 조치와 자세는 잘못이 없지 않는가. 결국 북한이 무릎을 꿇었다"고 외칠 것이다. 그러나 북한이 직접적이고 공개적으로 사실을 인정하고 사과해서 나올 가능성은 없다. 그럼에도 여기에 전적으로 매달린다는 것은 그만큼 우리 정부의 대북한 입지가 약하고 대북정책의 반경이 좁다는 증거다.

## 2011년을 반면교사로 삼아 새로운 남북관계를 맞이하자

2011년 한 해도 저물어 간다. 남북관계사에서 올해가 어떻게 평가될지는 자명하다. 1953년의 정전체제가 아직도 한반도를 짓누르는 가운데 남북관계는 최악의 상태를 경과하고 있다. 그래도 우리는 평화와 통일에의 희망을 접을 수는 없다. 어렵고 험난한 길일수록 그 목적지에는 더 큰 광영光榮이 기다리고 있을 것이다. 그런 점에서 2011년의 남북관계 전개 상황에 아쉬움을 토로하고 우리 정부의 소극적 태도를 질책하면서도 이를 반면교사로 삼아야 한다는 절실함을 더욱 느끼게 된다.

결국 문제는 남북관계다. 남북관계가 풀려야 6자회담 등을 통한 북한 핵문제 해결에 접근할 수 있고, 북한의 태도 변화도 추구해나갈 수 있다. 남북관계가 단절된 채로는 우리의 대북 레버리지가 없어 비핵도 개방도 허언虛言으로 끝나게 된다. 남북관계가 악화된 상태에서 북한이 취하고 나올 태도는 분명하다. 북한은 미·중 알력의 공간을 적절히 활용하면서 강온양면强穩兩面으로 다양한 전술을 구사할 것이다. 다시 말해 북한이 오히려 더 많은 카드를 쥐고 남한을 어려운 처지로 몰아갈 것이다. 북한이야말로 남북관계가 개선되어도 안 되어도 그만이다. 물론 남한으로부터의 지원을 확보하고 평화와 안정을 바라는 주변국의 수요에 부응하는 측면에서 남북관계 개선이 필요하겠지만, 한반도 긴장 고조를 통해 더 많은 것을 얻을 수 있다고 판단한다면 대남 무력도발이나 핵실험 등을 감행할 가능성도 있다. 또한 이명박 정부의 대북 강압적 정책에 근본적인 변화가 없다면 모든 기대를 접고 내년의 총선, 대선 등 우리 정치 상황에 개입하면서 북한식 '전략적 인내'로 버틸 것이다. 그들로서는 남북관계 개선이 절실하지도 않고 결코 서두를 필요도 없는 것이다.

우리 정부는 북한으로부터 기대하는 성과를 얻지 못한 채 대북정책을 바꾸는 것을 받아들일 수 있는 용기와 결단이 없다. 내년 대선까지 1년을 남겨놓은 상황에서 대북정책을 전환할 경우 오히려 레임덕이 가속화되고 핵심 지지층의 불만을 살 수 있다는 계산도 있을 것이다. 그러나 남북관계 개선의 역사적 책임을 외면한 채 대북정책의 일관성을 유지했다는 것만으로 평가받을 수 있다고 생각한다면 오산이다. 남북관계에서 아무것도 하지 않고 아무것도 이룬 것 없이 제대로 복원하는 일마저 어렵게 만든 현 정부를 역사와 국민이 어떻게 평가할지는 불문가지다.

민족사의 주체로서 자신감을 갖고 우리가 북한을 움직이도록 해야 한다. 북한이 어떤 선택을 할 것이냐를 주시하면서 대처방안이나 짜는 것은 하책下策 중의 하책이다. 아무래도 그건 아니다. 정부는 지금이라도 새로운 차원의 남북관계를 이끌어 갈 것을 과감히 결단해야 할 것이다.

〈제39호〉 2011.12.08

# 지금이 남북관계 정상화의 기회다

김정일 위원장 사망 이후 한반도 정세

김정은 체제의 조기 구축은 2012년에 예상되었던 북한변수의 불확실성을 제거했다는 평가를 받고 있북. 한편 중국은 동 체제를 공식 인정했을 뿐아니라 경제적으로도 북한과의 밀착관계를 강화하는 등 존재감을 넓히고 있다. 이와 같은 상황에서 한반도문제의 주도권을 잡기 위한 한국 정부의 적극적인 전략 모색이 요구된다.

김정일 위원장이 향년 69세의 나이로 사거死去했다. 북한 당국은 2011년 12월 17일 오전 8시 30분에 김 위원장이 현지지도를 위한 열차 안에서 사거했다고 발표했다. 사거 시간에 대해 국내에서 이견이 존재하지만 그것은 그다지 중요한 사안은 아니다. 보다 중요한 것은 2012년 주변국들의 정권 교체기를 앞두고 김 위원장의 갑작스런 사거로 한반도 정세의 불확실성이 한층 높아질 가능성이 높아졌다는 사실이다.

## 김정은의 조기 등장은 '북한변수' 의 불확실성을 해소

장기화되고 있는 북한의 경제난, 국제사회의 대북 비핵화 압력과 경제제재, 불안정한 후계 체제 등 산적한 문제들 때문에 김정일 사후 군부의 쿠데타, 국내모순을 외부로 돌리기 위한 대남 군사 도발이나 추가 핵실험, 경제난에 시달린 북한 주민들의 봉기나 대량 탈북 가능성 등 북한체제의 위기와 조기붕괴의 가능성을 점치는 견해들도 조심스럽게 거론되고 있다.

김 위원장의 사거는 한반도를 비롯해 동북아 안보지형을 뒤흔들 수 있는 일대 사건임에는 틀림없다. 하지만 많은 국내외의 북한 전문가들은 북한 내부에는 김정은 체제에 대한 도전세력이 존재하지 않으며 이미 새로운 리더십을 중심으로 한 결속력을 갖추어 왔기 때문에 후계 체제가 조기에 안정을 찾을 것이라는 전망하고 있다. 북한은 2009년 4월의 헌법 개정과 2010년 9월 당 규약 개정을 통해 그 동안 후계 영도의 안정화 차원에서 당 총비서와 당 중앙군사위원장, 국방위원장과 인민군 최고사령관 직책을 1인에게 집중되도록 법제화했다.

상중喪中임에도 불구하고, 북한 매체들은 김정은에 대해 '당과 국가, 군대의 영명한 영도자'라고 부르고 인민군 최고사령관과 당 중앙위원회 수반이라는 호칭을 사용하고 있다. 따라서 북한은 절차적 정당성을 최대한 확보하면서 이른 시기에 김정은을 노동당 총비서와 국방위원장으로 추대하고 이를 토대로 당 중앙군사위원장과 인민군 최고사령관직 승계를 공식화 할 것으로 예상된다. 이처럼 당 중앙군사위원회 부위원장인 김정은은 머지않아 당·정·군 삼위일체의 정점에 오를 것으로 전망된다.

이와 같이 김정은 체제의 조기 구축은 역설적으로 말해 오히려 2012년에 예상되었던 '북한요인'을 정리해주어, 한반도 정세의 불확실성을 초래하는 많은 요인들 가운데 핵심부분을 일찌감치 해소해 주는 효과를 가져 올 수 있다. 김 위원장의 조기 사거로 김정일-김정은 이중권력시대라는 과도기 없이 2012년도 김정은 정권의 공식화와 강성대국의 원년 선포가 자연스럽게 이루어질 수 있는 측면도 있는 것이다.


## 김 위원장 사후 두드러진 중국의 존재감

새로운 김정은 체제가 조기에 정착되기 위해서는 권력투

쟁이나 주민의 반발 등 내부 요인을 통제하는 것에 못지않게 주변국들과의 관계, 즉 중국을 비롯한 미국, 러시아, 일본 등 주변국들이 북한체제의 조기 안정을 지지하고 나서는 것이 필요하다. 특히 중국의 역할과 지원이 정치적으로나 경제적으로 매우 중요하다.

김일성 주석의 사후 중국은 즉각적으로 조의를 표명하고 김정일 후계 체제를 인정했다. 그렇지만 자연 재해 등으로 수백만 명의 사망자가 발생해 김정일 체제가 위기에 몰렸을 때 중국은 '북한이 요청하지 않았다' 는 이유로 대규모 식량 지원을 제공하지 않았다. 당시 중국이 김일성 사후 '북한 길들이기' 차원에서 그랬다는 분석도 있고, 북한이 비밀리에 개발하고 있던 장거리 탄도미사일을 포기시키기 위한 압박용이었다는 분석도 있다. 결국 1998년 북한은 장거리 로켓을 발사하며 김정일 체제를 공식 출범시켰다. 이 때문에 북·중관계는 한 동안 소원해지기도 했다.

그러다가 2008년 8월 김정일 위원장의 건강 악화 이후, 북한은 장거리 우주로켓의 발사와 2차 핵실험의 단행, 자력갱생운동의 전개 등 독자적인 생존체제를 구축하고자 시도했다. 그러자 중국이 한반도정책의 우선순위를 비핵화보다 평화, 안정을 중시하는 것으로 변경하면서 북한과의 관계정상화를 꾀하고 마침내 2009년 10월 원자바오 총리의 방북, 그리고 2010~11년 세 차례에 걸친 김정일 국방위원장의 방중으로 양국관계는 완전히 정상화되었다.

지금 김정일 위원장의 급서急逝 이후 중국이 보이는 태도는 김일성 사후와는 많이 다르고, 최근 북·중 관계의 급속한 밀착 현상과 맥락을 같이 한다고 볼 수 있다. 중국은 김 위원장 사거 직후 김정은 체제를 공식 인정했을 뿐만 아니라, "북한을 자극하지 말라"는 메시지를 중국 주재 한국, 미국, 일본, 러시아 대사들에게 전달했다고 한다. 또한 중국 정부가 북한체제의 안정을 위해 대규모 식량지원을 준비 중이라는 보도도 나오고 있다. 중국은 마치 자국이 북한의 후견인인 듯한 태도를 취하고 있다.

김 위원장의 급서를 전후해 전개되고 있는 한반도 외교에서 중국의 존재감이 크게 부각되고 있다. 1994년 7월 김일성 주석의 사거 당시만 해도 중국은 유엔개발계획UNDP이 주도하던 두만강지역개발계획TRADP에 자금 부족을 이유로 참여를 꺼려할 정도였고 북·중 교역액이나 비중도 미미했다. 하지만 지금 중국은 새로운 두만강개발구상GTI을 국제공동개발이 아니라 중국이 주도하겠다고 나서는 상황이고, 북·중 교역액은 규모나 비중 면에서 압도적이다.

## 유연했으나 아직은 부족한 한국의 대응

이처럼 김 위원장 사후 중국이 발 빠르게 대응하는 데 비해 우리 정부의 존재감은 너무나 미약하다. 김 위원장의 유고를 모르고 진행된 이 대통령의 방일이 보여주는 대북 정보능력의 부재, 김정은 후계 체제에 대한 아직도 불분명한 입장, 그리고 새로운 북한정권에 맞춘 대북정책의 방향전환 문제 등 우리 정부는 북한문제에 대해 상황에 이끌려가는 느낌이다. 지금 우리 외교가 하고 있는 일은 북한의 안정적 관리를 목적으로 북핵 6자회담의 재개를 위해 뛰는 것이 고작이다.

그나마 조문·조의에 대한 정부의 신속한 입장 정리로 김일성 주석의 사거 때와 같은 정치적 논란이 발생하지 않은 점은 다행이라고 할 수 있다. 정부가 북한 정권과 주민을 분리하기는 했지만 일단 조의를 표시한 것이나 이희호·현정은 등 민간 조문을 부분 허용한 것 등은 이전에 비해 유연한 자세였다.

2012년도 남북관계를 전망하면서, 국내 전문가들 가운데 일부는 향후 남북관계의 향방은 북한의 태도에 달렸다는 분석을 내놓고 있다. 하지만 내년도 남북관계는 북한의 대남정책보다 오히려 우리의 대북정책에 따라 남북관계의 향방이 결정될 가능성이 높을 것으로 보인다. 북한으로서는 비상사태에 있기 때문에 군사 도발이든 대화 제의 등 당장 대남정책을 능동적으로 펼칠 처지가 못 된다. 그보다는 우리의 대북정책을 지켜보면서 소극적으로 대응해 나오는 형태가 될 가능성이 높다.

내년도 남북관계의 변수는 우리의 대북정책, 특히 여기에 커다란 영향을 미칠 국내정치에 있다. 2012년에는 4·11 총선과 12·19 대선이라는 큰 정치 행사가 기다리고 있다. 한국 선거에서 북한변수가 긍정적이든 부정적이든 적지 않은 영향을 미쳐왔던 게 사실인 만큼, 이번에도 정치권에서 김정일 사후의 북한변수를 어떻게든 선거에 활용하려는 유혹이 나타날 개연성이 크다.

2006년 한나라당 대선후보 경선에서 박근혜 예비후보가 선두를 달리고 있었지만, 10월 9일 북한이 1차 핵실험을 실시하면서 국민지지도 1위의 자리를 이명박 예비후보에게 물려주었고 그 뒤로 만회하지 못했다. 북한으로서는 남북관계를 관리국면에 두면서 시간을 벌기 위해 우리 내부의 정치역학 공간을 파고드는 행태를 보일 가능성도 배제할 수 없다.

## 대북 화해 제안으로 한반도문제의 주도권을 쥐자

금년 들어 제3차 남북정상회담이 물밑에서 추진되고 있다는 언론보도가 잇달았다. 하지만 이제 김정일 위원장의 사거로 이명박 정부의 임기 중에 정상회담이 이루어질 가능성은 거의 없다고 봐야 할 것이다. 북한으로서도 김정은으로의 정권승계 작업을 마무리해야 하고, 우리로서도 선거 국면에서 파트너가 확정되지 않은 정상회담을 추진하는 게 정치적으로 부담스럽기 때문이다.

현 정부의 임기 중에 남북정상회담의 개최가 물 건너 간 것이 기존의 대북정책을 고수해야 한다는 것을 정당화 할 수는 없다. 현재 통일부는 이전보다 유연한 대북자세를 취하고 있는 것이 사실이지만, 북한의 변화를 위기로 만들지 않고 안정적으로 관리하기 위해서는 지금보다 더 적극적으로 나서서 남북관계를 정상화시키고 향후 평화공존과 통일로 나아갈 기회로 만들어가는 것이 필요하다.

우선, 남북관계를 정상화시키기 위해서 현재 남북관계를 차단하고 있는 '5·24조치'를 철회할 필요가 있다. 정부 당국자도 지적하듯이, 천안함 사태의 대응 조치로 취해진 '5·24조치'는 책임자로 지목된 김 위원장의 사거로 당연히 재검토 대상이 될 수밖에 없다. 남북관계의 정상화를 위한 출발점은 금강산 관광의 재개와 인도적 식량지원의 재개이며, 이를 풀기 위해서는 명분이 주어졌을 때 그 장애물을 치우는 것이 사리에 맞다고 본다.

다음, 김정은 체제를 인정하고 조기붕괴론에 입각한 우리 정부의 대북 인식을 전환해야 한다. 지나치게 북한체제의 위기에 초점을 맞추고 체제전환의 시각에서 대북문제에 접근하게 되면 남북관계를 정상화 시킬 수 없을 뿐만 아니라 새롭게 형성되는 동북아질서 재편 과정에 제대로 합류하지 못하고 소외될 가능성이 크다.

끝으로 장기적인 관점에서, 김정은 체제가 스스로 시장화를 통해 개혁개방으로 나올 수 있도록 우리 정부가 전략적으로 접근을 모색해야 한다. 당면한 북핵문제와 분리해 다원화된 대북 접근 자세를 취할 필요가 있다. 김정은 체제가 시장화와 개혁·개방을 통해 얻는 것이 체제붕괴가 아니라 더 나은 미래의 보장이라는 확신을 가질 수 있도록 우리 정부가 도와야 한다.

〈제40호〉 2011.12.30

제 4 장
# 동북아시아 전환기의 외교
2012.01 ▶ 2012.10

미국이 대외정책의 축을 아시아로 전환하여 중국을 견제하는 전략을 본격화 하는 가운데 2012년 2월 29일 북미 간에 장거리 미사일과 핵실험을 유예하는 데 합의가 이루어졌다. 그러나 4월 북한이 장거리 로켓 광명성 3호를 발사하자 이를 규탄하는 안보리 의장성명이 채택되고 '2·29' 합의는 이행되지 못했다. 북한은 4차 당 대표자회의를 통해 김정은 체제 출범을 선언하고 핵 보유를 공식화 했다. 이와 함께 북한이 주민 결속과 안정에 집중하고 남한이 총선과 대선정국으로 들어가는 상황에서 지금까지의 경색국면을 전환하기는 어렵게 되었다. 한편 하반기 들어 동아시아 역내 국가들 간에 해상영토분쟁이 잇따르고 독도문제마저 불거져 우리의 안보전략을 전반적으로 새롭게 검토해야 할 과제가 주어졌다. 차기 정부는 이러한 동북아 질서의 대변환기에 우리가 어떤 비전을 갖고 어떤 방향으로 통일외교안보정책을 수행할 것인지 해답을 내놓아야 할 것이다.

# 2012년 북한
# 김정은 정권이 던지는 도전과 기회

## 문턱을 낮추는 국내정치의 노력이 필요하다

2011년 12월 31일 북한은 당 중앙위원회, 중앙군사위원회를 통해 공안기관에 의존한 통제강화를 예고하고 경제에서도 사회주의 원칙 고수를 강조했다. 그리고 2012년 1월1일 신년공동사설에서도 사회주의 고수를 강조하고 있다. 한편 당 신년공동사설에서 두드러지는 점은 대체로 인민생활을 어떻게 향상시킬 것인가에 중점을 두었다는 것이다. 김정일 사후 김정은 정권의 안정화를 위해 북한이 보여준 이러한 형태들을 어떻게 해석하고 대처할 것인가가 대북한 이슈의 중심으로 떠올랐다.

북한 김정은 정권이 권력승계 초기에 일사 분란한 모습을 과시하며 대내외 정책 방향을 잡아가고 있다. 대내적으로는 대를 이은 일심단결을 강조하며 유일적 영도체계를 구축해 나가는 데 총력을 기울이고 있다. 이를 위해 한편으로는 억압과 통제의 기존 정책 노선을 유지하면서, 또 한편으로는 '인민을 위한 해'를 표방하며 주민들의 경제생활 수준 향상에 초점을 맞추고 있다. 대남 면에서는 원칙적 입장을 견지하면서 남한 당국과 상종하지 않겠다고까지 비난하는 등 강경한 태도를 보이고 있다. 대외적으로는 중국과 러시아와의 관계 강화를 기초로 '자주·친선·평화'의 기치 하에 모든 나라들과 선린우호관계를 넓혀나가겠다고 밝히고 있다. 이 같은 북한 김정은 정권의 초기단계 움직임은 우리에게는 새로운 도전이자 기회로 되고 있다. 우리가 북한을 어떻게 이끌어 가느냐 하는 것이 북한의 향후 정책방향 선택에 큰 영향력을 미칠 수 있기 때문이다.

## 권력 기반을 다지기 위한 동원과 통제 강화

김정은 정권이 표방한 대내 정책방향은 한마디로 기존 정책의 답습이다. 여기에다가 권력의 누수를 막기 위해 김정일 국방위원장의 유훈을 앞세워 사회통제와 군중동원을 강화해 나갈 조짐을 보이고 있다. 북한은 지난해 12월 31일 당중앙위원회와 중앙군사위원회 공동구호를 발표해 "오늘의

대고조전투는 제국주의 반동들과의 첨예한 대결전"이라며
이 대결전에서 승리하기 위해 주민들에게 "수령결사옹위정
신과 자력갱생, 간고분투의 혁명정신을 높이 발휘"할 것을
촉구하고 국가안전보위부, 인민보안부 등도 "수령보위, 제
도보위, 정책보위, 인민보위"임무를 제대로 수행해야 한다
며 공안기관에 의존한 통제강화를 예고하고 있다. 경제에서
도 사회주의 원칙 고수를 강조하면서 심지어 "1970년대 당
의 기초축성시기 일군들처럼 살며 투쟁"할 것을 주문하고
있다. 이는 과거 '천리마운동'과 '3대혁명소조운동'이 연상
될 정도로 퇴행적이다.

지난 1월 1일 발표된 신년공동사설도 이러한 흐름에서 크
게 벗어나지 않고 있다. 김일성 전 주석 생일 100주년을 맞는
올해를 '불타는 충정의 해'로 선포하고 김정일 위원장이 제
시한 정책은 절대로 변함이 있을 수 없다며 우리식 사회주의
고수를 강조하고 있다. 이와 함께 제국주의 사상·문화적 침
투를 분쇄하고 이색적인 생활풍조를 뿌리 뽑는 투쟁을 강도
높게 벌이자며 두터운 모기장을 쳤다.

북한은 또한 김정은 부위원장의 유일적 영도체계 수립을
위해 당과 군대, 인민들 모두가 매진할 것을 촉구하고 있다.
특히 김일성 생일 100주년인 올해를 선군대고조의 승리로
맞이하자며 "〈단숨에〉의 기상을 높이 떨치고 불가능을 모
르는 영웅적 조선인민군의 돌격속도, 일당백속도로 위훈을
창조"해야 한다고 외치고 있다. 북한은 이를 통해 2012년부
터 '자주의 길, 선군의 길, 사회주의의 길'인 새로운 주체

100년을 열어가자며 당과 군, 주민들을 독려하고 있다. 이는 당분간 분권화나 시장경제 개혁 등을 통한 자율성 증대를 기대하기 어렵다는 것을 말해 준다.

## 북한, 이명박 정부와 영원히 상종하지 않는다?

김정일 위원장 사망에 대한 조문 문제로 시작된 북한의 대남 강경 선언들은 우리에게 직접적인 도전을 야기한다. 북한은 김정일 위원장의 장례가 끝나자마자 국방위원회 명의로 성명을 발표해 김정일 위원장 사망 이후 남한 당국이 민간인들의 조의표명과 조문방북 길을 막아 "동족의 아픈 가슴에 못을 박고 쓰린 상처에 칼질을 하는 난동"을 부렸고, "우리<sup>북한</sup>의 체제변화를 유도할 호기라도 온 것처럼 분주탕을 피웠다"며 이명박 정부와 "영원히 상종하지 않겠다"는 입장을 밝혔다. 신년공동사설도 그 연장선에서 이명박 정부의 "반통일적인 동족 적대정책을 짓부서 버리기 위한 거족적인 투쟁"을 선동하고 나섰다. 북한이 남한 당국과의 모든 대화를 실제로 차단할지는 지켜보아야 하겠지만, 올해 총선과 대선 등 우리의 정국상황과 맞물려 남북관계가 상당히 불안한 모습을 보일 가능성이 높다고 보아야 할 것이다.

김정은 정권이 권력 기반을 조기에 공고하게 구축하기 위해 퇴행적이고 경직적인 대내 정책기조를 천명해 건설적인 변화를 이끌어낼 환경이 당분간 만들어지기 어렵다는 점에서 우리에게 잠재적인 도전이 될 수 있다. 더구나 남한에 대한 강경한 입장은 더욱 적극적인 의미에서 정세 불안정과 긴장 고조를 유발할 수 있다는 점에서 직접적이고 심각한 도전이 아닐 수 없다. 물론 김정은 정권도 중국이 안정적 경제성장을 위해 동북아지역의 정세안정과 평화를 바라는 점이나, 핵문제를 두고 비핵화 선행조치 이행과 식량지원 등의 협상을 진행하고 있는 미국이 남북관계 개선을 원하고 있음을 모르진 않을 것이다. 이런 점에서 북한이 최근 보이고 있는 대남 비난 강화와 대화 단절 주장은 대남도발에 대한 예고라기보다 주민통제 강화를 위해 적절한 수준의 긴장을 조성하려는 대내 정치용의 의미가 클 수 있다. 그럼에도 김정은 정권 내부의 불안정성과 권력엘리트들의 충성 경쟁, 우리 정부의 임기 말 권력누수와 대화 실효성 감소 등 부정적 요인도 충분히 고려할 필요가 있다. 특히 북·중 간 전략적 협력관계가 더욱 심화되고 미·북 대화도 일정 수준까지 진전될 가능성을 배제할 수 없는 상황에서 우리 정부로서는 매우 어렵고 곤혹스러운 처지에 몰릴 수 있다는 점에서 매우 심각한 도전이 아닐 수 없다.

## 김정일 최대 업적은 핵 보유와 장거리 미사일 발사?

핵문제에 대한 김정은 정권의 입장은 한반도 비핵화가 이전보다 더 험난한 과정에 들어가고 있음을 시사한다. 북한은 지난해 12월 28일 노동신문 정론으로 발표한 '김정일 동지의 혁명유산'에서 "인공지구위성의 제작 및 발사국의 자랑에 핵보유국의 존엄!”을 최고 유산으로 내세웠다. 북한의 강성대국 논리로 보면 김일성 전 주석이 주체사상으로 정치사상의 강국을 이루었다면, 김정일 위원장은 주체사상에 더해 선군정치로 정치사상의 강국을 발전시켰을 뿐 아니라 핵무기와 장거리 미사일 보유로 군사강국을 이룩했다. 미완의 경제강국 건설은 김정은 정권의 몫이겠지만, 논리적으로만 보면 북한이 향후 새로운 주체 100년을 열어가면서 사회주의 강성대국을 건설하겠다는 목표를 포기하지 않는 한 군사강국의 핵심 업적인 핵무기를 포기할 가능성이 그만큼 낮아진 것이다. 이는 김정은 정권이 새로운 업적을 만들어내지 못하고 불안정한 상태를 지속하면 할수록 더욱 핵 보유에 매달릴 수도 있음을 의미한다.

물론 핵 보유도 그 자체가 목적이라기보다 정권과 체제의 존속을 위한 수단이다. 때문에 대내외 정세와 환경의 변화에 따라 북한이 핵무기를 포기할 여지가 여전히 존재한다. 하지만 당분간 북한의 핵 포기를 통한 한반도의 완전한 비핵화가 매우 어려운 과제로 남게 된 것만은 분명해 보인다. 이런 점에서 김정은 정권이 신년공동사설을 발표하면서 수년간 다루어왔던 ‘조선반도 비핵화’를 언급하지 않은 것은 우리에게 또 하나의 도전을 예고한다.

## 인민생활 향상과 개방개혁 사이의 미로

한편 김정은 정권이 주민들의 마음을 잡기 위해 경제 분야에 총력을 기울이는 모습은 우리에게 의미 있는 기회의 창을 열어준다. 북한이 필요로 하는 것을 우리가 제공해 줄 수 있을 때 대화의 유인이 존재하고 관계 회복 가능성이 높아지며 무엇보다 북한 스스로가 변화를 모색할 동력이 생기기 때문이다.

김정은 정권은 당면한 최대 과제로 인민생활 향상을 제시하고 향후 비전으로 지식경제강국을 주창했다. 김정은 정권은 올해를 '인민을 위한 해'로 선포하고 '인민을 위한 좋은 일을 더 많이 하자!'는 구호를 제창하면서 경공업과 먹는 문제를 주공전선으로 설정하고, 특히 강성국가 건설을 위해 '식량문제를 푸는 것이 초미의 문제'라며 주민들의 먹고사는 문제 해결을 우선적으로 고려하겠다는 입장을 밝혔다.

김정은 정권은 또한 "새 세기 산업혁명은 최첨단 돌파전으로 우리<sup>북한</sup> 식의 지식경제강국"을 건설하겠다며 이를 '사회주의건설의 웅대한 전략적 노선'으로 천명했다. 군에 대해서도 군민일치 사상을 강조하면서 '인민의 행복을 꽃피우기 위해 헌신적으로 투쟁'할 것을 촉구하고 있다.

반면 김정은 정권이 이러한 목표를 달성하기 위해 내세운 방식은 매우 유감스럽게도 이미 실패한 것으로 드러난 퇴행적 방식이다. 김정은 정권이 경제 문제를 풀어가기 위해 제시한 방식은 적어도 현재로서는 경제관리 개선보다 속도전과 돌격전, 대중운동과 사회주의 경쟁이다. 이는 그나마 북한경제를 떠받치고 있는 시장경제활동도 위축시킬 수 있다. 자력갱생도 강조되고 있다. '경공업 부문에 필요한 원료나

자재를 자체 자원과 원료 원천으로 해결’하자고 촉구한 것이나, ‘우리<sup>북한</sup> 식의 유기농법’을 강조한 것, 컴퓨터수치제어<sup>CNC</sup>·정보·나노·생명공학을 운위하지만 주체와 집단주의를 내세우고 ‘자체의’ 새 기술을 강조하고 있는 것 등이 그것이다.

김정은 정권이 경제회복의 최대 걸림돌이 경제관리 방식 개혁에 있음을 부인하고 과거 방식에만 매달린다면 정치적 동원과 자원배분이 낳은 불균형과 비효율을 고스란히 반복할 가능성이 높다.

목표와 수단의 괴리는 필연적으로 위기를 불러오고 그 위기는 변화의 계기를 제공한다. 김정은 정권이 어떤 이유에서건 인민생활 향상의 중요성을 인식하고 이를 최우선 정책 과제로 제시한 것은 바람직하나 이를 달성할 수 없는 퇴행적 방식을 선택함으로써 결과적으로 목표 달성은 요원해지고 있다. 중국이나 러시아, 미국 등에서 유입될 제한된 자원을 갖고는 주민들의 생활향상은 물론이고 김정은 정권을 수호해야 할 권력엘리트들의 특권적 지위도 제대로 유지하기 어려울 수 있다. 이는 정권에 대한 주민들의 불만으로 표출되고 권력엘리트들 간의 갈등으로 나타날 것이다. 여기에다 중국 또한 북한과 전략적 소통을 강화하면서 북한의 권력엘리트들에게 개혁개방에 대한 인식을 심어주기 위한 노력을 적극 기울이고 있다. 최대 후원국의 개혁 촉구와 내부의 개혁 압력 앞에서 김정은 정권이 향후 어떤 선택을 할지 주목된다.

## 언제까지 기회의 '창'만 열어 놓고 있을 것인가

　김정은 정권의 새 출발은 우리에게 기회와 과제를 제기한
다. 김정은 정권이 정권과 체제의 안정을 위해서는 결국 당
면한 경제적 어려움을 풀어야 함을 알고 있고, 향후 개방과
개혁의 압력에 직면할 것이라는 점은 우리가 북한에 건설적
으로 관여engage할 수 있는 여지가 있음을 의미한다. 사실 우
리가 북한에 건설적으로 관여할 기회의 창은 이미 열려 있
다. 북한은 신년공동사설에서 김정일 위원장의 중국과 러시
아 방문의 성과를 평가했다. 비록 대내 정치적 여건이나 대
외환경이 적극적인 개혁추진에 장애로 작용하고 있지만 중
국과 러시아를 중심으로 한 기존의 대외개방 기조는 이어가
겠다는 뜻이다. 김정은 정권이 대외협력 자체를 거부하지 않
는다는 점에서 우리가 주변국들과 협력해 북한의 변화를 이
끌 수 있는 공간도 존재하는 것이다. 이제 그 기회를 한반도
의 평화와 안정을 위해 어떻게 활용할지는 우리의 몫이다.

　정권의 기반이 아직은 취약하고 권력엘리트들의 충성 경
쟁에 둘러싸여 현상유지적 대내정책과 강경한 대남입장을
천명한 김정은 정권이 정세불안정을 야기할 가능성은 상존
한다. 때문에 김정은 정권을 방치하는 것은 불안정한 정세
를 안정적으로 관리하고 나아가 남북의 평화적 통일을 주도
적으로 만들어가야 하는 민족사적 소임을 방기하는 것이나
마찬가지이다. 경색된 남북관계의 전환을 통해 김정은 정권
이 보다 빨리 개방과 개혁의 길을 선택할 수 있도록 필요한

환경 조성에 당장 나서야 하는 이유가 여기에 있다. 과도적 전환기에 정권과 체제에 부정적 영향을 미칠 수 있는 요소에 극도로 민감해져 있는 북한을 자극하지 말고, 긴장 조성의 요인들을 제거해 나가는 것이 그 첫걸음일 것이다. 그리고 민간 부문을 중심으로 남북관계도 점진적으로 복원시켜 나가야 한다. 대북교류협력을 전면적으로 중단시킨 5·24조치를 실질적으로 유연하게 운영해 나간다면 사실상 철회의 효과를 거둘 수 있을 것이다.

북한은 우리의 메시지 하나하나를 무겁게 보고 주시하고 있다. 북한을 움직이게 하려면 우리가 먼저 움직여야 하는 것이다.

최근 우리 정부의 움직임은 이전과 같은 경직된 태도에서 다소 벗어나는 듯한 모습이다. 지난 5일 이명박 대통령은 통일부의 업무보고 자리에서 북한을 흡수통일 할 생각이 없다는 입장을 밝혔고, 류우익 통일부 장관은 천안함·연평도 도발에 대한 책임 있는 조치와 비핵화의 진정성을 확인해야 한다면서도 금강산 관광 재개나 6·15공동선언과 10·4정상선언 등 남북 간 합의이행 문제를 북한과 협의할 수 있다는 입장을 표명했으며, 김성환 외교통상부 장관은 김정은 부위원장이 합당한 지위를 가진다면 정상회담까지 포함해 협상의 파트너로 인정할 수 있다고 했다. 천안함과 연평도 문제가 대화의 전제 조건에서 협의의 대상이 되었고, 북한이 지속적으로 요구한 금강산 관광 재개나 6·15공동선언과 10·4정상선언 이행도 협의 대상으로 올라왔다.

그러나 이를 실제적으로 추진해갈 진정성이 있는지는 여전히 불확실하다. 문제를 실제로 풀어갈 정책 수단이 보이지 않기 때문이다. 남북 간의 신뢰회복에 가장 크게 기여할 대북지원도 국제기구를 통한 간접지원만 언급되었을 뿐 우리 정부가 직접 북한에 대규모의 인도지원을 하겠다는 이야기는 어디에도 없다. 결과적으로 기회의 창이 열렸다면서도 또다시 공을 북한에 떠넘기는 말만 되풀이하고 있다.

남북관계는 엄동설한에 들어서 있다. 추운 겨울 창문을 열어만 놓으면 찬바람만 들어온다. 이제는 기회의 '창'이 아니라 대문을 열고 문턱을 낮춰 김정은 정권을 안으로 불러들일 전략을 마련하고 이를 진정성 있게 추진하겠다는 의지를 분명히 보여야 한다.

〈제41호〉 2012.01.07

# 통일문제를 국내정치로부터 해방시키자

## 평화와 안정을 정착시키는 정책 방향

2012년은 전 세계적인 리더십의 교체기이다. 이러한 정권 교체기에 나타날 수 있는 두 가지 위험패턴이 지적되었다. 첫째, 외교안보 이슈가 국내 정치와 연계되어 외교적 마찰 빈도가 증가되고 갈등이 심화되는 문제이다. 둘째, 국내 정치적 이해관계에 외교안보 이슈가 활용되면서 국내문제가 외교적인 갈등으로 비화하는 문제이다. 특히 남북한이 모두 정권창출과 체제안정을 위해 불필요한 마찰을 유도할 개연성이 지적되었다.

올해 우리 앞에는
총선과 대선이라는 두 개의 큰 선거가 기다리고 있다. 양대
선거가 겹친 것은 1992년 이후 20년만의 일이다. 사실상 일
년 내내 선거정국 속에 있게 되는 것이다. 그뿐만 아니라 올
해 지구촌에서는 무려 60여 개국에서 총선이나 대선이 치러
진다. 국가지도자를 결정하는 선거가 한해에 이처럼 많이
치러지는 것은 매우 드문 일이다. 1963년 10월부터 1964년
말까지 약 50개국에서 지도자가 연달아 교체된 것이 지금까
지의 기록이다.

당시 우리나라도 제5대 대통령 선거를 통해 박정희 후보
가 당선이 되어 그의 16년 장기 집권의 막이 열렸고, 미국에
서는 케네디 대통령의 피살로 존슨 대통령이 뒤를 이었으며,
소련에서는 브레즈네프와 코시킨 등에 의해 흐루시초프가
실각되고 만다. 당시 우리나라와 미국, 소련 등 주요국의 지
도자 교체는 국내외 정치지형을 근본적으로 변화시키는 계
기가 되었다.

## 2012년 국내외 정치지형의 일대 변화가 시작된다

올해에는 우리나라와 주변국 모두에서 국가지도부가 교
체되거나 국민에게 재신임을 묻는 선거를 앞두고 있다. 북
한은 이미 2011년 12월 김정일 국방위원장의 사망으로 김정
은 당 군사위 부위원장이 권력을 승계했다. 우리의 총선을
앞둔 3월에는 러시아가 대선을 치르며, 우리의 대선을 앞둔

10월에는 중국공산당이 새 지도부를 선출하고 미국도 11월에 대선을 치른다.

1963년 말부터 시작된 일련의 국내외 지도자 교체가 우리나라의 국내정치 체제와 국제 정세 흐름을 바꾼 것처럼, 작년 말부터 시작된 국내외 지도자 교체는 단순한 인물교체가 아니라 다시 한 번 향후 수십 년 이상 우리의 삶을 지배하게 될 국내외 정치지형의 틀을 크게 바꾸어 놓을 것이다.

## 국내 정치의 쇄신 노력이 남북관계에 주는 함의

과거 지구촌 지도자의 대폭적이고 동시적인 교체가 두 차례의 세계대전 이후 새롭게 구축된 냉전질서를 굳히는 시점과 일치하는 것이라면, 현재 진행되는 지도자의 연쇄교체는 탈냉전 이후의 전환기를 마무리하는 시점에 이루어지고 있다. 그런 점에서 그 역사적 의미와 파장을 소홀히 볼 수 없다.

시장경제의 효율성과 글로벌화의 보편성에 기댄 무한 발전의 신화가 무너지고 세계적인 경제공황의 불안 속에서 각국이 새로운 가치체계와 국가운영 시스템을 모색하고 있다. 또한 새로운 통신수단의 출현으로 인한 정보혁명은 인간관계의 성격을 바꾸고 대의민주주의제의 실행방식에 대한 변환을 요구하고 있다. 우리는 세계 각국의 지도자 교체가 이러한 문명사적 전환기와 새로운 세계질서 정립기와 겹쳐져 있다는 점을 주목해야 할 것이다.

그러한 점에서 금년 우리의 양대 선거는 단순한 연례적 정치행사가 아니며 우리 공동체가 새로운 환경에 적응해 지속 가능한 발전을 확보하기 위한 정치적 측면에서의 응전이다. 따라서 이번 선거의 결과 어느 당이 집권하느냐가 중요한 것이 아니라 선거를 통해 우리 공동체가 어떤 가치체계와 국가 운영 시스템을 선택할 것이냐가 핵심이 되어야 할 것이다. 정치인들은 투철한 역사의식을 갖고 공동체의 미래 비전을 제시해야 하며, 관행적 정치활동 틀에서 유권자의 표를 확보하려는 정치공학에만 집착해서는 안 된다.

최근 각 정당이 선거에 앞서 정치 쇄신의 필요성을 절박하게 인식하고 있는 점은 다행한 일이다. 특히 SNS와 같은 쌍방향 의사소통 기술의 발전과 모바일 투표 등 시민참여 방식의 확대는 그간 공직 후보자들만의 행사인 선거에 들러리만 섰던 유권자들을 선거의 중심부에 다시 불러들이고 있다.

그동안 국민은 정당과 언론이 생산하는 정치적 의견을 수용하는 위치에 머물렀다면 이제는 다양한 사회적 소통수단을 통해 스스로 새로운 가치체계를 생산하거나 검증해 실시간으로 전파하는 역량을 확보하게 되었다. 주권자인 국민들의 정치참여가 본격적으로 이루어져 미래의 국가운영 시스템을 결정짓게 된 것이다. 이제 허위사실이나 흑색선전으로 국민들을 호도하는 일은 오히려 부메랑으로 되어 타격을 받게 될 것이다.

정당의 정치 쇄신 노력과 사회적 쌍방향 소통 기술의 진전은 선거 전략에 있어서 뿐만 아니라 공약의 구성이나 선거쟁점을 둘러싼 입장에도 변화를 초래할 것이다.

우리 사회의 미래 비전과 관련해 중요한 것 가운데 하나는 냉전적 사고에서 벗어나는 것이다. 국제질서의 급속한 변화에도 불구하고 한반도에는 아직도 냉전적 질서가 잔존하고 있고 우리의 정치의식 또한 그 틀에서 벗어나지 못하고 있다. 그 대표적인 사례가 통일문제에 대한 정략적 접근이다.

그 동안 통일문제는 매번 선거 때마다 이슈화되어 선거 분위기를 극단적으로 몰아가고 선거 후에도 남남갈등을 심화시키거나 남북관계를 왜곡시키는 후유증을 남겨왔다. 통일이나 안보 문제에 대한 정치공학적 태도로 인해 국민적 분열의 요소만 키웠다. 또한 정권이 교체될 때 대북정책의 지속성이 보장되지 못함으로써 남북 간의 신뢰 형성이 어렵게 되고 이것이 고스란히 차기 정부의 부담으로 넘겨져 온 것이 사실이다. 실제로 1998년 출범한 김대중 정부가 대북 포용정책을 추진했지만 북한이 이를 신뢰하고 호응해온 것은 2년이나 지나서였다.

통일문제는 우리 공동체의 미래와 결부된 대단히 중요한 문제이고, 그렇기에 대북정책은 국민적 합의와 지지 속에 일관성 있게 밀고 나가야 할 과제이다. 우리의 헌법정신에 비추어 볼 때, 그리고 세계사적 전환기에 대처해 나가기 위한 민족적 에너지의 결집이 시급한 상황이라는 점을 감안할 때, 통일문제는 이제 정치적 영역에서 해방시키는 것이 옳다. 독일이 집권당에 관계없이 근 20년 간 동방정책을 지속시켜 옴으로써 통일의 토대를 이루어냈다는 사실에서 교훈을 찾아야 할 것이다.

이러한 의미에서 국내정치의 쇄신을 위한 각 정당의 노력은 대북정책의 탈정치화를 통해 냉전적 이데올로기와 결부된 남남갈등을 해소하고 극복하는 데에도 긍정적으로 작용하도록 해야 할 것이다.

## 진정한 보수와 진보의 정책대결로 남남갈등을 넘어서자

새 정부는 선거를 통해 2013년에 출범한다. 2013년은 1953년 정전협정 이후 꼭 60년이 되는 해이다. 다시 말해 우리는 평화와는 거리가 먼 정전체제 속에서 60년을 살아 온 것이다. 전 세계가 포스트 탈냉전시대를 마무리하면서 새로운 발전모델을 구현해 나가는 현 시점에서 아직도 우리 민족만 냉전적 유물의 덫에 갇혀 있다면 과연 미래를 낙관할 수 있을까? 우리가 북한이 변화하지 않았다는 이유로 냉전시대의 기준과 관점을 계속 견지하는 것은 어불성설이다. 우리의 상대는 북한이 아니라 이 땅에 평화와 번영을 구가해야 하는 우리 자신인 것이다.

냉전적 이데올로기의 관점을 극복하자는 것이 북한의 편을 들어준다거나 우리의 정체성이나 안보를 소홀히 해도 좋다는 것을 의미하지 않는다. 북한문제와 관련한 남남갈등을 해소하지 못하는 근본적 이유는 이데올로기적 관점을 고집하면서 서로 다른 의견의 존재를 인정하지 못하기 때문이다. 구시대적 이데올로기의 관점에 머문다면 나와 다른 의견들은 모두 부정되어야 하며 그런 의견을 가진 자들은 척결 대상일 뿐이다.

　이데올로기 관점에서 남북문제를 보는 한, 남북 간의 평화는 물론이고 남남갈등조차 해소할 길이 없다. 역으로 남남갈등이 현실로 존재한다는 것을 받아들이고 해소하려는 노력을 기울이지 않는 한 이데올로기 관점도 극복할 수 없다.

　남북문제를 보는 데에는 보수적 의견도 진보적 의견도 존재할 수 있다. 다양한 의견을 존중하는 것은 우리 사회의 강점이다. 남북문제도 예외는 될 수 없다. 실제로 우리 사회에는 남북문제에 관한 다양한 의견과 비판이 존재하고 있다. 비판이 허용되지 않는 체제는 자유민주주의 체제라고 볼 수 없다.

　물론 냉전적 이데올로기의 관점을 벗어난다고 해도 남북 간 적대적 갈등의 현실이 사라지는 것은 아니다. 다만 적대적 대결구도의 현실을 현실로 받아들이게 됨으로써 적대적 대결구도를 극복할 수 있는 토대가 마련된다. 통일 및 남북문제에 있어 보수와 진보의 갈등은 현실로 여전히 존재한다. 다만 이데올로기의 관점을 벗어나면 보수와 진보는 상대를 척결 대상이 아니라 정책 대결의 상대로 받아들이게 될 것이다. 또한 합리적인 보수와 진보 사이에는 국민들의 상식과 민족사 전개의 정방향에 대한 인식을 토대로 많은 접근 가능 지점이 존재하게 될 것이다.

　최근 서울시장과 야당 정치인을 '빨갱이'로 매도하며 폭행을 일삼던 중년여성이 구속된 사건이 있었다. 이 사건은 역으로 이제 우리 사회에 냉전적 이데올로기가 한계를 드러내고 있다는 점을 상징하는 사건으로 보고 싶다.

통일문제를 더 이상 정치의 영역에 가두어서는 안 된다. 우리 사회의 남남갈등 현상을 극복하고 이 땅에 평화와 안정을 정착시키는 길은 남북 간의 적대와 단절에 있지 않다. 이제 우리 정치권은 남북관계를 개선하고 항구적인 평화체제를 구축하기 위해서, 그리고 세계사의 흐름에 부응하는 국가 시스템의 전반적 개혁을 해 나가기 위해서, 무엇을 하고 무엇을 하지 말아야 할 것인지 진정으로 고민해야 할 것이다. 2012년의 양대 선거가 우리 정치 발전의 계기가 되기를 기대해본다.

〈제42호〉 2012.01.23

# 도도한 통일에의 물길을 막을 수는 없다

## 남북기본합의서 발효 20주년을 맞아

남북기본합의서는 1991년 12월 13일 서울에서 열린 제5차 고위급회담에서 남북한이 화해 및 불가침, 교류협력 등에 관해 공동 합의한 기본 문서이다. 1992년 2월 평양에서 열린 제6차 고위급회담에서 합의서 문건을 정식으로 교환했다. 서문과 4장 25조로 이루어져 있으며, 남북한 상호 체제인정을 통한 남북화해와 상호불가침, 남북한 교류 및 협력 확대를 주요내용을 하고 있다. 그러나 이행방법에 관한 구체적인 합의에 이르지 못한 채, 1993~1994년 제1차 핵위기로 인해 아무런 성과 없이 문서로만 남게 되었다.

2012년 2월 19일은 남북기본합의서가 발효된 지 정확히 20년째 되는 날이다. 돌이켜보면 남북기본합의서가 탄생하는 데는 상당한 우여곡절을 거쳐야만 했다. 1989년 2월 남북고위급회담을 위한 예비회담을 시작한 지 3년 만의 결실이었다. 남북고위급회담은 여덟 차례의 예비회담을 거친 끝에 1990년 9월 제1차 회담을 시작했고, 1992년 12월 제5차 회담에서 당시 정원식 국무총리와 연형묵 정무원 총리가 '남북 사이의 화해와 불가침 및 교류협력에 관한 합의서' 약칭 남북기본합의서에 서명함으로써 열매를 맺게 된 것이다.

## 남북기본합의서는 화해·협력 단계의 규범문서

남북기본합의서는 남북관계를 "나라와 나라 사이의 관계가 아닌 통일을 지향하는 과정에서 잠정적으로 형성되는 특수관계"로 규정했고, 특히 남북 양측의 국호와 서명자의 직책을 처음 명기함으로써 상호 인정과 공존의 토대를 마련했다. 이 합의서는 화해, 불가침, 교류·협력의 세 부분으로 이루어져 있는데, 초당파적으로 합의된 우리 정부의 공식 통일방안인 '민족공동체 통일방안'의 첫 번째 단계인 화해·협력 단계를 규율하는 장전章典으로 평가된다.

남북기본합의서는 1972년에 체결된 동서독기본조약 정식 명칭은 '양 독일관계의 기초에 관한 조약'을 모델로 한 것이다. '기본조약'이 동서독 관계를 '정상적인 선린관계'로 규정해 분단 상황을 현실로 받아들이고 상대를 정치적 실체로 인정했다는 점은 기본합의서와 공통된다. 다만 동서독이 1972년에 기본 조약을 체결하고 나서 1974년에 유엔에 동시가입한 데 비해, 남북한은 1991년에 유엔에 동시가입한 뒤 기본합의서를 체 결한 점이 차이가 난다.

남북기본합의서는 남측에서는 국무총리의 국회보고, 국 무회의 심의, 대통령 재가 등의 절차를 거쳤으며, 북측에서 는 중앙인민위원회와 최고인민회의 상설회의 연합회의 승 인을 거쳐 김일성 주석이 비준했다. 마침내 1992년 2월 19일 제6차 고위급회담에서 남북의 최고지도자가 인준한 문본<sup>文</sup><sup>本</sup>을 교환함으로써 기본합의서가 발효되었다.

## 남북기본합의서의 출발점은 우리 측의 '잠정협정' 제안

사실 남북기본합의서의 토대가 된 것은 1981년 1월 22일 전두환 대통령이 국정연설에서 제안한 '남북한 기본관계에 관한 잠정협정'이다. 이 '잠정협정'은 통일이 이루어지기 이전까지 상호관계를 정상화하기 위해 상호 체제인정 및 내 정 불간섭, 현존 정전체제 유지, 상호 교류와 협력, 쌍방의 현 존 조약 존중, 서울과 평양에 상주연락대표부 설치 등의 내 용을 담고 있다.

이러한 '잠정협정' 제안을 뒷받침하기 위해 1982년 2월 1 일 손재식 전 국토통일원 장관이 20개항에 걸친 시범실천사 업을 제의했다. 20개 사업의 내용은 크게 상호 완전개방, 교류협력, 긴장완화의 세 부분으로 이루어져 있는데, 서울-평양 도로연결, 인천-진남포 상호개방, 정규방송 청취 허용, 공동어로구역 설치, 비무장지대 내 각종 군사시설의 완전철거, 군비통제 및 직통전화 개설 등 당시의 남북관계로 볼 때 매우 획기적인 제안들도 포함되어 있었다.

이 때문에 당시 많은 대북전문가나 정치인들은 이러한 제의에 대해 전두환 정권이 결여된 정통성을 남북관계로 덮기 위해 획기적인 제안을 내놓은 것으로 분석했었다. 당시 전두환 대통령은 박정희 정권이 집권연장 수단으로 도입한 통일주체국민회의 제도의 판박이인 대통령선거인단의 간접선거로 90.2%의 압도적인 지지(?)를 얻어 제12대 대통령에 당선됐었다. 당시 전두환 정권의 의도가 무엇이었든, 이 제안은 통일문제에서 유엔의 간여를 배제하고 민족내부적인 성격을 강화했다는 데 커다란 의의가 있다.

그 뒤 1984년과 1985년의 남북경제회담에서 철도와 도로연결을 비롯한 남북교류협력 방안이 폭넓게 논의됐으며, 대부분의 내용은 1992년 남북기본합의서와 교류협력부속합의서에 담겼다. NLL과 관련되어 민감한 주제인 공동어로구역의 설정문제는 15년 만인 2007년에 합의를 보았다. 이렇게 볼 때 당시 우리 정부가 제시한 20대 조치들은 남북기본합의서에 거의 그대로 반영되었으며, 20년의 세월이 경과한 2000년대에 들어와 선별적이기는 하나 대부분 실현된 것으로 평가되고 있다. 결국 통일을 지향하는 남북관계의 개선은 시대와 정파를 뛰어넘는 민족적 과제이며, 민족사는 이를 실현하는 방향으로 큰 물길을 잡고 있음을 알 수 있다.

## 이제 '제2의 남북기본합의서'가 필요하다

남북기본합의서 발효 직후, 제1차 북한 핵위기가 불거지는 바람에 남북관계는 더 이상 진전되지 못하고 경색되기 시작했다. 남북기본합의서와 부속합의서를 이행·실천하기 위한 기구인 남북공동위원회는 구성만 되었지 한 차례 회의도 해보지 못했다. 남북기본합의서와 함께 채택된 한반도 비핵화 공동선언은 잉크가 마르기도 전에 휴지조각이 되어버렸다.

북한 핵문제로 인해 남북대화의 자리에는 북·미대화가 들어섰다. 미국과 북한은 지리한 협상 끝에 1994년 10월 '제네바 북·미 기본합의'를 만들어냈다. 이 기본합의에 따라 북한이 핵시설을 동결하는 대가로 관련국들이 46억 달러 상당의 경수로 2기를 지어주기로 했다. 우리 정부는 회담에 참가하지도 못한 채 30억 달러를 부담하게 되었다. 결국 '통미봉남通美封南'이라는 신조어를 남긴 채 남북관계는 남북기본합의서 이전으로 되돌아가 제자리걸음을 하고 말았다.

그러나 1998년 6월 정주영 전 현대 회장의 '소떼 방북'을 계기로 분단 이후 처음으로 민간인에게 휴전선이 개방되었고, 이를 계기로 같은 해 11월부터 금강산 관광이 시작되는 등 남북관계가 회복되기 시작했다. 마침내 2000년 6월 역사적인 남북정상회담이 개최되어 남북이 제시한 통일방안의 공통성에 기초해 자주적으로 통일을 지향해 나가기로 하는

6·15공동선언을 발표하기에 이르렀다. 이 공동선언을 기초로 남북 간에는 교류·협력이 활성화되고, 이에 따른 군사적 보장조치가 이루어졌다.

노무현 정부 들어 2차 북핵문제가 터지면서 남북관계에 어려움을 겪었지만, 우여곡절 끝에 임기 마지막 해에 2차 남북정상회담이 성사되어 10·4정상선언이 채택되었다. 이 선언에는 명칭에도 불구하고 남북기본합의서와 맥락을 같이 하는 많은 합의사항이 담겼다. 특히 NLL 문제에 대한 평화적 해법을 제시한 것은 해상불가침 경계선을 계속 협의해 나가기로 한 남북기본합의서를 한 차원 높여 보다 적극적으로 실천하는 의미를 갖는 것이었다.

남북기본합의서가 발효된 지 20주년이 됐지만, 남북관계는 여전히 냉전의 틀을 벗어나지 못하고 있다. 2009년 1월 30일 북한은 "정치군사적 대결 상태 해소와 관련한 모든 합의사항들"을 무효화하며 남북기본합의서 및 그 부속합의서에 있는 "서해 해상 군사경계선에 관한 조항들"을 폐기한다고 일방적으로 선언했다. 특히 천안함 사태 이후 남북관계는 모든 대화채널이 끊어진 채 전면적으로 중단되었고, 우리 정부는 6·15공동선언과 10·4정상선언에 대해 부정적 입장을 보이고 있다. 또한 북한은 정전협정에 대해서도 그 이행·감시기구들을 일방적으로 가동불능 상태에 둠으로써 사실상 무실화無實化시키고 있다. 이처럼 현재 남북한은 남북관계를 규율하는 아무런 제도적 장치가 없는 상태에 빠져 있다. 그런 점에서 이제부터라도 남북관계를 제도화하는 '제2의 남북기본합의서' 체결을 위한 노력을 시작해야 한다.

## 차기 정부의 목표는 '민족공동체헌장' 채택이 되어야

김정일 국방위원장의 장례식이 끝난 직후 북한 측은 국방위원회와 조국평화통일위원회 명의로 성명을 발표해 우리 측의 조문 태도를 문제 삼아 현 이명박 정부와는 절대로 대화하지 않겠다고 공언했다. 하지만 지난 2월 2일 북한 당국은 국방위원회 정책국 명의로 '공개질문장'을 발표하고, "몇 가지 전제 조건에 답을 한다면 즉각적으로 대화할 용의가 있다"고 밝혔다.

북측이 대화거부를 선언한 지 한 달이 지난 시점에서 '전제 조건'을 붙이긴 했지만 남북대화를 열 수 있다고 운을 띄운 것은 긍정적으로 생각해볼 여지가 있다. 이러한 태도 변화가 남북관계 경색의 책임을 남측에 떠넘기려는 것인지, 先남북대화를 요구하는 미국 때문에 어쩔 수 없이 대화의사를 밝힌 것인지는 아직 분명하지 않다. 배경이야 어떻든 중요한 것은 북한 측이 이명박 정부와는 절대로 대화하지 않겠다는 태도에서 벗어나 '조건부'이긴 하나 '즉각적으로' 대화할 수 있다는 의사를 밝혔다는 점이다. 이것만 해도 진전이라면 진전이다.

그러나 아무래도 본격적인 남북관계의 진전, 나아가 '제2의 남북기본합의서'를 만드는 일은 내년 2월에 출범할 차기 정부의 몫으로 남을 가능성이 높다. 독일이 1972년 동서독

기본조약을 맺은 뒤 20년이 채 안 되어 통일을 이루어낸 것과 비교할 때 지난 4년간을 허송세월로 보낸 게 아닌지 자책하지 않을 수 없다. 우리가 '제2의 남북기본합의서'를 채택해 평화공존 단계를 심화시키고 남북연합 단계로 들어갈 수 있을지, 더 나아가 통일의 궤도에 진입할지, 아니면 남북기본합의서의 정신을 살리지 못하고 분단시대를 지속해야 할지는 2013년 2월에 출범할 차기 정부에 달려 있다.

차기 정부는 앞으로 5년 동안 남북관계를 개선, 발전시켜 남북연합 단계로 진입시킬 민족사적 의무를 지고 있다. 차기 정부의 4년차 되는 해인 2017년 2월이면 남북기본합의서가 체결된 지 25년째가 된다. 우리가 남북기본합의서를 올바로 구현해 나가기 위해서는 그때까지 한반도 평화협정을 체결하고 남북경제공동체를 높은 수준으로까지 발전시켜 화해·협력 단계를 끝내야 한다. 그리고 그와 때를 같이 해 남북연합 단계를 규정하는 기본문서인 '민족공동체 헌장'의 논의에 들어가야 한다.

차기 정부에서 '민족공동체 헌장'이 채택되어 통일을 향한 물길이 대하大河를 이룰 수 있게 되기를 학수고대해 본다.

〈제43호〉 2012.02.09

# 남북관계 관리, 샛길이 아닌 큰 길로 가라

## 한반도문제에 대한 대화 움직임 재개

북·미대화가 2012년 2월 23일 중국 베이징에서 열리기로 예정된 시점에서, 한국 정부는 2월 8일에 '고구려 고분군 병충해 방제', 2월 14일에는 이산가족상봉을 위한 남북적십자 실무접촉을 각각 가질 것을 북한에 제안했다. 그러나 천안함 2주기를 앞두고 서해에서 대대적인 한미군사훈련이 예정된 시점에서 이러한 제안이 나온데 대해 그 진정성이 의심되었다. 북·미대화가 진행되는 것에 대해 한국 정부가 부담을 느끼고 있는 것은 아닌가하는 분석이 나왔다. 또한 당시 3월 하순에 예정되어 있던 2012핵안보정상회담 개최를 앞두고 북한리스크를 관리하기 위해 계획되지 않은 '찔러 보는 수준'의 제안을 한 것이 아닌가하는 분석도 제기되었다.

2011년 12월 북한
의 김정일 국방위원장 급서로 잠시 소강국면에 들어갔던 한
반도 정세가 최근 들어 다시 어수선해지고 있다.

우선 대화 움직임이 재개되고 있다. 미국과 북한이 2012년
2월 23일부터 중국 베이징에서 3차 고위급 회담을 가질 예정
이다. 이번 미·북 고위급회담은 김정일 위원장의 급서만 없
었다면 지난해 7월 뉴욕과 10월 스위스 제네바에 이어 12월
베이징에서 열릴 예정이었다. 미·북회담 재개 국면에서 우
리 정부도 연이어 북한에 대화를 제의하고 있다. 정부는 지
난 7일 고구려 고분군 일대 소나무 병충해 방제 지원을 위한
당국 간 실무접촉을 제의한 데 이어 14일에는 이산가족상봉
을 위한 적십자실무접촉을 북한에 제의했다.

## 대화와 군사적 긴장이 교차되는 한반도 정세

이러한 움직임과 함께 남북 간 군사적 충돌에 대한 우려도
커지고 있다. 우선 한미연합 군사훈련이 2월부터 4월까지
쉴 틈 없이 이어진다. 서북 도서 주둔 해병대가 20일 K-9 자
주포 등을 동원한 사격훈련을 실시한 것을 시작으로 20~24
일간 서해 군산 앞바다에서 한미연합 대잠수함 훈련이 실시
되고, 이달 27일부터 3월 9일까지는 키 리졸브 한미연합훈련
이 실시되며, 3월 1일부터 4월 말까지 한미연합 야외전술 기
동훈련인 독수리연습이 이어진다. 특히 독수리연습 기간 중
에 한미연합의 여단급 상륙훈련인 쌍룡훈련도 실시될 예정

인 것으로 알려지고 있다. 쌍룡훈련은 지난해 한미 간에 합의된 '격년제 여단급 연합상륙훈련 추진'에 따라 한미연합 상륙훈련과 미 해병대의 연습 프로그램을 통합해 실시하는 훈련으로서 한국 해병대와 오키나와 주둔 미 제3해병기동군 소속 병력 등 1만여 명의 한미 해병대가 참가하는 대규모 상륙훈련이다. 해병대사령부에 따르면 쌍룡훈련은 1989년 실시된 팀스피리트Team Spirit 이후 23년 만에 최대 규모로 실시되는 한미연합 상륙훈련이다.

줄지어 실시되는 한미연합훈련에 대해 북한은 강하게 반발하고 있다. 북한은 우리의 해상사격훈련을 비롯해 각종 한미연합훈련에 대해 자신들을 침략하기 위한 전쟁연습이자 핵전쟁 연습이라고 비난하는 한편 대내외적으로 대결적 분위기를 고조시키고 있다.

이런 가운데 지난 19일에는 '조선인민군 전선서부지구사령부' 명의로 '위임'에 따른 공개통고장을 발표해 해병대의 해상사격훈련과 관련 "단 한 개의 수주물기둥가 감시되면 무자비한 대응타격이 개시될 것"이라며 해병대 사격훈련이 시작되면 서해 5도 거주 민간인들은 안전지대로 대피해야 한다고 경고하기도 했다. 실제 해병대의 포사격훈련은 별 충돌 없이 종료되었지만, 북한은 서해 5도 주민들이 대피하게 만듦으로써 이들의 생활터전을 또 한 번 흔들고 정세불안정을 고조시켰다.

북한이 권력승계를 추진하는 과정에서 과거보다 훨씬 더 자존을 강조하고 있는 데다 내부 통제 강화를 위한 긴장 수

요와 권력엘리트 내부의 충성경쟁까지 고려하면 향후 북한
의 경고를 마냥 빈말로 치부할 수도 없다.

## 정부 대응, 북측에 대한 책임전가 수준 못 벗어나

정세가 어수선해지고 군사적 긴장이 높아지기에 그 어느
때보다 주도면밀한 정세관리가 긴요해지고 있지만, 우리 정
부의 대응은 북측에 대한 책임전가용 대화 제의 수준을 벗어
나지 못하고 있다.

우선 김정일 위원장 급서 이후 북한은 일관되게 남측과의
당국 간 대화를 거부하고 있다. 북한은 김정일 위원장 장례
식이 끝난 직후인 지난해 12월 30일 최고정책기구인 국방위
원회 기관 명의로 성명을 발표해 이명박 정부와는 '영원히
상종하지 않을 것'이라는 입장을 천명한 데 이어 올해 들어
서도 그 입장을 계속해서 강조하고 있다.

특히 북한은 올해 남한에서의 4월 11일 총선과 12월 19일
대선을 염두에 두고 이른바 '보수역적패당'의 재집권을 저
지하겠다고 공언하는 가운데 지난 2일에는 국방위원회 정책
국 명의로 9개 항에 걸친 대남 공개질문장을 발표하고 대화
를 하려면 우리 정부가 이에 대한 답변부터 해야 한다고 주
장하고 있다. 9개 항의 공개질문에는 김정일 위원장 조문 문
제에 대한 '사죄', 6·15와 10·4선언 이행의지 천명, 천안함
과 연평도 사건에 대한 대북비난 중단, 한미연합군사훈련 중
지, 대북 선제적 비핵화 요구 철회, 대북심리전 중단, 5·24조

처 철회 등 남북교류협력 재개, 정전체제의 평화체제 전환 호응, 보안법 철폐 등의 요구가 포함되어 있다. 이는 사실상 이명박 대통령 재임 기간에는 남측과 당국 간 대화를 하지 않겠다는 입장을 강하게 천명한 것으로 볼 수 있다.

이러한 상황에서 우리가 정세를 안정적으로 관리하기 위해 북측과의 대화를 재개하려면 이전과는 비교되지 않을 만큼 과감한 결단이 이루어져야 하고 특단의 대책이 강구되어야 하는 것이다.

그럼에도 불구하고 정부는 북한이 과연 대화에 응하지 않을 것인지 소위 '찔러보는 수준' 에서 대북 대화를 제의하고 있다. 북측이 이명박 정부의 대북정책을 자신들의 입장에서 평가하면서 임기 말에 접어든 이명박 정부에 기대를 접고 이제는 더 이상 남측과의 대화에 나서지 않겠다고 목소리를 높이고는 있지만, 정부가 마땅한 대책이 없다며 북한의 태도 변화만 기다리고 있는 것은 매우 안이하고 무책임한 태도일 수 있다. 솔직히 길이 없다기보다 결단이 없기에 진퇴양난에서 벗어나지 못하고 있는 것이다.

이산가족상봉 제의만 해도 그렇다. 명분은 넘친다. 천안함 침몰 사건이나 연평도 포격과 같은 남북 간 군사적 현안이 해결되지 않았고 5·24조치도 시퍼렇게 살아있는 상황에서 그 모든 것을 뛰어 넘어 북한과의 협력을 추진할 인도적 사안이라는 점에서, 이산가족상봉 제의 자체는 환영할 만한 것이다. 특히 고령인 이산가족상봉 신청자들의 사망이 급증하고 있는 상황을 감안하면 이산가족상봉은 무엇과도 비교할 수 없을 만큼 시급하기도 하다. 1988년 이후 이산가족 신청자는 12만 8천여 명이지만 18차례의 대면상봉과 7차례의 화상상봉을 통해 상봉한 사람은 1만 4천여 명에 불과한 반면 사망한 사람이 약 5만 명에 달하기 때문이다.

## 잘못된 수순, 정부의 진정성이 보이지 않는다

그러나 그 수순은 크게 잘못되었다. 첫째, 정부는 대화 재개를 위한 분위기 조성 노력을 기울이지 않고 있다. 류우익 통일부 장관이 취임한 이후 정부의 대북정책이 다소 유연해지는 듯한 모습을 보인 것은 사실이다. 최근에만 보더라도 지난 10일 국회 외교통상통일위와 남북관계발전특위 소속 여야 의원 8명이 개성공단을 방문한 뒤 통일부는 이들의 건의에 호응하는 모양새로 개성공단설비 반출을 허용키로 하는 등 제한적이나마 개성공단을 활성화 시키겠다는 의지를 보였고, 대북지원에서도 평양 이외 지역 주민들에 대한 지원만 제한적인 규모로 허용하던 데서 벗어나 지난 14일 평양 지역 어린이들을 위한 의료지원물자 반출도 승인했다.

그러면서도 통일부는 6·15공동위원회 남북접촉은 불허하는 이중성을 보였다. 6·15공동선언 기념행사는 지난 정부 때만 해도 지금의 새누리당 전신인 한나라당 의원들도 참가해 초당적으로 치른 사례가 있다. 이렇게 보면 남북 당국 간 관계에 부정적 영향을 줄 수 있다는 통일부의 6·15공동위원회 남북접촉 불허 이유는 매우 궁색해진다.

그러나 이보다 더욱 중요한 것은 한미연합훈련이 남북관계에 미칠 영향을 전혀 고려하지 않은 듯한 모습이다. 한미연합훈련이 진행되는 동안에는 남북 간 대화가 매우 어려워졌던 것이 지난 역사였다. 게다가 이번에는 1989년 이후 최대 규모의 한미연합 상륙훈련도 실시될 것으로 알려지고 있다. 연례적으로 실시되는 한미훈련 자체를 중단하기는 어렵다. 그러나 훈련의 수위나 내용은 신중하게 검토할 수도 있는 것인데, 정부의 이러한 노력을 전혀 찾아볼 수 없는 것이 작금의 현실이다.

이런 상황에서 북측이 정부의 대화제의에 호응해 올 것이라고 기대하기는 어렵다. 아니나 다를까 북측은 정부의 대화 제의 전통문을 수령조차 하지 않고 있다. 사실 북측은 우리 정부가 이산가족상봉을 위한 적십자실무접촉을 제의하기 하루 전인 13일 노동신문의 논설을 통해 우리 정부의 이산가족상봉 거론을 '모순되는 이산가족상봉 나발'이라며 비난했다. 북측의 거부가 불을 보듯 뻔한데, 정부가 대한적십자사총재를 앞세워 기자회견까지 하면서 대화를 제의한 것은 그 진정성에 대한 의구심마저 불러일으키는 것이었다.

둘째, 정부는 기술적인 측면에서도 전혀 준비되지 않은 모습을 보이고 있다. 정부가 금강산 관광지구의 이산가족 면회소 시설을 활용해 이산가족상봉 행사를 원만히 진행하기 위해서는 먼저 금강산 관광을 재개해 이산가족상봉에 필요한 제반 시설부터 다시 점검, 가동해야 한다. 2008년 7월 금강산 관광이 중단되고 2011년 8월 시설관리를 위해 금강산 관광

지구에 체류 중이던 현대아산 및 협력업체 직원들이 모두 철수하면서 시설들이 방치되었기 때문이다. 이산가족상봉 관련 시설의 재가동에 수개월이 소요될 수도 있다. 따라서 북측이 남북관계 개선의 출발로서 금강산 관광 재개를 요구하고 있다는 점은 논외로 치고, 기술적인 측면에서 보더라도 금강산 관광 재개와 시설 점검 및 재가동이 선행되어야 하는 것이다.

셋째, 정부는 북측의 인도적 수요를 무시하면서 대화를 제의하고 있다. 남북 간 인도적 사안에는 이산가족문제만 있는 것이 아니다. 이제까지 남측이 요구한 것이 이산가족상봉이었다면 북측은 사실상 이와 연계해 식량지원을 요구해왔다. 이산가족상봉이라는 인도적 문제 앞에서 식량지원을 요구한다는 것이 말이 되느냐고 되물을 수도 있다. 그러나 역지사지해보면 식량문제는 북한이 안고 있는 최대의 인도적 문제이다. 식량부족의 책임을 논하기 전에 북한의 다수 주민 특히, 취약계층에 속한 주민들에게 남측이 지원하는 식량은 매우 중요한 생명선일 수 있다. 미국도 24만 톤의 대북 영양지원 의사를 밝히고 있다.

우리 정부는 분배 투명성이 확보되지 않고 있다는 이유를 내세워 아직 대북 식량지원에 나서지 않고 있는 실정이다. 그러나 우리는 분배 투명성과 관련해 우리의 대북지원 사실을 대다수 북한 주민들이 쉽고 빠르게 안다는 사실을 간과해서는 안 된다.

우리의 대북지원 결정 소식은 시장네트워크를 타고 삽시

간에 북한 전역으로 전파되고, 그에 따라 시장에서의 곡물가격이 출렁거리는 것이 이를 보여준다. 수입품의 남포항 입항 사실이 입소문을 통해 북한 전역으로 전파되는 데 1주일밖에 걸리지 않는다는 조사도 있다. 북한 주민들이 직면하고 있는 인도적 문제를 외면하면서 이산가족상봉만은 받으라고 하는 것은 이명박 정부가 주장하는 상호주의 원칙에도 부합되지 않는다.

## 서울 핵안보정상회의의 격을 높이려면

3월 26일에서 27일까지 서울에서 열리는 2012핵안보정상회의는 유사 이래 가장 많은 55명의 정상급 인사들이 한반도를 찾는 중요한 국제 행사이다. 또한 이번 회의는 원자력 분야의 선도국인 우리나라가 국제사회의 평화에도 적극적으로 기여할 수 있는 중요한 계기이다. 서울 핵안보정상회의 모토도 '더 평화롭고 안전한 세계'를 위해 글로벌 코리아가 앞장서겠다는 것이다.

이러한 중요한 계기를 적극적으로 활용해 국격을 드높이기 위해서는 무엇보다 한반도 정세를 안정적으로 관리하면서 평화에 대한 비전을 보여주어야 한다. 단순히 당면한 핵테러 위협에 대한 대응방안만 논의하는 '실무적' 회의가 되어서는 안 된다.

그러자면 정부가 남북관계 개선을 위한 과감한 결단을 보여주어야 한다. 최근 우리 정부의 대북대화 재개 모색에도 불구하고 당분간 정세는 군사적 긴장이 고조되는 방향으로 움직일 소지가 많은 가운데, 역설적으로 정부는 4월 11일 실시되는 19대 총선과 핵안보정상회의의 원만한 개최를 고려해 대북제의를 남발하고 남북관계 자체를 정치화시킬 개연성도 매우 커지고 있다. 이는 남북관계 정상화를 더욱 어렵게 만들 뿐이다. 이러한 사태악화를 막으려면 정부는 책임회피성 대화 제의라는 샛길에서 벗어나 북한을 적극적으로 끌어안고 이끌어 가면서 남북관계를 정상화시킬 수 있는 큰 길로 나와야 한다. 정부는 남북관계 개선과 한반도 평화를 위해 이미 존재하는 해법을 정치적인 판단을 개입시켜 외면하지 말아야 한다.

북한도 마찬가지이다. 대승적 차원에서 미래를 만들어 갈 결단을 해야 한다. 북한은 이명박 정부를 반통일세력으로 규정하고 영원히 상종하지 않겠다는 입장만 고수하는 것이 결과적으로 자신에게도 더 큰 어려움을 야기할 수 있음을 인식해야 한다.

오는 12월 대선에서 정권 교체가 이루어진다고 하더라도 지금과 같은 상태를 지속한다면 파탄된 남북관계가 하루아침에 정상화될 수 없을 뿐 아니라 향후 전개과정에서 북한이 원하는 방향으로 나아가지 않을 가능성이 더 크다.

그래서 지금부터라도 한 걸음씩 차근차근 남북관계를 정상화시켜나가야 한다. 북한은 4차 당대표자회를 4월 중순에 개최할 예정이다. 김정은 부위원장이 총비서직 승계와 권력엘리트 정비에만 그치지 않고 김일성 주석으로부터 내

려오는 이른바 조국통일 유훈을 실현하기 위한 첫걸음이라
도 제대로 떼려면 대승적으로 결단해야 한다. 남북관계를
이 상태로 두고 어떻게 강성대국 진입 선포를 기대할 수 있
겠는가.

〈제44호〉 2012.02.21

# 탈북자 문제, '문제'라면
# 반드시 '해답'이 있다

## 탈북자 북송 문제 외교 현안으로 비화

2012년 2월 중순, 같은 달 8일에서 12일에 걸쳐 한국에 직계가족이 있는 청소년 두 명이 포함된 30여 명의 탈북자가 중국 공안에 의해 체포되었다는 소식이 국내 유력 언론사들에 의해 대대적으로 보도되기 시작했다. 이 소식은 국내외 언론 및 방송매체의 집중적 보도를 통해 국제사회로 확대되었고, 국내에서는 탈북자 이슈가 1개월 이상 중요 현안으로 지속되는 상황이 전개되었다.

중국 공안에 체포된 탈북자의 북송 문제가 한·중 간 외교 현안으로 비화되고 있다. 우리는 탈북자를 난민으로 보고 본인의 의사에 반해 강제로 북송해서는 안 된다는 국제법 원칙<sup>농르풀망 원칙, Principle of Nonrefoulement</sup>을 중국에 요구하고 있다. 그러나 중국은 이들이 입국사증<sup>비자</sup> 없이 자국 내 불법으로 체류하는 자로서 강제 퇴거<sup>Expulsion</sup> 대상이라는 입장을 보이고 있다. 그렇게 강제 북송된 탈북자들은 매년 수천 명에 이른다고 한다.

## 탈북자, 불법체류자 그리고 난민

사실 탈북자라고 해서 모두 한국에 귀순하거나 제3국에 피난처를 찾는 것은 아니다. 탈북자 중에는 단순한 불법체류자도 있다. 중국에는 위험을 피해 피난처를 구하는 난민형 탈북자와 장차 돈을 벌어 다시 북한으로 돌아가고자 하는 생계형 불법체류자 등이 섞여 있는 것이다. 그렇기 때문에 중국이 자국의 출입국관련법에 따라 강제 퇴거하고자 하는 불법체류자에 대해서까지 ‘탈북자는 무조건 난민 대우를 받아야 한다’ 라고 요구한다면 한중 간 이 문제는 영원히 풀 수 없다. 원천적으로 불법체류자의 단속과 강제 퇴거 등의 조치는 주권 문제이기 때문이다. 우리도 불법체류 외국인들을 단속해 본국으로 강제 퇴거시키고 있다.

그러나 탈북자 가운데는 정치적 의견을 이유로 박해받을 우려가 있거나 극도의 빈곤과 기근 등으로 탈북해 북한의 보호를 받는 것을 원치 않는, '난민협약' 상 분명한 난민으로 규정되어야 할 사람들이 상당수 있는 것이 현실이다. 중국이 주권을 내세워 이들을 불법체류자로 싸잡아 강제 북송하는 것은 국제법을 무시하는 처사이고 바로 이점이 문제인 것이다. 따라서 그 해결책은 탈북자를 불법체류자냐 난민이냐로 양분하는 것에서 벗어나는 데서 출발해야 할 것이다.

## 중국은 난민 신청의 기회를 봉쇄하지 말라

우리는 중국에 모든 탈북자를 "난민으로 인정하라"고 요구할 것이 아니라, 탈북자들이 "난민 신청을 하는 것을 막지 말라"고 요구해야 한다. 중국은 이들을 난민으로 보지 않는다고 명백히 말하고 있고, 단 한 명의 탈북자도 중국에 난민 신청을 원하지 않는 상황에서 중국이 탈북자를 모두 난민으로 인정해야 한다고 요구하는 것은 비현실적인 주장이다.

그러나 중국이 난민 신청을 봉쇄해서는 안 되는 이유는 많다. 중국이 난민 신청을 인정한다 해도 중국의 국익에 반할 것은 없다. 탈북자 가운데 다시 북한으로 돌아갈 것을 원하지 않는 사람들 대부분은 중국에 피난처<sup>asylum</sup>를 요구하는 것이 아니다. 북한과 혈맹관계인 중국에서 난민으로 불안하게 살고자 하는 탈북자는 없다. 이들에게 중국이란 피난처를 찾기 위해 어쩔 수 없이 거쳐 가야 하는 경유지일 뿐이다.

이들 탈북자들은 한국이나 미국 또는 다른 유럽 국가들에 피난처를 요구하고 있다. 작년 한 해 동안 한국에 귀순한 탈북자는 약 3,000명에 달한다. 또한 약 1,200명이 세계 10여 개 나라에 난민 신청을 했다. 그러나 중국에 난민을 신청하는 탈북자는 없었다.

물론 중국이 자국 내 불법체류 외국인을 단속하는 것은 주권행사에 속한다. 한국도 매년 10만 명 내외의 불법체류자를 단속해 2만 명 내외를 강제 퇴거<sup>추방</sup>하고 있다. 그러나 한국과 중국의 차이점은 한국에서는 불법체류자라고 해서 난민 신청 기회를 봉쇄하지는 않는다는 점이다. 중국도 탈북자들에게 난민 신청의 기회를 열어주어야 한다.

중국이 탈북자들의 난민 신청 기회 자체를 막는 것은 북한을 의식한 태도일 것이다. 또한 일단 난민 신청의 길이 열리면 중국으로 탈북자가 몰려들어 중국 동북지방의 치안이나 변경관리에 부담이 커질 점을 우려할 것이다. 그러나 이는 단견<sup>短見</sup>이다.

한때 30만 명까지 추정되었던 중국 내 탈북자 규모가 근래에는 많아야 3만 명 내외로 줄었다고 한다. 그간 한국에 정착한 2만여 명, 제3국에 피난처를 구한 2천 명, 또한 강제 북송된 규모를 추가하더라도 나머지 20만 명 내외의 탈북자는 어디로 갔나? 탈북자라고 모두 중국 이외의 나라에 난민으로 피난처를 구하는 것은 아니라는 얘기다.

또 난민 신청 기회가 열린다 해도 모두 자동으로 난민 자격이 주어지는 것도 아니다. 중국 내 외국공관이나 유엔고등판무관실은 난민 자격 부여에 신중해질 것이다. 한국처럼 탈북자들을 가리지 않고 모두 받아들이는 나라들이 부담스럽다면 최소한 유엔고등판무관실의 활동만이라도 우선 허용해야 한다. 그러면 자연히 국제법적 기준에 따라 난민의 적용 여부가 가려질 것이다.

중국이 탈북자를 난민으로 인정하지 않는 것은 주권적 판단이다. 그러나 주요 국가들이 탈북자를 난민으로 받아들이고 있는 상황에서 중국이 이들의 난민 신청 기회조차 봉쇄한다면 탈북자 문제는 북한의 인권 문제가 아니라 중국의 인권 문제로 비화하게 될 것임을 계산해야 한다.

중국은 탈북자 문제를 "국제법과 국내법, 그리고 인도주의적 고려"라는 원칙에 입각해 처리한다고 누차 밝히고 있다. 그러나 이 세 가지 원칙이 실질적 내용을 가지려면 세 원칙 사이에 충돌이 있을 때는 '인도주의적 고려'를 우선해야 한다는 입장에 서야 한다. 중국은 G2 시대에 걸맞게 행동해야 한다.

## 재중<sup>在中</sup> 탈북자 문제, 왜 꼬이게 되었나

중국이 일관되게 탈북자의 난민 신청 기회를 막아 온 것은 아니다. 2001년 중국은 북경주재 유엔고등판무관실에 난민 신청을 한 탈북자 가족이 난민 자격을 부여받자 이들의 출국 허가를 내주었다. 물론 쉬웠던 일은 아니다. 우리를 비롯한 관련국들의 치열한 외교적 노력이 있었다. 2002년부터는 한국공관을 비롯한 외국공관에 밀려드는 탈북자들에게 출국

허가가 나왔다. 역시 어려운 교섭 과정이 있었다.

당시 주중 한국대사가 쓴 책에 따르면 중국이 출국허가를 차일피일 미루고 내주지 않으면 우리는 중국인에 대한 한국행 비자 발급업무를 중단한다고 위협(?)하는 등 과감하게 협상했다고 한다. 어쨌든 2000년 이후 중국의 협조 아래 한국에 입국한 탈북자는 수천 명에 이른다. 그러나 이명박 정부에 들어와서는 그 숫자가 수백 명으로 크게 줄었으며 작년부터는 아예 중국이 출국허가를 거의 내주지 않는 실정이라고 한다.

국내 한 언론은 외교부 고위당국자의 말을 인용해 "중국 내 탈북자들의 한국 입국 규모가 대폭 줄어들고 있고 처리 시간도 너무 오래 걸리는 등 양자 협의를 통한 해결이 과거에 비해 제대로 작동하지 못하고 있다"고 현재의 상황을 확인했다.

이러한 우리의 대對중국 외교의 어려움은 현 정부 대북정책의 양상과도 관련이 있다. '북한붕괴론'을 흘리며 대북 강경정책에 집착하고 있는 이명박 정부에 대해 북한은 물론이고 중국도 여러모로 경계하고 있는 상황에서 탈북자 문제에 대해 한·중 간 협조를 구하는 것이 쉽지 않으리라는 점은 불을 보듯 뻔하다.

중국은 한국이 탈북자 문제를 이용해서 북한 사회를 흔들고 이 과정에서 탈북자들이 중국 동북지방의 안전을 위협할 가능성을 가장 우려하고 있다. 북한은 물론 중국 정부마저 한국 정부의 의도를 의심하고 경계하는 상황에서 탈북자 문제를 인도적 차원에서 해결할 수 있는 고리를 찾기는 매우 어려울 수밖에 없다.

## 정부는 탈북자 관련 정책원칙과 목표부터 밝혀라

그동안 우리 정부의 탈북자 관련 정책의 원칙은 '조용한 외교' 였다. '조용한 외교' 는 중국의 입장을 감안해 우리의 정책목표를 효과적으로 실현하기 위해 채택한 접근수단이다. 한국으로 들어오기를 희망하는 탈북자들에게 최대한 그 선택의 실현 가능성을 높이기 위한 방도였다. 그러나 이명박 정부가 이를 국제적 사안으로 가져간 만큼 이제 상황은 변했다. 정부가 '조용한 외교' 를 포기하고 '적극적 외교' 로 방향을 전환했다면 그 실효를 거두도록 최선의 노력을 다해야 한다. '조용한 외교' 든 '적극적 외교' 든 한국으로 들어오려는 탈북자들이 강제 북송되고 박해받는 일이 없도록 하는 것이 그 목적이 되어야 하기 때문이다.

그러한 '적극적 외교' 에서 가장 먼저 취해야 할 조치는 우리의 탈북자 관련 정책 원칙을 명백히 하는 일이다. 북한과 중국의 우려와 의심을 해소하고 진정으로 인도적 차원에서 탈북자 문제에 접근한다는 뜻을 분명히 해야 한다. 그런데 이명박 정부는 어떤 원칙과 목표를 가지고 탈북자를 받아들이고 있는지 밝힌 적이 없다.

"탈북자도 한국 국민이기 때문에 한국 정부가 보호할 책임이 있다" 라든가 " 탈북자도 난민이기 때문에 중국 정부가 강제북송을 해서는 안 된다"라는 주장은 북한과 중국이 도저히 받아들일 수 없는 것이다. 이런 것을 원칙이라고 중국과의 협상에서 제시한다면 그 결과는 뻔하다.

1999년 우리 정부는 "한국행을 원하는 탈북자는 전원 수용한다"는 입장을 밝히면서 "탈북을 유도하지 않으며 흡수통일을 추구하지 않는다"는 점도 명백히 했다. 이어 2004년에는 "한국행을 원하는 탈북자는 인도적 입장에서 전원 수용한다.", "본인의 의사에 반하는 강제 북송에 반대한다.", "국내 입국한 탈북자는 조기에 정착하도록 자립을 지원한다.", "탈북 문제의 근원을 해소하기 위해 북한 경제의 자립을 돕는다."라는 소위 탈북자 문제 해결을 위한 4대 원칙을 발표한 적이 있다. 탈북자 문제로 북한을 흔들거나 붕괴시키려는 의도가 없다는 점을 원칙으로 명백히 한 것이다.

그런데 이명박 정부는 탈북자 문제에 대한 해결 원칙이 모호한 상태에서 중국은 탈북자에게 손대지 말라고 목소리만 높이고 있는 셈이다. 이는 문제 해결이 아니라 오히려 문제를 꼬이게 만들었다.

이명박 정부의 탈북자 문제 해결의 원칙과 목표는 무엇인가? 이전 정부의 입장과 어떤 점이 같고 다른지가 분명하지 않다면 탈북자 문제를 실질적으로 풀어나가지 못할 것이고 탈북자들의 북송행은 되풀이될 것이다. '문제'를 제대로 파악했다면 '문제'만 읽어보지 말고 '해답'을 찾아야 한다. 그리고 그 '해답'은 반드시 있게 마련이다.

〈제45호〉 2012.02.29

# 북한이 위성발사로
# 얻을 것은 무엇인가

## 광명성 3호의 발사 계획 배경

북한은 2012년 3월 16일 오전, 조선우주공간기술위원회 대변인 명의의 담화에서 "김일성 동지의 탄생 100돌을 맞으며 우리나라에서는 자체의 힘과 기술로 제작한 실용위성(광명성 3호)을 쏘아 올리게 된다"고 발표했다. 기간은 김일성 생일 100년이 되는 4월 15일을 전후한 12일부터 16일까지로 예고했고, 실제로는 4월 13일에 발사했다.

북한은 2012년 4월 12~16일 김일성 주석의 100회 생일인 이른바 '태양절'을 기념하기 위해 김정일 국방위원장을 상징하는 '광명성' 인공위성 3호를 발사한다고 발표했다. 북한은 지난 3월 16일 국제민간항공기구ICAO와 국제해사기구IMO에 광명성 3호가 발사된 후 1단 로켓이 변산반도 서쪽 140㎞에, 2단 로켓이 필리핀 동쪽 190㎞에 떨어질 것이라고 보고했다.

북한은 이번 '광명성 3호'의 발사가 우주 공간의 평화적 개발 및 이용과 관련해 국제적으로 공인된 주권국가의 합법적 권리라고 주장한다. 또한 1998년 8월과 2009년 4월 두 차례의 위성발사 때도 국제적 규정과 관례를 지켰고, 이번 발사 계획도 국제적 규정과 절차에 따를 것이며 외국 전문가들과 기자들을 발사 현장에 초청할 것이라며 자신들의 계획을 정당화하려 했다.

## 실망스런 북한의 '광명성 3호' 발사 계획

하지만 한국을 비롯한 국제사회의 반응은 냉담하다. 무엇보다 김정은 체제의 등장 이후 국제사회와의 첫 약속인 2·29북·미합의가 깨질 위험에 처했다는 점 때문이다.

작년 8월 인도네시아 발리에서 있었던 남북 및 북·미 접촉 이후 북한은 6자회담 재개를 위한 대화에 적극적이었다. 그 뒤 한 차례씩 남북 및 북·미 접촉을 더 가진 뒤, 마침내 2월 23~24일 6자회담 재개를 위한 북·미 간 합의에 도달했던 것이다.

이 2·29합의는 북한 핵문제를 둘러싸고 조성된 한반도의 긴장을 완화하고 남북 간 대립과 대화 단절 상태의 매듭을 풀어줄 수 있는 계기가 될 것으로 환영받았다. 또한 다음 달에 본격적으로 출범하는 김정은 정권의 향후 대외노선을 긍정적으로 가늠케 해주는 의미도 부여되었다. 합의발표 뒤 리용호 북한 외교부 부부장이 미국 세미나에 참석하고, 북한 은하수 관현악단이 파리 공연을 하는 등 좋은 대화 분위기가 뒷받침된 것도 사실이다. 하지만 문제는 진정성과 실행의지이다. 이번 북한의 위성발사 발표로 2·29합의가 공수표가 되고 모처럼 조성된 대화 분위기가 다시 깨지지는 않을까 우려하지 않을 수 없다.

우주로켓 발사에 드는 수억 달러의 비용이면 식량난에 시달리는 북한 주민을 배불리 먹일 수 있는 정도이다. 우주로켓이 발사되면 6자회담 재개 조건으로 미국이 제공하기로 한 24만 톤의 영양지원이 취소될 가능성이 높다. 새로운 북한 지도부가 여전히 북한 주민의 생존에 무관심한 것으로 보여 실망이 크다.

## 위성발사는 유엔 안보리 결의 및 2·29 북·미합의 위반

북한이 지구관측용 인공위성을 발사한다고 발표했지만, 우리 정부는 미사일이 아니라 위성일지라도 유엔 안보리 결의 1874호 위반이라는 입장을 보이고 있다. 실제로 유엔 안보리 결의 1874호에는 "탄도미사일 기술을 이용한 어떠한 발사any launch using ballistic missile technology" 도 하면 안 된다고 명시돼 있어, 북한이 인공위성이라고 주장하더라도 이에 위반되는 것이 사실이다.

그렇다면 북한의 인공위성 발사가 지난 2·29 북·미합의에는 저촉되지 않는 것일까? 북한의 조선중앙통신은 3월 19일자 '위성발사 : 조미 합의에 저촉되지 않는다' 는 제목의 논평에서 "실용위성 발사와 장거리미사일 발사는 별개의 문제"라고 주장했다. 이 논평은 "우리는 이미 결실 있는 회담이 진행되는 기간 핵시험과 장거리미사일 발사, 영변 우라늄 농축활동을 임시 중지하고 우라늄 농축활동 임시중지에 대한 국제원자력기구IAEA의 감시를 허용하기로 했다" 는 '2·29합의' 의 내용을 새기면서 여기에 인공위성 발사 금지는 포함되지 않았다고 주장하고 있다.

그러나 2·29합의가 장거리 미사일 발사 중단만 포함하고 있다 하더라도 최소한 북한은 미국과의 합의정신을 깨고 있는 것이다. 이는 북한이 자신의 진정성을 스스로 무너뜨리고 있는 것이기도 하다. 하지만 빅토리아 눌런드 미 국무부 대변인은 북한이 IAEA 사찰팀을 초청한다고 해도 인공위성 발사가 유엔 안보리 결의 위반이자 2·29 북·미합의 위반이라는 입장은 변하지 않는다고 밝혔다. 미국은 북한이 인공위성 발사를 강행한다면 이를 유엔 안보리로 가져가 추가제재를 논의한다는 입장을 보이고 있다.

이에 대한 중국 정부의 태도는 모호하다. 중국은 북한의 인공위성 발사 계획을 우려하면서도 실제 발사할 경우 그것이 유엔 안보리 결의 위반이라는 점은 지적하지 않고 있다. 처음에는 주중 북한대사를 불러 인공위성 발사에 대해 유감을 표시했다가, 다음에는 주중 한국대사를 불러 자제를 요청했다.

중국 내 여론은 북한의 인공위성 발사도 잘못이지만 상황을 이렇게 몰고 간 한·미·일 3국도 문제라는 양비론의 입장이 우세한 것 같다. 중국은 이 문제를 서울 핵안보정상회의의 의제로 올리는 데도 부정적이다. 이는 유엔 안보리가 이 문제에 적절하게 대처하기 어려울 수도 있음을 시사한다.

## 합의 위반과 제재의 악순환을 또 되풀이할 것인가

현재 북한은 국제사회의 우려와 비판에 아랑곳하지 않고 '광명성 3호'의 발사를 강행한다는 입장을 나타내고 있다. 북한 정부의 입장을 대변해 온 조선총련 기관지 조선신보는 김정일의 유훈을 관철하겠다는 김정은 최고사령관의 의지가 구현되어 있다면서 "미국이 반대한다고 해도 광명성 3호를 쏘아 올리는 계획은 변경되지 않을 것"이라고 주장했다. 과거의 전례로 볼 때도 북한 측이 우주로켓 발사를 중단할 가능성은 높지 않은 것으로 보인다. 북한으로서는 강성대국을 선포하며 새 시대를 여는 데 축포가 필수적이고 이로 인해 국제사회와 대치관계에 서더라도 상관없다는 계산인 것 같다.

2006년 7월 5일 북한이 대포동 2호 미사일을 발사하자 같은 해 7월 15일 유엔 안보리는 대북 결의 1695호를 채택했다. 그러자 북한은 이에 반발하는 모습을 보이며 석 달 뒤인 10월 9일 제1차 핵실험을 실시했고, 유엔은 또다시 대북제재 결의 1718호를 채택해 제재를 가했다. 그 뒤 2009년 4월 5일 북한은 대포동 2호 개량형<sup>은하 2호 로켓</sup>을 쏘아 올리자 유엔 안보리 의장성명이 채택됐고, 이에 반발하는 형태로 북한은 한 달 20일 만인 5월 25일 제2차 핵실험을 단행했다. 그 결과 유엔은 추가제재를 내용으로 하는 안보리 결의 1874호를 채택했다.

이와 같이 북한이 도발하고 유엔이 제재를 가하면, 이에 반발해 북한이 한층 강화된 도발을 되풀이하는 악순환이 이어지고 있다. 만약 이번에 북한이 '광명성 3호'를 발사하게 되면 미국 주도로 유엔 안보리에서 대북 제재조치를 취하려는 움직임이 가시화될 가능성이 높다. 그럴 경우 북한도 이에 반발하는 형태로 제3차 핵실험을 단행할 가능성도 예상된다.

북한으로서는 6자회담 재개를 위한 북·미합의가 이루어진 가운데, 한미 양국이 자신의 코앞에서 대규모 연합군사연습을 하는 것이 달가울 리 없다. 이러한 대규모 한미군사훈련이 당초 예정된 통상적인 것이라는 한미의 발언을 흉내 내듯이, 북한은 자신들의 인공위성 발사가 우주의 평화적 이용을 위한 일이지, 2·29 북·미합의를 위반하거나 한반도에서 긴장을 조성하려는 것이 아니라고 밝히고 있다.

중국 정부가 유엔 안보리의 대북 추가제재에 소극적인 태도를 보일 가능성이 높기 때문에 미국과 한국 정부가 이 문제를 유엔 안보리로 가져가 추가제재 결의를 채택한다는 계획이 실현될지는 아직 불확실하다. 이번 북한의 위성발사 계획이 유엔 안보리 결의에 위반되는 것이 분명하지만, 한반도에서 커다란 긴장을 몰고 올 과도한 대응이 효과적일지는 숙고해봐야 할 것이다.

## 새로 출범하게 될 김정은 정권의 진정성을 보여줘야

북한의 이번 위성발사 계획은 올해 4·15태양절에 맞춰 김정일 위원장 때부터 준비해온 것으로 보인다. 김정일 위원장의 사망 3일 전인 작년 12월 14일 북·미 민간접촉에서 북한 측이 미국 측에 위성발사 계획을 알렸고, 이에 미국 측 인사가 미국 정부는 이를 유엔 안보리 위반이라고 볼 가능성이 높다고 경고했다고 한다.

2월 23~24일 베이징 북·미 고위급 접촉에서 북한 측이 미국 측에 이러한 사실을 타진했는지는 아직 확실하지 않다. 하지만 분명한 것은 북한 지도부가 미국 측 반대가 예상됨에도 위성발사 계획을 강행했다는 점이다. 북한으로서는 미국으로부터 식량 20만 톤을 얻고 각종 제재를 푸는 것보다 인공위성을 발사가 자신들의 국가목표에 유리하다고 판단했을 수 있다.

하지만 북한 정권은 위성발사를 강행함으로써 김정은 체

제에 대한 국제사회의 불신을 증대시켜 단기적으로 얻을 수 있는 효과보다 훨씬 커다란 신뢰 상실이라는 대가를 치러야 한다는 점을 명심해야 한다. 과거 김정일 체제도 1998년 8월 '광명성 1호'를 쏘아 올리면서 출범했지만, 결국 그것은 김 위원장이 사망한 2011년 12월까지 13년여 동안 줄곧 김정일 정권의 발목을 잡고 말았다.

또한 2009년 1월 미국의 버락 오바마 정부가 출범한 지 얼마 지나지 않은 2월 초부터 북한은 '광명성 2호'를 발사하겠다고 나섰고, 국제사회가 경고했음에도 이를 강행했다. 그러는 바람에 북·미정상회담 가능성을 열어놓으며 적극적인 대북정책을 표방했던 오바마 정부와의 관계가 시작되기도 전에 파탄 났던 전례도 있다.

북·미관계 악화를 비롯한 국제사회에서의 고립을 자초한 셈이다. 또한 북한이 바라는 경제강국 건설도 물거품이 되고 말았다. 위성발사는 결국 북한 주민의 생활만 더욱 곤궁케 하고 정치적 불안정을 초래할 뿐이다.

김정일의 유훈<sub>선군노선, 강성대국 건설, 군사력 강화, 경제 재건, 남북·대외관계 등의 방향</sub>을 살린다는 명목으로 북한이 합의를 위반해가며 위성발사를 비롯해 한반도의 긴장을 높이는 행동을 계속한다면, 한국과 미국에 어떤 차기 정부가 들어서더라도 지탄받는 정권과 관계 개선을 이루기가 결코 쉽지 않게 될 것이다.

오는 4월 당 대표자회의 개최로 김정은 체제가 새롭게 출범할 것으로 보인다. 북한의 '광명성 3호' 발사로 또 다른 '불량정권'의 출범을 국제사회에 알리는 신호탄이 될 것인

지, 아니면 이를 자제함으로써 '불량국가' 의 이미지에서 벗
어나는 계기로 삼을 것인지 그것은 오로지 김정은 정권 스스
로가 선택해야 할 몫이다.


〈제46호〉 2012.03.22

# 4·11총선과 대북정책 방향, 개성공단에 답이 있다

## 정경분리 원칙으로 접근하라

'양극화 해소'와 함께 향후 한국이 풀어야할 중대 과제 중 하나인 '평화·통일' 문제가 4·11총선 과정에서는 주요 이슈로 다루어지지 않았다. 선거 때마다 앞장서서 안보 위기를 자극하던 보수정당도 과거와는 달리 민생문제와 관련한 이슈를 중심으로 선거 전략을 펼쳐 나갔다. 한편 제1야당인 민주통합당도 선거 전략으로 '정권심판론'을 정면에 내세우면서, 2012년 4·11총선 과정에서 대북정책 경쟁은 자취를 감추었다.

4·11총선은 달아
오르고 있으나, 공천을 둘러싼 잡음과 소음 때문인지 당의
존재가 잘 보이지 않는다. 선거는 정책에 대한 심판이다. 여
기에는 통일과 대북정책도 포함된다. 이런 점에서 올해는
새 정부의 대북정책과 남북관계의 방향을 정하는 중요한 해
가 될 것이다. 총선을 앞둔 주요 정당 대북정책의 기본방향
은 어떤 것일까?

## 원칙과 방향 없는 대북정책 공약

'새누리당'이 공약으로 내놓은 대북정책은 기존의 정책
을 그대로 답습하고 있다. "국민적 합의를 토대로 원칙에 입
각한 유연한 대북정책을 추진"하는 한편, "남북 간 다양한
대화와 교류협력을 통해 민족의 동질성 회복 및 공동의 이익
을 증진"하겠다는 것이다. 원칙에 입각한 유연한 대북정책,
얼마든지 자의적인 해석이 가능하다. 이는 원칙이 없다는
것과 마찬가지다. "북한 주민의 인권 개선과 동포애적 차원
의 인도적 지원 지속", "북한 핵문제 해결로 한반도 평화 환
경 조성"도 현재의 남북관계에서 견지하고 있는 정부의 대
북정책과 다름이 전혀 없다.

'민주통합당'은 과거 참여정부에서 체결한 남북합의 사
안을 바탕으로 다소 구체적인 방안을 제시하고 있기는 하나,
여기에서도 대북정책의 원칙이 없음은 마찬가지다. "남북
관계 안정화와 평화체제 구축을 통해 안보 불안을 해소, 통

일의 기틀을 마련" 하겠다고 전제하고 그 실천 방안으로 서해상 남북공동어로구역 설정, 남북경제협력 다양화·전면화를 추진, 남북자원 협력, 가스관 연결 등을 추진할 것을 제시하고 있다. 그러나 제도적인 차원에서 대북정책의 원칙을 어떻게 정할 것인지에 대한 언급은 찾아볼 수가 없다. 개성공단 확대, 금강산 관광 재개, 사회교류협력 확대 등을 들고 있으나 남북한 간에 정치·군사적인 갈등이 발생할 경우, 남북경협은 어떻게 해야 할지에 대해서는 아무런 답도 제시하지 못하고 있다.

## 개성공단은 살아 있다

향후 대북정책은 보다 성숙된 대북한 정책적 논리로 접근해야 한다. 그것은 다름 아닌 정경분리를 확실하게 가져가는 일을 원칙으로 삼는 것이어야 한다. 우리는 인류 보편적 가치가 구현되는 통일을 바란다. 그러나 그것은 북한의 변화가 전제되지 않고서는 이루기 어렵다. 그렇다면 북한의 변화는 어떻게 해야 이끌어 낼 수 있는가? 답은 간단하다. 많이 접촉하고 대화하고 협력하는 길밖에 없다. 북한이 먼저 변해야 대화하고 협력하겠다고 한다면 그것은 마차 뒤에 말을 매는 격이다. 물론 우리에게 안보보다 중요한 것은 없다. 어떤 경우에도 안보는 확고히 지켜 나가야 하는 것이지만, 거기에 머물지 않고 이와 병행해 남북 간 호혜적인 의존관계를 이루고 민족공동의 발전과 번영을 도모하는 상황을 만든다면 그 자체가 안보라 할 수 있다.

그런 점에서 우리는 정경분리 원칙을 세우고 이를 지속성 있게 밀고 나가는 것이 필요하다. 무엇보다도 개성공단과 같은 남북협력 방식이 경협 및 대북관계의 모델로서 확고하게 자리 잡을 수 있도록 해야 할 것이다.

개성공단은 천안함·연평도 사건에도 불구하고 굳건히 그 자리를 지켰다. 우리 정부가 5·24조치에 따라 모든 남북관계를 단절·보류시켰음에도 개성공단 사업만은 살려나가겠다는 의지를 보였던 것은 긍정적으로 평가된다. 개성공단에 대해 우리 정부가 정경분리를 적용시켰던 것은 개성공단이 남북관계에서 차지하고 있는 중요성과 비중을 크게 인식한 때문이다. 그 인식적 배경에는 개성공단이 단연코 우리 기업과 경제에 이익이 된다는 점이 자리 잡고 있다. 그래서 남북관계를 파탄시켰다고 비난받고 있는 현 정부도 개성공단의 안정적 유지와 발전을 성과로 이야기할 정도다.

## 개성공단이 새끼를 쳐야 경제공동체를 이룰 수 있다

차기 정부에서는 개성공단과 같은 경협모델을 더욱 발전시키는 것이 중요하다. 개성공단은 기본적으로 남북관계 개선과 기업의 수익성 창출을 위해 정부와 민간이 협력하는 사업으로 출발했다. 2,000만 평을 3단계에 걸쳐 국제 경쟁력을 갖춘 자유경제지대와 복합 배후도시로 개발하려는 사업이었다. 단기적으로는 무관세 수출가공구 성격의 공업·무역

형 경제특구를 지향, 생산 중심 기능을 확보하는 것이 목표
였으며, 중장기적으로는 첨단산업과 금융업·상업 및 관광
산업과 국제비즈니스 기능을 포함한 '종합형 경제특구'를
지향하고 있다.

그런 개성공단이 아직도 시범사업 수준을 벗어나지 못하
고 있다. 의지만 있었다면 그동안 얼마든지 1단계를 마무리
하고 남북경협의 거점으로 성장할 수 있었다. 정치·군사적
긴장 속에서도 개성공단을 일단 유지하기로 했다면, 바꾸어
말해 정부가 정경분리를 대북관계에 적용하기로 했다면 우
리에게 큰 이익이 되는 개성공단사업을 적극적으로 확대했
어야 했다. 더 나아가서는 개성공단을 바탕으로 남북 간 제
반 경협사업을 한 단계 수준을 높여 종횡으로 엮어나갔어야
했다.

새로운 대북정책 추진과 관련, 미래를 내다보는 정당이라
면 반드시 개성공단 방식의 경협모델을 확대·발전시키는
정책적 비전을 공약에 담아주기를 기대한다. 북한 지역에
남한식 경제특구를 확대·적용하는 것이 실현가능할 수 있
도록 정경분리의 정책적 비전을 제시해야 할 것이다. 그래
야 북·중경협의 밀착 현장인 황금평과 위화도, 라진·선봉에
대응할 수 있으며, 통일의 밑바탕이 될 남북경제공동체의 형
성으로 나아갈 수 있다. 역으로 경제협력이 강화되면 될수
록 북한이 남북관계를 악화시키거나 정세를 긴장시키는 행
태를 막는 훌륭한 방파제의 역할을 기대할 수 있을 것이다.
북한이 5·24조치에 반발해 차단·몰수 등의 조치를 취하면

서도 개성공단만큼은 손을 대지 못한 사례가 이를 잘 말해주고 있다.

소규모라 할지라도 개성공단 같은 산업협력의 장을 북한 내륙으로 파고들어가는 것이 바람직하다. 북한 지역에 우리 기업이 진출하는 산업공단이 산재하게 되면 그 자체로 남북을 경제적으로 연결하는 효과가 있게 된다. 북한 지역 공단과 남한의 연결은 물론, 북한 지역 내 공단과 공단이 자연스럽게 연결될 것이다. 물류와 인적인 교류가 수반되는 것은 물론이다.

나아가 이는 곧바로 북한의 개혁·개방과 연결될 수밖에 없다. 개별진출방식이 아닌 공동진출이기 때문에 그만큼 시장경제 적용의 우리 의지가 작용할 여지가 커지게 된다. 이를 통해 남한기업은 고비용·저효율 구조를 타파할 수 있다. 생산성을 웃도는 임금상승, 노사갈등, 국내정치 및 노사불안, 내수기업과 수출기업의 양극화 및 제조업 공동화 현상에 시달리는 남한 기업들에 생산성을 재고할 수 있는 새로운 돌파구로 기능할 수 있다. 더 나아가 남한 경제의 신성장 동력 확보는 물론, 북한 경제 회복에도 기여함으로써 남북한 모두에 경제적 이익을 가져다주는 상생win-win의 협력사업이 될 것이다.

이제부터라도 공당은 정경분리에 의한 대북정책의 원칙을 공약으로 세우고, 개성공단과 같은 협력방식을 남북협력의 모델로 정착시키는 데 있는 힘을 다해야 할 것이다. 우리 민족의 미래를 결정하게 될 통일과 대북정책 문제에 있어서

만큼은 당리당략을 떠나 국익을 앞세우는 바른 접근법을 선
택해야 할 것이며, 국민들은 그런 각오와 열정을 갖춘 정당
에 지지를 보낼 것이다.

〈제47호〉 2012.03.31

만큼은 당리당략을 떠나 국익을 앞세우는 바른 접근법을 선
택해야 할 것이며, 국민들은 그런 각오와 열정을 갖춘 정당
에 지지를 보낼 것이다.

# 자주·선군과 평화·경제의 기로에 선 김정은 정권

## 평화를 위한 전략적 사고가 필요하다

2011년 12월 북한의 김정일 총비서 급서 이후 시작된 김정은의 권력승계 과정이 2012년 4월 초에 공식적으로 완료되었다. 김정은 당 중앙군사위원회 부위원장은 2011년 연말 군의 최고 직책에 올랐고, 4월 11일 제4차 당 대표자회에서 조선노동당 제1비서직에 추대됨으로써 당권도 공식적으로 장악했다. 그리고 4월 13일 개최한 제12기 제5차 최고인민회의에서 국가 최고 직책인 국방위원회 제1위원장직에 오름으로써 김정일 사후 약 4개월 만에 공식적인 권력승계 과정이 모두 마무리되었다.

김정은 국방위원회 제1위원장이 지난 2009년 1월 후계자로 내정된 이후 3년 동안 진행되었던 북한의 제도적인 권력승계 절차가 완료되고 김정은 정권이 공식 출범했다. 김정은 제1위원장은 4월 11일 4차 당 대표자회에서 제1비서로서 당 중앙위원회 정치국 상무위원, 당 중앙군사위원회 위원장이 되었고, 4월 13일 열린 12기 5차 최고인민회의에서 국방위원회 제1위원장이 됨으로써 당과 국가의 최고위직에 올랐다. 기존의 최고위직이었던 당 총비서와 국방위원장 직위는 지난해 12월 급서한 김정일 전 국방위원장의 몫으로 영원히 남게 되었다. 이로써 김정은 제1위원장은 지난해 12월 30일 승계한 최고사령관 직위까지 합해 당·정·군의 최고직위를 모두 차지했다.

## 김정일, 영원한 총비서·국방위원장 김정은, 제1비서·제1위원장

북한은 이번 당 대표자회와 최고인민회의를 통해 김정은 체제를 뒷받침할 인사개편도 단행했다. 북한은 당 중앙위 정치국을 보선했다. 총정치국장인 최룡해 차수1950년생를 정치국 상무위원과 중앙군사위 부위원장에 선임하고, 김정각 인민무력부장1941년생, 장성택 당 행정부장1946년생, 박도춘 당 군수담당비서1944년생, 현철해 인민무력부 제1부부장1934년생, 김원홍 국가안전보위부장1945년생, 리명수 인민보안부장1934년생을 정치국 위원으로 보선했다. 또한 곽범기 전 내각부총리1939년생, 오극렬 전 당 작전부장1930년생, 로두철 내각부총리 겸

국가계획위원장<sup>1950년생</sup>, 리병삼 조선인민내무군 정치국장 <sup>1935년생</sup>, 조연준 당 조직지도부 제1부부장<sup>1937년생</sup>을 당 중앙위원회 정치국 후보위원으로 보선했다.

북한은 당 비서국과 전문부서에 대한 인사도 실시했다. 김정은 제1위원장의 고모인 김경희 당 경공업부장<sup>1946년생</sup>과 곽범기 전 내각부총리를 당 비서로 선임하고 현철해 인민무력부 제1부부장과 김원홍 국가안전보위부장, 김락겸을 중앙군사위 위원으로 보선했다. 당 부장에는 김영춘 전 인민무력부장<sup>1936년생</sup>과 박봉주 당 경공업부 제1부부장<sup>전 총리, 1940년생</sup>, 곽범기 전 내각부총리를 새로 임명했다.

북한은 또한 최고인민회의를 통해 국방위원회와 내각 인사를 실시했다. 국방위원회의 경우 부위원장은 모두 유임되었으나, 위원은 기존의 인물 외에 최룡해 인민군 총정치국장, 김원홍 국가안전보위부장, 리명수 인민보안부장이 추가되었다. 지난해 12월 28일 김정일 위원장의 영구차를 호위한 8인 중의 한 명이었던 우동측 국가안전보위부 제1부부장<sup>1942년생</sup>은 김원홍 부장의 진입에 따라 탈락했다. 내각의 경우 기존에 알려지지 않았던 리승호, 리철만, 김인식<sup>수도건설위원장</sup><sup>겸직</sup>이 부총리로 임명되었다.

한편 김정은 제1위원장은 최고사령관 명령으로 군의 장성급 인사를 단행해 중장 1명과 소장 70명을 승진시켰다. 김정은 제1위원장의 군 인사로는 지난 2월에 이어 두 번째이다. 2월의 경우 김정은 제1위원장은 박도춘 군수담당비서와 김영철 정찰총국장을 대장으로, 주규창 기계공업부장과 백세봉

제2경제위원장, 김송철 근위서울류경수 제105탱크사단장을 상장으로, 김명식 동해함대사령관 등 18명을 중장으로 승진시킨 바 있다.

## 김정은, "인민군대는 당과 사상도 숨결도 발걸음도 함께해야"

이번에 드러난 북한의 권력엘리트 변동을 보면 우선 김경희 당 비서와 장성택 행정부장의 역할과 영향력 확대가 주목된다. 김경희 비서는 만경대 가문과 원로그룹의 지원을 배경으로 김정은 제1위원장으로의 권력승계를 위해 매우 적극적인 행보를 보여 왔는데, 이번에 당 비서직에 선임되면서 향후 역할을 확대할 것으로 보인다. 장성택 행정부장의 경우도 국방위원회 부위원장에 더해 정치국의 정위원이 됨으로써 위상이 제고되었으며 무엇보다 측근인 최룡해를 인민군 총정치국장에 앉히고, 1987년 리진수 부장 사망 이후 줄곧 공석으로 있던 국가안전보위부장에 김원홍을 앉힘으로써 군과 더불어 권력엘리트들을 통제할 핵심 기관에 대한 영향력을 확대할 수 있게 되었다.

다음으로 주목되는 것은 안정 속의 세대교체가 추진되고 있다는 점이다. 원로그룹 또는 김정일 시대의 권력엘리트들은 여전히 건재를 과시하고 있다. 후보위원을 포함해 정치국의 보선을 보면 80대―오극렬과 70대―김정각·현철해·리명수·곽범기·리병상·조연준이 주류를 차지하고 있다. 반면 정치국 인사에서 최룡해 총정치국장이나 김원홍 부장,

로두철 국가계획위원장 등은 60대이다. 내각인사에서도 새로 부총리에 임명된 인물들이 현장에서 실물경제에 대한 경험을 상대적으로 많이 지닌 신진 기술관료일 가능성이 있으며 군의 인사도 세대교체의 성격을 띨 수 있다.

그러나 이번 인사에서 가장 중요한 것은 군에 대한 당적 통제가 강화되고 있다는 점이다. 민간인 출신인 최룡해를 총정치국장에 임명한 것이 이를 보여준다. 2010년 11월 사망한 조명록 총정치국장은 공군사령관을 지낸 정통 군인이었다. 최룡해 총정치국장이 김일성 전 주석과 항일무장투쟁을 수행했던 최현 전 인민무력부장의 아들이라는 점을 감안하더라도 군의 인사와 사상통제를 담당하는 자리에 민간인 출신이 임명된다는 것은 상당한 반발을 감수한 것일 수 있다. 이런 점에서 최룡해의 총정치국장 임명은 선군정치하에서 비대화된 군을 통제하기 위한 포석일 수 있다. 장성택 국방위 부위원장 등과 오극렬 등 군의 원로들이 이번 인사에 대해 타협했을 가능성도 주목된다. 군에 대한 통제는 김정은 제1위원장이 4월 15일 김일성 생일 100주년 기념 열병식에서 행한 연설에서도 나타난다. 김정은 제1위원장은 인민군이 "당과 함께 사상도 숨결도 발걸음도 함께해야" 하는 당의 군대로서 인민을 돕는 본분에 충실해야 한다며 군에 대한 당적 통제와 군의 본분을 강조했다.

역으로 본다면 이것은 군에 대한 당적 통제가 그다지 튼튼하지 못하다는 것을 말해 주는 반증일 수 있다. 김정은 제1위원장이 군부대에 대한 시찰과 현지지도에 집중하면서 군을 장악하기 위한 노력을 적극적으로 기울이고 있지만 전반적으로 김경희나 장성택과 같은 후견그룹의 역할이 긴요하고 여기에 원로급들의 영향력마저 필요한 상황일 수 있다는 것이다.

김정은 제1위원장의 권력이 실질적으로 공고하지 못하다는 것은 김일성 주석과 김정일 위원장에 대한 의존에서도 드러난다. 북한은 조선노동당 규약을 개정해 김일성-김정일주의를 당의 유일한 지도사상으로 명시하고 온 사회의 김일성-김정일주의화를 당의 최종목적으로 내세웠다. 특히 김정은 제1위원장이 당의 제1비서로 추대된 것도 전체 당원이나 인민들의 염원 이전에 김정일 위원장의 유훈에 따른 것임을 강조하고 있다. 그러면서 김정일 위원장의 사상과 노선은 당의 영원한 지도적 지침이며 유훈은 강령적 지침이라고 선전하고 있다.

**"평화보다 민족의 존엄과 나라의 자주권이 더 중요하다(?)"**

김정은 제1위원장은 4월 15일 열병식 연설을 통해 새로운 주체 100년을 열어가기 위한 자신의 시대가 시작되었음을 선포했다. 그리고 '수령' 의 교시에 해당하는 정책방향을 제시했다.

김정은 제1위원장은 '자주의 길, 선군의 길, 사회주의 길' 을 가겠다며 '선군조선의 존엄' 을 빛내고 사회주의 강성국가를 건설하기 위해서는 "첫째도 둘째도 셋째도 인민군대를 백방으로 강화”해야 한다며 군사력 강화를 천명했다. 이는 김정은 제1위원장이 김정일 위원장의 유업을 계승해 선군정치와 총대중시의 노선을 이어가겠다는 것이다. 그러면서 그는 수령결사옹위를 강조하는 가운데 인민군대에 대한 당적 통제와 군사정치사업 강화를 주문하고 인민군대의 본분은 ‘인민을 돕는 것’이라며 군에 대한 통제와 장악 의지도 분명히 밝혔다. 이는 김정은 제1위원장이 권력공고화를 위해 당면한 최대 과제가 군에 대한 장악에 있음을 다시 한 번 시사한다.

김정은 제1위원장은 일심단결과 불패의 군력에 더해 새 세기 산업혁명만 달성되면 사회주의 강성국가가 이룩될 수 있다며 경제강국 건설을 강조하면서 이를 달성하기 위해 대고조 진군과 대혁신, 대비약을 주문했다. 김정은 제1위원장은 또한 “인민이 다시는 허리띠를 조이지 않게 하며 사회주의 부귀영화를 마음껏 누리게” 하는 것이 당의 결심이라며 인민생활향상을 강조하기도 했다. 실제 김정은 제1위원장도 경제문제의 중요성은 인식하고 있는 것으로 보인다. 이번 당대표자회와 최고인민회의의 인사결과를 보면 박봉주 전 총리, 로두철 국가계획위원장, 리승호·리철만·김인식 내각 부총리 등 중국의 경제 발전상과 북한경제의 실상을 잘 아는 경제기술관료들도 제한적이나마 위상을 재고해가고 있다. 특히 김정은 제1위원장이 당 대표자회를 앞둔 4월 6일 당 중앙위원회 책임일군들과 한 담화를 보면 인민생활향상과 경제강국 건설에서 결정적 전환을 일으켜야 한다며 “당의 경제정책을 관철" 하는 경제사령탑인 내각에 경제사업을 집중시켜 "내각 책임제, 내각 중심제"를 강화해야 한다고 했다.

여기에 더해 양형섭 최고인민회의 상임위원회 부위원장이 지난 1월 16일 AP통신과의 인터뷰에서 지식경제 기반을 만들기 위해 "중국을 포함해 다른 나라의 경제개혁 사례를 연구하고 있다"고 한 것까지 고려하면, 향후 내각이 제한적이나마 자율적인 공간을 확보하면서 북한에서 2002년 7월 경제관리개선조치와 같은 변화들이 나타날지 지켜볼 필요도 있다.

김정은 제1위원장은 대외적으로 위의 과제들을 달성하기 위한 평화의 중요성을 언급했다. "강성국가 건설과 인민생활 향상을 총적목표로 내세우고 있는 우리 당과 공화국정부에 있어서 평화는 더없이 귀중" 하다며 평화정착과 우호적 대외관계 필요성을 지적했다. 그러나 김정은 제1위원장은 평화보다 "민족의 존엄과 나라의 자주권이 '더' 귀중" 하다며 인민군이 만단의 전투동원 태세를 유지하면서 "당의 강성국가 건설 위업을 총대로 굳건히 담보" 할 것을 주문했다.

이는 김정일 위원장의 선군유업 계승과 자주성 고수에 기대 자신의 정당성과 권위를 확보하고자 하는 김정은 제1위원장의 인식과 과제를 보여주는 것이다. 주변에 국력이 월등한 나라들에 둘러싸여 사회경제적인 불안정과 그 정치적 파장을 염려하며 살아온 북한 정권은 체제와 정권을 유지하기 위해 자주를 기치로 권력엘리트와 주민들을 결집시키려

고 시도하고 있다. 그러나 그 결과는 국제적 고립과 대북압
박의 강화였다. 4월 13일 실패로 끝난 '광명성 3호' 발사와
미·북 간 2·29합의 파기, '광명성 3호' 발사를 규탄하는 4월
17일의 유엔 안보리 의장성명에 대한 배격과 한반도 주변 정
세의 급격한 긴장 고조가 그것이다.

한편 김정은 제1위원장은 김정일 위원장의 조국통일 유업
계승도 천명했다. 김정은 제1위원장은 "조국통일의 력사적
위업을 실현하기 위해 책임적이고도 인내성 있는 노력을 기
울이겠다"며 "진정으로 나라의 통일을 원하고 민족의 평화
번영을 바라는 사람이라면 누구든지 손잡고 나갈 것"이라는
입장을 밝혔다. 그러나 이는 남한의 이명박 정부와 건설적
으로 대화하겠다는 의미는 아니다. 북한은 이명박 대통령과
보수진영을 반통일세력으로 규정하고 있기 때문이다. 김정
은 제1위원장은 남한의 12월 대선을 고려하면서 정권 교체
기에 영향력을 행사하려는 기존의 대남 입장에서 크게 벗어
나지 않고 있다. 4월 18일 북한의 조국평화통일위원회나 조
선인민군최고사령부가 이명박 대통령을 비난하면서 "서울
한복판이라 하여도… 도발원점으로 되고 있는 이상 그 모든
것을 통채로 날려 보내기 위한 특별행동조치가 취해질 것"
이라는 협박 성명을 연이어 발표한 것도 이러한 북한의 대남
인식과 정책방향을 보여주는 것이다.

## 그러나 자주와 존엄의 기초는 경제와 평화이다

　이제 막 공식적으로 출범한 김정은 제1위원장으로서는 권력엘리트들을 다잡고 주민들을 통제하면서 실질적인 권력 공고화를 조속히 달성하려고 하고 있다. 그 방편으로 김정은 제1위원장은 김정일 위원장의 유훈을 강조하고 군을 통제하기 위한 노력을 집중적으로 기울이고 있다. 경제는 내각에 맡겨놓고 인민생활 향상을 외치면서도 군사력 건설을 더욱 강조한다. 그로 인해 2·29합의에 따른 식량확보와 대외관계 개선 대신 '광명성 3호' 발사를 선택했다. 그러나 '김정은식 자주와 존엄'은 아주 비싼 대가를 치를 수밖에 없다. 경제강국 건설과 인민생활향상을 위한 '평화'가 자주와 존엄에 밀리면서 북한은 국제적으로 더욱 고립되고, 정권의 존재 이유가 된 자주의 기초인 경제회복은 더욱 어려워지고 있다. 이런 점에서 김정은 제1위원장은 자주를 위한 선택이 자주의 기반을 무너뜨리는 악순환에 빠져 있다. 김정은 제1위원장으로서는 경제가 살아나지 않으면 정치군사적인 자주와 자위에 더욱 의존할 수밖에 없고 자주와 자위의 상징인 핵과 미사일은 결국 정권을 더욱 고립과 정체로 몰아가는 구조에서 헤어나지 못하게 하고 있다.

　어디서부터 악순환의 고리를 끊을 수 있을 것인가. 먼저 김정은 제1위원장 스스로 정권의 정당성과 지도자의 권위를 떠받치는 가장 중요한 요소가 주민들의 지지에 있다는 점을 인식해야 한다. 김정은 제1위원장이 4월 6일 담화에서 밝힌

대로, "민심을 떠난 일심단결은 있을 수 없다." 따라서 "민심을 소홀히 하거나 외면하는 현상들과 강하게 투쟁해야 한다." 김정은 제1위원장은 그 민심이 진정으로 원하는 것이 쌀과 평화인지 핵무기와 장거리 미사일로 상징되는 민족의 존엄과 나라의 자주인지 주민들 속에 들어가서 들어보기 바란다. 그리고 김정은 정권을 떠받치는 권력엘리트들도 무엇이 주민들의 진심어린 바람인지 돌아보기 바란다.

북한이 국제적 고립과 지역정세 불안정을 초래하는 자주가 아니라 인민생활 향상을 위한 평화를 선택할 수 있으려면 주변 환경도 개선되어야 한다. 지금과 같이 이념적이고 도덕적인 잣대로 김정은 정권의 행태를 재판하려고만 해서는 국제사회가 원하는 북한의 변화를 기대할 수 없게 된다. 북한의 국제규범 위반과 지역안정 저해 행동에 대해서는 명확히 지적하되, 북한 내에서 핵과 미사일에 기댄 자주와 존엄이 아니라 인민생활 향상을 위한 평화를 주장하는 목소리들이 힘을 얻을 수 있도록 만들어주어야 한다. 멀리 보면서 남북관계의 판을 새롭게 짜나갈 수 있는 혜안과 전략적 사고가 요구되는 때이다.

〈제48호〉 2012.04.21

# 막장 남북관계의 득실, 민족 성원 모두가 피해자다

## 남북한을 뒤덮은 대규모 규탄 시위

2012년 4월 13일 북한의 로켓 발사 이후, 남한에서는 청와대와 국방부가 나서서 북한체제를 공격하는 발언과 행동들이 이어졌고, 이에 대해 북한은 원색적인 욕설과 강도 높은 비난으로 대응했다. "북한이 살 길은 핵무기를 포기하고 개혁·개방을 하는 것", "북한을 압도하는 최신무기가 있어야 한다", "장기독재정권에 역사적 변화가 오는 시대를 맞고 있다" 라고 하는 이명박 대통령의 일련의 발언에 대해, 북한은 "서울의 모든 것을 날려 보낼 수 있다", "쥐새끼패당을 씨도 없이 깨끗이 쓸어버릴 것을 선언한다" 고 맞받아쳤다.

주체 100년의 봄, 김정은의 권력세습 행사들을 마친 평양에서는 대한민국 대통령을 규탄하는 대규모 군중대회가 열렸다. 이명박 대통령을 모욕하는 그림과 구호가 난무하고 대남 중오심을 조장하는 퍼포먼스로 동원된 북한 주민들을 홍분시키고 있는 군중대회는 현재 지방 각지로 확산 중이다.

같은 시기 서울 거리에서는 북한의 로켓 발사를 규탄하고 세습독재정치를 반대하며 막 취임한 북한 최고지도자를 폄하하는 시위가 반북단체의 주도로 계속되고 있다. 휴전선 부근에서 반북 전단을 날리는 행사는 일상화되었다. 이명박 정부 초기, 남북관계의 안정적 관리 차원에서 반북단체에 대북전단 살포 자제를 요청하던 정부도 이제는 북한과 거친 입담을 맞받아치고 있다.


## 시비是非의 인과因果가 덮여버린 막말 공방攻防

지금의 남북관계를 보자면 가까운 장래에 평화통일은 고사하고 평화공존의 가능성도 멀기만 하게 보인다. 흡수통일이나 무력통일만이 현실적인 대안인 양, 막말이 난무하고 있다.

이명박 대통령은 최근 통일교육원 최고위과정 특강에서 "장기독재정권에 역사적 변화가 오고 있다. 북한에 인터넷은 없지만 가장 위력적인 것은 구전홍보口傳弘報다"라며 북한 정권의 붕괴가 머지않았다는 취지로 언급했고, 북한의 '조국통일민주주의전선’은 담화를 통해 "(남측이) 제아무리 쏠라닥질해도 철옹성같은 일심단결은 끄떡없고 철천지 원쑤들에 대한 증오와 분노만 가중시킬 뿐"이라고 남측주도 흡수통일에 대해 날선 적개심을 보였다.

북한의 '조국평화통일위원회' 대변인은 한발 더 나아가 "괴뢰 호전광들이 조금이라도 바스락거리면 쥐새끼 잡듯 박멸하고 그 기회에 아예 남쪽 땅을 완전히 타고 앉겠다"는 망발을 서슴지 않고, 급기야 북한인민군 '최고사령부' 대변인은 "서울 한복판이라도 최고 존엄을 헐뜯는 도발 원점이 되고 있는 이상 통째로 날려보내기 위한 특별행동조치를 취할 것"이라며 공개적인 선전포고나 다름없는 성명을 발표했다.

어쩌다 남북관계가 여기까지 추락했는지 이제 그 시비의 전말을 기억하는 국민들은 거의 없다. 짜증스러울 뿐이고 평화통일의 전망에 절망할 뿐이다.

## 비합리적 행동과 부적절한 대응

북한이 김정은 체제출범에 즈음해 미국과 화해하기 위해 어렵게 도출한 '2·29합의'를 로켓 발사로 깨고 국제적 비난을 자초함으로써 김정은 시대의 개막 경축전을 스스로 망쳐버린 것은 과거 행태의 경로의존성Path Dependency에 비추어 보아도 이해하기 어려운 행동이었다.

한편 한반도 상황을 안정적으로 관리해야 할 정부가 북한의 권력승계 시기라는 민감한 시점에서 북한 최고지도부를 감정적으로 건드리는 언행을 서슴지 않음으로써 어느 때보다 남북한 간 무력충돌 가능성을 높여놓은 것은 역시 현명한 태도가 아니다. 북한의 유엔 결의 위반에 엄정히 대처하는 것과 북한 내부의 주민봉기를 부추긴다고 여겨지는 행동은 차원이 다른 것이다.

우리 내부의 반북세력이 호언하듯 북한의 선공先攻으로 전쟁이 발발하면 북한정권은 수일 만에 붕괴할지 모른다. 그러나 대량살상무기를 가진 100만 대군의 북한군을 제압하는 과정에서 남북한 주민이 겪게 될 유무형 피해는 수십 년이 걸려도 회복하기 어려울 것이다. 아니 민족공동체 자체가 사라지는 환란을 감수해야 할 것이다. 북한이 스스로 붕괴하는 사태가 발생한다 하더라도 남북 간이 지금처럼 적대감과 증오심으로 팽배한 상황에서는 통일과정이 곧바로 장기적인 내전상황으로 이어질 가능성이 높다.

한반도 불안정이 고조될수록 감정적 대응보다는 냉정한 이성이 요구되고, 통일로 가는 어떤 시나리오에도 상호 적대감과 증오심을 완화하려는 노력이 최우선 과제가 되어야 한다. 이러한 차원에서 작금의 남북관계는 매우 우려되는 상황이다. 상식적 기준으로 보아도 북한의 행동은 비합리적이고 남한의 대응은 부적절하다. 왜 이렇게 상식을 벗어난 행동이 벌어지는 것일까?

어떤 상황에서도 남북의 전략통들이나 권력주변의 책사策士들은 주어진 상황에서 제시된 목표를 달성하기 위한 최선책을 끌어내는 목적의식적 사고를 한다고 보아야 한다. 따라서 외관상 비합리적인 판단도 내부적 관점에서는 나름 추구하는 목표가 따로 있다고 생각할 수 있다. 상식으로써 비상식을 이해하는 방법은 많지 않기 때문이다.

## 남북긴장 고조를 야기하는 작전세력을 경계한다

2012년 한반도 북쪽에서는 지도자가 새로 취임하고 남쪽에서는 퇴임을 준비한다. 북쪽의 김정은은 아직 할아버지나 아버지의 카리스마와 경력에 버금가는 권력 기반이 갖추어지지 않아 불안한 상황이다. 딱히 김정은 외 대안도 없기 때문에 집권초기 강력한 지도력을 보여주어야 한다. 이런 사정에서 주민들이 회의적 시각을 갖지 않고 충성을 다하도록 유도해야 할 내부수요가 있을 것이다.

북한의 경제회복을 위해서는 미국과의 화해와 남북관계 개선을 통한 국제사회의 협조가 필요하지만, 경제회복과 정권안정이라는 목표가 서로 충돌할 때에는 단기 목표인 정권안보를 우선할 수밖에 없을 것이다. 이런 맥락에서 국제적 비난과 마찰을 감수하고 로켓 발사라는 비합리적 결정을 했다고 보이며, 로켓 발사 실패 이후에는 흔들리는 내부의 민심을 잡기 위해, 남쪽을 타깃으로 하는 호전적인 대규모 군중대회로 주민통제에 나서고 있다고 해석된다.

이것은 자신의 실정이나 정책실패를 외부 위협 탓으로 대응하는 전형적인 기만과 은폐와 조작의 술책이다. 이런 술책은 체제의 약점을 덮는 것이 아니라 장차 체제의 약점을 더욱 악화시키는 결과를 초래하는 것이 역사의 교훈이다.

북쪽의 결정이 잘못된 것이라면 남쪽의 대응은 부적절한 것이다. 민감한 시기에 대통령이 직접 나서 북한의 감정적 반발에 빌미를 주게 되는 언행을 반복함으로써 북한당국의 주민통제 강화에 사실상 협조하는 결과를 초래하고 있다. 특히 북한의 대남도발에 명분을 주게 되어 무력충돌 가능성과 함께 유사시 감당하기 어려운 상호적대감을 심화시킬 것이라는 우려도 있다. 또한 막말싸움 전개로 한반도문제의 본질이 흐려지고 평화통일에 대한 회의감을 키우게 되는 것도 감당하기 힘든 부담이다.

혹시라도 퇴임을 앞둔 시점에서 북한의 로켓 발사를 계기로 남북한 관계의 안정적 관리보다는 북한에 대한 적대감을 증폭시킴으로써, 이명박 대통령은 지난 4년간 남북관계를 후퇴시켰다는 대북정책에 대한 부정적 평가를 희석시키거나 지지 기반을 결속하려는 정치적 의도를 가진 것은 아닌지 의심을 받을 수도 있다.

대한민국 대통령의 최고의 헌법적 의무는 평화통일에 대한 노력에 최선을 다하는 것이다. 어떠한 통일 시나리오에서도 유혈사태를 피하기 위해 남북 간 상호 적대감이나 증오심을 통제하고 완화하는 노력이 우선시 되어야 한다.

집권 초기의 북한 지도자나 집권 말기의 남쪽 지도자나 권력 강화나 레임덕 방지를 구실로 민족 성원의 평화통일에 대한 장기적 희망을 꺾고 남북 상호 간 적대적 증오심을 조장할 수도 있는 책략을 건의하는 주변책사들을 경계해야 할 시점이다.

　남북관계의 긴장과 상호 적대감을 기회가 있을 때마다 증폭시키고자 하는 작전세력이 판을 치면 평화통일의 길은 더욱 멀어질 뿐이다. 남북의 지도부 모두 냉철한 이성을 갖고 자유와 평화, 번영과 행복을 구가하는 민족공동체의 미래를 열어나가기 위해 결단의 한길로 나설 것을 요구한다.

〈제49호〉 2012.05.01

# 차기 정부를 위해
# 현 정부가 해야 할 일

## 북한의 로켓 발사 이후 국면에서

2012년 연초부터 험악해진 남북관계가 4월 들어 위기국면으로 치달았다. 북한의 인민군 최고사령부는 4월 18일 대변인 성명을 통해 "비록 서울 한복판이라 해도 우리의 최고 존엄을 헐뜯고 건드리는 도발 원점으로 되고 있는 이상 그 모든 것을 통째로 날려보내기 위한 특별행동조치가 취해질 것" 이라고 밝혔다. 그리고 4월 23일에는 조선인민군 최고사령부 특별작전행동소조가 "우리 혁명무력의 특별행동이 곧 개시된다는 것을 알린다" 며 사실상의 대남 도발을 공개 선언하면서 일시적으로 한반도에서의 군사적 충돌 우려가 확산되었다.

지금 남북 간에는 '막말 행진'이 그칠 줄 모르고 진행되고 있다. 2011년 12월 17일 김정일 국방위원장의 갑작스런 사망으로 일시 한반도의 긴장상황이 조성되기는 했지만, 2012년 2월 23~24일 북·미 고위급 접촉이 이루어지고 마침내 2·29합의가 발표되면서 상황은 크게 호전되는 듯이 보였다. 그러나 3월 초 북한이 '광명성 3호'를 발사한다고 발표하면서 상황은 다시 급반전되었다.

## 그칠 줄 모르는 자해적 남북관계

미국을 비롯한 국제사회의 우려와 만류에도 결국 북한은 4월 13일 최고인민회의가 열리는 날 로켓을 발사했다. 북한의 로켓 발사는 실패로 끝났지만, 실패 여부는 중요한 게 아니었다. 문제는 신생 김정은 정권이 출범하자마자 국제사회의 규칙을 어기기 시작했다는 점이다. 유엔은 발사 당일 유엔 안보리 회의를 소집해 4월 16일 북한의 행동을 규탄하는 안보리 의장성명을 채택했다.

그리고 이에 따른 파장은 남북관계에서 증폭되었다. 북한은 지난 4월 18일 조선중앙방송을 통해 우리 정부가 김일성 주석의 100회 생일에 최고 존엄을 모독했다며 "서울의 모든 것을 날려 보낼 수 있다"고 도발 가능성을 내비쳤기 때문이다.

이에 앞서 우리 쪽에서는 서울 광화문 일대에서 북한 미사일 요격 퍼포먼스를 벌이고 보수 성향의 대학생들이 북한 3대세습을 규탄하는 플래시몹flash mob을 가진 바 있다. 또한 4월 16일 이명박 대통령은 라디오 연설에서 북한의 광명성 3호 발사 비용만으로도 6년치 식량 부족분을 살 수 있다며 북한을 비난하기도 했다.

북한의 강경성명이 나오자, 우리 정부도 이에 뒤질세라 막말로 맞받아쳤다. 국방부는 4월 19일 첨단 미사일을 공개하면서 "수도권 이남에서 발사하더라도 평양 노동당사에 있는 김정은 노동당 1비서의 집무실 창문도 겨냥할 수 있는 수준"이라며 북한을 자극했다. 이튿날 이명박 대통령도 통일교육원 특강에서 중국의 유엔 안보리 의장성명 동참을 '통중봉북通中封北, 중국과 대화하며 북한을 봉쇄한다' 이라 평가하며 북한의 새 지도자 김정은이 농지개혁을 단행해야 한다고 압박했다.

이에 대해 4월 22일 북한 외무성 대변인은 "조선반도에서 무슨 일이 터지는 경우 그 책임은 전적으로 이명박 역도에게 있다는 것을 엄숙히 선언" 한다고 천명하고, 그 다음날 조선인민군 최고사령부 특별작전행동소조의 명의로 "역적패당의 분별없는 도전을 짓부숴버리기 위한 혁명 무력의 특별행동이 곧 개시" 된다며 구체적으로 보복 행동을 천명했다.


## 그래도 긴장완화의 출구는 보인다

악화일로를 걷고 있는 남북관계와는 달리, 그나마 한반도 주변 정세는 점차 안정화의 방향으로 가닥을 잡아가고 있다. 지난 4월 20일부터 김영일 북한노동당 국제비서가 중국을 방문해 고위급 인사들과 회담을 가진 데 이어 4월 23일에는 후진타오 국가주석과 면담했다. 중국의 유엔 안보리 의장성명 동참에 대한 무마와 대북 식량지원 및 추가도발 자제 요청 등 양국 현안에 관한 논의가 진행된 것으로 보인다.

이와 함께 북한의 '광명성 3호' 발사로 고조된 한반도의 긴장상황은 미국·중국 등 주변 군사대국들의 세력과시를 거쳐 점차 파고가 잦아들고 있다. 4월 26일~5월 3일 중·러 연합해상훈련이 산둥반도山東半島 주변 해역에서 실시되었으며, 특히 마지막 날인 5월 3일에는 실탄사격훈련이 있었다. 또한 5월 7일~18일 12일 동안 한국공군작전사와 미 제7공군이 참가하는 역대 최대의 한미연합공군훈련인 '맥스 썬더Max Thunder'가 실시되었다.

이처럼 미국과 중국 양국이 한 차례씩 자국의 군사적 개입 능력을 과시하면서 한반도를 둘러싼 강대국 간의 세력균형을 확인한 가운데, 점차 쌍무대화를 통해 한반도 긴장완화를 위한 방안들을 모색하기 시작했다. 특히 5월 3~4일 베이징에서 미·중 전략 및 경제대화US-China S&ED에서 북한문제에 대한 협의 이후 북한의 호전적인 태도가 다소 누그러진 듯이 보인다.

5월 8일부터는 리자오싱李肇星 전 외교부장이 이끄는 중국 국제우호연락회 친선대표단이 북한을 방문해 김영남 최고인민회의 상임위원장과 면담했다. 김정일 위원장의 사망 이후 2월 23~24일 푸잉傅瑩 외교부 부부장이 식량지원과 한반도평화 문제를 논의하기 위해 방문한 지 석 달 만이다. 이번 리 전 외교부장의 방문은 미·중전략 및 경제대화의 결과를 북한 측에 설명하고 양해를 얻기 위한 자리로 보인다.

결국 5월 2일 유엔 안보리 대북제재위원회가 북한단체 3곳을 제재대상으로 추가 지정하는 것을 끝으로 '광명성 3호' 발사에 따른 제재 논의는 마무리됐다. 북한도 5월 6일 외무성 성명을 통해 "평화적 우주개발과 핵동력공업발전을 추진하면서 강성국가를 보란 듯이 건설할 것"이라고 밝혔지만, 기본적으로 유엔 안보리 의장성명이 설정한 레드라인3차 핵실험, 추가 발사을 깨는 것은 자제하는 쪽으로 방향을 잡은 것이 아닌가 보인다. 현재까지는 미국과 북한이 2·29합의가 완전히 파기되었다고 서로에게 공식적으로 통보한 바 없고, 중국도 이 합의를 되살리려는 입장을 내비치고 있다.

북한 김정은 체제의 공식출범과 '광명성 3호' 발사로 한반도를 한바탕 긴장으로 몰아넣었던 사태는 5월 14일에 열린 제5차 한·중·일 정상회의와 한중정상회담에서 북한문제에 관한 의견교환을 통해 마무리 수순을 밟아가는 것으로 보인다. 이제는 남북 당사자 간에 대결과 긴장 국면을 전환하고 관계를 개선하는 일만이 남아 있다.

**원칙 있는 대북정책이 현 정부의 업적이 될 수 없다!**

김정은 체제가 공식출범한 데 이어, 조만간 우리도 제19대 국회가 개원하면서 본격적으로 차기 대통령을 선출하기 위한 선거운동 과정에 들어서게 된다. 이제 집권 말기에 들어선 현 정부로서는 어떻게 하면 대선과정을 평화적으로 그리고 공정하게 관리할 것인가 하는 것이 매우 중요한 과제가 된다. 여기에 하나가 더 있다. 바로 차기 정부를 위해 안정된 남북관계를 물려주는 일이다. 안정된 남북관계야말로 국민의 생존과 안전을 보장하고 '조국의 평화적 통일'을 위해 필수불가결한 요소이기 때문이다.

안정된 남북관계의 복원을 위해서는 우리 정부의 조치뿐만 아니라 상대인 북한이 군사 도발을 자제하는 등 태도 변화도 중요하다. 북한의 추가도발이 자제된다는 전제하에 남은 임기 동안 현 정부는 차기 정부를 위해 최소한 다음 두 가지는 해놓고 가야 한다. 첫째는 5·24조치를 해제해 남북관계의 장애물을 제거하는 일이다. 둘째는 남북 간에 대화채널을 실질적으로 복원하는 것이다.

하지만 설사 북한에 1차적인 책임이 있다고 하더라도 지금까지 보여준 현 정부의 모습은 실망스러운 것이 사실이다. 현 정부는 고집스럽게 기존의 대북 강경압박정책을 고수하고 있다. 이러한 정부의 대북 강경자세는 김정은 정권의 취약성에 따른 북한체제의 조기붕괴에 대한 기대가 깔려 있기 때문으로 보인다. 실제로 현 정부 내에는 김정일 위원장의 사망조차 현 정부의 대북정책이 이루어낸 업적으로 보는 인식이 있다.

혹시 현 정부가 대북 강경책을 견지하는 것이 현 정부가 내걸었던 '비핵·개방3000 구상' 가운데 어느 것도 이루지 못해 실패로 끝난 상태에서, 그나마 '원칙 있는 대북정책'을 견지했다는 평가를 받기 위한 것인가? 정말로 현 정부가 이러한 인식 아래 이른바 '원칙'을 훼손시키기보다는 이를 견지함으로써 현 정부의 대북정책 업적legacy으로 삼으려고 한다면 이는 착각일 뿐만 아니라 역사적 책임을 망각하는 처사이다. 사실 현 정부가 말하는 '원칙'은 원칙도 아니다. 지켜야 할 원칙도 없고 무작위, 무관심을 '원칙'의 이름으로 가둔 데 불과하다.

현 정부가 결자해지結者解之의 차원에서 금년 12월 대통령 선거 이전까지 남북관계 정상화의 토대를 마련해 놓지 않는다면, 남북관계를 역행시키고 평화통일의 도정을 헝클어 놓았다는 역사적인 평가를 피할 수 없을 뿐만 아니라 정치적으로도 차기 정부에 엄청난 부담을 주는 결과를 가져오게 된다.

12월 19일 대선에서 승리하게 될 차기 집권세력은 우선 현 정부의 정책을 뒤집는 새로운 대북정책을 정립하고 그 실효성을 검증해야 하며, 대북라인을 새롭게 구축하고 북측에 일관된 신호를 보내 신뢰를 쌓아야 하며, 그 후 공식적인 대화 단계로 들어가야 하는데, 이 과정이 1년 이상 걸린다. 설상가상으로 북측이 신정부의 의중을 떠보기 위해 도발이라도 자행하는 경우에는 장기간 남북관계가 표류할 수도 있다.

## 남북관계의 평화적 발전은 헌법과 법률이 정한 정부의 책무

현 정부가 남북관계의 복원을 위해 남은 임기 동안이라도 최선을 다해야 하는 것은 역사적인 평가나 정치적인 책임을 넘어, 헌법과 법률이 정한 의무이기도 하다. 그런 점에서 남북관계가 파탄된 채로 차기 정부가 출범하게 된다면, 차기 정부는 현 정부의 대북정책 라인의 책임을 묻지 않을 수 없게 될 가능성이 높다.

헌법 제4조는 "대한민국은 통일을 지향하며, 자유민주적 기본질서에 입각한 평화적 통일정책을 수립하고 이를 추진한다"고 의무화하고 있다. 또한 '남북관계 발전에 관한 법률'은 제13조에서 "정부는 남북관계발전에 관한 기본계획을 5년마다 수립"[1항]하고, "통일부 장관은 관계중앙행정기관의 장과 협의를 거쳐 기본계획에 따른 연도별 시행계획을 수립"[4항]하며, "기본계획 및 연도별 시행계획을 수립한 경우 통일부 장관은 이를 국회에 보고"[5항]하도록 의무화하고 있다.

'남북관계 발전에 관한 법률'은 2005년 12월 8일 국회본회의에서 여야 만장일치로 통과했으며, 공포 후 6개월이 지난 2006년 7월부터 효력을 갖게 된 것이다. 이에 따라 5개년 기본계획이 수립되어, 2007년 11월 1차로 국회에 보고되고 그해 12월 관보官報에 게재되었다.

그러나 이명박 정부에 들어와 남북관계 기본계획을 수정한다며 기본계획의 이행은 물론이고 연도별 시행계획의 제출을 차일피일 미루어왔다. 그러다가 천안함 사태가 발생하

자 이를 핑계로 결국은 지금까지 연도별 시행계획조차 한 번
도 제출하지 않았다. 그뿐만 아니라 올해에 제출하기로 되
어 있는 제2차 기본계획 및 연도별 시행계획을 아직까지도
수립해 놓고 있지 않다. 이는 명백히 정부가 '남북관계 발전
에 관한 법률' 을 위반한 직무유기인 것이다.

5월 30일 제19대 국회가 정식으로 개원한다. 정부가 헌법
과 남북관계 발전에 관한 법률을 위반하지 않으려면 새로 구
성되는 제19대 정기국회에 제출할 수 있도록 지금부터라도
제2차 기본계획 및 연도별 시행계획의 수립에 착수해야 할
것이다. 정부는 헌법과 법률이 정한 남북관계의 평화적 발
전을 위한 책무를 다해주기 바란다.

〈제50호〉 2012.05.16

# 종북從北논쟁으로부터 탈출

## 백해무익한 후진 정치에서 벗어나야 한다

한국전쟁이 끝난 지 약 60년이 지난 지금까지도 소위 종북논쟁은 남남갈등의 큰 부분을 차지하고 있다. 특히 주요 선거가 있을 때마다 어김없이 종북논쟁이 주요 이슈로 등장하여 정파 간, 지역 간 갈등을 증폭시키고 있다. 2012년 4·11 총선 이후에는 통합진보당 선거부정과 얽혀서 종북논란이 크게 불거졌고, 급기야 이명박 대통령이 남한의 종북세력 문제를 거론하기에 이르렀다.(5·28)

## 기왕 시작된 종북논쟁, 이참에 끝장내라

이명박 대통령은 지난 5월 28일, "북한의 주장도 문제지만 이들의 주장을 그대로 반복하는 우리 내부의 종북세력은 더 큰 문제"라고 비판했다.

이 대통령은 정례 라디오 연설을 통해 1983년 미얀마 랑군 아웅산 폭탄 테러 사건과 2010년 천안함 사건을 우리 정부의 자작극이라고 주장하는 이른바 종북세력에 대해 경고하고, 국제사회가 북한에 변화를 요구하듯이 국내 종북주의자들도 변해야 된다고 강조했다.

대통령이 '종북세력'이라는 용어를 사용하여 "북한을 어떻게 볼 것인가" 하는 민감한 문제에 대해 직설적으로 언급한 것은 처음이다.

더구나 지난 총선에서 통합진보당 내 경선 부정시비와 노선 갈등이 종북논쟁을 다시 점화시킨 사태와 맞물려 제기된 화두話頭라는 점에서 파장이 만만치 않을 것으로 전망된다.

대통령이 국가안보 차원에서 종북주의 확산을 좌시하지 않겠다고 하는 강한 의지를 보인 만큼 공안당국의 종북세력 조사對共搜査가 탄력을 받을 것이다. 아니면 야당의 평가처럼 대통령 발언이 현 정권의 실정을 이념공세로 가리려는 색깔론이라는 주장이 힘을 받을 경우 역풍을 초래할 가능성도 있다.

대통령의 문제인식에 대한 여당과 야당의 평가가 정반대이지만 우리나라의 민주주의가 위기에 처했다는 것을 시인하고 있다는 점에서는 일맥상통한다. 대한민국 체제를 흔들 정도로 종북주의가 심각하다는 것도 민주주의에 대한 도전이요, 색깔론에 입각한 정치공세라고 한다면 색깔론이 판을 치는 현상도 민주주의의 심각한 퇴보로 볼 수 있다.

대통령 선거를 앞두고 불거지는 종북논쟁의 확산은 특정당의 승리 여부를 떠나서 선거판 자체를 혼탁하게 하고 선거 후의 국민 통합에도 큰 부담이 될 것이다. 그러나 이왕 제기된 문제라면 흐지부지 넘어갈 것이 아니라 이참에 확실한 결말을 보아야 한다. '누가 다음 대통령이 될지' 보다 더 중요한 것은 '우리나라의 민주주의가 더 이상 흔들리지 않고 발전하기 위한 토대를 확고히 하는 일' 이라고 보기 때문이다.

## 매카시즘에 대한 회고回顧와 우리의 사정

흔히 색깔론의 원조로 1950년대 미국의 매카시즘을 든다. '매카시즘' 은 확실한 이유 없이 정적政敵을 공산당이라고 몰아 제거하거나 비판하는 것을 말한다. 이는 우리말의 '색깔론' 과 같이 주로 부정적 의미로 쓰인다.

1950년 미국 상원의원 매카시Joseph McCarthy는 "미국에 공산주의자가 활동하고 있으며, 297명의 공산당 명단을 갖고 있다"라고 하여 충격을 주었다. 사건이 여론화되고 의회 조사위원회를 구성했으나 매카시는 증거를 제시하지 못했다. 그러나 매카시는 폭로를 계속했고, 신문은 사실 여부에 관계없이 이를 보도했으며 많은 보수파들이 동조했다. 이 덕에 당시 뇌물수수, 경력위조 의혹으로 퇴출 위기에 몰렸던 매카시는 대중적 지지를 늘려나갔다.

하지만 정가政街의 속사정은 간단하지 않았다. 1930년대 중반부터 나타난 미국 내 보수·진보 진영 간 힘의 불균형이 복잡한 정치공학을 통해 새로운 균형점을 찾아 움직이고 있던 시점에 매카시가 존재했던 것이다.

미국은 1차대전 이후 전후복구와 맞물려 10년 이상 경제 호황기를 누리며 시장경제에의 무한신뢰와 함께 자유와 부富를 만끽했다. 주식은 사두기만 하면 대박을 치고 노동자도 자가용을 굴리는 등 지상낙원이 실현되는 듯했다. 그러나 1929년 주식 폭락에 이은 경제 대공황으로 후버 대통령의 공화당 정권은 1933년 루즈벨트의 민주당에 참패한 후 20년간 야당으로 있으며 민주당의 장기집권에 대항할 무기를 찾지 못하고 있었다.

미 하원 반미활동위원회House Un-American Activities Committee의 청문회에는 수백 명의 증인이 소환됐고 청문기록은 1만 쪽에 육박했다. 공화당은 이런 분위기를 잘 이용하여 민주당을 간접적으로 공격하고 민주당은 '빨갱이' 소리가 두려워 매카시에게 협조하게 된다. 드디어 1952년에 공화당은 20년 민주당 정권을 누르고 집권에 성공한다.

그러나 공화당이 집권하자 상황은 반전되었다. 미국 정가는 오랜 매카시즘 광풍에 피로감을 느끼고 있었으며, 공화당은 집권 후 매카시즘에 대한 매력을 잃었고, 매카시즘이 통제불능 상황으로 치닫는 것을 우려했다. 일부 공화당 의원들은 양심선언을 통해 "독재자의 방법으로 자유를 지켜서는 안 된다"고 개탄했으며, 대법원도 헌법정신에 따라 국가안보보다 사상과 표현의 자유를 중시하는 판결을 내리기 시작했다. 드디어 1954년 한 방송사가 매카시의 비리와 거짓을 폭로하면서 한순간에 미국여론은 반反매카시로 변하게 되었다.

사실 매카시즘의 광풍이 불 때 많은 미국인들은 제대로 의사표현을 못했지만, 반공反共 이념보다 의사표현양심의 자유가 더 소중한 가치라는 것을 집단적으로 인식하는 순간 자유와 민주주의의 가치에 한발 더 다가갔고 미국 민주주의는 더욱 성숙하게 된다. 매카시즘이라는 시행착오를 확실히 돌파하면서 흔들리지 않는 토대를 구축하게 된 셈이다.

## 후진 정치를 청산하고 사회 통합을 이루는 계기로 삼자

공산주의가 종말을 고한 지 20년이 지난 지금까지 공산주의 망령이 정가를 떠도는 일은 개탄할 일이다. 우리 사회가 또다시 무책임한 색깔론의 소용돌이에 빠져들어야 하는가? 이러한 현상은 민주주의의 성숙을 위해서 거치지 않으면 안 되는 필요악인 것인가?

전 세계적으로 각국들이 새로운 질서 아래 풍요를 위한 무한경쟁을 벌이고 있는 가운데 우리가 중견강국으로 확고하게 발돋움하기도 버거운 것이 사실이다. 인구도, 자원도 이를 뒷받침할 만큼 넉넉지 못하다. 국민 모두가 똘똘 뭉쳐서 힘과 지혜를 모아 시너지 효과를 내어야 비로소 우리가 소망하는 결실을 기대할 수 있다.

이 엄중한 시기에 이념논쟁에 발목 잡혀 우리의 힘을 소진하고 국민 분열을 가져온다면 우리는 현재의 수준을 넘어설 수가 없다. 이념논쟁은 세계가 부러워하는 우리의 산업화·민주화의 성공적인 수행 업적을 하루아침에 무너뜨리고 우리 사회에 이분법의 허구적 잣대가 횡행하도록 만들 것이 뻔하다. 한마디로 백해무익이다.

우리의 못난 과거사로 전쟁까지 치른 아픈 기억을 또다시 들춰내고 미래로 나아갈 동력을 허비하는 이념논쟁을 정말 되풀이할 작정인가? 우리 국민은 이제 이념논쟁이 안정도, 행복도 가져다주지 못한다는 것을 잘 알고 있다. 우리 국민이 바라는 것은 21세기에 맞는 국가의 비전을 확고히 세우고 좌우를 아우르는 역량으로 사회적 통합을 이루어내는 일이다.

따라서 우리 국민은 나라의 안위를 위태롭게 하고, 절차적 민주주의를 파괴하며, 선진국으로의 도약을 가로막고 행복과 희망을 앗아가는 종북세력이 있다면 과감하게 도려낼 것을 요구한다. 그들은 더 이상 민주주의를 풍성하게 해줄 진보세력이 아니기 때문이다. 그러나 정치적 이해관계로 끊임없이 색깔론을 제기하여 우리 사회의 분열을 일삼는 세력도 차제에 뿌리를 뽑아버릴 것을 요구한다. 마찬가지로 그들 또한 건전한 보수세력으로 위장했을 뿐 존재해야 할 가치가 없기 때문이다.

그렇다면 정부가 담당해야 할 몫은 자명하다. 정부는 종북주의자의 실체를 명백히 밝히고 법위반 사실에 대해서는 사법적 처리를 해야 한다. 또한 종북세력을 운위하는 사람들의 주장이 아무런 근거가 없는 색깔론에 해당한다면 이 또한 당연히 사법적 책임을 물어야 할 것이다. 이렇게 해서 저급 정치꾼들이 일삼는 이념논쟁이 다시는 우리 사회에 발붙이지 못하도록 하여 후진 정치로부터 탈피하는 계기로 삼아야 할 것이다.

한편 역설적이지만 국가안보를 위태롭게 하는 종북세력이 문제라고 선언한 정부는 국가안보를 소홀히 한 책임에서 벗어날 수 없다. 국가안보에 문제가 생겼다면 그 책임을 야당이나 국민의 안보의식 탓으로 돌리지 말아야 한다. 정부의 수많은 공안기구들은 그동안 무엇을 했다는 말인가?

우리 국민은 이제 편 가르기 정치, 막가파식 정치에는 신물이 나며, 희망을 주는 정치, 미래를 여는 정치를 원한다. 과연 정부가 이번의 종북논쟁을 어떻게 매듭지을 것인지 온 국민은 엄중하게 지켜볼 것이다.

〈제51호〉 2012.05.31

# 탈북자 문제를 남남갈등에 엮어서는 안 된다

## 생활안정 우선이 희망

2012년 상반기 이른바 '종북논쟁'이 한국사회를 뜨겁게 달구고 있는 가운데 일부 탈북자들이 그 중심에서 활동하였다. 탈북자들이 성공적으로 우리 사회에 정착하는 일은, 우리의 통일의지와 능력을 보여주는 시금석이며 민족공동체의 모델을 제시함으로써 북한 주민의 마음을 끌어올 수 있는 토대를 마련하는 중요한 일이다. 이렇듯 남북의 통합과 화합의 모델이 되어야할 탈북자들이 남남갈등을 조장하는 정쟁에 이용되고 있는 것이 아니냐는 문제가 제기되었다.

우리는 북한 땅을
떠나 남한지역에 들어온 북한 주민들을 탈북자, 새터민, 북
한이탈주민(이하, 탈북자) 등으로 부른다. 그들의 수는 금년
5월 말 현재 2만 3,705명에 이르고 있다. 이들 가운데 70% 정
도가 여성이다. 탈북자의 수가 점점 늘어나고 있어, 이들의
국내 정착을 돕기 위한 하나원이 하나 더 만들어질 정도이다.

국내에 정착한 탈북자들의 수가 많아지면서 우리 사회에
서 사업적으로 성공을 거둔 사람들이 나타나기 시작했다.
북한에서 고위층에 있던 탈북자들은 국내에서 안정적인 직
장을 잡는 경우가 종종 있다. 최근에는 고위직 공무원인 통
일부 통일교육원 원장에 이어 여당의 비례대표 국회의원이
된 이도 등장했다. 통일교육원 교수 가운데 한 명도 탈북자
로 채울 방침이라고 한다.

하지만 우리 사회에서 탈북자들의 삶은 천차만별이다. 탈
북자들 가운데 성공한 이는 아직 손에 꼽을 정도로 극소수에
불과하다. 대다수 탈북자들은 굶주림 때문에 오랜 시일 중국
대륙을 방황하다 제3국을 거쳐 한국 땅에 들어와 기아만 면
했을 뿐 변변한 직업도 없이 또다시 한국사회에서 방황하고
있다. 자유와 풍요로운 삶에 대한 꿈과 기대는 우리 사회에
직접 진출하자마자 높은 벽에 부딪쳐 무너지고 있는 것이다.

## 탈북자 사회의 양극화, 위장탈북자를 대하는 불신 심화

어린 나이에 북한 땅을 떠나 중국에서 방황하다 한국에 들

어온 탈북자의 경우 제대로 교육조차 받지 못한 사례가 허다하다. 어찌 보면 돈과 인맥의 힘이 그물눈으로 쳐져 있는 한국사회에서 혈연·학연·지연도 없이 몇 천만 원의 정착지원금만으로 제대로 안정적인 생활을 한다는 게 여간 어려운 일이 아닐 것이다.

국내 탈북자들의 처지를 더욱 어렵게 만드는 것은 위장탈북자들이 늘어나고 있다는 사실이다. 최근 들어 탈북자를 위장한 여성 간첩사건도 잇달아 적발되고 있다. 지난 2008년 원정화 사건, 2010년 김미화 사건에 이어 금년에 국가보위부 소속의 이경애가 체포되었다.

독일의 경우, 통일 후 슈타지<sub>Stasi, 동독 국가정보기관</sub> 정보원이 서독에만 4만 5천여 명이 있었던 것으로 파악되었다고 한다. 더군다나 일부는 정치권 등 사회지도층에까지 암약한 것으로 드러나 큰 충격을 주었다. 당시 사민당 당수이자 총리였던 빌리 브란트의 개인비서관 귄터 기욤이 1974년에 체포되었고, 기민당 당수이자 총리였던 헬무트 콜의 후원자인 아돌프 칸터도 슈타지 정보원이었음이 통일 이후에 밝혀졌다.

양적으로 급증하고 있는 탈북자 가운데 위장한 간첩들을 가려내는 일이 쉽지 않기 때문에 애매한 대다수가 오해를 받는다. 하지만 그런 것을 알 리 없는 일반 국민들은 이런 사건이 터질 때마다 탈북자들을 곱지 않게 바라본다. 이처럼 우리 사회에서 탈북자들에 대한 부정적 인식이 있다 보니, 일부 탈북자들 가운데 중국 조선족이라고 속이고 사는 웃지 못할 일까지 벌어지고 있다고 한다.

탈북자들은 국내에 들어온 이상, 똑같은 권리를 가진 국민으로서 대한민국의 법에 의해 보호를 받아야 한다. 설사 극소수 위장탈북자가 있을 수 있다고 해도, 그들을 놓칠지언정 대다수의 탈북자들을 의심받으며 살게 내버려 두어서는 안 된다.

## 탈북자들의 국내정치 개입은 바람직하지 않다

국내에 정착한 탈북자의 수가 늘어나면서, 일부 탈북자들은 스스로 단체를 만들어 활동하고 있다. 여기서 자신들의 권익 옹호를 위해 활동하고 있는가 하면, 일부는 북한인권의 개선이나 북한민주화를 위해 애쓰고 있다. 하지만 일부 탈북자들은 이러한 활동을 넘어 국내 정치에도 깊이 관여하고 있다.

최근 어느 탈북자는 모 초선 국회의원과 사석에서 한 말다툼을 트위터를 통해 공개해 정치이슈화하기도 했다. 심지어 일부 탈북자들은 색깔공세에 편승해 해당 국회의원의 사무실 앞에서 피켓시위를 하기도 했다.

우리 국민들 가운데는 탈북자들이 오늘날 한국사회가 경제성장과 민주화를 성취하는 데 아무런 기여도 하지 않고, 뒤늦게 우리 사회에 합류하여 경제적 혜택만 보고 있다고 투덜거리는 사람도 있다. 국내에서도 양극화다, 경기침체다 해서 먹고살기가 만만치 않은 상황이기 때문이다.

그런데 일부 탈북자들이 직접 이념적 정치단체를 만들거

나 국내 특정 정치세력과 손잡고 활동하고 있다. 그들 가운데 일부는 정치성 집회의 선두에 서서 활동하고 있다. 이러한 일부 탈북자들의 행동은 국내 특정 정치세력에 편승하여 우리 사회에서 뭔가 특별한 대접을 받으려고 하는 것처럼 오해를 불러일으키고 있다. 이러한 일부 탈북자들의 정치성 행위 때문에 가뜩이나 어려운 대다수 탈북자의 처지가 더욱 어려워지고 있다.

도대체 탈북자들이 이 땅에 들어온 이유가 무엇인지 되물어보지 않을 수 없다. 그 이유를 새긴다면 탈북자들 스스로 특정 정치권의 이해를 대변해 우리 사회의 남남갈등에 끼어들어 갈등을 조장하고 증폭시키는 일을 삼가는 것이 옳다. 탈북자들은 하루속히 이 사회에서 자립·자활하여 안착하는 한편, 남아 있는 북한 주민들에게 희망의 메시지를 전할 수 있도록 남북관계의 발전과 평화통일을 앞당기는 데 기여해야 한다. 이 경우에 북한에서 살았던 경험은 그들의 큰 자산이 될 수 있을 것이다.

## 탈북자들이 행복의 보금자리를 틀 수 있도록 돕자

우리가 통일한국의 미래상으로 접근해 나가는 데 있어 탈북자들의 성공적인 우리 사회 정착이야말로 대단히 중요한 일이다. 우리의 통일의지와 능력을 보여주는 시금석일 뿐만 아니라, 민족공동체의 모델을 제시해줌으로써 북한 주민의 마음을 끌어올 수 있는 토대를 마련할 수 있다. 따라서 우리는 탈북자문제를 새롭게 인식하고 민관民官이 힘을 합쳐서 이들이 우리 사회에 순조롭게 편입할 수 있도록 보호 및 지원 시스템을 지속적으로 강화해 나가야 할 것이다.

하지만 우리 사회에 이들을 진심으로 포용하고 도와주기보다는 이를 가장해서 정치적 목적에 이용하려는 세력이 있다. 물론 극소수 탈북자들의 일탈적 정치행위가 결코 현명한 처사는 아니지만, 그렇다고 해서 이들을 자신의 정치적 목적에 이용하려는 일부 보수언론과 정치인들의 행태는 도저히 이해할 수가 없다. 탈북자에게 기대어 남남갈등을 조장하고 우리 사회의 통합력 약화를 초래하는 것은 금도襟度에 어긋나는 일이다.

최근 들어 일부 탈북자들이 이른바 '종북논쟁'의 중심에서 활동하고 있다. 대통령선거를 앞둔 탈북자들의 정치행위는 현 정부가 어느 탈북자를 고위직 공무원에 임명한 뒤 여당에서 그를 비례대표 앞자리에 공천하면서 더욱 두드러지게 나타나고 있다.

사실 탈북자를 비례대표 국회의원으로 선정한 것은 현대 정치학 이론에도 부합하지 않는다. 유권자 3,000만 명에 국회의원이 300명이니, 국회의원 한 사람이 10만 명의 유권자를 대변한다. 비례대표 의원 45명은 1인당 67만 명을 대변하는 자리다. 그런 점에서 탈북자 2만여 명이 모두 투표권을 가졌다고 본다 해도, 이들을 대표해 국회의원 1명을 배정한 것은 다분히 다른 의도가 있다고 하지 않을 수 없다.

만약 이러한 정치권의 선택이 대선을 겨냥해 편 가르기를 유도하기 위한 정략적인 목적 때문이라고 한다면, 이는 탈북자들이 우리 사회에 행복의 보금자리를 틀 수 있도록 제대로 도와주는 일과 거리가 멀다. 또한 현 여당이 남북관계를 정상적으로 풀 의사가 없는 것으로 북한에 잘못된 신호를 보냄으로써 향후 남북관계에 부정적인 영향을 미칠 수 있다.

이제부터라도 언론이나 정치권에서 탈북자들을 남남갈등을 조장하는 데 이용하는 일이 있어서는 안 된다. 그보다는 하루속히 탈북자들이 우리 사회에 정착하여 행복한 삶을 영위하도록 진심으로 도와야 한다. 그들의 행복한 삶을 통해 통일이 되면 잘살 수 있다는 희망의 바이러스를 북한 주민들에게 전파하는 것이 탈북자들을 위해서도, 평화통일을 앞당기기 위해서도 좋은 일이다.

〈제52호〉 2012.06.21

# 한일군사협정, 보류로 끝낼 일이 아니다

## 헌법 절차를 무시한 밀실 처리

6월 26일 외교부 대변인 브리핑을 통해 총리 주재 국무회의에서 '한·일 군사정보포괄보호협정'이 비공개로 통과되었다는 소식이 알려졌다. 미국은 즉각적으로 이 협정을 환영한다고 성명을 발표하였고, 중국에서는 부정적인 반응을 내보였으며, 북한에서는 '일본의 영토팽창 책동이 날로 노골화되고 있다'며 '한일군사협정은 매국협정'이라고 비난하였다. 한편 이 협정은 6월 29일 서명식 1시간을 앞두고 우리 정부에 의해 보류되었고, 이에 일본 외무성에서는 한국정부에 공식적인 유감표명을 하기에 이르렀다.

2012년 6월 26일
외교부 대변인의 브리핑을 통해 뜻밖의 사실이 세상에 알려
졌다. 총리 주재의 국무회의에서 해방 이후 최초의 한일군사
협정인 '한일군사정보포괄보호협정GSOMIA'이 채택되었다
는 것이다. 긴급안건으로 국무회의에 상정돼 비밀리에 통과
시키면서, 본문에는 '군사비밀정보'라는 단어를 그대로 둔
채 제목에서 '군사'라는 단어만 빼버리는 눈가림도 했다.

이번 한일군사협정은 24쪽으로 이루어진 비교적 긴 내용
을 담은 것으로, 1년 반 이상 정부 내에서 준비해 온 것으로
알려졌다. 하지만 정작 이를 국무회의에서 처리하는 과정에
서 대통령은 해외순방 중이었고 정부 부처의 국회에 대한 설
명이 없었다. 오히려 정부는 협정문 공개를 요구하는 여론
앞에 일본 각의에서 통과되고 서명이 완료된 뒤에야 공개할
수 있다는 오만함까지 보였다. 그러나 한일군사협정을 체결
한다는 소식이 알려지자 국민여론이 급격히 악화되었고, 급
기야 한일 양국이 서명하기로 약속한 6월 29일 오후 4시를
불과 1시간 남겨놓고 정부는 협정의 서명을 전격 보류한다
고 발표했다. 뒤를 이어 김황식 국무총리가 졸속 처리에 대
해 공개사과하기에 이르렀다.

하지만 이번 한일군사협정의 국무회의 통과 과정이 헌법
절차 위반 행위라면 책임자의 문책이 불가피하다. 대한민국
헌법 제60조 1항에 "국회는 상호원조 또는 안전보장에 관한
조약…의 체결·비준에 대한 동의권을 가진다"고 규정하고
있어, 이번처럼 안전 보장에 관한 한일군사협정을 국무회의

만 거쳐 발효시키는 것은 헌법을 위반한 것으로 보인다.

## 밀실 처리는 잘못됐으나 한일군사협정은 필요하다?

더구나 한일군사협정 보류를 선언한 후 정부의 태도는 낯을 뜨겁게 한다. 외교부의 한 관계자는 자신들이 공개 추진을 건의했지만 청와대가 이를 묵살해 불가피하게 비공개로 추진하게 되었다며 책임을 청와대로 떠넘겼다. 청와대 측도 정부 부처와 사전에 충분히 협의한 일로서 국회에 제대로 설명하지 않은 것은 외교부와 국방부의 탓이라는 태도를 보이고 있다. 외교부와 국방부 간에도 네 탓으로 일관하기는 마찬가지이다.

더욱이 이명박 대통령은 7월 2일 청와대 수석비서관회의에서 협정 체결과정이 매끄럽지 못했던 점을 지적하면서 '절차상의 잘못' 을 질타했다고 한다. 그러면서 '국가적으로 도움이 되는 협정' 이라며 협정 자체에는 아무런 문제가 없다는 자세를 취했다. 이러한 정부 최고위 당국자의 인식은 현재의 국제정세는 물론이고 역사의 교훈을 제대로 읽지 못한 처사라 아니할 수 없다.

임진왜란이 끝나고 병자호란이 발발하기 직전, 조선과 청의 관계는 급속도로 악화되어 전운이 감돌았다. 그러자 일본 측에서 조선에 구원병을 파견하겠다고 제안한 적이 있다. 하지만 조선 조정에서는 곧바로 이 제안을 거절했다. 조선 조정이 그렇게 한 것은 단지 일본에 대한 감정 때문이 아니라, 일본의 도움으로 청을 물리친다 하더라도 조선 땅이 일본의 영향권 아래에 들어갈 것이라고 판단했기 때문이다.

현 정부는 남북관계가 악화되자 북한을 겨냥해 첨단 군사정보를 얻겠다고 일본과 군사정보포괄보호협정을 체결하려고 한다. 한반도에 긴장이 조성되지 않도록 주변 환경을 관리해 나가는 노력을 선행시키지 않은 채 일본과 군사협정을 맺기만 하면 북한의 도발을 막을 수 있다고 판단하는 것은 말을 마차 뒤에 매는 꼴이나 다름없다. 물론 안보는 중요하다. 그러나 진정한 의미의 안보를 얘기하려면 북한의 위협에만 한정하여 잣대를 들이밀어서는 안 된다. 일제강점기에 겪었던 학살과 탄압, 약탈은 과거사로 치더라도 여전히 한일합방을 합법적이라 주장하고 종군위안부에 대해 제대로 사과하지 않고 독도영유권을 주장하고 있는 오늘날의 일본과 군사협정을 맺는다는 것은 역사와 국민감정을 무시한 일일 뿐만 아니라 새로운 시대 안보개념의 틀을 이해하지 못한 소치이다.


## 시계 바늘을 뒤로 돌리는 중국 포위망 참여

미국이 한·미·일 3국을 엮어 삼각군사동맹을 구축하려는 시도는 1960년대 초반부터 이른바 지역통합전략의 이름으로 추진되어 왔다. 하지만 당시 박정희 정부는 이러한 시도가 동아시아 지역에서 일본의 군사적 영향력을 확대시켜 줄 우려가 있다고 판단해 거부했다. 이처럼 냉전시대에도 만들어지지 못했던 한·미·일 삼각군사동맹 구축이 철 지난 탈냉전 시대에 들어와 시도되고 있다. 미국은 이른바 대對중국 포위전략의 일환으로 한국과 일본을 향해 '공동 군사협력'을 촉구하고 있다. 미국은 그동안 북한은 물론 동아시아에서 영향력이 급팽창하고 있는 중국을 겨냥해 한·미·일 3각 협력 강화를 강력히 추진해왔다. 그 구체적인 모습이 2011년 1월 한일 국방장관회담에서 합의한 군사정보포괄보호협정과 상호군수지원협정의 두 가지 군사협정 추진으로 나타났다.

지금 한국과 일본이 한일 군사정보포괄보호협정을 체결하려는 목적은 이미 김관진 국방장관의 언급에서 분명히 알 수 있다. 2011년 4월 7일 김관진 국방장관은 국회 대정부 질문에 대한 답변에서 "한일 군사관계는 낮은 단계의 군사동맹… 이 문제는 한일 양국 관계와 국민적 정서를 고려해 단계적으로, 점진적으로 추진하겠다"고 밝히고 있다.

하지만 중국이 급부상하고 미국의 국력이 상대적으로 쇠퇴하는 등 동아시아에서 세력전이가 이루어지고 있는 오늘날, 냉전시대와 같은 국가전략으로 대한민국의 발전을 지속시킬 수 있을까. 한국전쟁 때 미국의 도움으로 대한민국이 생존해 오늘날과 같은 번영을 구가할 수 있었던 것은 사실이다. 하지만 그러한 과거 사실의 존재와 미국이 구상하는 한·미·일 삼각군사동맹에 참가할 것이냐는 미래의 문제는 전혀 별개의 사안이다.

17세기 초 명·청 교체기, 청나라가 급부상하고 있음에도 조선왕조는 재조지은再造之恩, 즉 임진왜란 당시 명나라가 원군을 보내준 데 보답해야 한다며 명에 대한 사대정책에만 매달렸다. 그 결과 조선왕조는 일본이 일으킨 임진왜란, 정유재란이 끝난 지 30여 년 만에 국왕이 청 태종에게 머리를 조아리는 병자호란의 재앙을 맞았다. 이는 청나라의 부상에 따른 동아시아 세력전이를 올바로 보지 못했기 때문이다.

## 우리가 일본 재무장의 빗장을 풀어줄 것인가

현재 일본의 '평화헌법' 제9조는 일본이 정식 군대를 보유하지 못하도록 하고 있으며, 외국과의 집단적 자위권도 갖지 못하도록 하고 있다. 그렇기 때문에 일본 정부는 비전투요원들로 구성된 평화유지대PKO도 1990년대에 들어와서야 해외에 파견할 수 있었다. 일본 우익들이 오랫동안 헌법 개정을 꾀해왔음에도 평화헌법이 유지된 것은 일본 내 평화운동세력과 한국·중국 등 주변국들의 엄중한 경고 때문이었다.

이처럼 일본 국내의 동의도 구하지 못한 일본 군사화의 빗장을 우리 정부가 나서서 풀어주려고 하고 있다. 한일군사협정을 체결하게 되면 일본의 '평화헌법'을 훼손하여 일본 군국주의의 부활을 막아왔던 빗장을 풀어주게 되는 것이다. 그것도 임기가 얼마 남지 않은 현 정부가 한일군사협정을 비밀리에 강행 처리함으로써 다음 정부를 꼼짝 없이 한·미·일 삼각동맹체제에 묶어놓기 위한 '대못질'을 하려는 것이다.

정부는 군사정보보호협정의 필요성으로 일본의 앞선 정보력을 북한문제에 활용할 수 있다는 점을 들어 설명한다. 그렇다면 북한문제의 개입에 일본 자위대의 정보력을 사용한다는 것인데, 우리는 어떤 경우든 한반도문제에 대한 일본의 군사적 개입을 절대로 받아들일 수 없다. 일단은 과거사 문제의 해결 이전까지, 한일 ‘(군사)정보보호협정’은 물론 ‘상호군수지원협정’을 포함한 일체의 한일 간 군사협정 논의를 중단해야 한다.

만약 일본이 과거사 문제나 독도문제 등에서 납득할 만한 조치를 취하고 평화파괴에 대한 주변국들의 우려를 해소할 경우에는 한일군사협력을 전면적으로 부정할 필요는 없을 것이다. 그러나 그때에도 우리의 안보 이익과 통일 과정에 부정적 결과를 초래할 가능성이 있는지를 면밀히 검토해야 할 것이다. 또한 동북아 다자안보협력 차원에서 한일군사협력의 수준은 한중군사협력과의 ‘비례성 원칙’에 따르는 것이 바람직하며, 한일군사협정만 체결할 경우 이에 따르는 전략적 부담도 마땅히 고려 대상이 되어야 할 것이다.

현재 정부는 한일군사협정 문제를 국회에 보고하여 재추진하겠다고 한다. 단지 협정문을 공개하고 국회에 설명하는 절차를 추가한다고 할 뿐, 국민적 의사결집의 과정이나 국회의 비준 동의 절차를 거치겠다는 태도는 보이고 있지 않다. 만약 정부가 이 협정을 국무회의 의결만으로 강행처리한다면, 국민들은 이를 둘러싼 현 정부의 의도에 대해 의심하지 않을 수 없게 될 것이다.

만약 정부·여당의 강행처리로 이 협정이 발효된다고 하더라도 내년에 출범하는 차기 정부는 어떤 방법으로든 이 협정의 작동을 멈추게 할 것이 명약관화하다. 그렇다면 현 정부가 이 문제를 어떻게 처리해야 할지는 답이 정해져 있다고 하겠다. 다만 일본과 빚어질 수 있는 마찰을 해소하기 위한 별도의 외교적 노력이 수반되어야 할 것이다.

〈제53호〉 2012.07.03

# 시동 걸린 김정은 체제, 우리가 변화를 선도하자

### 지금 북한에서는 무슨 일이 벌어지고 있나

2012년 4월에 열린 최고인민회의에서 국방위원회 제1위원장으로 추대된 지 석 달 만에 김정은에게 원수 칭호가 부여되었다. 일부의 예상과는 달리 김정은의 권력장악 속도가 김정일의 경우에 비해 훨씬 빠르고, 또한 김정은의 일련의 행동과 발언을 통해 대중노출도 개방적이며 적극적으로 평가되었다. 김정은이 북한의 문제점을 제대로 파악하고 있고, 이를 돌파해 나갈 방책에 대해서도 어느 정도 열린 자세를 갖고 있다는 인상을 주었다.

7월 18일 정오 북한
은 중대발표라는 형식으로 김정은 제1위원장의 원수 추대
사실을 공표했다. 7호 태풍 카눈의 접근으로 평양에 비가 내
리고 있었지만, 인민군 장병결의대회를 위해 '4·25문화회
관'에 모여 있던 군인들은 광장으로 몰려나와 우중雨中 경축
무도회를 열었다.

같은 시각 서울에서는 초복을 맞아 많은 직장인들이 삼계
탕 집에 모여들어 정오 뉴스특보로 김정은 원수 추대 보도를
접했다. 오전부터 중대방송 예고가 있었고 청와대에서 안보
장관회의가 열렸다는 점에서 궁금 반, 불안 반으로 뉴스를
기다리던 사람들에게 다소 싱겁거나 식상한 내용이었다. 별
것 아닌 내용으로 우리 정부가 호들갑을 떨었다고 대북정보
력 부재를 탓하는 언론도 있었다.


**과연 별것 아닌 일이었을까?**
**도대체 북한에서 지금 무슨 일이 벌어지고 있는 것일까?**


김정은의 원수 추대 발표 직전, 북한 군부의 핵심인 총참
모장 리영호 차수가 모든 보직에서 해임되었다. 중국 언론
은 리 차수의 해임 사실을 당일 매시간 보도했다. 일부 국내
보도들은 근거가 미흡한 채로 내부 권력암투설과 그 과정에
서 총격전 발생 첩보설까지 제기했다. 그러나 총련재일조선인총
연합회계 조선신보朝鮮新報는 리 차수 해임은 "당 규약의 절차에
따른 정상적인 당권행사로서 이를 두고 체제불안 요인을 찾

아야 할 하등의 이유가 없다"고 추측성 보도의 확산을 경계했다.

체제특성상 북한 내부에 보수 진보파 간의 노선 대립이라든가 군부 내 중간파벌의 존재를 상정하기는 어렵다. 리 차수는 김정은 시대의 등장과 함께 두각을 나타내면서 김정은의 군부 내 오른팔이라고까지 알려진 인물이었다. 건강상의 이유이든 군부 내 파벌 간 권력다툼으로 인한 것이든 자신의 오른팔이 잘려나갔다면 그것은 곧 김정은 권력에 이상이 생겼음을 의미하게 된다. 그러나 리 차수의 해임 직후 김정은의 원수 추대로 평양은 축제 분위기를 연출했다. "김정은이 군부에 누가 보스인지를 보여주었다"는 분석도 있지만, 다른 정황을 보더라도 김정은이 예상보다 빨리 자신의 권력 기반을 확립하고 있는 것으로 관찰된다.

이번 일로 '내부 권력투쟁설'을 따라가기보다 '정상적인 당권행사'라는 점에 초점을 맞추어 북한의 움직임을 면밀히 분석한다면 그 안에서 김정은 정권이 보여줄 새로운 국정방향의 실마리도 찾을 수 있을 것으로 생각한다.


## 선군정치와 젊은 지도자, 시험대를 통과했나?

김정일은 90년대 동구공산권 붕괴와 김일성 사망이라는 국내외의 총체적 위기국면을 선군정치라는 독특한 통치수단을 통해 돌파했다. 선군정치는 국가위기관리체제로서 나름 역할을 하여 북한정권의 존립기반이 되어주었다. 이 과정에 군부는 선군정치의 주력으로 사회 모든 분야에 기반을 넓혀 왔다.

그러나 북한이 지난 수년 사이에 안보위기 해소의 외교적 기회를 놓치고 경제위기를 극복할 내부시책에 결단을 망설이면서, 국가위기상황이 과도하게 연장되어 사실상 상시화常時化되고 있다. 이에 따라 임시 위기관리체제의 일환으로 국가사회 전반에 간여해왔던 군부가 타성에 빠져서, 위기극복의 버팀목이 아니라 오히려 걸림돌이 되는 현상이 나타나기 시작했다.

선군정치가 득세하던 때부터 군부가 스스로 무역회사를 차리거나 사업소를 열어 외국인과 주민을 상대로 장사를 한다거나, 타 기관의 사업에도 안보를 이유로 간섭하고 특히 일부 광물이나 수산자원에 대해서는 독점권을 행사한다고 하는 사실은 잘 알려진 일이다. 이런 일은 북한의 특수한 사정을 인정하더라도 임시적 비상조치가 아니라 상시적 현상이 된다면 그 부작용과 역기능은 불을 보듯 뻔히 예상되는 일이었다.

이런 상황에서 김정은은 김정일의 갑작스런 죽음에 충분한 준비기간 없이 최고지도자의 자리에 올랐다. 겨우 반년 전, 김정일이 채 풀지 못한 과제와 함께 선군정치의 한계도 함께 물려받은 젊은 지도자는 내외의 관찰자에게 기대보다 우려를 먼저 주었던 것이 사실이다.

그런데 예상을 깨고 김정은의 권력 장악 속도가 김정일의 경우에 비해 훨씬 빠르고 대중노출도 개방적이며 적극적이다. 군인들과 팔짱을 끼고 어린이와 노인을 껴안는 등 '인민과 함께하는 수령' 의 모습을 연출하고 있는 것은 내성적인 김정일보다 외향적인 김일성을 닮았다.

중앙의 지시가 관철되었는지 여부보다 현장의 문제점을 살피는 데 중점을 두는 지도방식도 할아버지 김일성을 떠올리게 한다. 북한의 언론이 수령이 잡초를 뽑거나 관리를 질타하는 모습을 의도적으로 보여주는 것은 그동안의 관료적 타성을 방관하지 않겠다는 지도자의 의지를 담은 상징적 메시지였다.

또한 최근에는 TV 뉴스 보도의 배경화면이 밝아졌으며, 짧은 치마와 어깨를 드러낸 드레스를 입은 여성들이 등장하고 외국 노래도 연주하는 '모란봉악단' 의 공연이 주민들에게 방영되었다. 세계 각국에 무역대표부가 증설되는가 하면 북한 대표단이 중국 농촌개혁의 성공모델지인 장쑤성江苏省 화시華西촌을 시찰하기도 했다.

북한이 현재 취하고 있는 주요 정책들이 김정은의 이니셔티브인지 여부는 아직 분명하지 않다. 최근의 황금평과 라선특구 개발 등 적극적인 대외경협정책의 추진이나 핵보유국 위상 강화와 인공위성장거리로켓의 개발 등은 김정일 생전부터 준비하던 사업들이다. 정책 목표나 과제 내용에서 김정일과 김정은 정권 사이에는 아직 차이가 드러난 것이 없다.

그러나 최근 북한이 당 대표자회의를 2010년과 2012년 연달아 개최하면서 당 조직활성화를 취한 사실이나, 군부 소속 기업들을 경제특구기관 소속으로 이관하는 움직임은 비상非

常적 체제로부터 점차 정상적 제도로 전환하는 변화의 시작으로 볼 수 있으며, 주목대상이 되기에 충분하다.

이번 리영호 차수의 해임도 '당 규약의 절차에 따라 이루어진 정상적 당권 행사' 라는 점에서 또 하나의 '정상화' 사례가 된다고 할 것이다. 그리고 이 같은 정상화 과정을 통해 북한의 최고지도자가 누구인가를 내외에 확인시켜 나가고 있다.

## 김정은 시대, 북한은 변화하는가?

북한의 젊은 지도자는 예상과 달리 북한이 처한 문제점을 제대로 파악하고 있고, 이를 돌파해 나갈 방책에 대해서도 어느 정도 열린 자세를 갖고 있다는 인상을 주고 있다. 김정일의 갑작스런 사망으로 공백이 된 수령중심 체제를 김정은이 빠르게 메워나가면서, 국가적 과제를 해결해 나가는 수단으로 작동시켜온 '임시적 비상체제' 를 점차 정상 제도로 전환하고 있다. 이로써 선군정치의 특권적 타성에 젖은 군부가 원래의 위치로 돌아가고, 경제관료와 전문당료들이 제 역할을 찾고 내부의 자원배분도 정상화 될 수 있기를 기대한다. 또 그래야만 민생이 살아날 수 있고 체제불안을 벗어날 수가 있다.

북한은 작년 대외경제협력에 필요한 관련법령들을 대대적으로 정비하고 중국과 변경지역의 경제특구 공동개발을 위한 조치들을 취해나가고 있다. 올해에는 내부적으로 민생을 위한 중요한 시책들을 준비 중이라는 소식들이 전해지고 있다. 북한이 선군의 깃발을 내리고 남북관계를 개선하는 쪽으로 방향을 튼다면 이러한 변화 추구는 더 큰 동력을 받을 수 있을 것이다.

그러나 아직 북한의 상황은 본격적 변화를 감당하기에는 매우 취약하다. 언제나 돌발적 변수나 의도적 기획에 의한 반전의 상황을 배제할 수 없다. 김정은이 현장지도 시 관료를 질타하는 모습을 대중에게 보이는 것은 젊은 지도자의 성향이 아니라 현장 상황이 그만큼 절박해졌다는 의미일 수도 있다. 따라서 어려움에 처하면 언제라도 비상위기관리체제에 기대고자 하는 유혹을 받을 것이고, 그 구실을 외부위협과 체제보위의 필요에서 찾을 것이다.

지난 20일 북한 외무성이 김일성 동상을 훼손하려다 체포되었다고 하는 탈북자 전씨 사건을 들어 '핵 전면 재검토' 주장을 편 것처럼, 불필요한 외부의 자극은 북한의 선군정치 <sub>위기관리체제</sub>와 군부를 다시금 전면으로 불러내어 민생을 돌보는 바람직한 변화를 어렵게 만들 수 있다는 점에 유의해야 한다. 그런 점에서 남북관계를 개선하고 한반도에 군사적 대결과 긴장상태를 해소하는 것은 북한의 변화를 선도하는 것과 밀접한 관련이 있다. 북한이 변할 것인가 여부는 어쩌면 북한의 결단이 아니라 우리의 결단에 달린 문제일지 모른다.

〈제54호〉 2012.07.24

# 광복절 67주년,
# 상호불신의 고리를 끊는 계기로 삼자

## 8·15광복절 경축사 연대기(年代記)

1960년 8·15 북한 경축대회에서 김일성 주석은 '연방제 통일론'을 주창하였고, 1970년 대한민국 8·15 경축사에서 박정희 대통령은 남북한이 평화적으로 공존하며 통일의 기반을 조성하고 개발과 건설을 위한 선의의 경쟁에 나서자고 촉구하였다. 이명박 대통령은 2011년 광복절 경축사에서, '도발을 통해 이룰 수 있는 것은 아무것도 없다'고 경고하면서도 북한 어린이를 위한 인도적 지원과 자연재해에 대한 인도적 지원은 계속해나갈 것이라고 천명한 바 있다.

　　　　　　　　　　　　　　　　　　1945년 8월 15일,
해방의 그날 우리는 제대로 된 경축행사를 열지 못했다. 당
시 일본 관헌이 여전히 행정과 치안을 맡고 있었고, 미군 진
주 이후에도 마지막 총독이었던 아베 노부유키阿部信行와 일
본군은 거의 한 달이 지난 9월 12일이 돼서야 철수했다. 이후
에도 신탁통치 논란과 좌우대립으로 국내 정치권이 분열되
어, 거국적인 광복 경축행사가 가능해진 것은 1947년 해방 2
주년 기념행사가 처음이었다.

　사실상 첫 기념식인 2주년 행사는 지금은 철거된 서울운
동장에서 열렸다. 북한 정치지도자는 불참했지만 테렌티 스
티코프 소련군 중장도 참석했다. 남한 정치지도자로 이승만
·김구·서재필 등이 단상에 앉았다. 우선 존 하지 미군 소장
이 축사를 했고, 이어 서재필은 기념사를 통해 "해방 2주년
을 맞는 오늘 완전 독립을 하지 못하고 있음은 매우 유감스
러운 일이다. 우리는 당파를 초월해 먼저 국권을 완전하게
회복해야 한다"라고 내외에 호소했다.

　1948년 3주년 행사는 정부수립 행사와 겹쳤고 이승만 대
통령은 기념사에서 "우리는 북편北便을 바라보고 원감怨感을
금禁할 수 없다"라고 하며 정부 출범의 기쁨에도 불구하고
완전한 광복을 이루지 못한 비분함을 토로했다. 이후 매년
광복절 대통령 경축사는 자주독립의 의의를 상기하고 평화
통일을 조속히 완수해 완전한 광복을 이루자는 결의를 담아
왔으며, 통일정책 내지 대북 메시지를 공표하는 중요한 계기
가 되어 왔다.

지난 65차례 광복절 경축사 중에 비중 있는 메시지를 담은 사례만도 나열하기 힘들 정도다. 1970년 박정희 대통령은 평화통일구상을 천명했으며, 1990년 노태우 대통령은 남북 정상회담을 제의, 1995년 김영삼 대통령의 경우 평화정착 기본원칙을, 1998년 김대중 대통령이 대북정책 3대 원칙(평화를 파괴하는 일체의 무력도발불용, 흡수통일 배제, 화해협력 추진)을 발표한 것 등이 대표적이다. 이명박 대통령도 2009년 한반도 신평화구상, 2010년 3대 공동체 통일구상과 통일세 도입 필요성을 제시했다. 그런 만큼 통일문제와 관련해 해마다 광복절 경축사가 내외의 주목을 받아 왔음은 당연한 일이다.

그런데 이들 경축사 중에는 광복의 진정한 뜻을 새롭게 다짐하거나 한반도 평화와 남북관계 발전에 실질적 진전의 계기가 된 의미 있는 사례도 있었지만, 당위만을 나열하면서 말의 성찬盛饌으로 끝난 경우가 많았다. 되돌아보면 정세여건과 맞지 않는 메시지도 있었고 더러는 진정성을 의심받는 것도 있었다. 더구나 최근 남북관계의 부침이 반복되고 경색국면이 거듭되어 국민들이 피로감과 실망감에 빠지면서 광복절 경축사 그 자체에 별다른 의미를 부여하지 않는 상황에까지 이르렀다.

## 2011년 광복절 경축사와 2012년 북한의 수해

작년 광복절 경축사의 대북정책 메시지는 아래 9개 문장에 모두 담겨 있다.

　우리는 아직 민족사의 가장 큰 숙제를 풀지 못했습니다. 통일은 겨레의 소원입니다. 통일은 광복의 완성입니다. 지난 60년 동안 남과 북은 대결의 시대에 살아왔습니다. 이제 평화와 협력의 시대를 열어야 합니다. 책임 있는 행동과 진정한 자세로 상호 신뢰를 구축하는 것이 중요합니다. 도발을 통해 이룰 수 있는 것은 아무것도 없습니다. 신뢰를 바탕으로 평화를 이루고 협력하여 번영의 길로 함께 가야 합니다. 어린이를 위한 인도적 지원과 자연재해에 대한 인도적 지원은 계속해나갈 것입니다.

　남북관계가 극도로 악화되어 있는 상황임에도 상호 신뢰 구축이 필요하다는 당위當爲와 북한의 도발에 대한 경고警告라는 선언적 메시지와는 별개로 '수해지원에 대한 인도적 지원은 계속할 것'이라는 실천적 메시지가 눈에 들어온다.

　그리고 지난 8월 4일 조선중앙통신은 북한에서 태풍 등으로 6월부터 7월까지 발생한 홍수로 169명이 사망하고, 144명이 부상을 당했고, 400명이 실종됐다고 보도했다. 이재민이 20만 명이 넘었다고 한다. 수해피해 지역의 영상도 공개했는데, 안주 시내 민가가 지붕까지 물에 잠기고 도로와 교량이 파괴된 장면과 침수된 농지를 바라보는 주민들의 허탈하고 처량한 모습이 담겼다.

　북한의 계속된 도발에 따른 경색국면에서도 자연재해에

대한 대북 인도적 지원은 계속하겠다는 작년 광복절 경축사를 잊은 국민들이 많을 것이다. 그러나 광복절 경축사의 메시지라는 역사적 무게와 대통령의 발언이라는 비중을 감안해 정부는 수해발생 직후 바로 행동에 나섰어야 했다. 그래야 남북 간 신뢰회복 필요성이라는 당위의 메시지도 대남도발에 대한 경고의 메시지도 그 실천의지가 함께 평가될 수 있을 것이다.

## 막힌 남북관계 뚫는 광복절 경축사를 바란다

그동안 이명박 정부는 남북관계를 개선하고 발전시킬 의사는 없고 북한 핵문제와 대남도발을 빌미로 대북압박을 강화하면서 북한체제의 붕괴를 도모하고 있다는 의심을 받아왔다. 이런 상황에서 북한의 대남도발에 대한 대응이 북한에 대한 도발로 이해되고, 이에 맞선 북한의 대응이 또다시 대남도발로 이어지는 불신 심화의 악순환이 형성되었다. 정부도 이러한 악순환의 고리를 끊기 위해 기회 있을 때마다 북한을 해칠 의사가 없다는 점을 반복해서 밝히고는 있다. 작년 광복절 경축사에서 남북 간 상호 신뢰 구축이 중요하다는 당위를 새삼 강조한 이유도 바로 여기에 있다고 해석하고 싶다.

북한이 수해를 당한 것은 안 된 일이지만, 우리의 행동에 따라 남북 간 신뢰회복을 위한 계기가 되어 줄 수도 있다. 남북관계가 최악인 상황에서도 수해지원의 용의가 있다고 밝힌 작년의 광복절 경축사가 말 그대로 이행된다면 대남도발에 대한 경고의 메시지도 신뢰회복을 위한 당위의 메시지도 그 진정성이 보다 충실히 전달될 것이다.

2012년 광복절 경축사에서 남북관계의 국면전환을 위한 중대한 메시지가 담긴다면 좋은 일이다. 시중에는 이에 대한 기대와 요구도 높아지고 있다. 그러나 새로운 제안에 앞서 작년 경축사의 약속이 지켜지지 않는다면 어떤 획기적 메시지도 진정성을 확보하기 어려울 것이다.

남북관계의 혈로가 막혀 있으면 민족공동체 안에 잔병이 잦아진다. 그뿐만 아니라 대외관계에서도 제대로 목소리를 못 내고 쓸데없는 곳에 역량을 소진하게 되며, 우리가 지향하는 통일한국에의 방향타마저 잃어버리기 십상이다. 그렇기에 막혀 있다면 반드시 뚫어야 한다. 그동안 너무 오래 막혀 있었으나 북한의 수해는 이를 타개할 충분한 명분을 주고 있다. 정부는 아무런 조건 없이 대규모 대북 인도적 지원 의사를 밝히고 이를 즉각 실행에 옮기기를 바란다. 이렇게 될 경우 남북 간 상호불신이라는 악순환의 고리가 자연스럽게 끊어질 수 있을 것이다.

이명박 정부의 이른바 '원칙 있는 대북정책'이라는 것이 대북압박의 명분에 불과한 것이 아니라는 진정성을 확보하는 방법은 이제 많이 남아 있지 않다. 그리고 시간도 별로 남아 있지 않다. 이명박 정부 대북정책이 가시적 성과는 남기지 못했다 하더라도 정책의도의 진정성은 평가되어야 하지 않겠는가?

67주년 광복절 경축사가 남북관계의 새로운 지평을 여는 계기가 되기를 기대해본다.

〈제55호〉 2012.08.10

정부는 2011년 9월 3일 적십자사를 통해 북한에 수해지원 의사를 밝혔다. 북한은 일주일만인 9월 10일 수해지원 제의를 수용했지만 먼저 지원품목과 수량을 알려달라고 요청했다. 정부는 다음 날인, 1차로 밀가루 1만 톤 등 약 100억 원 상당의 물품을 지원하겠다고 북측에 알리자, 북측은 12일 이에 대해 "환멸을 느낀다"며 수해지원을 거부했다. 북한 조선적십자회 대변인은 12일 조선중앙통신 기자와 문답에서 "쌀이나 시멘트, 복구용 장비는 '다른 곳에 전용' 될 수 있다고 하면서 그런 것은 절대로 지원할 수 없다고 공공연히 췌쳐댔다(떠들어댔다)"며 이들 품목에 대한 우리 정부의 지원 불가입장을 비난한 바 있다. 북측은 쌀, 시멘트, 복구 장비 등을 염두에 두고 지원 수용 의사를 밝혔지만 자신들의 생각이 받아들여지지 않자 지원 거부 의사를 밝힌 것으로 보인다.

# 한일 갈등을<br>동북아 협력안보로 풀자

## 동아시아 공동체 기반 강화를 중심으로

2012년 8월 10일 이명박 대통령은 현직 대통령으로는 처음으로 독도를 방문하였다. 이를 두고 정치적 계산이 부른 외교적 손실이라는 의견과 MB의 대일정책의 변화 신호탄이라는 의견이 엇갈렸다. 이 일을 계기로 일본에서는 그동안 말로만 그쳤던 독도 국제사법재판소 제소를 적극 추진할 것을 밝혔고, 우리 정부가 일본의 제소에 응하지 않는다는 입장을 밝히면서 한일 관계가 급속하게 냉각되었다.

서세동점西勢東漸의
시기에 동아시아에서는 제국주의의 침략에 맞서 민족주의
가 기세를 올렸다. 일본제국주의 패배 이후 한동안 민족주
의는 동서 양진영 간의 이데올로기 대립에 덮여 판도라의 상
자 안에 들어가 있었다. 하지만 냉전의 종식과 함께 사회주
의가 몰락하면서 이데올로기 시대가 막을 내리자, 나라들의
사정에 따라 정도의 차이는 있을지언정 민족주의의 기운이
들썩거리기 시작했다.

## 누가 판도라의 상자를 열었나

중국의 국가지도자들은 양극화에 따른 불만과 다민족사
회의 구심력 확보를 위해 민족주의를 활용하려는 태도를 보
이고 있다. 실제로 중국은 '중화민족대가정', '중화민족주
의'를 내세우며 역사를 자의自意로 재해석하면서 사회불만
을 외부로 돌리고자 했다. 일본도 중국에게 세계경제 2위의
자리를 내준 좌절감, 동일본대지진과 후쿠시마 원전사고 등
으로 침체된 사회분위기를 일신하기 위한 돌파구를 민족주
의에서 찾고자 했다.
이러한 분위기가 반영된 탓인지 최근 들어 해상영토분쟁
이 잇따르고 있다. 2010년 9월 조어도센카쿠 열도, 댜오위다오 주변
해역에서 중국 선박의 나포拿捕를 둘러싼 중·일 간의 갈등을
비롯해 남중국해의 섬들을 둘러싼 중국과 동남아국가들 간
의 해상영토분쟁이 있었다. 2012년 7월 초 메드베데프 러시

아 총리는 2010년 11월에 이어 두 번째로 남쿠릴열도를 방문했으며, 범중화권 활동가들도 댜오위다오<sup>센카쿠 열도</sup> 상륙을 예고했었다. 그런 와중에 이명박 대통령이 독도를 전격 방문하고, "일왕<sup>日王</sup>이 한국에 오려면 독립운동 희생자들에게 먼저 사과해야 한다"라고 요구한 것이다.

이와 같은 일련의 사태 전개는 결국 일본 민족주의마저 판도라의 상자에서 불러냈다. 이번에 일본 정부가 한국에게 보인 반응은 그동안 일본이 취했던 태도와 사뭇 다른 매우 강경하고도 도를 넘는 것이었다. 일본 정부는 즉각적으로 "예의를 잃었다"고 반발했으며, 겐바 고이치로<sup>玄葉光一郎</sup> 외상은 "한국이 (독도를) 불법점거하고 있으며 이 대통령의 방문은 불법상륙"이라고 말했다. 노다 총리도 이명박 대통령에게 일왕 발언에 대해 사죄와 발언취소를 요구했을 뿐만 아니라, 항의서한을 보내면서 일방적으로 공개하는 외교적 무례까지 저질렀다.

이와 같이 한일 양 정부가 한 치의 타협도 없이 상대방을 자극하는 말과 조치들을 내놓고 있는 배경에는 20%대 지지율을 보이고 있는 임기 말 한국 대통령과 조만간 의회 해산과 총선을 앞두고 있는 10%대 지지율의 일본 총리가 있다. 그 발단의 원인이야 어떻든 간에 이제 독도문제를 둘러싼 한일 간의 갈등은 양국 국민들의 민족주의 감정에 불을 질러놓음으로써 마주보고 달리는 기차와 같이 어느 쪽도 먼저 멈출 수 없는 형국이 되었다.

## 이번 사태로 한일군사협정은 완전히 물 건너가

이번 한일 간의 감정적 발언과 조치들은 양국관계의 차원을 넘어 동북아 국제질서의 재편방향에도 영향을 미치고 있다. 이명박 정부에 들어와 해방 이후 최초로 일본군함이 한국 영해에 들어와 연합해상훈련을 실시했고, 얼마 전까지만 해도 한일 두 나라는 군사협정을 체결해 '준군사동맹'으로 양국관계를 격상시키려고까지 했다. 특히 한일 군사정보보호협정은 서명 한 시간 전에야 무산될 정도로 코앞까지 갔었다. 하지만 이번 사태로 상당 기간 한일 양국이 군사협력을 확대·강화할 동력을 상실했다.

지난 8월 24일 노다 요시히코野田佳彦 총리는 현직 총리로서는 31년 만에 "독도를 한국이 불법 점거하고 있다"고 발언했으며, 같은 날 일본 중의원도 '(한국의) 불법점거'를 규탄하는 독도결의안을 59년 만에 채택했다. 이것은 지금까지 일본 정부가 '독도는 일본의 고유영토'이며 '영유권 문제가 미해결 상태로 남아있다'고 표현해왔던 데서 크게 후퇴한 것이다. 이처럼 일본 정부와 의회의 입장이 바뀜에 따라 내년도에 간행될『외교청서』와『방위백서』에 독도문제에 대한 강경 표현이 들어갈 것으로 보인다.

이러한 양국관계의 갈등을 예견한 듯, 미국의 대표적 싱크탱크인 전략국제문제연구소CSIS는 최근 발간한 제3차 아미티지·나이 보고서The Armitage-Nye Report에서 "두 동맹국은 국내정치적 목적을 위해 양국 간 역사적 견해 차이를 부활시키고 국수주의적 감정을 이용하려는 유혹을 떨쳐내야 한다"고 권고하면서, "이런 행동은 한국과 일본 지도자들은 물론 양국 국민으로 하여금 공동의 전략적 우선순위를 위해 행동하기보다는 감정싸움으로 주의를 분산시킬 뿐"이라며 "북한의 호전성과 중국의 부상을 염두에 둬야 한다"고 강조했다.

하지만 이러한 권고에도 불구하고 미국의 우려는 현실로 나타났다. 미국은 과거사문제에 대한 한국 국민들의 감정과 일본의 그릇된 태도를 지나치게 쉽게 본 것 같다. 미 국무부가 종군위안부를 '강요된 성노예'로 부르며 일본 정부의 책임 있는 조치를 촉구했음에도 불구하고 현 일본내각은 오히려 1993년의 '고노 담화'일본군위안부 강제동원 사실을 최초로 인정한 것으로 당시 내각관방장관을 맡고 있던 고노 요혜이[河野 洋平]가 발표마저 부인하는 퇴행적인 자세를 보였다. 이처럼 일본은 오랜 동안 어렵게 공들여 쌓았던 한일 양국 간의 신뢰를 일거에 허물어 버렸다. 최근 일본의 우경화右傾化 움직임으로 볼 때 차기 일본 정부가 다시 사죄하기는 어려울 것으로 보인다는 점에서, "이러한 이슈 때문에 전쟁하지는 않겠지만제3차 아미티지·나이 보고서" 상당 기간 한일 양국의 신뢰관계가 회복되기는 어려울 것으로 보인다.

이러한 상황에서 진정성 있는 한일 간 군사협력은 기대하기 어렵다. 그렇기 때문에 대중 협력을 지속하면서도 중장기적으로 한·미·일 삼각 군사협력을 통해 중국을 견제하려던 미국의 동아시아 전략은 재검토되지 않을 수 없게 되었다. 이제부터 한국의 전략가들도 일본이 포함된 한·미·일

삼각 군사협력에 매달리기보다는 중국도 포함된 지역안보 협력을 구축하는 방향으로 우리의 외교안보 전략을 모색해 나가야 할 것이다.

## 동북아안보포럼으로 우리 안보환경을 근본적으로 개선

이미 일본은 8년 전부터 『방위백서』를 통해 독도 영유권을 주장해왔고, 최근에는 적반하장 격으로 우리나라의 『외교백서』에 있는 독도 표기까지도 시비를 걸고 있다. 이렇게 된 이상, 독도문제가 한일 양자 간에 외교적으로 해결될 가능성은 거의 없다고 봐야 할 것이다. 그럼에도 불구하고 한일 두 나라의 국민들은 평화와 번영이라는 미래를 위해 함께 손잡고 나아가야 할 숙명적인 이웃이다. 한일 양자 사이의 갈등 국면이 장기적으로 지속된다면 어느 쪽에도 득 될 게 없다. 사실 중국의 부상으로 동아시아 질서의 새판짜기가 진행되는 가운데 한국의 새로운 역할을 고심해야 할 시점에서 한일 간의 갈등 관리에 역량을 소모해야 한다면 스스로의 발목을 묶는 셈이다. 그런 점에서 한일 간 갈등 해소에 도움이 될 수 있는 다자적 해법들을 검토해 볼 필요가 있다.

첫째로 일본 정부가 제시한 독도문제의 국제사법재판소ICJ 공동제소 방안과 1965년 한일 국교정상화 때에 정한 '분쟁해결에 관한 교환 공문'에 근거한 '조정' 방안이 있다. '조정' 방안은 재판과 달리 조정자나 조정절차는 당사자들이 결정하게 된다. 일본이 제시한 두 방안은 모두 독도가 분쟁지역임을 전제로 하고 있다는 점에서 한국이 받아들일 수 없다.

둘째로 제3차 아미티지·나이 보고서가 제안한 것으로, 과거사 문제를 해결하기 위해 한·미·일 3국이 비공식 협의채널을 확대하는 방안이 있다. 이러한 한·미·일 비공식 협의채널은 과거사 문제의 해결책을 모색하려는 것이라기보다 '중국 견제'라는 더 큰 목표를 위해 한일 양국이 '주변적 사안'인 과거사 문제를 잠시 접어두자는 것이 주된 목적이다. 과거사 문제를 '핵심사안'으로 인식하는 한국과 달리 미국과 일본이 '주변적 사안'으로 인식한다는 점에 뜻을 같이하고 있어, 결국 이 협의채널은 미·일 두 나라가 한국을 설득하는 장이 될 가능성이 높아 바람직하지 않다.

셋째로 생각해 볼 수 있는 것은 대만의 마잉주 총통이 제시한 독도, 센카쿠 열도 문제를 함께 묶어 국제사법재판소로 가져가는 방안이다. 8월 21일 마잉주 총통은 일본 NHK방송과의 인터뷰에서 일본이 독도문제를 국제사법재판소에 회부하자고 한국정부에 제안한 사례를 거론하면서 "이 같은 방식으로 댜오위다오 문제를 처리하는 것도 한 방법"이라고 제안했다. 현재 한국이 독도 영유권 분쟁을 인정하고 있지 않듯이, 일본도 센카쿠 열도 영유권 분쟁을 인정하고 있지 않다. 이는 대만으로선 손해 볼 게 없는 방안이겠지만, 한국은 명분상으로도 실질상으로도 고려될 수 없는 방안이다.

한일 간의 갈등을 한일관계에 집착하지 말고 동북아지역 차원에서 푸는 방법이 있다. 현재 일본은 한국과는 독도, 러시아와는 남쿠릴열도, 중국·대만과는 센카쿠 열도 문제로 갈등하고 있다. 이처럼 일본은 해양국경을 접하고 있는 국가들과 예외 없이 영유권 분쟁을 겪고 있다. 그런 점에서 동서유럽의 국경분쟁을 처리했던 헬싱키 프로세스Helsinki Process, 동서유럽 국가들이 공동안보에 합의하면서 경제협력과 인도적 지원 등 화해와 신뢰를 구축해 나가는 과정 방식을 동북아에 적용할 필요가 있다. 현재 동북아 국가들 간에 공통적으로 존재하는 안보현안은 북핵문제와 해상영토 확정문제이므로, 역외국가인 미국도 포함하는 동북아안보포럼을 개최해 이 문제들을 협의해 나가는 프로세스를 시작할 필요가 있다.

일본이 주변국 모두와 해상영토로 갈등하고 있는데, 그 원죄는 주변 영토를 강제로 자국 영토로 편입한 과거 일본의 제국주의적 팽창정책에 있다. 유럽이 동서 간 긴장을 완화하고 협력안보를 이룰 수 있었던 것은 전범국이었던 독일이 침략에 대해 사과하고 체코, 폴란드, 옛 소련과 국경문제를 전향적으로 풀었기 때문이다. 그 결과 동서유럽은 유럽안보협력체CSCE를 만들어 긴장완화에 성공했다. 이 지역에서도 동북아안보포럼을 발족해 일본이 전향적인 태도를 갖고 북핵문제와 함께 해상영토 문제의 해결에 임한다면, 역내 안정은 물론 동북아지역의 평화와 번영을 촉진시킬 수 있을 것이다.

우리는 대결과 분쟁의 주변 정세가 우리의 안보와 국익에 위배된다는 점을 잊어서는 안 될 것이다. 남북관계를 비롯해 주변국들과의 관계를 대화와 타협으로 풀어나가는 선순환

으로 가져가야만 새로운 세기를 주도할 수 있다. 이제 편협
하고 편 가르기 외교안보전략을 벗어나 보다 넓고 큰 시각으
로 동아시아 공동체의 기반을 강화하는 일에 나설 때이다.

〈제56호〉 2012.08.29

# 동북아시아 전환기,
# 외교가 보이지 않는다

## 치열한 선거 정국에 실종된 외교

2012년 9월, 선거정국에 묻혀 한·미·일 세 나라의 동북아 외교의 모습이 보이지 않는 반면 일찌감치 새 지도부 구성을 마친 북한과 러시아, 그리고 사실상 10월에 지도부 선거의 요식행위만 남은 중국의 움직임은 보다 전략적으로 평가되었다. 무엇보다도 시급한 동북아외교의 과제가 북핵문제로 인식되는 가운데, 한·미·일 세 나라가 시간을 허비하는 동안 중국과 러시아는 대북관계 발전에 적극 나서면서 북한 핵폐기를 문제해결의 출구로 보는 입장을 확고히 정립한 것으로 평가되었다.

2012년 10월, 중국은 새 지도부를 뽑는다. 11월에는 미국이, 12월에는 한국이 대선을 치른다. 그 사이에 일본도 의회를 해산하고 총선거를 통해 새 내각을 구성할 예정이다.

중국은 차세대 지도부를 사실상 내정해 놓았지만 한·미·일 3국의 정치인들은 각기 유권자의 표심을 잡기 위해 치열한 경쟁을 벌이고 있다.

이런 상황에서 동북아 역내城內의 중요 외교현안이 뒷전으로 밀리는가 하면 득표를 의식해서 역내 협력관계를 고의로 저해하는 행태도 벌어지고 있다. 안타까운 일이다.

북핵문제는 동북아 외교현안 가운데도 우선순위가 높은 공통의 과제이다. 그런데 핵문제 해결의 열쇠를 쥐고 있는 미국은 대선정국에 발이 묶여 북한의 핵능력이 재고되는 상황에 제대로 손을 쓰지 못하고 있다. 북한이 6자회담의 합의를 깨고 핵 불능화 조치를 중단한 지 4년, 그 사이에 북한은 사용후 핵연료를 재처리해 핵물질을 늘리고 추가 핵실험을 강행했으며 이제 경수로 원자로의 완공을 서두르는 상황이다.

동북아의 평화와 번영을 위한 협력관계[미래]는 역사문제[과거]와 영토문제[현재]를 어떻게 풀어나가느냐에 달려 있다. 그럼에도 일본 정부는 지지율 만회를 위해 고의로 주변국들과 외교마찰을 일으켜 역내 협력관계 발전에 장애를 조성하고 있다.

우리 정부도 예외는 아니어서 북핵문제 해결을 위한 노력이나 남북관계를 풀려는 시도는 거의 포기한 듯하고, 대통령의 독도 방문도 일본의 우경화 놀음에 이용되는 결과를 가져왔다. 선거정국에 묻혀 한·미·일 세 나라의 동북아 외교 모습은 보이지 않는다.

## 북방 3각의 리셋<sup>ReSet</sup>

반면 일찌감치 새 지도부 구성을 마친 북한과 러시아, 그리고 사실상 내달 지도부 선거의 요식행위만 남은 중국의 움직임은 보다 전략적이다.

동북아 지역이 전환기를 맞고 있다는 것은 단순히 각국의 지도자들이 모두 동시적으로 교체된다고 하는 뜻만이 아니다. 향후 20년의 기간 안에 세계 속의 동북아 위상은 물론 역내의 구조적 질서도 크게 바뀔 것이라는 전망이 있기 때문이다. 한때 한국의 하청공장으로 간주되기도 했던 중국이 세계 최대시장이 되고 러시아가 역내에 자기 자리를 다시 찾으려 하고 있다.

20년 전 공산주의 경제가 해체되거나 국가 자체가 붕괴되었던 이들이 이렇게 빨리 체력을 회복하고 동북아의 지형을 바꾸는 주요 인자가 되리라고 예상했었던가?

개방 초기 중국은 도광양회韜光養晦, 몸을 낮추어 상대방의 경계심을 늦춘 뒤 몰래 힘을 기른다로 몸을 사렸지만 현재 4세대 지도부는 화평굴기和平屈起, 군사적 위협 없이 평화적으로 성장하겠다, 유소작위有所作爲, 적극적으로 개입해 자신의 뜻을 관철시킨다, 부국강병富國强兵을 앞세우며 자신감을 쌓았고, 이제 서서히 패권주의의 조짐도 드러내고 있다. 이어서 5세대 지도부는 어떤 비전을 제시할 것인가?

3번째 임기를 시작한 푸틴 러시아 대통령은 극동개발부極東開發部를 신설하고 에너지와 자원을 무기로 동북아 역내 위상 강화에 주력하면서 새로운 질서 형성에 뛰어들 채비를 갖추고 있다. 이달 블라디보스토크에서 개최되는 아시아태평양경제협력체APEC 정상회의의 주제도 에너지와 자원이다.

특히 중국과 러시아는 각각의 미래 국가비전을 북한과 연계한 프로그램으로 구체화하고 있다. 중국은 창치투長吉圖개발계획과 북한의 라진·선봉 특구의 개발을 연계해 동해출구東海出口를 확보하려 하고 있고, 러시아는 가스관, 송전망, 철도망 등을 한반도와 연결하는 이른바 남·북·러 3자 간 3대 경협사업에 공을 들이고 있다.

탈냉전 이후의 유리한 환경에서 평화통일의 확고한 비전을 가지고 구체적 프로그램을 하나씩 진전시켰어야 할 우리가 이런 중국과 러시아의 움직임을 구경만 하고 있는 현실은 너무 딱하고 답답하다. 이대로 간다면 앞으로 20년 후 우리 주변 환경은 또 어떻게 바뀌어 있을까?

## 새로운 동북아 질서의 큰 그림을 갖고 북한을 끌어들이자

우리는 지난 수년 북한을 어떻게 볼 것이냐에 대한 논쟁으로 진보와 보수가 갈리고 그것이 선거에 투영되어 남남갈등으로 국력을 낭비해왔다. 북핵문제가 해결되어야 하며 남북관계 개선이 중요하다고 하면서도 북한의 자발적인 '[핵]포

기' 와 '[천안함]사과' 만을 기다리고 있었다. 그 사이에 우리
는 북한의 뒷문에서 일어나는 중요한 환경 변화를 놓치고 말
았다. 미국의 힘을 믿고 미국과 보조 맞추는 것을 능사로 알
고 북방 3국의 움직임을 대수롭지 않게 여겨온 때문이다.

당장 시작해야 할 동북아외교의 과제는 북핵문제이다. 최
근 수년간 6자회담이 공전되자 중국과 러시아는 대북관계
발전에 적극 나서면서 북한 핵 폐기를 문제해결의 출구로 보
는 입장을 확고히 정립한 것 같다. 이것은 이들 국가의 국익
과 미래 비전이 당면하게 북한과의 관계발전을 요구하기 때
문일 것이다.

푸틴 대통령도 여전히 '북한 핵 폐기' 를 정책목표로 강조
하고 있다. 그러나 '아내는 바꿀 수 있어도 이웃은 바꿀 수
없다' 는 러시아 속담을 인용하면서 부채 110억 달러 가운데
90% 탕감, 북·러 정상회담 제안 등을 통해 대북관계 개선에
나서는 현실적 입장을 밝혔다.

북핵문제 해결에 적극 나서지 않는 미국이나 대북채널이
막힌 한국 정부의 불편한 시선 속에서 대북접촉을 시도하는
일본도 '비핵화' 보다는 '비확산' 에 무게중심을 옮긴 것으
로 보인다. 우리가 5년 전의 '선 비핵화' 입장만을 그대로
고수하다간 외교적으로 고립될 가능성도 배제할 수 없다.

우리 정부는 지난 5년 내내 평양만 노려보고 있었으며 동
북아 지각판의 변동에 둔감했다. 그새 북한은 김정은 체제
의 가동을 통해 '인민생활 개선' 을 중심과제로 삼고 대내외
정책에 변화를 꾀하고 있다. 나름대로 동북아 세력구도의

변화를 읽고 이에 부응해 나가려는 노력의 일환이다.

우리가 동북아공동체를 형성하고 통일한국을 이루어 평화와 번영을 누리는 공고한 터전을 마련하기 위해서는 지금 중요한 역사적 변환기에 제대로 대처해야 한다. 동서남북 사방의 움직임을 주시하고 면밀히 평가해야 하며, 국민 모두가 공감하는 비전과 국가전략이 나와야 한다. 어차피 북한을 시야에 넣지 않고는 동북아공동체를 말할 수 없다. 북한에 대한 정책을 완전히 새롭게 짜고 가다듬어야 하는 이유다. 이제 임기 말이니 다음 정부에 미루자는 태도는 역사의식의 부재로 후대에 비판받을 것이다. 덧붙여 국익을 고려하지 않고 정치적 판단에 의존한 선택은 결과적으로 정치적 실점에 보탬을 가져온다는 것이 역사적 경험이라는 점을 강조해두고자 한다.

북한과 주변국의 움직임을 바로 보고 현재 진행되고 있는 동북아질서재편 과정을 감안하면서 이제라도 동북아 새 질서와 한국의 역할이라는 큰 그림을 갖고 그 틀 속에 북한을 끌어들이려는 외교적 노력을 시작해야 할 것이다.

〈제57호〉 2012.09.10

# 동북아 질서 재편기의 유일 전략은
# 남북관계 개선이다

## 수해지원조차 못 하는 남북관계 국면에서

2012년 9월 들어, 통일부는 북한의 올여름 가뭄·홍수로 추곡 생산량 60만t이 감소할 것으로 예상하였다. 그리고 민간단체에서는 북한에 인도적 지원을 하기 위해 힘을 기울여 왔다. 그러나 곧, 통일부는 민간단체 북한 수해지원에 제동을 건다. '북한이 작성한 분배계획서를 내라'는 것. 한편, 정부에서는 자체적으로 북한에 밀가루, 라면 등의 구제물품을 지원하려고 하였으나, 북한의 강한 거부로 무산되었다. 북한은 구호 물품에 대해서 '모욕당했다, 환멸을 느낀다'라고 표현하며 남한 정부를 강하게 비난하였다.

'혹시나 했으나 역시나'로 끝나고 말았다. 웬일로 북측이 우리 쪽에 수해지원을 해달라고 손을 내미나 했지만, 결국 무산되고 말았다. 작년에 이어 이번 대북 수해지원도 이루어지지 못해, 현 정부에서의 남북관계는 수해지원조차 못 하는 관계로 끝나게 되었다. 남북 쌍방이 모두 동북아질서의 재편기에 우리 민족이 어떻게 활로를 찾고 미래를 열어갈 것인지에 대해서는 안중에도 없는 태도를 보이고 있는 것 아니냐는 우려를 갖게 한다.

지난 7, 8월에 발생한 장맛비로 북한에서는 사망 223명, 실종·부상자 594명 등 817명의 인명피해가 발생했고, 약 12만 정보의 농경지 피해를 입었으며, 살림집 파괴·침수가 5만 6,000여 가구, 건물 파괴·침수 피해가 2,400여 채, 이재민이 약 23만 명 발생했다고 북한매체와 유엔인도주의업무조정국OCHA이 밝혔다.

유엔 기구들의 조사활동으로 북한의 피해상황이 밖으로 알려지면서 국제구호기구들의 대북 인도적 지원이 잇달았다. 국내외 여론의 압력을 느낀 우리 정부도 수해지원 카드를 만지작거리고 있다가, 9월 3일 북측에 수해지원 의사를 전달했다. 이에 북측이 일주일 만에 수용의사를 밝혀오면서 추석 즈음에 이산가족상봉이 이루어질 수 있지 않을까 하는 성급한 기대마저 부풀었다.

그러나 남북 양측에서는 수해지원 물품을 둘러싸고 신경전을 벌이기 시작했다. 북측은 북한적십자사를 통해 수해로 무너진 교량과 가옥의 재건을 위해 시멘트나 건설장비, 그리고 쌀을 요청하면서 "지난해와 같은 일은 없어야 한다"고 강조했다. 이는 작년에 우리 정부가 50억 원 상당의 초코파이 192만 개, 영양과자 30만 개, 라면 160만 개를 보내겠다고 제의했다가 북한의 거부로 무산된 사례를 가리키는 것이다.

하지만 우리 정부는 대한적십자사를 통해 밀가루 1만 톤과 라면 300만 개, 의약품·기타 물품 등을 보내겠다고 답장을 보냈다. 우리 정부는 북한의 강한 거부감을 고려해 초코파이, 영양과자는 제외했지만 올해에도 북측이 요구한 시멘트, 복구장비는 포함시키지 않았다. 결국 북측이 이를 거부해 올해 수해지원도 없었던 일이 되고 말았다. 이산가족상봉의 꿈도 함께 무산된 것은 물론이다.

이토록 우리 정부가 대북 인도적 지원에마저 인색한 태도를 보인 이유는 북측의 요구에는 '5·24조치'를 무력화시키려는 의도가 담겼다고 해석했기 때문이다. 북한이 천안함 문제에 대해 사과 표명을 하지 않은 채 수해를 구실로 시멘트, 건설장비와 같이 '5·24조치'를 넘는 요구를 넣어 이 조치를 약화시키려 한다는 것이다. 참으로 옹색하면서도 원칙이 없는 해석이 아닐 수 없다. 우리 정부는 2010년에 '5·24조치' 이후였는데도 불구하고 수해지원 물품으로 시멘트 1만 톤의 제공을 약속 실제는 3천 톤 제공한 적이 있었는데 작년과 올해에는 굳이 이를 제외시킨 것이다.

미 국무부조차 정치적 고려는 배제하고 지원대상국의 수요와 분배 투명성의 원칙 등을 감안해 인도적 지원을 한다는 입장을 밝히고 있다. 현 정부에 들어와 우리의 대북지원이 북한의 정책 변화를 이끌어내기 위한 정치적 수단으로 이용되지는 않았는지 돌아볼 필요가 있다. 오히려 이러한 우리 정부의 입장 때문에 북한에게 분배 투명성의 확보 등 인도적 원칙을 강제하기가 어려워진 측면도 있는 것이 아닌가. '북한 당국과 북한 주민의 분리' 라는 우리 정부의 대북정책 원칙마저 실종되어 버렸다.

## 북한, 남방정책에서 북방정책으로 전환

문제는 북한 주민의 고통과 남한의 전략부재가 계속되는 가운데 남북관계가 수해지원조차 못 하는 한심한 관계를 이어가는 것과는 대조적으로, 최근 북한과 중국 사이에는 경제협력이 활발히 전개되고 있다는 사실이다. 이른바 북한은 기존의 남방정책을 포기하고 북방정책으로 선회한 것으로 보인다.

북한의 대중 교역액은 2010년에 34억 6천만 달러에서 2011년에는 62.5%나 늘어난 56억 3천만 달러를 기록하고 있다. 이 교역액에는 국경에서 빈번히 이루어지고 있는 밀무역을 제외한 것이어서 실제의 교역액은 이보다 훨씬 클 것으로 추정된다.

반면 한국은 개성공단이 정상 가동되고 생산액도 늘었기 때문에 여전히 2위를 기록하고는 있으나, 그럼에도 불구하고 2011년 남북 교역액은 17억 1천만 달러로서 2010년에 비해 10%나 감소했다. 2010년의 통계에는 '5·24조치'가 발표되기 이전의 교역액이 포함된 것이라는 점을 감안한다면, 실제로 감소폭은 그보다 더 큰 셈이다.

2008년 이명박 정부 출범 초기 때만 해도 북한의 대외교역은 우리나라와 중국 사이에서 균형을 취하고 있었다. 그러다가 남북관계가 경색되면서 대중국 교역의 비중이 급속히 커지면서 북한은 한·미·일에 기대했던 남방정책을 포기하고 중국, 러시아에 기대어 경제회복을 도모하는 방향으로 정책을 바꾼 것으로 보인다. 북한판 북방정책에 따라 이제는 북·중 교역을 넘어 경제특구의 공동개발이라는 초超국경 경제협력의 단계로까지 발전했다.

2010년 5월과 8월 두 차례에 걸쳐 김정일 국방위원장이 중국을 방문해 후진타오 국가주석과 압록강과 두만강 부근에 양국이 공동관리하는 경제특구를 만들기로 합의한 바 있다. 그 뒤, 양측은 북·중 경제협력공동위원회<sub>공동위원장 장성택, 천더밍</sub>를 출범시켰으며, 지난 8월 장성택의 방중 때 라진·선봉과 황금평·위화도에 각각 관리위원회를 만들기로 하고 기공식을 가졌다.

최근에는 중국 측이 라진항 6개 부두 가운데 4개의 50년 장기사용권을 갖고, 청진항도 3개 부두 중 1개를 차지했다는 소식도 들린다. 당초 라진항은 남·북·러를 중심으로 하고 중국이 포함되는 동북아 물류 협력의 중심항으로서 우리 측에서 전략적으로 개발하고자 계획한 곳이다. 하지만 남북관계가 악화되면서 이 협력 사업은 모두 중단되었다. 그 대신 그 자리에 중국이 들어오기 시작하면서 라진항의 성격도 변했다.

중국이 세계 2위의 경제대국이 되면서 이제 라진항뿐만 아니라 청진항도 동북진흥계획의 큰 틀 속에서 중국의 주도 하에 동북3성의 관문항으로 개발되고 있다. 중국 길림성은 '창지투長吉圖 개발계획'에 따라 훈춘琿春시에 국제물류단지를 대규모로 개발하고 있다. 지난 9월 10일에는 포스코, 현대그룹 등 한국기업들이 훈춘에 국제물류단지를 조성하기로 했고, 훈춘과 라진 간에 새 고속도로가 개통되었다. 이제 중국이 주도하고 한국이 참여하는 형태로 동북아 개발협력이 이루어지고 있는 것이다.

이러한 북한판 북방정책은 한국이 배제된 채 이루어지고 있어 우리 측이 참여하는 데는 한계가 있다. 남북관계가 단절되어 있는 상황에서 경제회생을 위해 중국에 점점 더 의존해가는 북한을 말릴 재간도 없다. 이처럼 한반도문제에 대한 중국의 영향력이 높아지면 평화통일에의 길도 순탄치 않을 것이라는 점은 자명하다.


## 강대국 간 대립과 담합을 막는 길, 남북협력이 해법

지금 동아시아에서는 커다란 지각변동이 일어나고 있다. 지각변동의 원인 중 하나는 중국의 급부상과 미국·일본의 상대적인 쇠퇴에 따른 동아시아 세력관계의 변화이고, 다른 하나는 역내 교역비율이 55%에 달할 정도로 경제적 상호의

존이 심화되었다는 점이다. 그런데 이 두 가지 지각변동의 중심에 모두 중국이 위치해 있다. 이것은 향후 동아시아 질서가 중국의 향배에 따라 좌우될 가능성이 높아졌다는 것을 의미한다.

최근 중국과 관련된 동중국해나 남중국해의 영유권 갈등도 새로운 동아시아 해양질서를 구축하려는 중국의 의도와 관련이 있다. 최근 중·일 간 갈등도 그동안 일본 경제력의 도움이 필요했기 때문에 자제했던 중국이 일본이 쇠퇴하기 시작하자 과거사나 해상영토 문제를 본격적으로 제기했기 때문에 크게 확대된 것이다. 전후 일본이 미국에만 의존하면서 동아시아 국가들과 신뢰를 만들지 못했기 때문에 중·일 충돌에서 주변국들의 지지를 받지 못하고 있다.

우리는 여기서 중국의 경제적·군사적 부상이 한반도에 미치는 영향력에 주목해야 한다. 2010년 직후 천안함 문제를 처리하는 과정에서 중국의 외교적·군사적 영향력을 확인한 바 있지만, 그에 못지않게 중요한 것은 중국에 대한 경제적 의존이 북한에 국한되지 않고, 한국경제도 중국에 크게 의존하고 있다는 사실이다. 2011년 한국의 대중 교역액<sup>홍콩 제외</sup>은 2,206억 달러로서 미국과 일본의 교역액을 합한 2,088억 달러보다 많다. 2003년 한중 교역액이 한미 교역액을 추월한 이래, 한국의 대외무역에서 차지하는 대중 교역의 비중은 점점 커지고 있다.

한중 교역규모만 커진 것이 아니라, 무역수지 면에서도 중국에 대한 의존도가 커졌다. 2011년 한국의 무역수지 흑자는 308억 달러로서, 만일 대중 무역흑자 478억 달러가 없었다면 대일 무역적자 286억 달러를 상쇄하기 어려웠을 정도이다. 최근 몇 년간 세계경제의 침체에도 불구하고 한국경제만 플러스 성장을 계속할 수 있었던 것도 중국경제가 좋았기 때문이다. 중국의 경제성장률이 낮아지면 한국경제도 곧바로 침체국면에 빠질 수밖에 없게 되었다. 이제 중국경제가 기침만 해도 한국경제는 감기에 걸릴 지경에까지 이른 것이다.

이처럼 새로운 동아시아 질서가 만들어지는 과정에서 어느 때보다 우리의 올바른 외교 전략 선택이 중요하다. 현재와 같이 주변 강대국 간의 대립과 갈등이 지속되어도 문제고, 그렇다고 주변 강대국끼리 한반도문제를 놓고 담합해도 문제가 된다. 이럴 때일수록 한반도문제가 갈등의 중심에 서서 강대국 간의 대립이나 담합의 빌미가 되게 해서는 안 된다. 남북관계의 안정화로 민족자결권을 확립하는 것이야말로 동북아질서 재편과정에서 민족적 이익을 넓히고 평화통일의 기반을 마련하는 지름길이다.

남북관계의 회복과 안정화는 당면한 대중국 의존도를 완화시킬 수 있을 뿐만 아니라, 한반도가 처해 있는 지정학적 리스크를 완화하고 지경학적 가치를 높일 수 있게 해 준다. 일찍부터 러시아는 중국의 극동 진출을 견제하기 위해 남·북·러 가스전 및 철도연결사업을 제안한 바 있다. 우리의 입장에서는 남북한 공히 과도한 중국 의존을 줄이기 위해 이를 적극 활용해 동북아 개발협력의 중심을 한반도로 끌어들여야 한다.

　민족의 활로는 남북관계의 개선과 안정화에 있다. 이를 위해서는 남북 간의 신뢰회복이 중요하며, 그것은 대북 인도적 지원의 강화에서 출발해야 한다. 대북 인도적 지원은 민족공동체 회복을 위한 최소한의 토대이기 때문에 정치적 상황과 무관하게 추진될 수 있다. 이번 대북 수재지원을 둘러싸고 보여준 우리 정부의 태도가 더욱 아쉬웠던 것은 바로 격동하는 동아시아 질서 재편기에 우리의 전략 부재를 드러내고 있다는 점 때문이다.

〈제58호〉 2012.09.25

# 차기 정부에서 한미 대북정책의 조화를 기대한다

## 한미관계 변화 추이에 따른 남북관계

민주당의 오바마 대통령은 북한이 다른 국가나 테러집단에 핵물질을 확산시킨다면 응분의 책임을 지게 할 것이라고 밝혔다. 그리고 공화당 대선후보인 롬니는 '북한과 거래하는 모든 기업을 제재할 것이며, 북핵도 완전히 제거하겠다' 라고 공언한바 있다. 이러한 미국 내 대선 분위기와는 대조적으로 한국의 대통령 후보들은 한결같이 현 이명박 정부의 대북 강경노선을 지양하여 온 건한 포용정책을 내놓았다. 미국의 월스트리트저널에서도 2012년 9월 29일, '한국의 새 대통령은 누가 되더라도 대북 강경책을 종식할 것이다' 라는 분석 기사를 내놓았다.

현직의 버락 오바마 미국 대통령과 공화당의 미트 롬니 후보 간에 펼쳐지는 11·6 미 대통령 선거가 얼마 남지 않았다. 한때 오바마 대통령이 당선에 필요한 대의원들을 거의 확보한 것으로 알려졌지만, 첫 TV 토론 이후 초박빙의 접전을 벌이고 있어 누가 차기 미 대통령으로 유력한지 아직도 안개 속에 있다.

## 한반도 정세를 좌우할 한국과 미국의 대선

누가 미국의 대통령이 되느냐에 따라 국제정세, 특히 한반도 정세에 미치는 영향이 크다. 특히 이번 선거에 후보로 나선 오바마와 롬니 두 사람 모두 대북 강경정책을 내놓고 있어, 실제로 어느 쪽이 대통령으로 당선되더라도 그러한 정책을 집행할 경우 향후 4년간 한반도는 격랑에 휩싸이게 될 가능성이 높다.

미 민주당의 오바마 대통령은 '2012 민주당 정강정책'에서 북한이 '냉혹한 선택'의 기로에 있다고 지적하고 증명 가능한 비핵화를 할지, 아니면 미국과 국제사회로부터의 지속적인 고립과 대가를 치를지 선택해야 한다고 경고했다. 또한 북한이 다른 국가나 테러집단에 핵물질을 확산시킨다면 응분의 책임을 지게 할 것이라고 밝혔다.

미 공화당의 롬니 후보는 오바마의 대북정책을 실패작으로 규정하고, 북한의 예측할 수 없는 독재자가 핵 능력을 갖고 있는 것은 동아시아에 주둔하고 있는 미군뿐 아니라 한국

과 일본 등 동맹국에도 위협이 되고 있으며, 다른 불량국가
나 테러집단에 핵 장치를 넘겨 줄 수도 있다고 지적했다. 그
리고 북한의 핵무기 프로그램의 무장해제를 반드시 달성한
다는 정책목표를 내거는 등 오바마보다 더욱 강경한 입장을
취하고 있다.

이러한 미국 내 대선 분위기와는 대조적으로 한국의 대통
령 후보들은 한결같이 현 이명박 정부의 대북 강경노선을 지
양해 온건한 포용정책을 내놓고 있다.

새누리당의 박근혜 후보는 7·4성명, 남북기본합의서,
6·15공동성명, 10·4정상선언 등 남북 간의 합의정신을 존
중, 이행하겠다고 밝히고 있다. NLL과 관련해서도 군사적 충
돌 가능성이 있는 서해에서 기존의 남북 간 해상경계선만 존
중된다면 10·4남북정상회담에서 합의한 남북공동어로수역
및 평화수역 설정 방안에 대해서 북한과 논의해 볼 수 있다
고 밝혔다.

민주통합당의 문재인 후보는 민주 정부 10년의 대북 포용
정책을 계승한다는 입장을 취하고 있으며, NLL을 유지한 채
로 공동어로수역에 대해 북한과 논의해볼 수 있다고 했다.
또한 취임식에 북한대표를 초청하고 임기 1년 내에 남북정
상회담을 개최하며, 임기 중에 제2개성공단을 조성하고 경
제포괄협정을 체결해 남북경제연합을 실현하겠다고 공약
했다.

무소속의 안철수 후보는 통일을 사건이 아닌 과정으로 봐
야 한다면서 북한의 붕괴를 전제로 한 봉쇄정책을 비판하고

북한 핵문제와 남북한 교류·협력을 분리해야 한다는 입장에 섰다. 또한 개성공단 모델의 점진적 확산과 같은 남북경협을 제시하고, 한국경제의 새로운 성장동력으로 복합물류망과 자원·에너지 실크로드, 농업협력 등 북방경제 3대 사업을 제시했다.

## 엇박자가 났던 한미의 대북정책

이처럼 미국 대선 후보들의 대북정책 공약과 한국 대선 후보들의 대북정책 공약이 뚜렷하게 대비되면서, 향후 4~5년간 한반도 정세를 둘러싸고 한미 간의 정책조율이 주목받고 있다. 우리는 그동안 한미 양국이 대북정책에서 잘 조율했을 때는 남북관계가 크게 진전되었던 반면, 대북정책을 둘러싸고 한미 간에 이견이 발생했을 때는 남북관계는 물론 한미관계까지 껄끄러워지는 사태를 경험했다.

미국의 클린턴 대통령1993.1~2001.1과 김영삼 대통령1993.2~1998.2의 집권 시기는 엇박자로 일관했다. 김영삼 정부는 초기에 '피는 물보다 진하다' 면서 비전향장기수 이인모 노인의 북송을 허가하는 등 남북관계에 전향적인 태도를 보인 데 비해, 클린턴 미 행정부는 상대적으로 신중한 자세를 보였다. 한때 미국이 북핵시설의 폭격을 검토하는 등 초강경자세를 보일 때, 김영삼 정부는 적극 나서 이에 반대했던 것으로 알려져 있다.

그러나 북한의 핵개발이 확인되자, 한국은 대북 비난을 펴

부으며 남북관계가 악화되었다. 그러나 미국은 북·미고위급회담을 열어 북핵문제의 외교적 해결을 모색했다. 외교적 해법을 반대하는 바람에 한국은 북·미 회담에 참가하지도 못한 채, 북·미 제네바기본합의에 따른 46억 달러의 경수로 건설비용 중 30억 달러를 부담하게 되었다. 이 때문에 '통미봉남'이라는 신조어까지 만들어졌다.

클린턴 행정부 때에 못지않게 한미 양국의 대북정책이 엇박자가 났던 것이 바로 부시 미 행정부 집권 전기 6년<sup>2001~2006</sup>과 김대중 정부 후반 2년<sup>2001~2002</sup> 및 노무현 정부의 4년간<sup>2003~2006</sup>이었다. 부시 대통령은 집권하자마자 클린턴이 한 모든 정책을 배재한다는 의미의 ABC<sup>Anything But Clinton</sup> 정책을 펴면서 전임 클린턴 행정부의 대북정책 행적을 지우려고 했다. 부시 행정부는 북한을 '악의 축'으로 규정하고 핵태세보고서<sup>NPR</sup>를 통해 선제적 핵공격대상국으로 지정하는 등 북한에 대한 압박정책을 강화했다.

그러는 바람에 금강산 관광과 개성공단, 그리고 역사적인 남북정상회담을 통해 대북 포용정책을 전개하던 한국 정부와 알력을 빚기도 했다. 특히 노무현 정부 초기 4년간에 대북정책을 둘러싼 한미 간의 이견이 심각했다. 그러나 2006년 10월 9일 북한이 제1차 핵실험을 감행하고 집권당인 미 공화당이 중간선거에서 참패한 뒤부터 부시 미 행정부의 대북정책이 크게 바뀌었다. 그 이전까지 부시 행정부는 대북 강경자세를 유지하고 있었지만, 그 뒤부터는 노무현 정부와 적극협조해 2·13합의와 10·3합의를 이끌어내어 북핵문제의 진전을 가져왔다.

　그러나 항상 한미 간의 대북정책이 엇박자가 났던 것은 아니다. 김대중 정부 초기 3년간<sup>1998.2~2000.12</sup>은 클린턴 행정부와 대북정책에서 손발이 잘 맞았다. 당시 의회를 장악했던 미 공화당의 주도로 월리엄 페리 전 국방장관을 대북정책특별관에 임명해 대북 압박정책을 펴려고 했다. 그러나 시급한 영변 원자로문제부터 해결하자는 김대중 정부의 의견을 받아들여 외교적 접근으로 문제를 처리했다. 또한 미국은 김대중 정부의 햇볕정책과 역사적인 남북정상회담을 적극 지지했다.

　한미 정부의 대북정책이 같은 방향으로 간다고 항상 남북관계의 개선에 도움이 됐던 것은 아니다. 이명박 정부<sup>2008.2~2012.10</sup>와 현 오바마 행정부<sup>2009.1~2012.10</sup>도 대북정책에서 서로 협력했지만 남북관계와 북핵문제는 오히려 악화되었다. 당초 미 국무부는 협상을 통한 북핵 해결을 내용으로 한 포괄적 해법을 갖고 있었다가 이명박 정부의 그랜드 바겐<sup>Grand Bargain, 일괄 타결 방식</sup> 구상과 충돌하기도 했다. 결국 오바마 대통령이 한국의 대북정책을 존중하기로 결정함으로써 한미 간 이견은 해소됐지만 대북정책은 아무런 가시적 성과를 낳지 못했다.


## 미국은 차기 한국 정부의 대북정책에 협조해야

　이처럼 한미 간의 대북정책이 엇박자가 났을 때도 남북관계 진전에 도움이 되지 않았을 뿐만 아니라, 한미 간에 협력관계를 형성했다고 해도 대북 강압정책을 취했을 때는 성공적인 정책성과를 거두지 못했다. 그런 점에서 남북관계의 진전은 한미 간의 정책조율이 원만했을 때뿐만 아니라, 그 정책의 내용이 대북 포용정책이었을 때 가능하다는 사실을 알 수 있다.

현재 미국 대선 분위기를 볼 때, 차기 미 행정부의 대북정책은 강경기조로 흐를 가능성이 높다. 반면 한국의 경우에는 누가 집권하든 정도의 차이가 있을지언정 대북 포용정책으로 갈 가능성이 높다. 박근혜 후보는 남북관계의 개선을 위해 김정은 제1비서도 만날 수 있다고 밝혔고, 문재인 후보는 임기 1년 안에 남북정상회담을 개최하겠다는 공약을 내걸었다. 안철수 후보도 이와 비슷한 견해를 갖고 있는 것으로 알려지고 있다.

사실 한국의 대통령 후보들이 모두 남북관계의 개선을 주장하는 이유는 정치적 소신도 있겠지만 한국 내 여론이 이를 지지하기 때문이기도 하다. 최근 서울대 통일평화연구원이 밝힌 '2012 통일의식조사'에 따르면, 바람직한 차기 정부의 대북정책 방향으로 흡수통일[17.9%]보다는 평화공존[47.1%]을, 압박[10.3%]보다는 교류·협력[53.7%]을 선호하는 것으로 나타났다. 금강산 관광의 재개를 지지하는 여론도 정당선호도와 관계없이 찬성의견[새누리당 57.5%, 민주당 73.3%]이 훨씬 높았다.

마침 커트 캠벨 국무부 동아태차관보가 소장으로 있었던 미국의 유력 싱크탱크 신안보센터[CNAS]가 '2012 대통령선거

국가안보정책 가이드' 라는 보고서를 내놓았다. 이 보고서
는 오는 12월에 실시될 한국의 대통령 선거에 출마한 세 후
보들이 모두 남북관계 개선을 시사하고 있다고 지적하면서,
미국 차기 대통령이 한국의 새로운 대북정책을 지지할지 여
부를 미리 판단해 놓아야 할 것이라고 제언하고 있다.

군이 미국 내 보고서의 제언이 없더라도, 한국 내 여론을
고려할 때 미국의 신정부가 대선 때 내건 대북 공약을 그대
로 관철시키려고 할 경우 새로운 한국 정부의 대북정책과 엇
박자가 날 가능성이 높다는 것은 쉽게 이해할 수 있다. 만약
대북정책 때문에 한미관계가 악화된다면 한국에도 부정적
인 영향이 있겠지만, 미국의 아시아 복귀 전략도 크게 차질
을 빚을 수밖에 없을 것이다. 이는 한미 양국뿐만 아니라 동
아시아의 평화와 안정에도 결코 바람직한 일이 아니다.

또 하나 짚고 넘어가야 할 것은 남북관계의 경우 우리가
주도력을 발휘해야만 진전을 볼 수 있다는 사실이다. 우리
가 정확한 로드맵을 갖고 드라이브를 걸고 미국이 이를 지원
하고 협력하는 구조가 정착될 때 남북관계는 우리가 원하는
방향으로 갈 수 있다. 미국 또한 한국이 앞장서서 한반도문
제의 중심을 잡아 나갈 때 이를 존중하고 엇박자를 피하려고
할 것이다. 한마디로 한반도문제는 우리가 선택한 정책방향
이 우선이라는 것이다. 따라서 한국의 차기 정부는 남북관
계의 진전을 통해 한반도문제를 해결하고 나아가 동아시아
의 평화와 번영을 이루기 위해 능동적이고 주도적인 입장에
서는 것이 가장 중요하다. 또한 미국도 누가 집권하든 차기

미 행정부가 한국 정부와 협력해 남북관계의 개선과 동아시아의 평화와 안정에 기여해 주기를 바란다.

〈제59호〉 2012.10.15

# 북방한계선을 정치적 논쟁거리로 삼지 마라

## 평화를 만들 수 있는 지혜를 모아야 할 때

2012년, 9월 들어 북한 어선들이 NLL을 7회나 침범하였고, 9월 21일에는 우리 해군이 2년 만에 경고사격을 하였다. 급기야 10월 25일에는 북한 경비정까지 한때 NLL을 월선하기도 하였다. 정부에서는 북의 NLL 침범을 '대선 앞두고 북풍을 조성하려는 기획 도발'이라고 규정하였다. 한편, 정치권에서는 고 노무현 대통령이 김정일과의 회담 시에 발언했다고 하는 몇 가지 NLL 관련 발언을 폭로하면서 야당 후보를 압박하였고, 야당 후보는 이는 사실무근이며 후보 음해를 하고 있다고 맞섰다.

최근 정치권에서 벌어지는 북방한계선 논쟁을 지켜보면 우리 정치인들이 국민을 무시하거나 국민을 얕잡아보는 것은 아닌가 하는 의심이 들 정도다.

여당은 보수층 결집을 위해, 야당은 중도층 이탈을 막기 위해 매일 말꼬리 잡기 싸움을 하다 보니 자기 말꼬리를 거꾸로 잡는 경우도 생긴다. 도가 지나쳐 국론을 분열시키는 것은 물론이고 국가안보마저 흔들고 있다. 이 같은 국익을 도외시한 소모적인 논쟁은 당장 중지해야 한다.

## 보수의 자가당착과 진보의 좌충우돌

이른바 개혁·진보정권이라 부르는 김대중, 노무현 정부 10년을 가운데 두고 그 이전과 이후 여야의 입장이 180도 달라졌다. 1996년 김영삼 정부 시절의 국방장관이 국회에서 발언한 내용에 대해 당시 여·야당 대변인의 반응은 16년 만에 완전히 반대로 되어 버린 것이다.

16년 전 문제가 된 이양호 국방장관의 발언은 "북방한계선은 우리 어선이 조업 도중 잘못해 월북할 것을 우려해 설정한 것인 만큼 북한에서 이를 넘어 와도 정전협정과는 관련이 없다"라는 것이었다. 국회 회의장은 이 발언으로 아수라장이 되었다. 당시 정동영 국민회의<sup>야당</sup> 대변인은 이에 대해 "국가안보를 위태롭게 하는 망언"이라며 최 장관의 파면을 요구했고, 김철 신한국당<sup>여당</sup> 대변인은 "이 문제는 매우 전문

적인 사항으로 소관부처인 국방부가 판단하고 결정할 일"이
라고 감쌌다.

어쩌면 이렇게 공당의 입장이 뒤집어진 사실을 외면하고
있을까? 국민도 모르고 있다고 생각하는 것일까? 그동안 입
장이 바뀐 데 대해 어떤 설명이라도 있었나? 왜 이런 무책임
한 정쟁을 확대하는 것일까? 아이러니한 점은 이 논쟁이 금
년 국감장에서 다시 시작되었다는 것이다. 여당이 이 북방
한계선 문제를 들고 나옴으로써 현 정부에 대한 마지막 국감
은 거의 실종된 것이나 다름없이 되었다. 국회가 정부를 견
제하고 감시하는 기능을 수행해야 할 터인데 대선의 전초전
처럼 북방한계선을 둘러싸고 그칠 줄 모르는 정쟁을 벌이고
있다.

사실 엄격한 보수 입장이라면 북방한계선을 영토선으로
주장해서는 자기모순에 빠질 수밖에 없다는 점을 간과한 것
같다. 북방한계선 이남을 영해의 개념으로 본다면 북한지역
은 미수복지역이 될 수가 없고 북한을 반국가단체로 전제한
국가보안법도 설 자리가 없어지기 때문이다. 나아가 한반도
와 그 부속도서를 영토로 한다는 헌법 제3조가 무의미해질
수밖에 없다.

야당이나 진보세력 역시 우왕좌왕하고 있다. 여당의 주장
을 색깔론이나 북풍이라고 치부하고 여당이 벌여놓은 북방
한계선이 영해선이냐, 아니냐는 양자택일의 판에 들어가서
수세적으로 발언의 말꼬리만 잡고 있으니 한심하긴 마찬가
지다.

## 북방한계선의 역사적 진실

북방한계선은 정전협정 이후 유엔군사령관이 내부지침으로 유엔군 측 함정의 작전통제를 위해 설정한 선이다. 따라서 북방한계선은 남북이 합의에 의해 설정한 것이 아니다. 이것은 누구도 부정하지 않고 있다. 북한이 과거에 이 선을 사실상 인정하고 준수해 왔다는 것도 우리의 힘에 밀려 그런 것이지 동의했기 때문은 아니다.

북방한계선은 정전협정에도 없고 우리나라의 법률인 '영해 및 접속수역법'에도 없다. 우리나라 영해는 기선으로부터 12해리로 하되, 섬이 많고 리아스식 해안으로 된 서해와 남해는 외각 섬 사이에 직선기선으로부터 12해리를 영해로 한다고 되어 있는데, 서해에서의 직선기선은 충청도 태안반도 앞바다에 있는 소령도<sub>행정구역은 인천시</sub>까지만 그어져 있다.

남북이 북방한계선을 함께 다루고 합의를 이룬 유일한 문건은 1991년에 채택한 남북기본합의서이다. 여기서 "남과 북의 불가침 경계선과 구역은 1953년 7월 27일자 군사정전에 관한 협정에 규정된 군사분계선과 지금까지 쌍방이 관할해 온 구역으로 한다"고 합의했다. 지금까지 상대측이 관할해 온 수역을 침범하지 않는다고 한 이 규정은 북방한계선이 남과 북을 가르는 현실적인 해상경계선이라는 데에 북한이 동의한 것이다. 그런데 그냥 동의한 것이 아니라 "남과 북의 해상불가침 경계선은 앞으로 계속 협의한다. 해상불가침구역은 해상불가침경계선이 확정될 때까지 쌍방이 지금까지

관할해온 구역으로 한다"는 것을 전제로 해 합의한 것이다. 즉, 미래 언젠가는 남과 북이 협의해 해상경계선을 확정하기로 하되 그때까지는 잠정적으로 북방한계선을 해상경계선으로 해두자는 것이었다.

남측은 잠정적으로 북방한계선의 경계선적 지위를 인정받았고 북측은 해상경계선 협상을 할 수 있다는 입장을 남측으로부터 끌어낸 것이다. 그런데 그 후 남북관계는 악화되고 북한은 정전체제를 무실화시키는 책동을 자행했다. 남측은 북한이 북방한계선을 인정했다는 것만 강조하고, 북한은 남측이 새로운 해상경계선 협의를 하기로 한 합의를 거부하고 있다는 점만 강조해왔다. 그러다가 1999년 6월 연평해전을 계기로 북한은 그해 9월에 북방한계선을 무시하고 일방적으로 임의적인 해상경계선을 선포하게 된 것이다.

1999년 연평해전은 북방한계선 문제와 관련해 중요한 전기가 되었다. 김대중 정부 당시 수시로 북방한계선을 넘는 북한 함정을 물리력으로 막기 위해 우리 함정을 동원한 밀어내기 작전을 하다가 총격전으로 비화하면서 해상전투가 벌어져 전사자가 발생했다. 김영삼 정부의 국방장관이 1996년에 언급한 "북방한계선은 우리 선박의 월북을 막기 위한 경계선"이라는 입장을 넘어 북한 선박이 넘어오지 못하는 경계선이라는 사실을 실증한 셈이다.

## 힘과 피로 지킨 경계선, 정치가 흔들지 말라

북방한계선은 영해선이나 확정된 해상경계선이라고 하기도 어렵지만, 그렇다고 의미 없는 임의적인 경계선도 아니다. 남북합의로 해상경계선이 확정될 때까지 잠정적이나마 상대방 수역에 대한 불가침을 약속하고 우리가 실효적으로 이를 지키고 있는 사실상의 해상경계선인 것이다. 이렇게 될 수 있었던 것은 법이나 합의가 아니라 우리의 힘과 피로 북방한계선을 지켰기 때문이다.

사실 정전체제 역시 정전협정이 지켜준 것이 아니라 우리의 국력에 바탕을 둔 군사력으로 지켜왔다는 사실에 주목해야 한다. 비무장지대에는 중무장 전투병력이 전진배치되어 있고, 공동경비구역은 공동으로 경비되지 않은 지 오래다. 중립국감독위원회는 반쪽만 남아 있고 군사정전위원회는 오랫동안 열리지 않고 있다. 이처럼 정전협정이 무력화된 상황에서 북한은 하루속히 정전협정을 대체할 평화협정을 체결해야 한다고 주장하고 있다. 우리의 안전과 한반도 평화는 앞으로도 계속 힘으로 지킬 수밖에 없다.

북방한계선을 두고 정치권에서 북한에 양보를 했느니 아니니 논쟁이 이어지고 있다. 우리가 힘과 피로 지켜온 경계선인데 이런 논쟁을 벌이는 것 자체가 자괴감을 갖게 한다. 양보해서도 안 되고 양보할 수도 없는 국가의 선이고 국민의 선이다. 이 북방한계선은 북한이 흔든다고 흔들릴 선이 아니다. 우리는 어떤 도발에도 단호히 대처할 각오와 응징력

을 갖추고 있다. 현금의 정치권 논쟁은 국민을 불안하게 하
고 우리 군의 사기를 떨어뜨리며, 북한으로 하여금 분쟁의
공간을 키워주고 국제사회에 우려를 심어주는 백해무익한
논쟁이다.

　문제의 핵심은 북방한계선 자체에 있는 것이 아니라 앞으
로 어떻게 서해 해상에서의 남북 간 군사적 충돌을 예방하고
평화를 확보할 수 있느냐에 있다. 힘으로는 평화를 지킬 수
있을 뿐이고 평화를 만들 수는 없다. 지금은 어떻게 평화를
만드는 노력을 해나가야 하는지에 대한 지혜를 모을 때이지
북방한계선 논쟁에 매달리고 있을 때가 아니다. 그런 점에
서 대선 주자들은 남북기본합의서에서 규정한 대로 남북합
의 때까지는 북한이 사실상의 해상경계선으로 북방한계선
을 존중케 하는 한편, 이를 협의·확정하는 문제를 포함해 평
화체제 구축 과정을 진전시킬 수 있는 방안들을 제시해야 할
것이다.

〈제60호〉 2012.10.26

# 새 판 짜기에 돌입한
# 동북아 정세와 새 정부의 과제

## 북한 로켓발사는 새 판 짜기 신호탄

2012년 4월 김정은 체제가 정식으로 출범하였다. 또한 지난 11월 오바마 대통령의 재선과 시진핑 체제의 등장으로 새로운 미·중 관계가 모색되고 있다. 그런 가운데 향후 동북아 정세의 향방을 가를 일들이 잇달아 벌어졌다. 북한의 '은하 3호' 로켓발사 성공[12·12]과 극우 공약을 내건 일본 자민당의 집권[12·26] 박근혜 새누리당 후보의 당선[12·19]이 그것이다.

먼저, 북한이 2호기 인공위성인 '광명성 3호'를 탑재한 '은하 3호' 로켓을 지구궤도에 올린 것은 동북아 새 판 짜기의 신호탄이 될 것으로 보인다. 북한의 로켓발사는 명백한 유엔안보리 결의 1874호 위반으로, 이를 규탄하는 유엔안보리 의장성명의 채택을 둘러싸고 미국과 중국의 새로운 대북 정책의 윤곽이 서서히 드러나고 있다.

수전 라이스 미 유엔대사는 북한의 로켓발사가 '유엔안보리 결의 위반과 도발로 규정해 규탄한다'고 지적했으나, 리바오둥李保东 중국 유엔대사는 '북한의 행위가 유엔안보리 결의 위반은 맞지만 도발이 아니며 규탄 받을 이유가 없다'고 반박하며 설전을 벌였다. G2 유엔대사 간의 설전은 앞으로 한반도를 둘러싼 양대 초강국의 입장이 조율되기 쉽지 않다는 것을 예고하는 것이다.

다음, 동북아 새 판 짜기의 또 다른 변수는 12·16 총선에서 압승을 거둔 일본 자민당의 집권이다. 자민당은 자위대의 국방군 전환, 집단적 자위권 행사를 담도록 하는 헌법 개정을 비롯해 교과서의 '근린조항' 삭제, '다케시마의 날'의 국가행사 승격, 독도문제의 국제사법재판소 단독제소, 센카쿠열도댜오위섬에 국가공무원 파견 등 동북아정세를 뒤흔들 민감한 주제를 공약으로 내세우며 당선됐다.

12월 26일에 취임한 아베 총리는 한국 대통령 선거 직후 '다케시마의 날'의 국가행사 승격을 유보한다는 입장을 밝혀 한일 간 정면충돌의 위기는 피해갔다. 이는 2월 25일 한국 대통령 취임식에 참석하여 한일정상회담을 갖기 위한 사전 분위기 조성용으로 보인다. 하지만 위안부 문제나 독도문제의 국제사법재판소 제소에 대한 입장은 그대로 견지하고 있다.

동북아 정세를 가를 세 번째 변수는 박근혜 새누리당 후보의 당선이다. 한국의 새 정부의 정책이 이명박 정부와는 어느 정도 차별성을 보일 것으로 예상되지만, 기본적으로 앞으로 5년간 한미동맹을 중시하고 대북 압박정책을 견지하는 보수색채의 외교정책과 대북정책을 이어갈 전망이다.

박근혜 대통령 당선인이 굳이 당선 발표 다음날 주변 4강의 대사들과 면담을 해야 하는지 의문이 들지만, 이명박 당선인 때 미·일·중·러 순서로 면담했던 것과 달리 이번에는 미·중·일·러 순으로 면담한 것은 작으나마 외교정책의 변화를 예고하는 것이다. 또한 일본 측의 특사파견 제안에 대해, 당선인 측에서 아베 총리의 취임 이후인 12월 26일 이후로 늦춘 것도 이와 무관치 않은 것으로 보인다.


## 과도기 남북관계 관리의 중요성

북한 로켓발사에 따른 국제제재 국면 진입으로 한반도 안보환경이 악화될 가능성이 높아지고 있다. 유엔안보리 의장성명이 나왔으나 중국의 반대로 추가 대북제재 논의가 뒤로 미루어졌다. 그렇기 때문에 추가 대북제재 논의는 빨라야 내년 봄에나 재론될 수 있을 것으로 보인다. 다소 시간을 번 셈이다.


대통령 취임준비 기간이 이명박 정부와 곧 출범할 새 정부의 이중권력기임을 감안할 때, 이명박 정부는 잔여임기 동안 북한에 대해 과잉행동을 자제하고 남북관계가 더 이상 악화되지 않도록 함으로써 새 정부에게 부담을 주어서는 안 될 것이다. 향후 2개월 동안 이명박 정부가 잘못 대응할 경우,

새 정부가 출범하기도 전에 남북관계의 악화가 심화되어 공약으로 내건 한반도 신뢰프로세스의 추진이 시작부터 난관에 봉착할 수도 있다.

특히 북한 로켓발사 문제에 대해 이명박 정부가 강경대응으로 일관할 경우, 동북아 새 판 짜기에서 한국이 국외자로 남게 될 뿐 아니라 역내 안보협력체제 구축에 걸림돌로 작용하고 한반도 문제에서도 주도권을 잡지 못하게 될 위험성마저 있다. 이명박 정부는 한반도 신뢰프로세스가 안정적으로 시작될 수 있도록 남북대화 분위기를 조성하고, 새 정부가 추진하려는 한미동맹과 한중관계의 조화로운 발전에 적극 협조해야 할 것이다. 2개월의 대통령 취임준비 기간동안 남북관계의 성공적인 이륙이 무엇보다 중요하기 때문이다.

새 정부 출범 초기의 국정관리가 중요하다는 것은 이명박 정부가 출범할 당시의 시행착오를 보면 잘 알 수 있다. 당초 인수위팀과 북한 측이 물밑 접촉을 통해 북한 특사의 대통령 취임식 파견이 협의되고 있었는데, 최종 조율도 되기 전에 이 사실을 인수위 관계자가 언론에 공개하는 바람에 무산되는 일이 있었다. 이 일은 그 뒤 5년 간 남북관계 악화의 출발점이 되었다.

2008년 3월 중순 각 부처 장관들이 청문회를 거쳐 3월 하순에 취임했다. 그 직후 김하중 통일부 장관이 "북핵문제가 해결되지 않으면 개성공단 사업을 확대하기 힘들다"는 발언을 하고 군 고위관계자가 대북 선제공격론을 편 데 대해 북한 측이 비난하기 시작했다. 그 뒤 북한 측은 남북당국 간 대화 중단을 발표하고 4월 1일 이명박 대통령의 실명을 거론하며 비난함으로써 남북관계가 파탄나기 시작했다.

북한과 미국, 중국의 새 정부가 이미 작동되고 있고 북한의 로켓발사를 둘러싸고 미·중의 새로운 대북정책이 윤곽을 드러내고 있는 상황에서, 박근혜 정부는 앞으로 한 달 뒤인 2013년 2월 25일에야 출범하게 된다. 새 정부는 대선공약을 통해 대북정책의 방향은 제시했지만, 구체화하는 데는 다소 시간이 걸릴 것으로 보인다.

이명박 정부 출범 후 통일부 장관이 3월말에 임명되고 6월말이 돼서야 '상생·공영의 대북정책'이 발표되었다. 여당이 재집권하게 되어 다소 빨라지긴 하겠지만, 새로운 장관이 청문회를 거쳐 임명되어 각 부처의 정책을 구체화하려면 아무리 빨라도 4~5월은 돼야 우리 정부의 대북정책이 확정될 수 있다.

## 박근혜 새 정부에 갖는 우려와 기대

우리의 정치 일정상 한국은 이미 시작된 동북아의 새 판 짜기에 뒤늦게 뛰어들게 되는 셈이다. 만약 대통령 취임준비 기간의 두 달 동안 한국이 제대로 대응하지 못할 경우, 우리의 대북정책은 미국과 중국, 그리고 북한이 짜놓은 판에서 자칫 종속변수로 전락할 우려마저 있다. 또한 향후 5년 간의 남북관계도 북한 측에 끌려 다닐 위험성을 안고 있다.

그런데 박근혜 새누리당 후보가 제18대 대통령에 당선되자마자 북한 측의 강한 반대를 무시하고 군 당국이 애기봉에 성탄 트리를 설치하고 점등식을 가진 일이 벌어졌다. 국방부는 당초 올해에는 추진하지 않기로 했다가 박근혜 후보가 당선되자 다시 추진하는 쪽으로 방향을 바꾼 것이다.

새 정부를 위한 대통령 취임준비위원회가 출범해 남북관계의 틀을 짜기도 전에, 국방부가 이명박 정부의 대북 프레임에다 새 정부를 옭아매려는 것으로 볼 수밖에 없는 것이다. 이른바 새 정부의 대북정책에 이명박표 대북정책의 말뚝을 박음으로써 박근혜 정부가 어쩔 수 없이 대북 강경정책에 휩쓸리도록 하겠다는 뜻으로 해석되는 부분이다. 이는 북한에게 잘못된 메시지를 전달할 수 있고, 자칫하면 새 정부의 향후 5년 간 남북관계가 또다시 어려움에 처할 수 있게 하는 처사다.

이번 대선과정에서 대북정책이나 외교정책이 커다란 이슈가 되진 않았지만, 전반적으로 보면 박근혜 당선인이 내건 정책기조는 이명박 정부에 비해 크게 달라질 것 같지는 않다는 비판적인 시각이 있는 것이 사실이다. 실제로 정책내용에서 보면 흐름의 변화를 예고하는 것이 별반 보이지 않는다. 다른 점이 있다면 '북한의 사과'를 남북대화의 전제조건으로 삼지 않고 대화를 통해 이를 관철시키겠다는 점이다.

남북 간에는 금강산 관광객 사망사건, 천안함·연평도 사태 등 현안문제가 많이 쌓여 있다. 그런데도 이명박 정부가 '북한의 사과'라는 전제를 내놓은 까닭에 남북관계가 진전되지 못했다. 그런 점에서 조건 없이 남북대화에 나서겠다는 것만 해도 커다란 변화라고 볼 수 있다. 특히 북한이 유엔 안보리 결의를 위반하며 '은하3호'를 쏘아 올렸음에도, 대화 기조를 유지하겠다고 밝힌 것은 긍정적인 신호라고 볼 수 있다.

오히려 큰 선거공약을 내걸었다가 추진의지가 부족하든 반대여론에 밀려서든 실천하지 못하는 것보다, 작은 공약을 내걸어 이것을 확실히 실현하는 것이 어쩌면 국민들에게 더 감동을 줄 수 있을지 모른다. 또한 이것이 오히려 남북관계의 신뢰를 증진시키는 길일지도 모른다.

급변하는 동북아 정세 속에서 한국은 지난 5년 잘못된 국가지도자의 리더십으로 외교·안보적으로 어려운 국면을 맞고 있다. 그렇기 때문에 한국은 어느 때보다도 뛰어난 국가지도자의 리더십을 필요로 하고 있다. 과도기 관리에 실패할 경우 새로운 국가리더십은 제대로 출발도 하기 전에 난관에 직면할 수 있다. 동북아 새 판 짜기가 시작되고 남북관계의 재정립이 필요한 시기에 새로운 대통령의 미래지향적이로 균형적인 시각과 실천의지를 기대해 본다.

연대표

2010 — 2011 — 2012

# 2010

<table>
<tr><td>

**북한**

**1월**

11 정전협정 당사국에 평화협정회담 제의

**3월**

25-31 금강산 관광지구 내 남측 부동산 실태
조사

**4월**

23 금강산지구 5개 동결자산 몰수
24 中 관광열차, 처음으로 北 들어가
25 김정일, 건군절 78주년 군사훈련 참관
25 건군절 사설서 핵보유국 주장
〈노동신문〉
26 WHO 사무총장 방북
30 김영남, 후진타오와 환담

**5월**

03 김정일 中 방문
05 北·中 정상회담 : 경제협력 심화 합의
12 자체기술로 핵융합반응 성공 보도
〈노동신문〉
15 北 경비정 NLL 월선
16 北 군부, 삐라 계속 땐 육로통행 차단
경고
19 조평통, 천안함 사건 계획적·고의적
도발 〈조선중앙통신〉
20 北 국방위 "남에 검열단 파견할 것"

</td><td>

**남한**

**1월**

**3월**

26 해군 초계함 천안함 침몰

**4월**

13 2012년 제2차 핵안보정상회의 서울개
최 결정
15 자유북한운동연합 대북전단 살포
18 류우익 주중대사 극비리 워싱턴 방문
20 北 간첩 2명 체포
25 국가인권위원회, '북한인권팀' 신설
30 이명박-후진타오 상하이 엑스포 회동 :
천안함, FTA 논의

**5월**

01 자유북한운동연합 임진각서 대북전단
또 살포
04 MB, 전군지휘관회의 주재
11 MB, 예산투입 대북사업 중단 지시
14 통일부, 北 어린이용 간염백신 반출
불허
15 韓中日 외교장관 경주서 '3국 회의'
15 北 경비정 NLL 월선
20 천안함, 북한제 중어뢰 수중폭발로
침몰, 조사결과 발표

</td></tr>
</table>

<table>
<tr><td colspan="2">미국</td><td colspan="2">중국</td></tr>
</table>

**1월**

**1월**

**3월**

| 27 | 美·러 핵무기감축협정(New START) 최종 합의 |

**3월**

**4월**

| 12 | 1차 핵안보정상회의 : 47개국 & 3개 국제기구 대표 참석 |
| 21 | 미행정부 '북한을 핵보유국으로 인정하지 않는다' 는 기존 태도를 재확인 |
| 29 | 클린턴 - 다이빙궈, 北 6자복귀 문제 전화 논의 |

**4월**

| 30 | 中 상하이 엑스포 개막 : 30개국 정상 외교전 |

**5월**

| 03 | NPT 8차 평가회의 |
| 03 | 美 핵탄두 5,113기 보유 최초 공개 |
| 21 | 클린턴 방 '천안함 논의' 관심 집중, 中 외교라인과 잇따라 회동할 듯 |

**5월**

| 09 | 中·러 정상회담 : 국제사회 발언권 제고 |
| 24-25 | 美·中 전략경제대화 (G2) - 클린턴 참석 |

# 2010

**6월**

15 오바마, 국제비상경제권법에 따른
대북 제재조치 적용 시한 1년 연장 결정
16 커트 캠벨 美 국무부 동아태 차관보
방한 - 천안함 사태를 비롯한 韓·美
양국 간 현안 협의
25 상원의원 11명, 中에 대북규탄 동참
촉구
26 후진타오 中 주석에게 美 국빈방문
공식 초청
30 태평양사령관, 천안함 공격, 김정일이
승인한 일

**6월**

25 금강산 관광지구에 대한 南 정부의
중국인 관광자제 요청에 대한 답신 :
금강산관광 관련법 존중한다

# 2010

<table>
<tr><td>



</td><td>



</td></tr>
</table>

## 미국

대한 공격행위로서 국제적 테러로는
규정할 수 없다'
24   캐슬린 스티븐스 주미대사, "韓도 美을
포함한 국제사회와 함께 이란에 명백한
메시지를 전달해야 한다"
25   지미카터 訪北
27   카터, 곰즈와 함께 北 출국
30   美재무부, 北 정부기구 5곳, 기업 3곳,
개인 4명 추가 제재
31   오바마 이라크전 전투임무 종료
공식선언

### 9월

02   미정부, 北수해 지원에 75만 달러 지원
결정
02   美의약품 수송 화물기 北도착

## 중국

방공훈련
26   우다웨이 방한, 6자회담 재개 논의
31   당국자 김정은, 주요수행원 명단에 포
함안돼

### 9월

01-04

中 서해서 군사훈련 : 실탄사격 포함
조어도, 희토류 대일 수출제한 - 中美

# 2010

# 2010

# 2010

<table>
<tr><td>

**북한**

26 양제츠 中 외교부장 - 지재룡 주중 북한 대사 회동

26 北 "南 포병부대 정확히 타격" : '조준 포격' 시인

27 北 민간인 사상 유감 표명, 그러나 책임은 없다

27 北, 韓美연합훈련은 군사 도발, 불벼락으로 다스리겠다 위협

27 극동 러시아 파견 北노동자 급거 집단 귀국

29 서해상의 韓美 연합훈련을 비난하며 다시 도발해오면 침략자들의 아성을 들어낼 것이라고 위협. 여기서 아성은 서울을 의미

29 안보리 北우라늄 농축 논의 : 제재 강화 검토

30 北, 연평도 포격 직전 '주민 전투훈련' 전개 〈데일리NK〉

30 北화폐개혁 후 4천% 인플레 : 절상 효과 물거품 〈데일리NK〉

30 최태복 최고인민회의 의장 베이징 도착

30 유엔 안보리 '北비난 의장성명' 사실상 무산

</td><td>

**남한**

26 국방장관 교체 : 김관진으로

27 MB, 국가안보총괄점검회의 주재 : 연평도 포격에 따른 후속조치와 안보태세 점검

27 中 다이빙궈 訪韓 : 한반도 정세 논의

28 서해 韓美 연합훈련 - 美 항모 조지워싱턴호 투입

28 국방백서 '北=주적' 명문화 재추진

28 青 "6자회담 재개 논의할 때 아니다" - 부정 속 신중검토

29 MB 대국민담화 - 北 핵포기 난망, 햇볕정책 실패

29 연평도 '軍 통제구역' 으로 설정

30 연평도서 포 사격훈련할 것 합참, 2시간뒤 취소 소동

30 지난해 남북정상회담 추진 : 北, 경제적 지원 요구로 무산 〈위키리크스〉

29 서해 5도에 전략 타격 지대지미사일 배치 추진

30 긴장 키우는 韓美 : 北 급변사태 상정 해상봉쇄훈련

30 유엔 안보리 北비난 의장성명 사실상 무산

</td></tr>
</table>

## 12월

<table>
<tr><td>

01 北 리영호 6자회담 필요없어, 불벼락 계속될 것 〈데일리NK〉

02 北, 연내 경기도 포격할 것 〈도쿄신문〉

02 "北서해부대, 비상경계 태세 : 전투력 점검" 〈RFA〉

02 러시아, 北우라늄농축, 유엔 안보리

</td><td>

01 연평도에 지대공 미사일, 천마 긴급 배치중

01 韓美, 한러 외교장관 연쇄환담 : 北 연평도 도발 협의

01 통일부 韓美훈련 종료 후에도 개성공단 방북제한 유지

</td></tr>
</table>

# 2010

# 2011

<table>
<tr><td>

**북한**

**1월**

01 北, "北南대결상태 빨리 해소해야"
〈신년공동사설〉

02 北, 대화 견해·南 정책전환이 관건
조총련〈조선신보〉

04 北, 적대국과 관계 개선 위해 노력할 것
〈노동신문〉

05 北, "사상 떠나 누구와도 만나겠다"
무조건적인 남북 당국간 회담 제의

06 北, 주민 사상동향 감시 강화 :
전담 조직도 신설

06 中, '北 대화제의' 지지 입장 밝혀

07 北, 2월부터 외국인 관광 재개

07 북한군 특별경계근무 태세 명령 40여일
만에 해제

08 北조평통, 당국회담 무조건 개최 거듭
제의

10 北 대화 제의 '전통문' 발송 :
1·27 개성에서 남북 당국간 회담을 위한
국장급 실무접촉 개최 제의,
2·1 문산에서 남북적십자회담 개최제의,
1·12 부터 판문점 적십자채널을 다시
개통하겠다, 南, "천안함·연평도
사건과 비핵화 논의하자" 역제의

11 中, 北 라진항 이용 시작 : 北과 경제협력
확대

11 北 "평화협정 응했으면 연평도 포격
없었을 것"〈노동신문〉

12 北당국, 남측 삐라 신고 안할 땐 가족도
엄벌 : "남한 선전물 소지 시 가족까지
죗값 물 것"〈자유아시아 방송〉

12 北, 南 민간단체에도 팩스 발송으로 대

</td><td>

**남한**

**1월**

01 통일부 北 신년공동사설, 일반 국민을
대상으로 반전·평화, 반보수·반외세
투쟁을 선동, 남남갈등 조장을
지속하려는 의도가 있다고 평가,
"北 진정성 의심스럽다" 신중

03 현인택 통일부장관 "원칙 있는
대북정책으로 北변화 이끌어야"

03 현정은 "MB, 대북 강경 불만", 김정일
"왜 외교부가", 김정일 "DJ·盧 고인
됐지만 난 살아있다" 합의서 정신 존중
강조〈위키리크스〉

04 올 봄 韓日 군사협력 강화 : 공동선언 추진

04 대북 시멘트 지원 중단으로 운반비,
보관료 등 물류 비용 더 늘어

04 美 보즈워스 특별대표 방한 : 6자회담
재개 조건 논의

04 韓美연합사, 워치콘 2단계 → 3단계
하향 조정

07 군 소식통, 북한군은 지난해 11월 21일
우리 군의 호국훈련과 관련해 서해 각급
부대에 하달한 특별경계근무 태세
명령을 40여일 만에 해제

07 해군총장 "대잠훈련 종전의 2배로 확대
추진"

10 美 F-16C전투기 12대 군산기지 배치

10 韓日국방회담 : 군사협정 체결 공감대,
연내 체결은 힘들듯

10 인권위, 북한인권특위 설치 의결

10 UAE 군사훈련협력단 아크 부대 창설 및
환송식

11 통일부 "북측이 개성공단 내 남북경제

</td></tr>
</table>

### 3월

01  美, 해 · 공군 전력 리비아 근접 배치
01  백악관 "한국에 전술핵무기 재배치
    계획 없다"
02  보즈워스 "美대북정책목표 정권교체
    아니다"
02  美 상원 외교위원장 "6자회담 앞서
    美 · 北 대화해야"
02  캠벨 "北, 행동 바꿀 경우 관계정상화
02  美, 투명성 조건부 대북 식량지원 강력
    시사
02  韓美, 北 우라늄 농축관련 안보리 의장
    성명 추진

### 3월

01  서방 對이란 제재, 최대 수혜자는 中,
    10년새 中-이란 교역량 10배 이상 증가
03  中 초계기 센카쿠 접근, 日 전투기 대응
    출격
03  유엔 중국 대사, 신속한 6자회담 재개
    촉구
03  中-이스라엘, 경제협력 강화 약속
03  中, 리비아 비행금지구역 설정 반대
04  中, 올해 국방예산 102조원 12.7% 상승
04  中 우다웨이, 6자회담 재개 위한
    어떤 전제조건도 반대
04  中 네티즌, 김정은 訪中 반대운동

# 2011

## 4월

01　美 정부 '개성공단 제품, 한국산 아니다'
01　美 하원, 북한 테러지원국 재지정 추진
02　부시, 아프간 조기 철군 반대
02　美, 北 장거리 미사일 요격훈련 실시 중
02　北 경제대표단 스탠퍼드 방문
04　韓美 올해 하반기부터 북핵대비훈련
　　합의
06　美 "北테러지원국 재지정, 법적요건
　　필요"
07　김계관, 캠벨 동시 訪中 북핵협의 →
　　캠벨, 北관계자 안 만났다
07　카다피, 오바마에 서한, NATO 공습 중지
　　호소

## 4월

01　中, 필리핀 마약범 사형 국제 분쟁 비화
　　조짐
05　中연변, 단체관광 허용이후 北관광 급증
05　中-北 교역 거점 투먼-훈춘 고속도로
　　개통
06　臺-中, 핵안전협정 서명추진 - 대만원자
　　력위원회 밝혀
10　中 "美, 인권 내세워 내정 간섭 말라"
11　우다웨이-김계관 회담, 6자회담 단계적
　　재개검토 : 南北 수석대표 회담 → 北美
　　접촉 → 6자회담 재개
12　中 "6자회담 재개 조건 만들어가자"
13　中-브라질 정상회담 경협 확대 합의

# 2011

<table>
<tr><td>

**북한**

18 北, 대사관·기업 통해 核자재 밀수 계속
20 北, 원산 인근 산 속에 공군기지 건설
　〈WSJ〉
21 러 외무부, 北대사관 불법 카지노 운영
　즉각 폐쇄 요구
21 北, 이달 초 서해 도서 기습 점령훈련
22 北 '귀순자 4명 송환' 적십자접촉 제의
22 北 "대북전단 살포지역 전면격파사격"
22 영국 재무부, "北 자산동결법 제정"
24 北김영춘 인민무력부장 "언제 전쟁
　터질지 모르는 긴장상태"
26 北 금강산관광 재개 때까지 현대아산
　독점권 취소 - 금강산관광 독자 추진
　한시 조치 시사
27 中훈춘-北라선시 도로포장 : 北中 경협
　본격 착수
27 北中러 3국 무비자 관광 개시
28 김정일, 南北정상회담 제의-카터
28 美구호단체 "北, 6월내 식량 바닥날 것"
29 유니세프 대북사업 예산 70% 상승
29 WFP, 대북 긴급 식량지원 개시
29 北, 금강산 독자개발 : "외국업체와
　활발한 접촉"
30 WFP 北 주민 350만 명, 식량 31만
　긴급 지원

</td><td>

**남한**

　유지"
19 호위함 울릉도 배치 검토, 독도 영유권
　강화
20 통일부, 1억 원 상당 지원물자 북한 반출
　승인 南北어린이어깨동무와 민족사랑
　나눔
20 韓中 양강신구 공동단지 조성 협의
21 현인택 "北, 지금까지와는 다른 진정성
　있어야"
25 백령·연평도에 국산 다연장로켓 고정
　배치
26 카터 訪北, 韓에 北식량난 책임 화살,
　"韓의 지원 중단 상태서 아동 등 심각한
　영향 받아"
26 힐러리, 이명박에게 南北대화 제안
26 위성락-우다웨이 6자회담 재개 방안
　논의 - 6자회담 재개 '3단계안' 의견 일치
　(남북회담 → 북미대화 → 6자 재개)
26 통일딸기 사업 중단 위기 통일부,
　北 반출 신청 반려, 南北 농민 6년 협력
　'위태'
26 '취약계층 지원협의' 종교인 방북 승인
27 韓美, 외교관리 교류 프로그램 시작
27 韓美 군사정보동맹 체결
27 정부, 5. 4. 南北 적십자실무접촉 제안
27 정부 "국군포로, 납북자 자유의사 확인
　하자" 北에 역제의
28 카터 北, 안전 보장 없이 핵포기 안 할 것
28 카터 訪韓, 김정일, 남북정상회담 제의
28 韓中日 환경장관, 양자회담서 협력 논의
28 '백두산 토론회 내달 11~13일 개최'
　北에 제의
29 韓中日 "재난 환경피해 대응 협력 강화"

</td></tr>
</table>

# 2011

# 2011

<table>
<tr><td>

**북한**

</td><td>

**남한**

</td></tr>
<tr><td>

</td><td>

31  통일부, 6.15남측위원회 訪北 불허
31  통일부, '대북지원 협의' 訪北 4건 허용

</td></tr>
<tr><td>

**6월**

01  北, 南 남북정상회담 물밑 제의
    공개하며 이명박 정부와 대화거부
01  北 6·15공동선언 실천 南北종 15일
    개성서 공동행사 열기로
02  北 금강산관광 독자추진법 제정 발표
03  北, 김정일 사격표적지에 군사보복할 것
    협박
03  北, 美의 식량지원 조건 모두 수용
    〈아사히 신문〉
08  北中, 9일 라선특구 착공식 개최
08  北, 지난주 서해상에 단거리 미사일 발사
09  北, "南, 접촉 진실 은폐하면 녹음기록
    공개"
09  北, 南과 대화 여지 없다 〈노동신문〉
10  北, 신의주특구 행정장관 中 기업인
    희망
10  北中, 라선을 세계적 특구로
10  北中, 평양서 전략대화 : 친선 강화
13  北선박, 미사일관련 무기 싣고
    미얀마 가다 회항
14  김정일 "北中 우호관계 대대로 전수하
    자"
14  北 북한인권법 제정시 남북관계 격폐
16  北, 주민 즉시 송환 않으면 南北관계
    악영향
16  北中, 압록강 첫 공동순찰팀 가동 :
    황금평 개발앞둔 포석인듯 : 탈북
    감시강화 예상

</td><td>

**6월**

01  통일부, 北, 우리 진의 왜곡해 일방적
    주장
02  현인택, 정상회담 아니라 사과 받으러
    北 접촉
04  2009년 韓美 대통령 통화내용 등
    외교부 대외비문건 中에 유출
05  통일부, 南北관계 상황대비 위기관리팀
    신설
06  韓中 외교장관 회담, '김정일 訪中'
    의견 교환
07  탈북자출신 조명철, 신임
    통일교육원장에
10  캠벨 방한, 南北관계 개선 위한 南 노력
    적극 지지
10  국방부, "환경조사 안한 반환 美기지
    10월부터 전수조사"
13  6·15남북공동행사 무산 : 정부, 訪北 불허
15  北주민 9명 서해로 귀순
16  '北인권법' 강하게 반발하는 北 :
    南北관계 새 걸림돌 되나
17  정부, 귀순 北주민 송환 요구 거절
18  해병대, 민항기에 K-2소총 99발 오인
    사격
19  경찰, '국보법 위반 혐의' 6·15 남측위
    간부 자택 압수수색
21  이명박, "통일은 분명히 온다. 아마도
    한밤중 도둑같이 올 것이다. 항상 준비
    해야 한다."

</td></tr>
</table>

# 2011

<table>
<tr><td>미국</td><td>중국</td></tr>
</table>

**8월**

01 美 디폴트는 면하게 됐다, 국가부채 협상 타결

01 美日, 안보·경제 신공동선언 포기

06 美 국무부 "北 긴급 인도주의적 지원 지지"

07 "北美, 5월에 이산가족 서한 교환 합의"

07 미군헬기 탈레반에 격추 : 38명 사망

08 美英 '동해를 일본해로 단독표기' 국제기구에 의견제출

10 美 공화당 상원 "성 김 인준보류, 대북정책 우려때문"

10 美, 北에 '미군 유해발굴 회담' 제안

11 천영우-도닐런, 북핵·동맹현안 집중 협의

11 美, 北거래 시리아은행 등 제재

12 美 중국 왜 항공모함이 필요한지 답해달라

16 美고위당국자 "北, 2012년 핵실험"

18 美과 러시아, 내년 공군 합동훈련 실시

19 北美, 미군유해발굴 재개 회담 합의

19 美 국무부, 北 테러국가 아니다

19 美, 北수해복구 90만 달러 긴급 지원

19 원자바오 美경제 신뢰 : 바이든 부통령과 회담

22 美 민간구호단체 '사마리탄스퍼스' 90만 달러 물품 대북지원

23 톰 컬리 AP 사장 내년 초 평양지국 개설

**8월**

01 흉기난동-테러추정 폭발 : 신장위구르 또 유혈사태

01 中 "신장 사태는 이슬람 테러" 계엄령 선포

02 中, 日방위백서에 우려 시선

04 베트남·中, 남중국해 분쟁 평화해결 합의

10 中日, 10일 북핵 6자회담 관련 문제 논의

11 中 항공모함 첫 시험 항해 : 한반도도 작전 반경

15 中, F-22 스텔스 잡는 레이더 개발

17 中, 北에 의료진 파견 : 의약품도 지원

19 中日 동해 항로 개통 (훈춘-니가타)

19 원자바오 美경제 신뢰 : 바이든 부통령과 회담

23 中 리비아와 경협 계속 희망

24 中, 리비아와 경제·무역협력 증진 희망

26 中량광례, 北과 군관계 강화 약속

31 中-러, 北 라선에 수송 용이성 위한 대규모 투자

31 "北中 교역액 30억 달러 돌파"

# 2011

<table>
<tr><td>북한</td><td>남한</td></tr>
</table>

| 북한 | 남한 |
|---|---|

**9월**

02 北러, 합동군사훈련 부활 : 동북아
　　 안보지형 변화 우려
04 北, 2009년 핵실험 25분전 中에 통보
　　 〈위키리스크〉
05 北 금강산 관광 중단으로 6억 달러 피해
　　 주장
06 北대풍, 현대아산에 금강산자산
　　 협의처리 제안
07 WFP, 8월 대북지원 급증 : 7월의 5배
07 WFP, 러시아 지원으로 대북 식량 증가
13 北러시아, 합동군사훈련 합의
　　 〈아사히 신문〉
13 北中, 라선특구 전력공급 6월 합의
15 러, 북한 채무 110억 달러 90% 탕감
14 정명훈, 평양서 北교향악단 지휘
14 목선 탄 9명 5일간 750km '탈북 항해' :
　　 北주민들 청진 탈출
15 러, 110억 달러 北 채무 탕감 결정한 바
　　 없다 : 1차 협상은 사실
15 러北, 남한行 가스관 실무그룹 구성 합의
16 南北 6자수석 내주 중반 베이징서 2차
　　 회담
16 北러, 가스관 개발 MOU 체결
16 南北, 21일 베이징서 '비핵화 협상'
19 北리용호 "조건 없는 6자회담 재개
　　 주장할 것"
20 北中 합작회사, 양강도에서 구리 채굴
　　 시작
20 北 '조건 없는 6자회담' 거듭 촉구
21 2차 南北 비핵화 베이징회담 접점
　　 못 찾고 종료

**9월**

01 류우익, 6월 北과 비밀접촉설 - 류 부인
01 北가스관 의제로 韓·러 정상회담 추진
02 '5·24 조치' 이후 사회문화교류. 종교
　　 활동 訪北 첫 허용 (조계종 총무원장 등)
02 제주 강정마을 제주 해군기지 공권력
　　 투입, 공사 재개
05 2012 서울 핵안보정상회의 주관사업자
　　 약정체결식
06 극동서 러中日韓, 재난대책 합동 회의
07 정부, 美中日 등 주요국에 금강산 관광·
　　 투자 자제 요청
08 이명박, 임기 중 남북정상회담 안 할 수도
09 탈북자단체 北정부수립일 맞아
　　 임진각서 전단 살포
10 이명박, 9·11테러 재발 않도록 美와
　　 함께 노력
10 대북 단체 한반도평화국제연합,
　　 임진각서 양말 20000켤레 단 풍선
　　 북한으로 날려
13 日 이시카와현 앞바다에서 탈북자 9명
　　 탄 목선 발견 : 한국행 희망
13 정부, 이번 주중 日에 '위안부' 양자협의
　　 제안
14 韓러 가스관 협상, 모스크바에서 열린다
14 류우익 "여건 되면 제2 개성공단 검토"
16 정명훈 "南北 합동 교향악단 연주 추진
16 南北, 21일 베이징서 '비핵화 협상'
19 7대 종단대표 21일 訪北 : 南北 종교인
　　 모임
19 현인택 통일부장관 이임
19 6·15공동선언실천 남북위원회, 인천·

# 2011

# 2011

# 2012

<table>
<tr><td>



</td><td>



</td></tr>
</table>

<table>
<tr><td>

**미국**

**1월**

05 캠벨, 北, 南과 관계개선 나서야
06 美의 신방위전략, 미군 병력 대규모 감
   축 : 아시아는 예외
07 北, 김정일 死後 美에 쌀 등 원조 요청
08 北 사치품 유입 지난 5년간 대폭 늘어
   〈WSJ〉
09 이란, 스파이 혐의 미국인에 사형 선고
11 美재무, 中에 이란원유 금수 동참 압박
11 클린턴 美 국무 美러 협력 변함없을 것
11 주한 美공군 전력 대폭 강화 : F-16
   전투기 24대 증강배치
15 美中, 이란 제재 갈등증폭
16 아인혼 訪韓 : 韓美 이란산 원유감축 협의
16 美 미얀마와 국교 회복 : 22년 만에 대사
   파견
17 이란 핵·北 핵 문제는 서로 연관,
   아인혼, 원유 수입 제재 동참 요구
19 개성공단 제품은 韓美FTA 대상 아니다
   〈美CRS〉
19 美, 보유 화학무기 90% 폐기
23 아프간 병사 소변 동영상에 격분,
   프랑스군 살해
24 보즈워스, 김정은 실권 장악 가능성 작아
24 美, 작년 대북수출 승인 10배 상승
25 美, 韓에 대한 방위공약 불변 재확인
27 美, 국방비 9·11뒤 첫 삭감 주한미군은
   현 수준 유지
30 韓美 상호 군수지원 절차 간소화 :
   표준시행약정 체결
30 롬니, 세계 최악의 인물 중 하나에
   김정은 지목

</td><td>

**중국**

**1월**

01 中, 댜오위다오 日의원 상륙에 엄중 항의
05 北 쿠데타 세력, 김정은·국영TV 장악 :
   中서 소동
05 中외교부 北中, 정상적 경제·무역 거래
06 표적된 中 美, 우리의 근해 개입능력
   억제하려 한다
08 中외교부 北에 지지·원조 계속
   제공할 것
09 李대통령-후진타오 회담, 韓中FTA
   급물살
09 中 한반도 평화·안정, 국제사회 공통적
   기대
09 韓中 정상, 한반도 평화·안정 공동목표
   확인
10 韓中, 외교장관 핫라인 개설
10 中외교부, 안정적 관계가 中美의 바른
   선택
11 中, 이란 추가 제재 동참 못해 재천명
11 中, 황금평·위화도 특구法 제동
11 中, 北 접경 지린성에 경제합작구 건설
16 中외교부, 이란 관련 美제재에 결연히
   반대
17 中외교부, 주중 美대사에 내정간섭 말라
17 中외교부, 국제사회 원조, 北 안정에 도움
18 中, 항공모함기지 3곳 건설 계획
19 中 원자바오, 호르무즈서 어떤
   극단행위도 반대
19 中리커창 부총리 中美 이견 적절히
   해소해야
20 中, 北라진항 통한 석탄 남방 운송 본격화
24 중국군, 유사시 2시간 만에 평양 진입

</td></tr>
</table>

# 2012

| 북한 | 남한 |

25　北, **韓美** 쌍룡훈련 맹비난 : 철회 요구
25　北, 김정일 애도기간 탈북 전시범죄로
　　처벌
27　北 지도부, 러시아에 북한경유 가스관
　　약속
30　北, "**美**, 새 국방전략으로 세계 제왕행세"
30　北 식량난 해소될 듯 : 중국 대규모 식량
　　지원, 北에 식량 50만 t · 원유 25만 t
　　지원 〈도쿄신문〉

30　**與** 강령서 北 자유민주주의 전환 · 인권
　　증진 삭제

## 2월

02　러北 불법어업방지 협정 체결
02　北, 남북대화 재개 촉구 질문장 발표
02　北, **韓美**연합훈련 취소 등 6자회담 재개
　　위한 조건 제시
04　러시아, **韓美**합동군사훈련 우려
04　김정은, 군용 쌀 일부 주민에 배급 지시
05　北, **韓美**연합훈련 맹비난 : 이명박,
　　총선 승리 위해 발광
06　개성지역 통한 대북 지원 차단하겠다
09　北, NLL 인근 황해도에 공기부양정 기지
　　완공
10　北, 외국투자기업등록법 · 세금법 개정
11　中, 탈북자 29명 체포 : 사형 유력
15　北, 라선특구 4~6호 부두 50년 사용권
　　中에 넘겨
15　김정일 위원장에 대원수 칭호
16　北외무성, 공동선언 이행에 남북관계
　　달려

## 2월

03　정부, 남북협력기금 121억 사용 의결
06　여야의원 10일 개성공단 방문 :
　　北 동의서 보내와
07　통일부, 6 · 15남북접촉 승인 거부
08　**韓러**, 북핵 6자회담 재개방안 논의
09　국방부, 北 WMD 및 사이버위협 대응
　　위해 조직 강화
09　외교부 **韓美**FTA 폐기 주장, 국제사회
　　신뢰 훼손
09　제3국서 구입한 北 물품 반입 불법
　　아니다 판결
09　**韓中**FTA 협상 국내절차 시작
10　**南北**특위 · 외통위 의원 8명 개성공단
　　방문
11　통일부, 허가 없이 北접촉 강행, 법대로
　　처리
12　6 · 15 남측위, 금강산 **南北**공동행사
　　개최 北에 제안

# 2012

<table>
<tr><td colspan="2">

**북한**

</td><td colspan="2">

**남한**

</td></tr>
</table>



**3월** / **3월**

<table>
<tr><td colspan="2">미국</td><td colspan="2">중국</td></tr>
<tr><td></td><td>회담 연계해야</td><td></td><td>인식해야"</td></tr>
<tr><td>07</td><td>北美, 식량지원 세부내용 협의 : 회담<br>연장</td><td>06</td><td>中대사관, 난징학살 망언 日시장<br>방문요청 거절</td></tr>
<tr><td>07</td><td>美 국방, 이란 군사공격은 최후 방안</td><td>06</td><td>中日, 센카쿠 열도 도서 작명 둘러싸고<br>분쟁</td></tr>
<tr><td>09</td><td>美 대북 식량지원 낙관적</td><td>07</td><td>中연변자치주, 작년 대북교역 中전체<br>40% 차지</td></tr>
<tr><td>10</td><td>클린턴, 탈북자 강제 북송 반대 :<br>중국에 우려 전달</td><td>09</td><td>中 탈북자 31명, 전원 북한 송환</td></tr>
<tr><td>11</td><td>北美 식량 지원 관련 모든 문제 합의 :<br>지원 곧 시작</td><td>10</td><td>中 이어도는 중국의 관할 해역</td></tr>
<tr><td>11</td><td>미군 병사, 총기난사로 아프간 민간인<br>최소 16명 사망</td><td>10</td><td>中, 北라선-금강산 유람선관광 4월<br>정식개통</td></tr>
<tr><td>12</td><td>아프간·미국협정에 미군주둔 조항없어</td><td>12</td><td>中, 韓에 이어도 관할권 양보 못해</td></tr>
<tr><td>13</td><td>美 탈북자 처벌 우려 : 中 국제법 부합</td><td>13</td><td>中, 유엔 인권이사회서 탈북자 논의 불<br>만 표시</td></tr>
<tr><td>14</td><td>美, 연내 이란 군사공격 가능성<br>〈러시아 신문〉</td><td>13</td><td>美 탈북자 처벌 우려 : 中 국제법 부합</td></tr>
<tr><td>16</td><td>美, 北 광명성 3호 발사 계획 매우<br>도발적</td><td>13</td><td>中 미얀마軍 中 진입해 총격, 민간인<br>사망</td></tr>
<tr><td>17</td><td>美, 北 로켓 발사 땐 식량지원 매우<br>어렵다</td><td>15</td><td>韓中 내달 이어도 EEZ 회담 실무 접촉</td></tr>
<tr><td>18</td><td>美, 로켓발사는 합의폐기 의미</td><td>15</td><td>中, 北에 1000억 원대 무상원조</td></tr>
<tr><td>20</td><td>美, IAEA 사찰단 초청 관계없이 위성<br>발사는 유엔 결의안 위배</td><td>16</td><td>中, "이어도 발언 정치적 의도 없다" :<br>EEZ회담 내달 재개 제안</td></tr>
<tr><td>21</td><td>美, 駐日 해병 서태평양 3개 거점 분산<br>배치</td><td>16</td><td>中, 北 '광명성 3호' 발사에 '주의' 표명</td></tr>
<tr><td>21</td><td>美하원서 탈북자 강제북송 반대<br>결의안 발의</td><td>17</td><td>中 외교 부부장, 北 대사 만나 로켓 발사<br>우려 표명</td></tr>
<tr><td>21</td><td>美, 이란 원유수입 줄인 일·독·프 등<br>11개국에 금융제재법 면제-한국은<br>면제국서 제외</td><td>19</td><td>中, 관영매체 동원해 北에 로켓발사<br>재고 촉구</td></tr>
<tr><td>22</td><td>美, 北내 미군 유해발굴 중단</td><td>19</td><td>中, 북한 문제 단독 개입 안 된다</td></tr>
<tr><td>22</td><td>韓美 미사일 사거리 800~1000km 연장<br>협의</td><td>20</td><td>中, 北위성 발사, 핵안보회의 의제에 없어</td></tr>
<tr><td>23</td><td>美, 이집트에 올해 13억弗 군사 원조</td><td>23</td><td>中, 北中 국경 마을에 탈북자 신고호출기<br>설치</td></tr>
<tr><td></td><td></td><td>23</td><td>中, 北 광명성3호 발사 냉정·자제 재차<br>촉구</td></tr>
<tr><td></td><td></td><td>23</td><td>中, 韓에 서해 가스관 건설 제안</td></tr>
</table>

# 2012

| 북한 | 남한 |
|---|---|

**북한**

위반

**4월**

01 北美, 베를린 인근에서 비공식 접촉-
   北 미사일 발사 고수
02 北 11일 노동당 당대표자회
02 北, 미국의 '위성 대리발사 제안' 거절
03 北 리근 국장 "北美 대화는 유익 : 로켓은
   예정대로 발사"
06 北 위성발사체 요격하면 대응 타격
09 北, 평북 철산군 로켓 발사장 공개
10 北, 광명성-3호 인공위성 외국기자에
   공개
11 北 노동당 대표자회, 김정은 '제1비서'
   로 추대 (김정일은 영원한 당 총비서로
   추대)
13 北 장거리로켓 광명성3호 발사 : 실패
   시인
15 北, 태양절 열병식서 ICBM급 신형 미사
   일 등장, 최대 열병식

**남한**

29 5·24제재 불구 남북교역 규모 크게
   늘었다

**4월**

02 軍 "北 서울 타격 시 평양 보복 타격"
06 정부, 독도영유권 주장한 日에 공식
   항의
06 한국軍 작전 변경, 10만 대군 투입
   北 점령
07 日 외교, 독도는 일본땅 : 한국 외교부
   日에 깊은 유감
08 韓中日 외무, 北의 발사 자제 위해 협력
   합의
09 '동해' 병기 사실상 실패 : 정부, 일본해
   단독표기 막기 주력
11 19대 국회의원 총선거
16 정부, 北 로켓 안보리 단호한 의장성명
   지지
18 류우익, 대북 유연화 조치 당분간 유보.
   어떤 경우에도 대북정책 일관성 원칙
   견지할 것

<table>
<tr><td colspan="2">미국</td><td colspan="2">중국</td></tr>
<tr><td>16</td><td>美中, 北 강력비난 의장성명안 합의</td><td>16</td><td>美中, 北 강력비난 의장성명안 합의</td></tr>
<tr><td>17</td><td>美 독자 대북제재 강화 : 대화계획 없다</td><td>16</td><td>中 자본→ 日 기업 투자로 완전 역전 〈WSJ〉</td></tr>
<tr><td>18</td><td>美 등 서방국가, 미얀마 제재 잇달아 완화</td><td>17</td><td>中, 트리거 조항 등 의장성명 거의 수용</td></tr>
<tr><td>18</td><td>美, 2·29 합의 파기 결론 짓고 우리 정부에 통보</td><td>18</td><td>中, 北에 냉정·자제 촉구</td></tr>
<tr><td>19</td><td>"김정은, 세계서 가장 영향력 있는 100인" 美 〈타임〉</td><td>18</td><td>中, 탈북자 강제 북송 중단 〈요미우리〉</td></tr>
<tr><td>19</td><td>클린턴 장관 "김정은, 北 고립 종식시켜야"</td><td>18</td><td>日 정부 센카쿠 열도 매입 검토, 中 어떠한 조처도 모두 불법</td></tr>
<tr><td>19</td><td>"美 해병 이전 日 부담, 늘리지 않기로"</td><td>19</td><td>유엔, 北 미사일 발사대 中 지원 여부 조사</td></tr>
<tr><td>20</td><td>美 "中, 유엔안보리 결의 준수할 것으로 믿어"</td><td>20</td><td>中 현재 한반도 정세 민감하고 복잡</td></tr>
<tr><td>21</td><td>美 "中에 北미사일 지원 의혹 공식제기"</td><td>21</td><td>北노동당 - 中공산당 베이징서 전략대화</td></tr>
<tr><td>25</td><td>카터 前미국 대통령 "대북 지원중단 반대"</td><td>23</td><td>北中 고위급 회담:중 지도부 김정은에 신뢰</td></tr>
<tr><td>29</td><td>미군, 일본해 단독표기 유지</td><td>23</td><td>후진타오, 北·中, 한반도 평화안정 노력</td></tr>
<tr><td>30</td><td>"美日, 중국 견제 GPS 공동개발"</td><td>24</td><td>中, 北에 도발행위 자제 촉구</td></tr>
<tr><td></td><td></td><td>25</td><td>中 원자바오, 공정한 수입분배는 사회안정의 기초 강조</td></tr>
<tr><td></td><td></td><td>26</td><td>中, 北핵실험 반대의사 재차 표명</td></tr>
<tr><td></td><td></td><td>28</td><td>中, 작년 5월 北에 미사일 차량 8대 수출 〈동아일보〉</td></tr>
<tr><td></td><td></td><td>29</td><td>UNHCR 대표, 中 탈북자 북송 중단 사실 아니다</td></tr>
</table>

**5월**

| | | | |
|---|---|---|---|
| 01 | 美, 亞전략 조정 : 필리핀 역할 확대 〈NYT〉 | 01 | 中러北 3국 무비자 관광 코스 열려 〈러 통신〉 |
| 01 | 美, 중·러 지재권 우선감시대상 재지정 | 01 | 1분기 北中 교역액 13억 6천 달러 사상 최대 |
| 01 | 美日 공동성명, 中견제 위한 군사 연계 강화 | 02 | 中, 유엔 北 추가제재로 3개 단체 자산동결 동의 |
| 02 | 韓美日, EU 등 대북 제재 기업 40곳 명단 제출 | 02 | 中정부, 美에 천광청 사건 사과 요구 |

# 2012

# 2012